KB205735

개정판

진정한 성공을 위한 능력

– 49 품성의 성경적 배경

The Power for True Success

How to Build Character in Your Life

개정판

진정한 성공을 위한 능력

– 49 품성의 성경적 배경

The Power for True Success

How to Build Character in Your Life

아이비엘피코리아
Institute in Basic Life Principles–Korea
kr.iblp.org

진정한 성공을 위한 능력(개정판): 49 품성의 성경적 배경

(The Power for True Success: How to Build Character in Your Life)

2020년 11월 30일 개정판 1쇄 발행

2015년 10월 20일 초판 1쇄 발행

펴낸이: 아이비엘피코리아

홈페이지: kr.iblp.org

이메일: office@kr.iblp.org

등록 2007.11.12 제 60호

ISBN 978-89-94905-20-4 13320

정가 22,000원

잘못된 책은 바꾸어 드립니다.

이 책의 성경구절은 개역개정성경을 사용하였습니다.

Special thanks to the following contributing photographers:

Rowan Gillson, Tanya Hart, Kristen Hoopes, Matthew Hoopes--Joy Jensen, James Lane, Samuel Martin, -Mta Thur Olson and Kenneth Olson-,Bronwyn Pellascio, Jim Perkins, Janel Reid, James Staddon, Nathan Stone, Anna Storm, Matthew Tabbut, Will Thornton

Cover images courtesy of Rob Bennett. All nature illustrations courtesy of Severt Andrewsen

우리가 "모든 면에서 머리이신 그리스도에게까지 자라며"(에베소서 4:15), "사랑에 뿌리를 내리고 터가 굳어져서"(에베소서 3:17) 한 마음으로 하나님을 사랑하고 서로를 사랑하기를 소망한다면 우리의 사랑을 통해 하나님께서 당신의 아들을 세상에 보내신 사실을 세상이 확실히 알게 될 것입니다. "우리 가운데서 역사하시는 능력대로 우리가 구하거나 생각하는 모든 것에 더 넘치도록 능히 하실 이에게 교회 안에서와 그리스도 예수 안에서 영광이 대대로 영원무궁하기를 원하며"(에베소서 3:20-21) 이 책을 그리스도의 몸의 지체인 믿음의 가정들에게 바칩니다.

목 차

성경이 밝히는 품성들

성품*의 중요성

1. 갈등의 원인을 성품 결핍에서 찾다

삶의 모든 갈등은 적어도 하나 이상의 품성을 소홀히 하거나 거스르거나 잘못 적용하는 데서 그 원인을 찾을 수 있다. 예를 들어 청소년들이 부모에게 갖는 갈등은 공경이나 순종이나 용서의 품성이 모자란 데서 비롯되기도 한다. 아내들이 주변의 환경 때문에 겪는 갈등은 만족이나 감사나 기쁨의 품성이 부족한 데서 생기기도 한다. 가족에게 가혹한 아버지는 인내, 온화함, 지혜, 유연성, 겸손, 절제, 진정한 사랑의 품성을 집중해서 배워야 한다.

모든 품성은 서로 균형을 잡아준다. 예를 들어 유연성은 책임감과 과단성으로 균형을 이뤄야 하고, 경청은 경각심과 분별과 함께 발휘해야 한다.

2. 인간의 힘으로는 참된 성품이 불가능함을 깨닫다

성품의 참된 본질을 이해하면 할수록 인간이 성품을 온전히 이루기가 얼마나 불가능한 일인지를 더 확실히 알게 된다. 일례로 우리는 나름대로 감사하면서 산다고 생각하기도 하지만 과연 모든 사람과 모든 상황에, 심지어 비극적 일들에도 감사하는가? 하나님께 온전히 감사하는가? 다른 사람들도 우리를 감사하는 사람으로 인정해주는가? 감사를 충분히 표현한다고 하더라도 과연 바른 동기에서였는가?

더욱이 모든 품성은 자기 이익을 추구하지 않고 기꺼이 베푸는 마음에서 흘러 나오는 참사랑의 실제적인 표현이다.

3. 성품을 이루는 능력을 어떻게 얻는지를 배운다

사람들 대부분을 낙담시키고 마음을 상하게 하고 품성을 거스르게 만드는 상황은, 실제로 우리의 삶에 하나님과 그분의 능력이 얼마나 절실하게 필요한지를 깨닫게 하시려고 하나님께서 계획하셨거나 허락하신 것이다. 참된 사랑과 그에 연결된 품성들을 갖추는 일은 오직 하나님의 능력으로만 가능하다.

이러한 참사랑의 능력을 얻으려면 거쳐야 하는 과정이 있다. 먼저 성령께서 우리 안에 거하시고 우리를 충만하게 채우시고 다스리셔야 한다. 또한 성령께서 이끄시는 시험 과정을 통과해야 한다. 우리는 시련과 환난을 당할 때마다 다음과 같이 응답해야 한다.

- 모든 일을 하나님께 감사한다 – 시련까지도
- 모든 일에서 유익을 찾아 모든 일을 기뻐한다
- 성경을 통해 내게 주시는 말씀[레마]들을 마음에 접붙여 활용한다
- 필요할 때는 하나님께 소리 내어 부르짖는다
- 모든 사람들에게 선을 행한다 – 원수들에게까지도

우리가 이와 같이 응답하면 할수록 그만큼 참된 사랑과 그에 연결된 다른 모든 품성의 능력을 경험하게 될 것이다.

* 용어 설명: 이 책에서 성품은 전반적인 인성(character)을 가리키고, 품성은 성품의 다양한 세부 자질(character quality)을 가리킨다.

좋은 성품이란 무엇인가?

- 성품은 모든 상황에서 가장 높은 행동 기준에 따라 옳은 일을 하려는 내면의 동기다.
- 성품은 상황에 관계없이 올바른 반응을 하도록 개인의 삶에 다져진 견고하고 뚜렷한 품성들로 이루어진다.
- 성품은 어려운 상황에서 오는 압력에 지혜롭게 반응하는 것이고 아무도 보지 않는다고 생각할 때 나타나는 자신의 참모습이다. 그러므로 선한 행동의 예측변수라고 할 수 있다.

성품은 헬라어로 '카락텔'이다. 성경에서는 '그 본체의 형상', '본체대로의 모습'으로 번역되었다. 신약성경단어연구사전에 따르면 이 단어는 원래 '조각사', '조각 도구'를 가리켰으나 후에는 조각, 도장, 성격, 문자, 문양, 기호처럼 표현된 이미지 자체를 뜻하게 되었다. 이렇게 고유한 특징을 지닌 이미지는 그 대상의 원형을 정확히 대표하는 것으로 간주되었다. 히브리서 1장 3절에서 그리스도는 하나님의 '본체의 형상'으로 묘사되었다. 그러므로 그리스도는 그의 삶을 통해 하나님의 성품을 온전히 드러내셨다.

왜 성품을 배워야 하는가?

1. 성품은 주 예수 그리스도를 나타낸다. 예수님께서는 모든 좋은 품성을 당신의 인격으로 온전히 나타내신 분이시기 때문이다.
2. 성품을 이해하면 어떤 일이 왜 우리에게 일어나는지가 밝히 드러난다. 모든 일이 서로 합력하여 우리가 그리스도의 온전한 성품을 닮게 하기 때문이다.
3. 정확한 품성을 알면 우리는 하나님의 성품을 찬양하고 다른 사람들의 성품을 칭찬할 근거를 갖게 된다.

성품의 근원은 무엇이며 어떻게 성품을 정확히 정의하는가?

세상의 가치 기준은 사람들이나 단체가 무엇을 중요하게 느끼느냐에 따라 바뀌는 의견들에 기초한다. 그러나 성품은 오랜 세월 동안 옳다고 확인되고 인정된 보편적 기준에 기초한다.

1844년 미국, 어떤 사람이 필라델피아 시에 고아들을 위한 학교를 세워 달라고 막대한 돈과 땅을 유산으로 기증했다. 고인은 유언장에서 이 고아들을 가르치는 학교에 기독교 성직자나 목사를 고용하지 못하도록 규정했다. 그렇지만 학생들에게 '가장 순수한 도덕 원칙들'을 가르칠 것을 요구했다. 유족들의 반대에도 불구하고 대법원은 이 학교에서 학생들을 가르칠 때 기독교 성직자를 고용할 수는 없지만 성경은 사용해도 좋다고 판결했다.

대법원의 판결문은 다음과 같다. "성경, 특히 신약 성경에서만큼 가장 순수한 도덕 원칙들을 명확하고 완벽하게 배울 곳이 어디에 있겠는가?"

(비델 V. 거라드의 유언집행자, 43 U.S. 127, 200, 1884년)

"하나님과 성경 없이 세상을 올바르게 다스리기는 불가능하다."

—조지 워싱턴, 미국 초대 대통령

"모든 참된 자유와 지혜로운 법과 행정의 원칙들은 성경에서 가져오고 성경의 권위로 뒷받침해야 한다. 그러므로 성경의 이 신성한 권위를 훼손하거나 무너뜨리는 사람은 곧 사회에 고통을 안겨주는 모든 공적 무질서의 방조범이기도 하다."

—노아 웹스터, 미국 건국 교육가

"성경은 통치와 모든 사회적 거래에서 사람들을 이끌어줄 모든 진리의 위대한 원천으로 여겨져야 한다."

—노아 웹스터

"우리는 미국 문명의 미래를 절대로 정부의 힘에 걸지 않았다. 대신에 모든 정치 기관의 미래를 인간의 자치(自治) 역량에 걸었다. 다시 말해서 우리 모두가 각자 하나님의 십계명에 따라 자신을 스스로 다스리고 절제하고 지탱하는 역량에 나라의 미래를 걸었다는 뜻이다."

—제임스 메디슨, 미국 헌법 입법자

"미국은 종교가 아닌 예수 그리스도의 복음 위에 세워졌다. 우리는 이 사실을 끊임없이 강조하고 또 강조해야 한다."

—패트릭 헨리, 미국 건국 아버지

왜 품성의 '실천적 정의'가 필요한가?

각 품성의 정확하고 정밀한 정의는 모든 사람의 마음에 새겨진 하나님의 율법에 기초하기 때문에 세상 어디서나 똑같이 인식되고 이해된다. 그러므로 사람은 거짓말하거나 도둑질하거나 부도덕한 행동을 하면 양심의 가책을 받아 자기 자신도 잘못한 줄을 안다.

사람들은 각 품성의 기본 진리를 알긴 알지만 매일의 상황에서 어떻게 적용할지를 좀 더 명확하게 이해할 필요가 있다. 에스라 시대에 밝혀졌듯이 하나님의 율법에 대해서도 마찬가지이다.

"이스라엘 자손이 자기들의 성읍에 거주하였더니 일곱째 달에 이르러 모든 백성이 일제히 수문 앞 광장에 모여 학사 에스라에게 여호와께서 이스라엘에게 명령하신 모세의 율법책을 가져오기를 청하매……하나님의 율법책을 낭독하고 그 뜻을 해석하여 백성에게 그 낭독하는 것을 다 깨닫게 하니" (느헤미야 8:1, 8)

그러므로 한 가지 품성에 대한 정의가 다양하면 그 품성을 어떻게 적용할지가 훨씬 더 명료해진다. 한 가지 품성에 여러 '실천적 정의'가 필요한 또 다른 이유는 진리란 서로 다른 말로 같은 진리를 증언하는 두세 증인에 의해 확인되어야 하기 때문이다. "두세 증인의 입으로 말마다 확정하리라" (고린도후서 13:1).

각 품성의 정의가 다양하다 보면 언제든지 부정확한 정의가 있을 수 있다. 성경구절의 의미를 설명할 때도 그럴 수 있기 때문에 하나님께서는 양의 탈을 쓴 늑대처럼 접근하는 거짓 교사들을 조심하라고 경고하신다.

품성 정의를 검사하는 일도 성경 해석의 진위를 검사하는 방법과 똑같다. 첫 번째 검사는 그 정의가 어떤 영을 전달하는지를 분별하는 일이다. 그 영이 하나님과 주 예수 그리스도와 성령의 본질과 일치하는가?

두 번째 검사는 그 정의가 참된 사랑과 나머지 모든 품성들에 부합하는지 살피는 일이다. 한 정의가 다른 품성들의 정의와 모순되어서는 안 된다. 예를 들어 포용의 정의가 신중이나 절제, 공경, 덕의 품성과 모순될 순 없다.

진리의 세 번째 검사는 그 정의를 적용하는 사람들의 삶에서 나타나는 결과를 확인하는 일이다. 예수님은 "그들의 열매로 그들을 알리라"(마태복음 7:20) 라고 말씀하셨다. 만약 어떤 사람이 스스로 온화하며 긍휼을 베풀고 인내심이 있다고 자부하면서 자신의 원망과 거칢과 증오를 정당화한다면 그 사람은 참된 품성을 이해하지 못하는 사람이다.

성품은 종교와 어떻게 구별되는가?

성품은 종교가 아니다. 성품은 모든 종교를 초월하며 모든 사람의 마음과 양심에 새겨진 보편적 기준이다. 하나님께서는 우리를 당신의 형상대로 만드시면서 우리 속에 하나님의 성품을 인식하고 그 필요를 느낄 수 있는 잠재력을 넣어주셨다.

그래서 아담과 하와는 죄를 짓고 나서 눈이 열려 자기들이 알몸인 것을 깨달았다. 모습이 단정치 못하다고 굳이 누가 그들에게 알려 줄 필요도 없었다. 그들은 하나님 앞에 있었기에 본능적으로 그것을 알았다.

'정부와 종교 분리법'의 참된 의미

미국의 건국 인사(人士)들은 영국처럼 교회의 한 교파가 미국을 지배하는 것을 원치 않았다. 그러나 미국을 성경의 원리에 기초하여 하나님을 경외하는 나라로 세우고자 헌신을 다짐했다. 오늘날까지도 미국의 화폐에 새겨진 'In God We Trust(우리는 하나님을 믿습니다).'라는 구호에서 그 헌신이 잘 드러난다.

19세기 중반까지만 해도 사람들은 하나님과 성경의 개념을 교회나 교회 교리의 개념과는 명백하게 구분할 줄 알았다. 그러나 이 모든 개념을 '종교'라는 이름으로 묶어 송두리째 공공 생활에서 배제해야 한다는 주장에 법원이 설득되면서부터 상황은 달라졌다. 지금 우리가 겪는 사회적 혼란은 미국 건국 인사(人士)들이 이미 예견한 바다.

성품은 문화, 언어, 집단, 나이, 사회적 지위, 종교, 성별, 국적을 초월한다. 이는 매일매일 일어나는 인간 본성의 갈등을 다루기 때문이다.

노아 웹스터는 말했다. "인간이 악, 범죄, 야망, 부정, 억압, 노예제도, 전쟁으로 겪는 온갖 비극과 폐해는 성경의 계명들을 경멸하고 무시한 데서 비롯된다."

'분리의 벽(wall of separation)'이라는 말은 미국 초기부터 있었으나 미국 수정헌법 제1조나 헌법이나 다른 어느 공식 문서에도 나오지 않는다. 사실 이 말은 1802년 토마스 제퍼슨 대통령이 댄버리 침례교단에 보낸 글에서 문맥과 상관없이 뽑아 인용한 용어일 뿐이다. 이 연설문에서 대통령은 우려하는 시민들에게 정부의 권력은 종교에 미치지 않고, 다만 정부는 바른 질서를 유지하기 위해서 도덕 원칙에 충실해야 한다고 밝혔다.

성품에 왜 하나님의 능력이 필요한가?

모든 사람에게는 자기가 믿는 성품에 위배되는 중독이나 습관이나 고질적인 죄가 있어서 이를 극복할 하나님의 능력이 필요하다.

켄* 목사는 절제가 좋은 품성임을 잘 알고 있었다. 절제에 대해 설교도 했다. 하지만 그의 주치의와 교인들은 모두 그가 절제를 못하는 사람이라는 사실을 쉽게 알 수 있었다.

하루는 켄이 생일잔치에 참석했다. 한 사람이 체중계를 선물했고 하객들은 돌아가며 자기 체중을 쟀다. 켄이 체중계에 올라서자 '오류'라는 메시지가 떴다. 몇 번을 다시 시도해 본 결과 체중계는 136kg을 가리켰다!

켄은 이 문제를 해결하기 위해 다양한 프로그램에 도전했다. 40일간 금식하여 18kg을 뺏지만 몇 주 만에 이전 몸무게로 되돌아갔다. 이때 켄은 이전까지 간과했던 진리를 적용하기 시작했다. 그것은 간단한 원리지만 수많은 사람을 다양한 중독의 속박에서 벗어나게 한 중요한 진리였다.

그것은 1년 전쯤 일이었다. 그때부터 그는 매일 절제의 힘을 체험했다. 지금까지 45kg을 뺐고 이제는 정상 체중이다.

켄에게 절제의 힘을 안겨 준 진리를 이제 다른 사람들도 적용하여 분노와 폭력과 원망을 해결하고 대신 용서와 긍휼과 온화함을 체험하고 있다. 어떤 사람들은 정욕과 악한 생각과 음란물 중독을 이기고 참사랑과 기쁨과 화평을 누리고 있다. 어떤 사람들은 습관적 거짓말과 도둑질을 멈추고 진실성과 신실과 후함을 실천하고 있다.

켄과 비슷한 문제를 가진 남자가 있었다. 그는 자신의 닐레마를 글로 썼는데 수백만 명이 그의 글을 읽고 자기들도 똑같은 일을 겪고 있다고 고백했다. 이 남자가 쓴 메시지는 다음과 같다. "잘못인 줄 알고 행하고 싶지 않은 일인데도 나는 이 일들을 계속 합니다. 옳은 일이고 행하고 싶은 일인데 나는 이 일들을 하지 않습니다. 나는 비참한 인간입니다! 누가 이 죽음의 몸에서 나를 구해 주겠습니까?"

이것이 바로 로마서 7장에 나오는 사도 바울의 고백이며 자유를 주는 진리의 서론이다. 여러분도 이 진리의 말씀을 통해 개인의 삶과 결혼과 가정과 재정과 직장에서 하나님의 성품과 성공을 이룰 수 있는 능력을 발견하고 누리길 기원한다.

* 켄 피어폰트 목사는 2000년 6월부터 체험하기 시작한 절제의 새 힘에 지금도 감탄하고 있다. 그는 기쁘게 자기 이야기를 사람들에게 알렸고 다른 사람들도 똑같은 결과를 체험하고 있다. 그가 어떻게 절제의 비결을 찾았는지에 대한 자세한 이야기는 그의 웹 사이트 www.kenpierpont.com에서 확인하기 바란다.

과연 모든 품성에 하나님의 능력이 필요한가?

분노, 정욕, 거짓말, 도둑질과 같은 중독의 사슬을 끊기 위해서는 외부의 능력이 필요하다는 점은 누구나 알 수 있다. 그러나 어떤 사람에게 그의 재능이나 훈련을 통해 훨씬 자연스럽게 생기는 듯한 품성들은 어떤가? 왜 어떤 사람은 기질적으로 정돈과 시간엄수를 잘하고 어떤 사람은 남달리 온화함과 긍휼을 잘 베푸는가? 이런 사람이 그런 품성들을 나타내는 데에 왜 하나님의 능력이 필요한가?

이 모든 질문의 답은 모든 품성이 서로 연관되어 있고 완전한 사랑의 표현이기 때문이다.

어떤 사람은 시간엄수의 품성을 가져서 어디서나 약속 시간을 잘 지키지만 이런 사람은 자기를 기다리게 하는 사람들을 포용하기가 매우 힘들지도 모른다. 아니면 그가 시간을 잘 지키는 동기가 남들에게 잘 보이려는 데 있을지 모른다. 만약 그렇다면 겸손의 품성을 거스른 셈이다.

또 어떤 사람은 후한 품성이 있어서 궁핍한 사람들을 잘 도와주기도 한다. 그러나 그가 아무리 많이 베풀었어도 하나님의 인도를 따르지 않았다면 불법이 되기도 한다. 성경은 완전한 사랑과 연관되지 않은 후함은 무익하다고 지적한다. "내가 내게 있는 모든 것으로 구제하고 또 내 몸을 불사르게 내줄지라도 사랑이 없으면 내게 아무 유익이 없느니라"(고린도전서 13:3).

각각의 모든 품성은 본질적으로 서로 연관되어 완전한 사랑을 보여준다. 완전한 사랑을 하려면 하나님의 능력이 필요하다. 이런 사랑을 하는 것은 우리의 자연적 성향과 거리가 멀기 때문이다. 누가 시키지 않아도 이기심, 냉담, 인색함, 저항, 교만, 분노와 같은 반대 성질을 드러내는 것이 우리의 자연적 성향이다.

하나님의 초자연적인 능력이 작용하여 우리의 마음이 변화되지 않으면 어느 한 가지 품성도 제대로 나타낼 수가 없다.

각각의 모든 품성은 완전한 사랑을 실생활에서 보여준다. 완전한 사랑을 기르고 나타내려면 하나님의 능력이 필요하다.

성품을 이루는 '비결'은 그것이 불가능함을 아는 것!

하나님께서는 우리가 그분을 전적으로 의존할 수 밖에 없는 존재임을 깨닫고 하나님의 초자연적인 능력을 달라고 부르짖도록 우리의 삶 속에 불가능한 일이 끊임없이 일어나도록 설계해 놓으셨다.

각 품성을 완벽하게 갖출 수 있다거나 하나님의 율법을 지킬 수 있다고 생각하는 사람들은 그것이 인간으로서는 불가능하다는 사실을 아직 깨닫지 못한 것이다.

하나님의 계명 중 몇 가지만 살펴봐도 이 사실은 명백하다. "너는 네 하나님 여호와 앞에서 완전하라"(신명기 18:13), "너희는 거룩하라 이는 나 여호와 너희 하나님이 거룩함이니라"(레위기 19:2), "이제는 너희가 이 모든 것을 벗어 버리라 곧 분함과 노여움과 악의와 비방과 너희 입의 부끄러운 말이라"(골로새서 3:8), "나로 말미암아 너희를 욕하고 박해하고 거짓으로 너희를 거슬러 모든 악한 말을 할 때에는……기뻐하고 즐거워하라"(마태복음 5:10-12), "쉬지 말고 기도하라"(데살로니가전서 5:17), "모든 생각을 사로잡아 그리스도에게 복종하게 하라"(고린도후서 10:5). "너희 원수를 사랑하라"(마태복음 5:44).

이행하기 불가능한 명령의 대표적인 예는 예수님께서 제자들에게 배를 저어 갈릴리 호수 건너편으로 가라고 지시하신 일이다. (누가복음 8:22-25 참조) 예수님께서는 곧 광풍이 내리칠 것이므로 그들이 배를 저어 갈 수 없을 줄을 알고 계셨다.

그러나 예수님께서는 이 모든 것을 아시고도 제자들과 함께 배에 오르셨다. 제자들은 배를 저었고 예수님은 배의 뒷부분에 자리를 잡고 주무셨다.

얼마 지나지 않아 먹구름이 끼고 풍랑이 일었다. 제자들은 더 힘껏 배를 저었다. 몇몇 제자들은 숙련된 어부여서 이미 수많은 돌풍을 겪어 봤지만 이런 규모는 처음이었다.

바람이 거세지고 높은 파도가 배에 사납게 몰아쳤다. 그제서야 제자들은 사태의 심각성을 깨달았다. 배를 저어 해안까지 가기에는 너무 멀었고 금방이라도 배가 가라앉아 다 죽을 상황이었다.

바로 이렇게 인간으로서는 도저히 어떻게 해 볼 수 없는 순간에만 비로소 제자들은 하나님께서 우리 모두가 일상적으로 하길 원하시는 한 가지 일을 실천했다. 바로 하나님께 부르짖은 것이다. 오직 그들 자신이 완전히 무능함을 깨닫고 부르짖을 때만 예수님께서 일어나셔서 풍랑을 꾸짖으셨다.

예수님께서는 제자들이 부르짖기 전까지 단 1초라도 앞서서 그들을 고통에서 구해주시지 않았다는 점이 중요하다!

왜 하나님께서는 삶을 불가능하게 설계해 놓으셨는가?

하나님께서는 우리를 당신과 교제하도록 창조하셨다. 생각해 보라! 우주 만물을 만드신 창조주께서 당신께서 친히 흙먼지로 만드신 피조물과 '마음과 마음으로' 교통하고 싶어하신다는 사실을.

그러나 참된 교제의 기반은 진정한 사랑이다. 사랑은 강요될 수 없고 자유로운 선택에 따른 응답이어야 한다. 사랑은 서로의 필요성을 인식할 때 커진다. 그러므로 하나님께서는 우리가 하나님께 부르짖을 수밖에 없는 지경에 이르도록 어려운 상황을 허락하시고 책임을 맡기신다. 이때 하나님은 당신의 능력과 사랑을 우리에게 나타내셔서 우리가 하나님께 영광을 돌리고 하나님께 향한 우리의 사랑이 커지게 하신다.

부르짖음을 통해 어떻게 성품을 이루는 능력을 얻는가?

인생에서 가장 중요한 부르짖음은 구원을 위한 부르짖음이다.

성품을 효과적으로 기르려면 마음부터 변화되어야 한다. 마음의 변화는 하나님의 영으로 다시 태어날 때 일어난다. 오늘날에는 예수 그리스도를 구세주로 받아들이는 결정을 통해 신자가 되는 것이 관례처럼 되었다. 그러나 이런 결정을 한 사람 중 다수가 시련이나 유혹이 오면 쉽게 자신의 헌신을 저버린다.

자신의 결정을 끝까지 지키는 사람이 5~10%에 불과한 오늘날과는 대조적으로 조나단 에드워즈와 찰스 피니가 이끈 18~19세기 부흥에서는 구원을 받은 사람 중 75~80%가 자신의 결심을 끝까지 지켰다.

이 설교자들은 사람들에게 결심을 요구하지 않고 대신 하나님의 계명과 하나님의 성품을 어기며 사는 사람들에게 내리는 하나님의 무서운 진노를 설명해주었다. 이 점이 중요하다.

그 당시 사람들은 하늘에 들어갈 조건으로 완전함을 요구하시는 거룩하신 하나님을 소개받고 나서 자기들이 하나님의 계명을 어겼으므로 완전하지 않기 때문에 지옥에 가야 마땅하다는 사실을 실감했다.

그래서 그들은 회개할 때 자기들에게 자비를 베풀기로 하나님께서 결심하시도록 그분께 부르짖으라는 권면을 받았다. 이것은 성경에서 말하는 구원 과정과 일치한다.

예수님께서는 제자들이 부르짖기 전까지 단 1초라도 앞서서 그들을 고통에서 구해주시지 않았다는 점이 중요하다!

구원의 능력을 설명하는 성경구절들

오순절 날 베드로의 선교로 3,000명이 새로운 신자가 되었다. 다음은 그 메시지의 일부분다.

"주의 크고 영화로운 날이 이르기 전에 해가 변하여 어두워지고 달이 변하여 피가 되리라 누구든지 주의 이름을 부르는 자는 구원을 받으리라"(사도행전 2:20-21).

주의: 여기서 '부르다'로 번역된 헬라어는 두 단어의 합성어다. '에피'는 접두사로 '~에게'라는 뜻이고 '칼레오'는 '큰 소리로 부르다'는 뜻이다.

바울이 로마의 신자들에게 구원을 설명할 때 이 헬라어를 썼다. "네가 만일 네 입으로 예수를 주로 시인하며 또 하나님께서 그를 죽은 자 가운데서 살리신 것을 네 마음에 믿으면 구원을 받으리라 사람이 마음으로 믿어 의에 이르고 입으로 시인하여 구원에 이르느니라 성경에 이르되 누구든지 그를 믿는 자는 부끄러움을 당하지 아니하리라 하니 유대인이나 헬라인이나 차별이 없음이라 한 분이신 주께서 모든 사람의 주가 되사 그를 부르는 모든 사람에게 부요하시도다 누구든지 주의 이름을 부르는[에피칼레오] 자는 구원을 받으리라"(로마서 10:9-13).

부르짖음은 왜 그렇게 효과가 큰가?

1. **교만을 무너뜨린다** – "저를 겸손히 낮추겠습니다."
2. **무력함을 표현한다** – "저는 약합니다."
3. **자비를 요청하는 행동이다** – "저는 자격이 없습니다."
4. **완전한 항복이다** – "주님의 뜻대로 하겠습니다"

부르짖음과 기도는 어떻게 다른가?

성경은 기도와 부르짖음을 매우 선명하게 구분한다. 그 차이점은 특히 시편에서 두드러지게 나타난다.

- "여호와여 의의 호소를 들으소서 나의 울부짖음에 주의하소서 거짓 되지 아니한 입술에서 나오는 나의 기도에 귀를 기울이소서"(시편 17:1)
- "하나님이여 나의 부르짖음을 들으시며 내 기도에 유의하소서"(시편 61:1)
- "나의 기도가 주 앞에 이르게 하시며 나의 부르짖음에 주의 귀를 기울여 주소서"(시편 88:2)

이렇게 구분하는 합당한 이유가 있다. 효과적으로 기도하기 위해서는 훈련을 받아야 한다. 그래서 제자들은 예수님께 부탁했다. "우리에게도 [기도를] 가르쳐 주옵소서"(누가복음 11:1).

그러나 부르짖음은 훈련이 필요없다. 이것은 갓난아기의 자연스런 반응이다. 구원을 위한 첫 반응이자 평생 우리의 부족함을 끊임없이 표현하는 방식이다. 다윗은 고백했다. "저녁과 아침과 정오에 내가 근심하여 탄식하리니[크게 부르짖으리니] 그분께서 내 소리를 들으시리로다"(시편 55:17)

하나님께 부르짖은 사례

시카고의 한 배관회사 사장은 작업에 필요한 모든 도구를 다 싣기 위해 큰 트럭을 샀다. 트럭은 그의 움직이는 작업실이었다.

어느 날 그는 사업 문제로 트럭을 몰고 한 상점에 들렀다. 3분이면 끝날 일이라서 차에 키를 꽂은 채로 내렸다. 볼일을 보고 상점에서 나왔더니 트럭이 없었다.

그는 놀라서 경찰에 신고했다. 경찰은 자동차 도둑들이 이 지역을 자주 돌아다닌다고 했다. "저희가 한 시간 내로 트럭의 위치를 찾지 못하면 포기하시는 게 나을 겁니다. 이 도둑들은 아주 조직적으로 움직이기 때문에 훔친 차를 금방 처분하니까요."

그는 너무나 상심했다. 사업이 통째로 날아갔기 때문이다. 수금해 둔 돈과 주문서들이 전부 트럭 안에 있었다. 몇 시간이 지나도록 찾았지만 소용이 없었다. 절망적인 상황이었다.

이 시점에서 그는 친구들에게 기도를 부탁했다. 2000년 10월 13일, 그의 친구들이 그를 위해 하나님께 부르짖었다. 그들의 부르짖음은 아주 간단했다. "하나님 아버지! 도둑이 회개하고 트럭을 돌려주게 해 주세요!"

사흘 후 그는 시카고의 누군가에게서 전화를 받았다. 전화를 건 사람은 와서 트럭을 가져가라고 했다. 그가 받은 주소로 가 보니 거기에 트럭이 있었다. 도구가 많이 없어진 것 말고는 트럭은 멀쩡했고 수금한 돈과 주문서들도 그대로 있었다.

며칠 후에 그는 벼룩시장에 갔다가 없어진 도구 중 몇 개를 거기서 발견했다. 그것들이 자기가 도둑맞은 물건임을 입증하고 돌려받을 수 있었다. 트럭이 행방불명된 사흘 동안 그의 사정을 전해 들은 한 부인은 배관공이었던 죽은 남편의 도구를 전부 그에게 주었고, 다른 친구도 많은 배관 도구를 그에게 주었다.

이 경험은 그에게는 물론 그를 위해 기도했던 친구들에게도 큰 기쁨을 안겨주었다. 무엇보다도 이 사건을 통해 그는 주님께 더욱 가까이 나아가고 시편 50편 15절에 기록된 하나님의 약속을 확신하게 되었다. "환난 날에 나를 부르라 내가 너를 건지리니 네가 나를 영화롭게 하리로다."

부르짖음에 대한 약속들

- "내가 환난 중에서 여호와께 아뢰며 나의 하나님께 부르짖었더니 그가 그의 성전에서 내 소리를 들으심이여 그의 앞에서 나의 부르짖음이 그의 귀에 들렸도다"(시편 18:6)
- "내가 아뢰는[부르짖는] 날에 내 원수들이 물러가리니 이것으로 하나님이 내 편이심을 내가 아나이다"(시편 56:9)
- "너는 내게 부르짖으라 내가 네게 응답하겠고 네가 알지 못하는 크고 은밀한 일을 네게 보이리라"(예레미야 33:3)

사랑의 능력을

성령의 충만

성품을 기르는 능력은 우리의 재능이나 의지에서 나오지 않는다. 이 능력은 오직 하나님의 거룩하신 영으로부터 나온다. "이는 힘으로 되지 아니하며 능력으로 되지 아니하고 오직 나의 영으로 되느니라"(스가랴 4:6). 성령께서 우리의 삶에 하시는 일은 세 가지 방식으로 나타난다.

1. 성령께서 내 영에 내주(內住)하신다

우리는 주님의 이름을 부르는 순간 선물로 구원뿐 아니라 성령도 받는다. 하나님의 거룩하신 영이 우리의 영 안에 들어와 사시는 것이다. "성령이 친히 우리의 영과 더불어 우리가 하나님의 자녀인 것을 증언하시나니"(로마서 8:16).

2. 성령께서 내 혼을 채우신다

혼은 지성과 감정과 의지를 말한다. 하나님의 자녀가 된 사람은 하늘 아버지께 혼의 모든 영역을 하나님의 거룩하신 영으로 채워달라고 간구할 수 있다. "너희가 악할지라도 좋은 것을 자식에게 줄 줄 알거든 하물며 너희 하늘 아버지께서 구하는 자에게 성령을 주시지 않겠느냐 하시니라"(누가복음 11:13).

3. 성령께서 내 몸을 다스리신다

구원받은 사람은 자기 몸을 하나님께 산 제물로 바쳐야 한다. 우리의 몸은 이제 성령의 성전이므로 우리는 몸의 지체들을 의의 도구로 내드려야 한다.(로마서 6:19, 12:1-2).

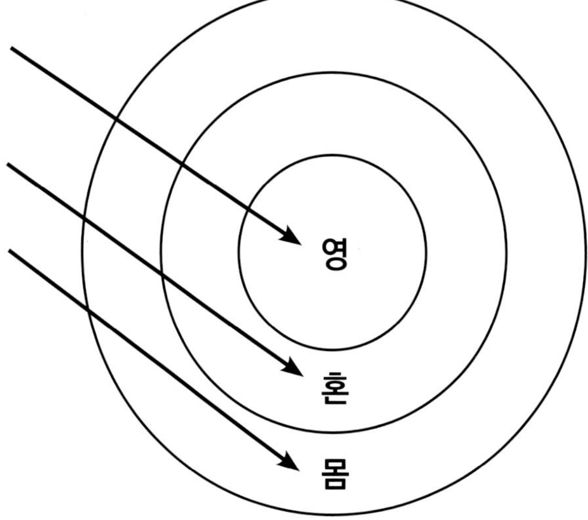

성령의

성령께서는 예수님을 광야로 인도하여 시험받게 하셨듯이 우리를 시련과 유혹 속으로 이끄실 것이다. (누가복음 4:1-13 참조)

- "사랑하는 자들아 너희를 연단하려고 오는 불 시험을 이상한 일 당하는 것 같이 이상히 여기지 말고"(베드로전서 4:12).

- "내 형제들아 너희가 여러 가지 시험을 당하거든 온전히 기쁘게 여기라 이는 너희 믿음의 시련이 인내를 만들어 내는 줄 너희가 앎이라"(야고보서 1:2-3).

- "의를 위하여 박해를 받은 자는 복이 있나니 천국이 그들의 것임이라 나로 말미암아 너희를 욕하고 박해하고 거짓으로 너희를 거슬러 모든 악한 말을 할 때에는 너희에게 복이 있나니"(마태복음 5:10-11).

- "부당하게 고난을 받아도 하나님을 생각함으로 슬픔을 참으면 이는 아름다우나……이를 위하여 너희가 부르심을 받았으니 그리스도도 너희를 위하여 고난을 받으사 너희에게 본을 끼쳐 그 자취를 따라오게 하려 하셨느니라"(베드로전서 2:19, 21).

경험하는 세 단계

시험

시험의 종류

- **불 시험**: 갑자기 끓어오르는 분노나 정욕 – 믿음의 방패로 막는다 (베드로전서 4:12, 에베소서 6:16)
- **약함**: 힘이나 건강을 방해하는 신체적 한계와 결함 (고린도후서 12:10)
- **비난**: 하나님의 기준대로 살기 때문에 마주치는 모욕과 조롱과 배척
- **일상 필요**: 일상에서 느끼는 압박과 책임
- **박해**: 우리를 쫓아다니며 고통을 주며 우리의 삶을 비참하게 만들기 위해 물불을 가리지 않는 사람들의 행동
- **고통**: 우리가 바라거나 기대한 대로 되지 않아서 슬프고 괴로운 상황들

바람직한 대응

1. 감사하기로 마음먹는다.

"범사에 감사하라 이것이 그리스도 예수 안에서 너희를 향하신 하나님의 뜻이니라"(데살로니가전서 5:18).

2. 기뻐할 이유들을 찾는다.

"주 안에서 항상 기뻐하라 내가 다시 말하노니 기뻐하라" (빌립보서 4:4).

3. 관련된 성경 말씀들을 분별한다.

"사람이 떡으로만 살 것이 아니요 하나님의 입으로부터 나오는 모든 말씀으로 살 것이라 하였느니라"(마태복음 4:4).

4. 필요할 때는 하나님께 부르짖는다.

"환난 날에 나를 부르라 내가 너를 건지리니 네가 나를 영화롭게 하리로다"(시편 50:15).

5. 열심히 선을 행한다.

"악에게 지지 말고 선으로 악을 이기라"(로마서 12:21).

성령의 능력

우리는 성령의 시험에 통과하는 만큼 하나님의 영의 능력[뒤나미스]을 경험한다.

- "그러므로 도리어 크게 기뻐함으로 나의 여러 약한 것들에 대하여 자랑하리니 이는 그리스도의 능력이 내게 머물게 하려 함이라"(고린도후서 12:9).
- "너희가 그리스도의 이름으로 치욕을 당하면 복 있는 자로다 영광의 영 곧 하나님의 영이 너희 위에 계심이라 [그분께서 그들 편에서는 비방을 받으시나 너희 편에서는 영광을 받으시느니라]"(베드로전서 4:14).
- "다만 이뿐 아니라 우리가 환난 중에도 즐거워하나니 이는 환난은 인내를, 인내는 연단을, 연단은 소망을 이루는 줄 앎이로다 소망이 우리를 부끄럽게 하지 아니함은 우리에게 주신 성령으로 말미암아 하나님의 사랑이 우리 마음에 부은 바 됨이니"(로마서 5:3-5).
- 우리는 "하나님의 상속자요 그리스도와 함께 한 상속자니 우리가 그와 함께 영광을 받기 위하여 고난도 함께 받아야 할 것이니라"(로마서 8:17).

성령의 능력은……

사랑, 희락, 화평, 오래 참음, 자비, 양선, 충성, 온유, 절제다.
(갈라디아서 5:22-23 참조)

- "믿음으로 말미암아 그리스도께서 너희 마음에 계시게 하시옵고 너희가 사랑 가운데서 뿌리가 박히고 터가 굳어져서 능히 모든 성도와 함께 지식에 넘치는 그리스도의 사랑을 알고 그 너비와 길이와 높이와 깊이가 어떠함을 깨달아 하나님의 모든 충만하신 것으로 너희에게 충만하게 하시기를 구하노라 우리 가운데서 역사하시는 능력대로 우리가 구하거나 생각하는 모든 것에 더 넘치도록 능히 하실 이에게 교회 안에서와 그리스도 예수 안에서 영광이 대대로 영원무궁하기를 원하노라 아멘"(에베소서 3:17-21).

사랑의 능력을 체험하려면 어떻게 시험을 통과해야 하는가?

많은 청소년들에게 물었다. "여러분 중에 동생이 있는 사람 있나요?" 대부분이 손을 들었다. 이들에게 다시 물었다. "여러분의 소중한 물건을 동생이 만지다가 망가뜨리면 기분이 좋아지는 사람 있나요?" 청소년들은 어이없다는 듯 웃음을 터뜨렸다. 소중한 물건이 못쓰게 되었는데 그런 바보 같은 반응을 보일 사람이 어디 있겠는가?

사실은 그런 사람들이 있었다. 바로 1세기 그리스도인들이다. 그들은 자기들이 재산을 빼앗긴 것을 감사함으로 반응하면 하나님께서 자기들의 재산보다 훨씬 값진 사랑과 기쁨의 능력으로 보상해주신다는 사실을 알았다. 그러므로 성경은 그들이 재산을 빼앗기는 일도 '기쁘게 받아들였다'고 밝힌다. (히브리서 10:34 참조) 바울도 이것을 알았기에 자기는 모든 것을 잃었지만 그리스도와 그분께서 주시는 능력을 더 얻고자 그것들을 쓰레기로 여겼다고 결론짓는다. (빌립보서 3:1-14 참조)

사람들은 대부분 일상생활의 시련과 갈등과 스트레스가 성령의 시험이라는 사실을 서로 관련지어 생각하지 않는다. 그러나 이 둘의 연관성이야말로 갈등의 동력을 사랑의 능력으로 바꾸는 열쇠다.

1. 감사하기로 마음먹는다.

손해를 입거나 짜증스런 일이 있을 때 우리의 자연적인 반응은 투덜대거나 불평하거나 화내는 것이다. 이렇게 반응하면 시험에 통과하지 못하고 결국 하나님의 사랑의 능력을 절대로 체험하지 못한다.

만일 우리가 자연적인 반응을 멈추고 어떤 일이 일어나든지 단순히 하나님께 감사드린다면 미래를 바꿔 놓을 전혀 새로운 자세와 전혀 다른 결과를 경험할 것이다. 바로 이것을 근거로 성경은 가르친다. "범사에 감사하라 이것이 그리스도 예수 안에서 너희를 향하신 하나님의 뜻이니라"(데살로니가전서 5:18) 이 교훈은 말 그대로 당신 삶에서 일어나는 모든 일을 하나님께 감사하라는 뜻이다.

이 명령은 에베소서 5장 20절에서도 확인된다. "범사에 우리 주 예수 그리스도의 이름으로 항상 아버지 하나님께 감사하라" 우리가 삶에 일어나는 모든 일 하나하나에 대해 하나님께 진심으로 감사할 수 있는 이유는 다음과 같다.

1. 모든 일은 하나님께로부터 온다 – '나쁜 일'조차도 그렇다.

욥은 이 중요한 핵심을 이해했다. 하나님께서 욥에 대해 말씀하셨다. "네가 내 종 욥을 주의하여 보았느냐 그와 같이 온전하고 정직하여 하나님을 경외하며 악에서 떠난 자는 세상에 없느니라"(욥기 1:8).

욥은 이웃의 약탈, 번개, 우박, 큰 바람으로 가축과 자녀를 전부 잃었다. 이 모든 것이 사탄의 소행이었으므로 욥은 "주님께서 주셨건만 사탄이 가져갔도다"라고 말할 수 있었으나 그는 오히려 "주신 이도 여호와시요 거두신 이도 여호와시오니 여호와의 이름이 찬송을 받으실지니이다"(욥기 1:21) 라고 고백했다.

사탄이 하나님의 허락을 받고 한발 더 나아가 욥의 건강까지 빼앗았지만 욥의 대답은 예상밖이었다. "우리가 하나님께 복을 받았은즉 화도 받지 아니하겠느냐 하고 이 모든 일에 욥이 입술로 범죄하지 아니하니라"(욥기 2:10).

바울도 동일한 영적 통찰력이 있었다. 그는 육신의 가시를 없애 달라고 세 번 기도하고 나서 그것이 실제로는 사탄의 하수인이지만 그 궁극적 목적은 그에게 그리스도의 능력을 더 크게 체험하게 해주는 것임을 인정했다.

"이것이 내게서 떠나가게 하기 위하여 내가 세 번 주께 간구하였더니 나에게 이르시기를 내 은혜가 네게 족하도다 이는 내 능력이 약한 데서 온전하여짐이라 하신지라 그러므로 도리어 크게 기뻐함으로 나의 여러 약한 것들에 대하여 자랑하리니 이는 그리스도의 능력이 내게 머물게 하려 함이라" (고린도후서 12:8-9).

앞의 예처럼 트럭을 도둑맞은 경우에 주인이 "하나님, 이 경험을 통해 하나님께서 하시려는 일을 감사드립니다." 라고 기쁘게 소리치는 모습을 상상할 수 있겠는가? 이러한 반응은 합리적으로 들리지는 않겠지만 범사에 감사하라는 하나님의 명령과 일치하는 행동이다. 그러므로 감사는 일시적인 손실보다 하나님을 아는 엄청난 가치와 하나님의 성품을 확신하는 믿음에 근거한 반응이다.

우리가 감사하기로 마음먹으면 우리의 모든 태도와 관점이 달라진다. 그리고 하나님께서 마련하신 창조적인 해결책과 함께 나쁜 상황을 돌이킬 새로운 기회를 볼 수 있는 능력이 생긴다. 우리의 삶이 이렇게 새롭고 생산적인 방향으로 바뀌면 감사하는 영이 왜 우리의 삶에 대한 하나님의 뜻을 찾는 최선책인지가 밝히 드러난다.

2. 모든 일은 우리의 유익을 위해 설계되었다 – '나쁜 일'까지도.

로마서 8장 28절은 이 점을 아주 명확히 밝힌다. "우리가 알거니와 하나님을 사랑하는 자 곧 그의 뜻대로 부르심을 입은 자들에게는 모든 것이 합력하여 선을 이루느니라."

요셉은 노예로 팔리고 억울하게 고소당해 감옥에 갇힌 것이 유익한 일인지를 의심할 만했다. 그러나 요셉의 증언과 다른 많은 사람의 증언을 통해 우리는 하나님께서 모든 일을 당신 자녀들의 유익을 위해 설계하셨다는 사실을 쉽게 알 수 있다. 예레미야 29장 11절에서 말한다. "너희를 향한 나의 생각을 내가 아나니 평안이요 재앙이 아니니라 너희에게 미래와 희망을 주는 것이니라."

3. 모든 일은 우리 안에 성품을 만들어 낸다 – '나쁜 일들'이 특히 그렇다.

우리가 손해를 볼 때가 바로 만족, 인내, 감사, 온유 등의 품성을 기를 기회다. 우리의 감정이 상할 때는 용서, 긍휼, 민감성의 품성을 배울 수 있다.

성경은 예수님께서 고난을 통해 순종을 배우셨고 우리도 모든 권리를 그분께 내드림으로 우리 안에 그분의 마음을 가져야 한다고 말한다.

4. 모든 일은 우리에게 하나님의 길을 가르쳐준다.

다윗이 고백했다. "고난 당한 것이 내게 유익이라 이로 말미암아 내가 주의 율례들을 배우게 되었나이다"(시편 119:71).

불행히도 인생에는 고통 없이는 배울 수 없는 중요한 교훈이 많다. 우리의 방식은 하나님의 방식과 정반대이기 때문에 우리는 이 교훈들을 꼭 배워야 한다. 하나님도 이것을 분명히 말씀하셨다. "이는 내 생각이 너희의 생각과 다르며 내 길은 너희의 길과 다름이니라 여호와의 말씀이니라 이는 하늘이 땅보다 높음 같이 내 길은 너희의 길보다 높으며 내 생각은 너희의 생각보다 높음이니라"(이사야 55:8-9).

죄의 길에서 벗어나기 위해서도 육체의 고난은 유익하다. "그리스도께서 이미 육체의 고난을 받으셨으니 너희도 같은 마음으로 갑옷을 삼으라 이는 육체의 고난을 받은 자는 죄를 그쳤음이니 그 후로는 다시 사람의 정욕을 따르지 않고 하나님의 뜻을 따라 육체의 남은 때를 살게 하려 함이라"(베드로전서 4:1-2).

2. 기뻐할 이유들을 찾는다.

하나님께 감사하는 것은 의지의 행동이지만 기쁨은 영의 표현이다. 우리는 의지로는 하나님께 감사하면서도 감정으로는 여전히 감사함을 느끼지 않을 수 있다. 그러나 우리는 성령의 기쁨을 경험하지 않고서는 나쁜 일에 기뻐할 수 없다.

슬픔과 기쁨이 얼마든지 동시에 공존할 수 있다는 점에 주목할 필요가 있다. 슬픔은 혼이나 마음의 반응이지만 기쁨은 영의 표현이기 때문이다.

피해를 당하는 것 같을 때 기뻐할 수 있는 유일한 길은 그 일로 생기는 유익들을 살피는 방법뿐이다. 그러면 앞에서 이야기한 트럭 주인은 트럭을 도둑맞은 일로 어떤 유익을 얻었겠는가? 몇 가지 예를 들어 보자.

- 전에 이 트럭을 하나님께 바친 사실이 기억났다. 그러므로 도둑맞은 것은 하나님의 트럭이었다.
- 하나님의 물건을 더 잘 관리하는 청지기가 되는 계기가 되었다.
- 영적 도움이 꼭 필요한 도둑을 위해 긴급하게 기도했다.
- 우리의 재산이 얼마나 취약한지를 확인하고 우리의 애착을 위의 것에 두고 땅의 것에 두지 말아야 함을 깨달았다.
- 영적인 일보다 생업에 너무 많은 시간을 쓰지 않았는지를 재고하고 우선순위를 재평가하는 기회가 되었다.

우리는 무엇을 잃었을 때도 기뻐할 수 있다. 우리가 바르게 반응하기만 하면 훨씬 더 큰 보상으로 그리스도의 능력과 영광을 받기 때문이다. 이것이 바울의 가르침에서도 아주 중요한 부분이다. "그러나 무엇이든지 내게 유익하던 것을 내가 그리스도를 위하여 다 해로 여길뿐더러 또한 모든 것을 해로 여김은 내 주 그리스도 예수를 아는 지식이 가장 고상하기 때문이라 내가 그를 위하여 모든 것을 잃어버리고 배설물로 여김은 그리스도를 얻고 그 안에서 발견되려……함이니"(빌립보서 3:7-9).

바울은 로마서 8장 17-18절에서 이 진리를 재차 확인했다. "자녀이면 또한 상속자 곧 하나님의 상속자요 그리스도와 함께 한 상속자니 우리가 그와 함께 영광을 받기 위하여 고난도 함께 받아야 할 것이니라 생각하건대 현재의 고난은 장차 우리에게 나타날 영광과 비교할 수 없도다."

하나님께서 우리에게 주신 성령의 능력으로 고난에 바르게 반응하면 우리는 일생 동안 주님을 위해 훨씬 더 위대한 일들을 이룰 수 있다. 이러한 성취로 우리는 영원히 남는 큰 보상을 받는다.

예수님은 제자들에게 말씀하셨다. "나로 말미암아 너희를 욕하고 박해하고 거짓으로 너희를 거슬러 모든 악한 말을 할 때에는 너희에게 복이 있나니 기뻐하고 즐거워하라 하늘에서 너희의 상이 큼이라 너희 전에 있던 선지자들도 이같이 박해하였느니라"(마태복음 5:11-12).

3. 관련된 성경 말씀들을 분별한다.

사탄이 광야에서 던진 유혹에 예수님은 적합한 성경 말씀으로 하나하나 맞서셨다. 사탄이 예수님에게 돌로 빵을 만들어 보라고 유혹했을 때 예수님은 답하셨다. "기록되었으되 사람이 떡으로만 살 것이 아니요 하나님의 입으로부터 나오는 모든 말씀으로 살 것이라 하였느니라"(마태복음 4:4).

여기서 '말씀'으로 번역된 헬라어는 '로고스'가 아니라 '레마'다. 레마는 성경 말씀 중에서 성령께서 우리에게 개인적으로 적용하라고 주시는 구절을 뜻한다.

이런 레마 말씀은 대개 날마다 하나님의 말씀을 읽는 중에 우리에게 두드러지게 다가온다. 어떤 구절이 특별히 중요한 뜻을 보이면 기록해 두었다가 암송하고 묵상해야 한다. 왜냐하면 성경의 레마는 우리에게 믿음의 방패를 만들어주고 우리는 이를 통해 악한 영의 모든 불화살을 막을 수 있기 때문이다.

4. 필요할 때는 하나님께 부르짖는다.

어떤 시련과 환란은 우리가 끝 없이 견디기만 하는 것이 하나님의 뜻이 아니다. 하나님께서는 이런 시련과 환난에서 우리를 빨리 건져내고 싶어하시지만 우리가 부르짖을 때까지 가만히 기다리시기도 한다.

다윗은 자기를 억압하는 자들에게서 구출해 달라고 끊임없이 부르짖었고 하나님께서 성실하게 구출해 주셨다는 확실한 증언을 남겼다. "내가 아뢰는[부르짖는] 날에 내 원수들이 물러가리니 이것으로 하나님이 내 편이심을 내가 아나이다"(시편 56:9). 그는 또 고백했다. "저녁과 아침과 정오에 내가 근심하여 탄식하리니[크게 부르짖으리니] 그분께서 내 음성을 들으시리로다"(시편 55:17).

예수님도 역시 부당한 상황에서 하나님께 구출해 달라고 부르짖는 것이 얼마나 중요하고 효과적인지를 확인하셨다. "이르시되 어떤 도시에 하나님을 두려워하지 않고 사람을 무시하는 한 재판장이 있는데 그 도시에 한 과부가 있어 자주 그에게 가서 내 원수에 대한 나의 원한을 풀어 주소서 하되 그가 얼마 동안 듣지 아니하다가 후에 속으로 생각하되 내가 하나님을 두려워하지 않고 사람을 무시하나 이 과부가 나를 번거롭게 하니 내가 그 원한을 풀어 주리라 그렇지 않으면 늘 와서 나를 괴롭게 하리라 하였느니라 주께서 또 이르시되 불의한 재판장이 말한 것을 들으라 하물며 하나님께서 그 밤낮 부르짖는 택하신 자들의 원한을 풀어 주지 아니하시겠느냐 그들에게 오래 참으시겠느냐"(누가복음 18:2-7).

부르짖어도 하나님이 응답하시지 않는 이유

1. 전심으로 부르짖지 않음

하나님께서는 다윗이 전심으로 부르짖었기 때문에 그의 부르짖음을 들으셨다. "여호와여 내가 전심으로 부르짖었사오니 내게 응답하소서 내가 주의 교훈들을 지키리이다"(시편 119:145). 다윗과 대조적으로 호세아 시대 사람들은 전심으로 부르짖지 않았다. "성심으로 나를 부르지 아니하였으며 오직 침상에서 슬피 부르짖으며 곡식과 새 포도주로 말미암아 모이며 나를 거역하는도다"(호세아 7:14).

부르짖음은 효과가 매우 크지만 하나님께서 우리의 부르짖음을 들으시지 못하게 가로막는 상태들이 있다.

2. 진심으로 겸손하게 부르짖지 않음

부르짖기 위해서는 겸손이 필수 요소다. "하나님이 교만한 자를 물리치시고 겸손한 자에게 은혜를 주신다" 하셨기 때문이다(야고보서 4:6). 하나님은 약속하신다. "가난한[겸손한] 자의 부르짖음을 잊지 아니하시도다"(시편 9:12).

3. 큰 소리로 부르짖지 않음

아기가 칭얼거리면 엄마는 뭐가 잘못되었는지를 가만히 살펴볼 것이다. 하지만 아기가 큰 소리로 울어 젖히면 당장 뭐든 할 태세로 황급히 달려 올 것이다. '부르짖음'에 관한 모든 단어에는 어떤 요구에 큰 목소리로 응답한다는 뜻이 담겨 있다. 다윗도 이 점을 강조했다. "내가 소리 내어 여호와께 부르짖으며 소리 내어 여호와께 간구하는도다"(시편 142:1).

4. 과거의 서약을 지키지 않음

하나님께서는 결혼 서약을 깬 남자가 제대로 회개하지 않으면 그가 아무리 부르짖어도 듣지 않으신다. "너희가 이런 일도 행하나니 곧 눈물과 울음과 탄식으로 여호와의 제단을 가리게 하는도다 그러므로 여호와께서 다시는 너희의 봉헌물을 돌아보지도 아니하시며 그것을 너희 손에서 기꺼이 받지도 아니하시거늘 너희는 이르기를 어찌 됨이니이까 하는도다 이는 너와 네가 어려서 맞이한 아내 사이에 여호와께서 증인이 되시기 때문이라 그는 네 짝이요 너와 서약한 아내로되 네가 그에게 거짓을 행하였도다[아내를 배신하였도다] 그에게는 영이 충만하였으나 오직 하나를 만들지 아니하셨느냐 어찌하여 하나만 만드셨느냐 이는 경건한 자손을 얻고자 하심이라 그러므로 네 심령을 삼가 지켜 어려서 맞이한 아내에게 거짓을 행하지 말지니라[아내를 배신하지 말지니라] 이스라엘의 하나님 여호와가 이르노니 나는 이혼하는 것과 옷으로 학대를 가리는 자를 미워하노라 만군의 여호와의 말이니라 그러므로 너희 심령을 삼가 지켜 거짓을 행하지 말지니라[배신하지 말지니라]"(말라기 2:13-16).

5. 죄를 자백하고 버리지 않음

성경은 우리가 마음속에 불법을 생각고 있으면 하나님께서 듣지 않으신다고 경고한다. (시편 66:18 참조) 이것은 하나님께서 이스라엘을 다루신 역사 속에서 명확히 드러났다.

"이스라엘 자손이 여호와께 부르짖어 이르되 우리가 우리 하나님을 버리고 바알들을 섬김으로 주께 범죄하였나이다 하니 여호와께서 이스라엘 자손에게 이르시되 내가 애굽 사람과 아모리 사람과 암몬 자손과 블레셋 사람에게서 너희를 구원하지 아니하였느냐 또 시돈 사람과 아말렉 사람과 마온 사람이 너희를 압제할 때에 너희가 내게 부르짖으므로 내가 너희를 그들의 손에서 구원하였거늘 너희가 나를 버리고 다른 신들을 섬기니 그러므로 내가 다시는 너희를 구원하지 아니하리라 가서 너희가 택한 신들에게 부르짖어 너희의 환난 때에 그들이 너희를 구원하게 하라 하신지라"(사사기 10:10-14).

6. 가난한 자의 어려운 형편을 도와주지 않음

하나님께서는 우리가 가난한자의 부르짖음을 외면하면 하나님도 우리의 부르짖음을 외면하신다고 경고하신다. "귀를 막고 가난한 자가 부르짖는 소리를 듣지 아니하면 자기가 부르짖을 때에도 들을 자가 없으리라"(잠언 21:13). 또 다음과 같은 경고도 주셨다. "너는 과부나 고아를 해롭게 하지 말라 네가 만일 그들을 해롭게 하므로 그들이 내게 부르짖으면 내가 반드시 그 부르짖음을 들으리라 나의 노가 맹렬하므로 내가 칼로 너희를 죽이리니 너희의 아내는 과부가 되고 너희 자녀는 고아가 되리라"(출애굽기 22:22-24).

우리는 가난하고 궁핍한 사람들에게 후히 베풀 뿐 아니라 우리를 위해서 일하는 사람들에게 공정하고 긍휼을 베풀어야 한다. "곤궁하고 빈한한 품꾼은 너희 형제든지 네 땅 성문 안에 우거하는 객이든지 그를 학대하지 말며 그 품삯을 당일에 주고 해 진 후까지 미루지 말라 이는 그가 가난하므로 그 품삯을 간절히 바람이라 그가 너를 여호와께 호소하지 않게 하라 그렇지 않으면 그것이 네게 죄가 될 것임이라"(신명기 24:14-15).

7. 원망을 버리지 않음 (원망: 못마땅하게 여기어 탓하거나 불평을 품고 미워함.)

원망은 하나님과의 관계와 인간관계를 모두 더럽힌다. 그러므로 성경은 경고한다. "너희는 하나님의 은혜에 이르지 못하는 자가 없도록 하고 또 쓴 뿌리[원망]가 나서 괴롭게 하여 많은 사람이 이로 말미암아 더럽게 되지 않게 하며"(히브리서 12:15).

하나님께서는 남편들에게 아내에게 원망을 품지 말라고 특별히 경고하신다. "남편들아 아내를 사랑하며 괴롭게 하지 말라[원망을 품지 말라]"(골로새서 3:19). 베드로도 이 권면을 확인하면서 남편과 아내가 제대로 하나가 되지 않으면 기도가 끊어진다고 밝힌다. "남편들아 이와 같이 지식을 따라 너희 아내와 동거하고 그를 더 연약한 그릇이요 또 생명의 은혜를 함께 이어받을 자로 알아 귀히 여기라 이는 너희 기도가 막히지 아니하게 하려 함이라 또는 그 아내를 더 연약한 그릇 같이 여겨 지식을 따라 동거하고 마지막으로 말하노니 너희가 다 마음을 같이하여 동정하며 형제를 사랑하며 불쌍히 여기며 겸손하며 악을 악으로, 욕을 욕으로 갚지 말고 도리어 복을 빌라 이를 위하여 너희가 부르심을 받았으니 이는 복을 이어받게 하려 하심이라"(베드로전서 3:7-9).

원망은 용서하지 않았다는 증거다. 예수님께서는 우리가 다른 사람을 용서하지 않으면 우리가 하나님께 용서를 구할 때 하나님께서 그 기도를 듣지 않으신다고 경고하셨다. "너희가 사람의 잘못을 용서하지 아니하면 너희 아버지께서도 너희 잘못을 용서하지 아니하시리라"(마태복음 6:15).

5. 열심히 선을 행한다.

"악에게 지지 말고 선으로 악을 이기라" (로마서 12:21)

선행으로 다른 사람을 섬기면 큰 유익이 따른다. 실제로 성경은 우리에게 명령한다. "모든 이에게 착한 일을 하되 더욱 믿음의 가정들에게 할지니라"(갈라디아서 6:10).

우리를 공격하는 사람들의 행동은 자기를 좀 도와 달라는 서투른 호소인 경우가 많다. 그러므로 예수님께서는 제자들에게 말씀하셨다. "나는 너희에게 이르노니 너희 원수를 사랑하며 너희를 박해하는 자를 위하여 기도하라 이같이 한즉 하늘에 계신 너희 아버지의 아들이 되리니 이는 하나님이 그 해를 악인과 선인에게 비추시며 비를 의로운 자와 불의한 자에게 내려주심이라"(마태복음 5:44-45).

사실 구원을 받은 사람들은 모두 선한 일을 열심히 해야 한다. (디도서 2:14 참조) 우리를 부당하게 비난하는 사람들을 잠잠하게 하고 다른 사람들을 하나님께 영광을 돌리게 만드는 것은 바로 그들에게 선을 행하는 것이다.

시험에 통과한 사람이 받는 보상

1. 참사랑의 능력

참사랑의 능력은 모든 품성을 기를 수 있게 한다. 우리는 물질에 대한 애착이나 누군가에게 받은 상처 때문에 흔들릴 필요가 없다. 왜냐하면 실망스럽고 원망스러운 일들은 실제로 훨씬 더 큰 상인 하나님의 거룩한 영의 능력을 받는 수단이기 때문이다.

"다만 이뿐 아니라 우리가 환난 중에도 즐거워하나니 이는 환난은 인내를, 인내는 연단을, 연단은 소망을 이루는 줄 앎이로다 소망이 우리를 부끄럽게 하지 아니함은 우리에게 주신 성령으로 말미암아 하나님의 사랑이 우리 마음에 부은 바 됨이니"(로마서 5:3-5).

2. 넘치는 기쁨의 능력

기쁨은 시련에 대해 하나님께 감사하고 그 속에서 유익을 찾는 데서부터 시작되고, 성령께서는 당신의 능력[뒤나미스]으로 기운을 불어넣어 이 기쁨을 넘치는 기쁨으로 바꾸신다.

"사랑하는 자들아 너희를 연단하려고 오는 불 시험을 이상한 일 당하는 것 같이 이상히 여기지 말고 오히려 너희가 그리스도의 고난에 참여하는 것으로 즐거워하라 이는 그의 영광을 나타내실 때에 너희로 즐거워하고 [넘치도록] 기뻐하게 하려 함이라"(베드로전서 4:12-13).

3. 하나님의 영광의 능력

하나님께서는 환난과 박해를 받는 신자들의 삶을 통해 큰 영광을 받으신다. 우리의 삶의 주 목적은 하나님께 영광을 돌리는 것이므로 하나님의 이름을 위해 모욕을 당하는 것과 하나님의 이름이 영화롭게 되는 것의 연관성을 기억하는 것이 중요하다.

"너희가 그리스도의 이름으로 치욕을 당하면 복 있는 자로다 영광의 영 곧 하나님의 영이 너희 위에 계심이라"(베드로전서 4:14).

4. 우리 안에 계신 그리스도의 생명의 능력

모든 좋은 품성은 그리스도 안에서 완벽하게 구현되었다. 그러므로 우리 안에 그리스도의 능력이 있으면 우리는 성품을 기르는 데 필요한 모든 것을 가진 셈이다.

"믿음으로 말미암아 그리스도께서 너희 마음에 계시게 하시옵고 너희가 사랑 가운데서 뿌리가 박히고 터가 굳어져서 능히 모든 성도와 함께 지식에 넘치는 그리스도의 사랑을 알고 그 너비와 길이와 높이와 깊이가 어떠함을 깨달아 하나님의 모든 충만하신 것으로 너희에게 충만하게 하시기를 구하노라 우리 가운데서 역사하시는 능력대로 우리가 구하거나 생각하는 모든 것에 더 넘치도록 능히 하실 이에게 교회 안에서와 그리스도 예수 안에서 영광이 대대로 영원무궁하기를 원하노라 아멘"(에베소서 3:17-21).

어떻게 성품이 성공을 가져다주는가?

성공은 관계로 결정되고 관계는 성품으로 결정된다.

생명력 있는 관계를 맺으려면 자기 자신, 가족, 배우자, 자녀, 직장, 교회, 지역사회와 잘 지내야 하고 가장 중요하게는 하나님과 잘 지내야 한다. 이 모든 영역에서 올바른 관계를 맺어야 진정한 성공이다. 사업이나 직장에서는 성공해도 결혼과 가정에서 실패한다면 진정한 성공자라고 할 수 없다.

이 책에서는 진정한 사랑의 표현인 49가지 품성을 밝힌다. 이 품성들을 잘 깨달아 삶으로 드러내면 이 품성들이 참된 성공을 가져올 것이다.

왜 사랑이 첫째 품성인가?

우리의 삶의 목표는 하나님께서 우리를 구원하시려고 자기 아들을 세상에 보내심으로 나타내신 사랑을 체험하고 다른 사람들에게 나눠주는 것이다. 사실 나머지 모든 품성들은 사랑의 실제적 표현일 뿐이다. 그러므로 사랑을 제일 먼저 이해하는 것이 중요하다.

모든 품성의 기초

사랑 *Love*

vs. 이기심 *Selfishness*

사랑은 다른 사람의 기본 필요를 채워주어 그들의 권위자가 인정을 받고 하나님께서 영광을 받으시며 우리는 영원한 상급으로 기쁨을 얻는 것이다.

정의

'사랑'으로 번역된 헬라어는 '아가파오'와 '필레오'다. 아가파오는 '끔찍이 사랑하다, 크게 기뻐하다'는 뜻이다. 반면 필레오는 '다정함, 우정'을 뜻한다. 헬라어 '필란드로피아'는 '인류애, 박애, 사람을 사랑함'이라는 뜻이다. 헬라어 '필라델피아'는 '형제애, 동지애'를 뜻한다.

예수님께서는 베드로에게 "네가 날 사랑하느냐?"라고 물으실 때 강한 의미의 아가파오를 쓰셨지만 베드로는 약한 의미의 필레오로 대답했다.

"그들이 조반 먹은 후에 예수께서 시몬 베드로에게 이르시되 요한의 아들 시몬아 네가 이 사람들보다 나를 더 사랑하느냐[아가파오] 하시니 이르되 주님 그러하나이다 내가 주님을 사랑하는[필레오] 줄 주님께서 아시나이다 이르시되 내 어린 양을 먹이라 하시고 또 두 번째 이르시되 요한의 아들 시몬아 네가 나를 사랑하느냐[아가파오] 하시니 이르되 주님 그러하나이다 내가 주님을 사랑하는[필레오] 줄 주님께서 아시나이다 이르시되 내 양을 치라 하시고 세 번째 이르시되 요한의 아들 시몬아 네가 나를 사랑하느냐[필레오] 하시니 주께서 세 번째 네가 나를 사랑하느냐[필레오] 하시므로 베드로가 근심하여 이르되 주님 모든 것을 아시오매 내가 주님을 사랑하는[필레오] 줄을 주님께서 아시나이다 예수께서 이르시되 내 양을 먹이라"(요한복음 21:15-17).

그리고 나서 예수님께서는 베드로에게 자신이 겪을 고난을 알려주셨다. 우리가 고난을 기쁨과 감사로 받아들이면 우리는 아가파오 사랑과 함께 성령의 능력을 받게 된다. 우리의 사랑이 깊어지고 완전하게 되는 길은 바로 고난을 통해서다.
(고린도후서 12:9 참조)

사랑의 참된 표현이 어떻게 빛으로 설명되는가?

사도 요한은 사랑에 관한 서신에서 "하나님은 빛이시다"(요한일서 1:5) 그리고 "하나님은 사랑이시다"(요한일서 4:8)고 밝혔다. 빛과 사랑을 같게 보는 중요한 이유는 이 둘이 자기가 혜택을 줄 대상을 스스로 결정하지 않기 때문이다. 이 빛이 있는 곳으로 나아가는 사람은 누구나 자신의 영적 상태에 상관없이 이 빛의 혜택을 받는다. 우리에게 오는 모든 사람은 우리를 통해 하나님의 사랑의 혜택을 받을 수 있어야 한다.

하나님은 이 세상의 모든 사람을 극진히 사랑하셔서 우리의 죗값으로 외아들을 보내시어 그를 믿는 사람은 누구든지 하나님의 자녀가 되는 권세와 영원한 생명을 얻게 해주셨다. (요한복음 1:12, 3:16 참조)

베풂이 어떻게 참된 사랑을 나타내는가?

베드로가 예수님을 사랑한다고 대답할 때마다 예수님께서는 "내 어린 양을 먹이라", "내 양을 먹이라" "내 양을 치라"라고 하시면서 베풀라고 하셨다. (요한복음

참사랑은 이익을 바라지 않고 준다.

"하나님이 세상을 이처럼 사랑하사 독생자를 주셨으니 이는 저를 믿는 자마다 멸망치 않고 영생을 얻게 하려 하심이니라"
—요한복음 3:16

"믿음이 빛처럼 언제나 단순하고 구부러지지 않아야 한다면, 사랑은 온기처럼 사방으로 퍼지고 형제의 필요에 따라 구부려야 한다."
—마틴 루터

"사랑 없이 베풀 수는 있어도 베풂 없이 사랑할 수는 없다."
—에이미 카마이클

사랑은 세상이 유일하게 알아 보는 그리스도의 제자의 증표다.

"너희가 서로 사랑하면 이로써 모든 사람이 너희가 내 제자인 줄 알리라"
—요한복음 13:35

"하나님께서 나를 끝까지 사랑하셨다는 사실을 알면 나도 그분과 똑같이 사랑하기 위해 세상으로 나아가게 된다."
—오스왈드 챔버스

진지한 진리 탐구자라면 누구도 참사랑의 주장을 반박할 수 없다.

"사랑은 우리의 강함이 내재된 약함이다."
—찰스 스펄전

21:15-17 참조) 우리가 베푸는 동기는 그것이 실제로 주님께 베푸는 것이기 때문이다. "너희가 여기 내 형제 중에 지극히 작은 자 하나에게 한 것이 곧 내게 한 것이니라"(마태복음 25:40)

사랑은 베풂이 없이는 완성되지 않는다. "하나님이 세상을 이처럼 사랑하셔서 독생자를 주셨으니"(요한복음 3:16). 어떤 사람에게 옷이 없는 걸 보고 "옷을 입으십시오." "몸을 따뜻하게 하십시오." 하면서 그 필요를 채워주지 않는다면 "하나님의 사랑이 어찌 그 속에 거하겠느냐?"(요한일서 3:17).

사랑은 선한 일을 통해 후하게 베풂으로 드러난다. 우리가 순수한 동기로 이것을 하여 다른 사람에게 공로가 돌아갈 때 하나님께서 영광을 받으신다. "이같이 너희 빛이 사람 앞에 비치게 하여 그들로 너희 착한 행실을 보고 하늘에 계신 너희 아버지께 영광을 돌리게 하라"(마태복음 5:16).

초대 교회의 성도들은 이런 강력한 사랑이 있었기에 아무도 자기 소유를 주장하지 않고 자기 물건들을 팔아서 그 돈을 다른 신자들에게 필요한 대로 나누어 주었다.

사랑의 중요성

참된 사랑은 가장 중요한 품성이다. 나머지 각 품성은 이 참된 사랑의 동기에서 나와야 한다. 그렇지 않으면 그 어떤 품성도 헛되고 무익하다. "내가 내게 있는 모든 것으로 구제하고[온화함, 긍휼, 후함] 또 내 몸을 불사르게 내줄지라도[신실, 담대함, 의지력] 사랑이 없으면 내게 아무 유익이 없느니라"(고린도전서 13:3).

아가페 사랑은 믿음과 소망보다 더 위대하다. (고린도전서 13:13 참조) 이 사랑은 하나님께서 주신 가장 큰 계명이다. (마태복음 22:36-40 참조) 이 사랑은 교회 안에 당연히 있어야 하고 참된 제자들의 표식이다. (요한복음 13:35 참조) 예수님께서 제자들을 위해 마지막으로 기도하실 때도 바로 이 사랑을 가장 중심으로 간구하셨다. (요한복음 17:23-26 참조)

하나님께서 정의하시는 사랑

사랑이 이처럼 중요하고 사랑에 대한 왜곡된 관념이 많기 때문에 하나님은 고린도전서 13장에서 사랑이 무엇을 함축하는지를 정의해 주셨다.

1. 사랑은 오래 참는다.

사랑은 낙담하지 않는다. 불행과 곤경을 인내로 참고 용감하게 견딘다. 하나님께서 선히 보상하시리라는 기쁨과 확신으로 비난과 상처를 감내한다.

관련 품성: 끈기, 인내, 용서, 기쁨, 믿음, 충성, 유연성

2. 사랑은 친절하다.

사랑은 도울 길을 찾고 호의적으로 행동한다. 간청을 잘 들어주고 가지려고 하기보다는 주려고 한다. 사람들의 단점을 보지 않고 그들의 결핍한 점을 헤아린다.

관련 품성: 후함, 유용성, 창의성, 긍휼, 민감성, 솔선, 온화함, 경각심

3. 사랑은 시기하지 않는다.

사랑은 남이 가진 것을 꼭 갖고 싶어서 애끓지 않는다. 하나님께서 맡기신 것들을 자기 소유로 여기지 않는다. 기본 생필품이 있고 주님과 풍성히 교제하면 그것으로 만족한다.

관련 품성: 감사, 만족, 자원선용, 검약, 안정

4. 사랑은 자랑하지 않는다.

사랑은 자기 능력이나 성취를 자랑하지 않는다. 자기를 선전하거나 현란한 수사법으로 자신의 덕을 자찬하지 않는다.

관련 품성: 신실, 온유, 존중

5. 사랑은 교만하지 않다.

사랑은 자신의 중요성을 지나치게 크게 여기지 않는다. 다른 사람을 업신여기거나 무시하지 않는다. 우쭐대지 않는다.

관련 품성: 덕, 겸손

6. 사랑은 무례히 행하지 않는다.

사랑은 이목을 끌기 위해 자기를 과시하거나 사람들의 욕망을 부추기지 않는다. 불손한 행동이나 부끄러운 행동을 하지 않는다. 예의가 바르다.

관련 품성: 절제, 신중, 책임감

7. 사랑은 자기의 유익을 구하지 않는다.

사랑은 자기가 원하는 길을 강요하지 않는다. 자신의 즐거움이나 자기 이익을 위해 어떤 것을 탐하지 않는다. 자기만 생각하지 않고 다른 사람의 어려운 형편을 살핀다. 다른 사람의 유익을 위해 기꺼이 자기 생명을 내놓는다.

관련 품성: 환대, 신뢰성

8. 사랑은 성내지 않는다.

사랑은 짜증을 내거나 격분하지 않는다. 사랑은 분노와 격분을 다스린다. 경쟁자 때문에 쉽게 요동하지 않고 오히려 다른 사람이 성공하도록 돕는다.

관련 품성: 공경, 조심성, 시간엄수, 정돈

9. 사랑은 악한 것을 생각하지 않는다.

사랑은 마음과 뜻을 지키고 모든 생각을 사로잡아 그리스도께 복종시킨다. 선과 악을 구분하여 악을 거부한다. 나쁜 욕망이나 계획을 품지 않고 다른 사람에 해로운 감정을 품지 않는다.

관련 품성: 순종, 철저함, 분별

10. 사랑은 불의를 기뻐하지 않는다.

사랑은 악인들이 승승장구하고 악법이 제정될 때 가슴 아파한다. 육신의 정욕과 안목의 정욕과 이생의 자랑을 은밀히 채우려고 하지 않는다.

관련 품성: 정의, 과단성, 의지력

11. 사랑은 진리를 기뻐한다.

사랑은 하나님의 법을 즐거워하여 밤낮으로 묵상한다. 진실되고 정직하고 정의롭고 순결하고 사랑스러운 것들과 좋은 평을 늘 생각한다. 사람들에게 진리를 열심히 나누고 진리가 승리하는 것을 기뻐한다.

관련 품성: 진실성, 담대함, 설득, 열성, 경청, 지혜

이런 사랑은 "모든 것을 참으며 모든 것을 믿으며 모든 것을 바라며 모든 것을 견딘다"(고린도전서 13:7). 사랑은 결코 없어지지 않기 때문에 그 어떤 것보다 오래 간다. (고린도전서 13:8절 참조)

가장 고상한 사랑은 그것을 찾지도 않고 받을 자격도 없는 자에게 주는 것이다.

"우리가 아직 죄인 되었을 때에 그리스도께서 우리를 위하여 죽으심으로 하나님께서 우리에게 대한 자기의 사랑을 확증하셨느니라" —로마서 5:8

가장 위대한 사랑은 한 사람이 다른 사람을 위해 생명을 희생함으로 드러난다.

"사람이 친구를 위하여 자기 목숨을 버리면 이보다 더 큰 사랑이 없나니"

—요한복음 15:13

수컷 **황제펭귄**은 알 하나를 부화시키기 위해 2개월이 넘도록 영하의 추위에도 거의 움직이지 않고 곧추서서 온기를 나눠줌으로 참사랑을 베푼다. 알을 품는 동안 수컷 황제펭귄은 120일을 아무것도 먹지 않고 견딘다.

사랑은 자기 권리를 내려놓고 다른 사람과의 교제를 즐기는 것이다.

"사랑은자기의 것을 추구하지 않으며"

—고린도전서 13:4-5

사랑은 다른 사람을 볼 때 그리스도께서 창조 시에 그 사람을 보신 존재대로 보는 것이다.

"우리 주 하나님이여 영광과 존귀와 권능을 받으시는 것이 합당하오니 주께서 만물을 지으신지라 만물이 주의 뜻대로 있었고[주를 기쁘게 해 드리려고 존재하며] 또 지으심을 받았나이다 하더라"

—요한계시록 4:11

"세상에서 가장 끔찍한 비극은 우리 마음이 자기 자신 외에는 아무도 들어올 공간이 없을 때까지 좁아터지도록 내버려두는 것이다."

—A. W. 토저

어떻게 사랑을 기르는가?

참사랑의 능력은 우리가 하나님의 거룩한 영과 교제를 나누고 성령께서 우리의 영적 성장을 위해 허락하시는 시험에 잘 통과한 결과로 얻는 보상이다. 어떤 사람이 주 예수 그리스도께서 이루신 일을 믿고 신자가 되면 성령께서 그 사람의 영에 내주하신다. 신자라면 누구나 누가복음 11장 13절의 약속에 따라 자기 혼(지정의)을 성령으로 충만히 채워 달라고 하늘 아버지께 구할 수 있다. "너희가 악할지라도 좋은 것을 자식에게 줄 줄 알거든 하물며 너희 하늘 아버지께서 구하는 자에게 성령을 주시지 않겠느냐"

그러면 성령께서는 신자들에게 시험 기간을 주신다. 신자들이 이 시험에 기쁨과 감사로 응할 때 강력한 사랑이 그들에게 임한다.

이 순서는 예수님의 삶에서 시작하여 신약 전체에 걸쳐 그려졌다. 예수님께서 성령으로 충만해지자(누가복음 4:1) 성령께서 예수님을 시험하시려고 광야로 이끄셨다. 시험에 통과하신 후 예수님은 이제 성령의 충만뿐 아니라 성령의 능력을 갖고 돌아오셨다. (누가복음 4:1-14 참조)

이와 같은 방식으로 데살로니가 신자들은 복음을 믿을 때 성령을 받았다. 그리고 성령께서 주시는 기쁨으로 많은 환난을 견뎠다. (데살로니가전서 1:5-6 참조) 그 결과 이들의 믿음이 크게 자라고 서로에 대한 사랑이 더욱 두터워졌다. (데살로니가후서 1:3-4 참조) 바울은 이 유형을 이렇게 묘사했다. "다만 이뿐 아니라 우리가 환난 중에도 즐거워하나니 이는 환난은 인내를, 인내는 연단을, 연단은 소망을 이루는 줄 앎이로다 소망이 우리를 부끄럽게 하지 아니함은 우리에게 주신 성령으로 말미암아 하나님의 사랑이 우리 마음에 부은 바 됨이니"(로마서 5:3-5)

스스로 점검하기

나는 참된 사랑을 하는가?

- 모든 일이 잘못되어 가는 것만 같을 때 낙담하고 포기하는 편인가?
- 어디를 가든지 도울 일을 찾아 돕는가?
- 다른 사람의 소유나 기회를 시기하는 편인가?
- 다른 사람이 이룬 일을 듣기보다 내가 이룬 일을 이야기하기를 더 좋아하는가?
- 나와 같은 기준으로 살지 않는 사람들을 멸시하는가?
- 사람들의 관심을 끌고 싶은 마음으로 옷을 고르는가?
- 어디서든지 예의범절을 알아서 예의 바르게 행동하는가?
- 자기주장을 내세우며 생각대로 되지 않으면 따지는 편인가?
- 다른 사람의 성품 결함 때문에 짜증이나 화가 나는가?
- 내게 상처를 준 사람들에게 원한을 품는가?
- 육신의 정욕을 채우려고 은밀한 욕망을 품고 있는가?
- 밤낮으로 하나님의 말씀을 묵상하고 하나님의 뜻을 행하기를 즐거워하는가?

감사 *Gratefulness*

vs. 불평 *Murmuring*

감사는 하나님과 다른 사람들에게 그들이 내 삶에 준 혜택에 대해 진심으로 고마움을 표현하는 것이다.

정의

참된 감사는 거룩하시고 의로우신 하나님 앞에 우리가 철저하게 무자격자며 부적합한 자임을 인식할 때 나온다. 우리가 마땅히 받아야 할 보응을 그대로 받았다면 우리는 모두 영원한 지옥에서 멸망했어야 맞다. "여호와의 인자와 긍휼이 무궁하시므로 우리가 진멸되지 아니함이니이다"(예레미야애가 3:22).

하나님 앞에서 우리의 상태를 아시는 예수님께서는 우리에게 '가난한 심령'을 가르치신다. 이는 겨우 하루의 필요를 채우길 바라며 누가 무엇을 줘도 감사할 태세로 길가에 앉아 구걸하는 거지의 마음과 같다.

'감사하는'으로 번역된 헬라어 '유카리스토스'는 바로 이런 자세를 말한다. 이 단어는 '많은 은혜를 입은, 감사하는'을 뜻한다. 자신이 중요하다고 착각해서 다른 사람들에게 뭔가를 기대하기 시작하면 감사하는 마음이 사라지고 오히려 추측과 불평이 앞선다.

감사의 중요성

감사는 신자가 하나님과 동행하는 삶의 기초이며 우리의 일상에 대한 하나님의 기본 뜻이다. "범사에 감사하라 이것이 그리스도 예수 안에서 너희를 향하신 하나님의 뜻이니라"(데살로니가전서 5:18).

우리가 뜻밖의 시련, 육체적 쇠약함, 우리를 모욕하거나 박해하는 사람들, 옹색한 생활 형편, 비참한 상황들을 포함해 모든 일을 감사하면 우리는 성령의 시험에 통과하고 참사랑과 기쁨과 평화의 능력을 받을 것이다. 이것이 바로 감사하는 마음자세를 가져야 할 이유다.

모든 것을 감사해야 할 이유

우리에게 확실히 유익한 것들은 하나님께 감사하기가 쉽다. 그러나 시련과 환난을 감사하려면 믿음과 순종이 요구된다. 다음 이유들을 보면 감사를 더 깊이 이해하게 될 것이다.

1. 모든 일은 하나님의 손에서 비롯된다.

"온갖 좋은 은사와 온전한 선물이 다 위로부터 빛들의 아버지께로부터 내려옴"을 이해하기는 어렵지 않다. (야고보서 1:17) 그러나 사탄의 공격은 어떤가? 욥에게는 모든 고난이 궁극적으로 하나님에게서 왔다는 것을 깨닫는 지혜가 있었다. 그는 모든 재산을 잃고도 하나님을 예배했다. "내가 모태에서 알몸으로 나왔사온즉 또한 알몸이 그리로 돌아가올지라 주신 이도 여호와시요 거두신 이도 [사탄이 아니라] 여호와시오니 여호와의 이름이 찬송을 받으실지니이다"(욥기 1:21).

바울도 똑같은 분별로 자기를 치러 온 사탄의 하수인에 대해 말했다. "여러 계시를 받은 것이 지극히 크므로 너무 자만하지 않게 하시려고 내 육체에 가시

감사는 모든 것을 하나님의 손에서 나온 것으로 받아들이고 각각의 유익을 찾아내는 것이다.

"온갖 좋은 은사와 온전한 선물이 다 위로부터 빛들의 아버지께로부터 내려오나니 그는 변함도 없으시고 회전하는 그림자도 없으시니라" —야고보서 1:17

"삶에서 정말 중요한 것은 어떤 일을 당연하게 생각하느냐 아니면 감사하게 생각하느냐이다."

—G. K. 체스터톤

감사는 하나님의 큰 계획으로 얻게 될 유익들을 보거나 예측하는 능력에 달렸다.

이제 막 지은 고급 차고를 이웃이 불태웠다면 기분이 어떻겠는가? 그런데 당신 아버지가 그 차고에 대해 당신 이름으로 10억짜리 화재보험을 들어놓은 사실을 뒤늦게 알았다면 기분이 달라지겠는가?

기대를 붙들고 있는 마음만큼 감사를 저해하는 것은 없다.

"나의 영혼아 잠잠히 하나님만 바라라 무릇 나의 소망이 그로부터 나오는도다"

—시편 62:5

"교만한 사람 치고 감사하는 사람은 거의 없다. 자신이 마땅히 받아야 할 만큼을 받고 있다고 절대로 생각하지 않기 때문이다."

—헨리 워드 비처

없는 것들을 불평하지 말고, 있는 것들을 하나님께 감사하라.

"내겐 너무 많은 것이 주어져서 무엇이 없는지를 생각해 볼 겨를이 없다."

—헬렌 켈러

곧 사탄의 사자를 주셨으니 이는 나를 쳐서 너무 자만하지 않게 하려 하심이라 이것이 내게서 떠나가게 하기 위하여 내가 세 번 주께 간구하였더니 나에게 이르시기를 내 은혜가 네게 족하도다 이는 내 능력이 약한 데서 온전하여짐이라 하신지라 그러므로 도리어 크게 기뻐함으로 나의 여러 약한 것들에 대하여 자랑하리니 이는 그리스도의 능력이 내게 머물게 하려 함이라"(고린도후서 12:7-9).

하나님께서는 욥의 감사에 대해 그가 잃은 것의 두 배로 보상해주셨다. 바울은 그리스도의 능력과 영원한 부의 영광으로 보상받았다.

2. 모든 일은 우리의 유익을 위해 있다.

"모든 것이 합력하여 선을 이루기" 때문에 이 말은 참이다. (로마서 8:28) 우리가 겪는 고난조차 우리의 유익을 위해 존재한다. 바울은 이렇게 썼다. "생각하건대 현재의 고난은 장차 우리에게 나타날 영광과 비교할 수 없도다"(로마서 8:18).

하나님께서는 육신의 아버지의 매가 자녀에게 유익하다면 하나님의 훈육은 우리에게 얼마나 더 유익하겠냐고 물으신다. "또 우리 육신의 아버지가 우리를 징계하여도 공경하였거든 하물며 모든 영의 아버지께 더욱 복종하며 살려 하지 않겠느냐"(히브리서 12:9).

예레미야 선지자도 이 점을 눈여겨보았다. "사람은 젊었을 때에 멍에를 메는 것이 좋으니 혼자 앉아서 잠잠할 것은 주께서 그것을 그에게 메우셨음이라 그대의 입을 땅의 티끌에 댈지어다 혹시 소망이 있을지로다 자기를 치는 자에게 뺨을 돌려대어 치욕으로 배불릴지어다 이는 주께서 영원하도록 버리지 아니하실 것임이며 그가 비록 근심하게 하시나 그의 풍부한 인자하심에 따라 긍휼히 여기실 것임이라"(예레미야애가 3:27-32).

3. 모든 일은 경건한 성품을 키울 기회다.

로마서 8장 28절의 다음 구절은 어떻게 모든 것이 합력하여 선을 이루는지를 밝힌다. "하나님이 미리 아신 자들을 또한 그 아들의 형상을 본받게 하기 위하여 미리 정하셨으니 이는 그로 많은 형제 중에서 맏아들이 되게 하려 하심이니라"(로마서 8:29). 우리는 시련이나 환난에 분개할 것이 아니라 오히려 이것을 친구처럼 반겨야 한다. 하나님께서 우리의 성품을 키우기 위해 그것을 주셨기 때문이다.

"내 형제들아 너희가 여러 가지 시험을 당하거든 온전히 기쁘게 여기라 이는 너희 믿음의 시련이 인내를 만들어 내는 줄 너희가 앎이라 인내를 온전히 이루라 이는 너희로 온전하고 구비하여 조금도 부족함이 없게 하려 함이라"(야고보서 1:2-4).

4. 올바른 반응이 참사랑을 낳는다.

우리는 성령으로 충만하게 된 후에 성령께 이끌려 시험을 받게 된다. 우리가 하나님께 모든 시험을 감사하고 기뻐하면 우리는 사랑과 기쁨과 평화로 시작되는 성령의 능력을 체험할 것이다. 이 순서가 로마서 5장에 소개된다.

"다만 이뿐 아니라 우리가 환난 중에도 즐거워하나니 이는 환난은 인내를, 인내는 연단을, 연단은 소망을 이루는 줄 앎이로다 소망이 우리를 부끄럽게 하지 아니함은 우리에게 주신 성령으로 말미암아 하나님의 사랑이 우리 마음에 부은 바 됨이니"(로마서 5:3-5).

사랑은 온 세상에서 가장 강력한 능력이다. 사랑을 통해 하나님께서는 우리의 삶과 다른 사람들의 삶에 영원한 업적을 남길 초자연적인 역사를 이루실 수 있다.

5. 시련을 비롯해 모든 일은 우리를 하나님과 더 가깝게 해 줄 수 있다.

일이 잘 풀릴 때 우리는 하나님을 잊기 쉽다. 다윗은 증언했다. "나의 환난 날에 내가 주를 찾았으며"(시편 77:2). 그는 또 덧붙였다. "고난 당하기 전에는 내가 그릇 행하였더니 이제는 주의 말씀을 지키나이다……고난 당한 것이 내게 유익이라 이로 말미암아 내가 주의 율례들을 배우게 되었나이다……여호와여 내가 알거니와 주의 심판은 의로우시고 주께서 나를 괴롭게 하심은 성실하심 때문이니이다"(시편 119:67, 71, 75).

하나님께서 어려운 상황에서 우리를 구해 주실 때도 우리는 하나님을 쉽게 잊고 감사를 소홀히 한다. 나병환자 열 명이 치유되었지만 단 한 명만 돌아와 예수님께 감사를 드렸다. 우리가 이렇게 쉽게 하나님을 잊기 때문에 하나님께서는 자주 우리를 '불가능한' 상황에 몰아넣으셔서 우리가 그분의 구원을 경험하고 그분께 영광을 돌리게 하신다. "환난 날에 나를 부르라 내가 너를 건지리니 네가 나를 영화롭게 하리로다"(시편 50:15).

감사할 마음이 들어야 마땅한 때는 언제인가?

1. 하나님의 이름이 기억날 때

"지존자여 십현금과 비파와 수금으로 여호와께 감사하며 주의 이름을 찬양하고"(시편 92:1). "그러므로 우리는 예수로 말미암아 항상 찬송의 제사를 하나님께 드리자 이는 그 이름을 증언하는 입술의 열매니라"(히브리서 13:15).

2. 하나님의 거룩하심이 기억날 때

"주의 성도들아 여호와를 찬송하며 그의 거룩함을 기억하며 감사하라"(시편 30:4).

3. 한밤중에 예배할 때

"내가 주의 의로운 규례들로 말미암아 밤중에 일어나 주께 감사하리이다"(시편 119:62).

4. 다른 신자들과 함께 모일 때

"내가 대회[큰모임] 중에서 주께 감사하며 많은 백성 중에서 주를 찬송하리이다"(시편 35:18). "그리스도의 말씀이 너희 속에 풍성히 거하여 모든 지혜로 피차 가르치며 권면하고 시와 찬송과 신령한 노래를 부르며 감사하는 마음으로 하나님을 찬양하고 또 무엇을 하든지 말에나 일에나 다 주 예수의 이름으로 하고 그를 힘입어 하나님 아버지께 감사하라"(골로새서 3:16-17).

5. 악에 둘러싸일 때

"이러므로 여호와여 내가 모든 민족 중에서 주께 감사하며 주의 이름을 찬양하리이다"(사무엘하 22:50).

6. 사람들이 우리의 믿음을 시험할 때

—"다니엘이 이 조서에 왕의 도장이 찍힌 것을 알고도 자기 집에 돌아가서는 윗방에 올라가 예루살렘으로 향한 창문을 열고 전에 하던 대로 하루 세 번씩 무릎을 꿇고 기도하며 그의 하나님께 감사하였더라"(다니엘 6:10).

7. 기적이 필요할 때

—"떡 일곱 개와 그 생선을 가지사 축사[감사]하시고 떼어 제자들에게 주시니 제자들이 무리에게 주매"(마태복음 15:36).

8. 식사할 때

—"떡을 가져다가 모든 사람 앞에서 하나님께 축사[감사]하고 떼어 먹기를 시작하매"(사도행전 27:35).

9. 신자들이 성장하는 모습을 볼 때

"너희를 위하여 같은 간절함을 디도의 마음에도 주시는 하나님께 감사하노니"(고린도후서 8:16).

사람들은 자신이 칭찬받는 부분을 더 발전시키고 싶어한다.

"조금이라도 잘한 일에 대해 잘했다고 말해주는 것은 수고를 덜어주고 힘을 강화시켜주는 것이다." —필립스 부룩스

감사하는 사람은 가진 것들을 고맙게 여기지만, 불평하는 사람은 자기에게 주어진 것들을 싫어한다.

감사하지 않는 마음자세는 공급해 준 사람들에 대한 비난이며 하나님에 대한 불평이다.

"모세가 또 이르되 여호와께서 저녁에는 너희에게 고기를 주어 먹이시고 아침에는 떡으로 배불리시리니 이는 여호와께서 자기를 향하여 너희가 원망하는 그 말을 들으셨음이라 우리가 누구냐 너희의 원망은 우리를 향하여 함이 아니요 여호와를 향하여 함이로다" —출애굽기 16:8

호저(豪豬: 가시도치)는 먹을 것과 거할 곳이 있으면 만족할 줄 알기 때문에 감사를 잘 보여준다.

하나님께서는 감사를 희생으로 정의하신다. 불평하고 싶은 자연적 성향을 굴복시켜야 하기 때문이다.

"내가 주께 감사제[감사의 희생 제물]를 드리고 여호와의 이름을 부르리이다"

—시편 116:17

"없는 것을 생각하지 말고, 있는 것들을 곰곰이 생각하라"

—그리스 속담

10. 기도중에 성도들이 생각날 때

"우리가 너희 모두로 말미암아 항상 하나님께 감사하며 기도할 때에 너희를 기억함은"(데살로니가전서 1:2).

감사를 표현하는 실제 방법

하나님께 진심으로 감사하는 마음자세는 또한 다른 사람에게 실제로 감사하는 행동을 낳는다. 참된 감사를 표현하는 방법을 몇 가지 소개한다.

1. 직접 말해준다

다른 사람에게 그가 한 일과 그의 행동을 통해 보여준 품성을 감사한다.

2. 편지를 쓴다

편지는 즉시 생각을 잘 정리하여 깨끗한 글씨로 써서 전달해야 한다.

3. 공개적으로 알린다

특정인의 친절한 행동과 그 행동으로 당신이 어떻게 유익을 얻었는지를 사람들에게 이야기한다.

4. 선물을 준다

선물은 받는 사람에게 적절하고 가치가 있어야 한다. 선물 자체보다 선물에 담긴 마음이 훨씬 더 중요하다.

5. 시간을 함께 보낸다

외롭거나 낙심한 사람들에게는 귀중한 시간을 함께 보내거나 나들이를 나가는 것이 편지나 선물보다 더 큰 의미를 주기도 한다.

6. 기도하고 있음을 알려준다

바울은 관례처럼 편지 서두에 신자들에 대해 하나님께 얼마나 감사한지를 밝혔다. (에베소서 1:15-16, 골로새서 1:3, 데살로니가전서 1:2, 데살로니가후서 2:13 참조)

스스로 점검하기

나는 감사하는가?

- 매일 아침에 하나님께 새 날을 감사드리며 시작하는가?
- 평소에 당연하게 생각했던 것들을 찾아보고 그에 대해 하나님께 감사드리는가?
- 하나님께 나의 건강과 힘을 감사드리는가?
- 다른 사람에게 그때그때 곧바로 감사를 표현하는가?
- 시련과 환난을 기뻐하는가?
- 하나님과 다른 사람에게 감사를 표현할 창의적인 방법을 생각하는가?
- 통상적으로 불평할만한 상황에서 얻게 될 유익들을 찾아보는가?
- 나를 도와준 사람에게 공개적으로 감사를 표하는가?
- 내게 유익을 준 사람들을 위해 기도하는가?
- 나의 권위자들에 대해 하나님께 감사드리고 그들을 위해 기도하는가?

검약 *Thriftiness*

vs. 사치 *Extravagance*

검약은 하나님께 더 많이 돌려 드리기 위해 현명한 투자로 나의 자원을 늘리는 것이다.

정의

'검약'은 지혜로운 청지기의 기본 자세다. 그러므로 예수님의 청지기 비유는 검약을 잘 가르쳐준다.

'청지기'로 번역된 헬라어 '오이코노모스'는 주인의 재산을 관리하는 집사(執事)를 가리킨다. 청지기의 성실성은 자기가 관리하는 자원을 지혜롭게 사용하여 얼마나 많이 늘리느냐로 결정된다.

검약의 중요성

우리가 인생을 마감하고 주님을 만나면 주님께서 우리가 얼마나 검약했는지를 평가하실 것이다. 최고의 칭찬은 "잘하였도다 착하고 충성된 종아 네가 적은 일에 충성하였으매 내가 많은 것을 네게 맡기리니 네 주인의 즐거움에 참여할지어다"일 것이다. (마태복음 25:21)

청지기의 자격 요건

하늘은 우리의 선행에 대한 보상으로 들어가는 곳이 아니고 주 예수 그리스도를 믿음으로 하나님께 구원해 달라고 부르짖는 사람들에게 하나님께서 거저 주시는 선물로 들어가는 곳이다. 그러나 신자가 하늘에 가면 청지기로서 관리한 일에 대해 칭찬을 받을 것이다. (고린도후서 5:10 참조) 예수님께서 말씀하신 세 청지기 이야기는 검약에 대한 깊은 통찰을 보여준다.

"또 어떤 사람이 타국에 갈 때 그 종들을 불러 자기 소유를 맡김과 같으니 각각 그 재능대로 한 사람에게는 금 다섯 달란트를, 한 사람에게는 두 달란트를, 한 사람에게는 한 달란트를 주고 떠났더니 다섯 달란트 받은 자는 바로 가서 그것으로 장사하여 또 다섯 달란트를 남기고 두 달란트 받은 자도 그같이 하여 또 두 달란트를 남겼으되 한 달란트 받은 자는 가서 땅을 파고 그 주인의 돈을 감추어 두었더니

오랜 후에 그 종들의 주인이 돌아와 그들과 결산할새 다섯 달란트 받았던 자는 다섯 달란트를 더 가지고 와서 이르되 주인이여 내게 다섯 달란트를 주셨는데 보소서 내가 또 다섯 달란트를 남겼나이다 그 주인이 이르되 잘하였도다 착하고 충성된 종아 네가 적은 일에 충성하였으매 내가 많은 것을 네게 맡기리니 네 주인의 즐거움에 참여할지어다 하고

두 달란트 받았던 자도 와서 이르되 주인이여 내게 두 달란트를 주셨는데 보소서 내가 또 두 달란트를 남겼나이다 그 주인이 이르되 잘하였도다 착하고 충성된 종아 네가 적은 일에 충성하였으매 내가 많은 것을 네게 맡기리니 네 주인의 즐거움에 참여할지어다 하고

검약은 모든 후한 행동의 기초다.

"나는 비천에 처할 줄도 알고 풍부에 처할 줄도 알아 모든 일 곧 배부름과 배고픔과 풍부와 궁핍에도 처할 줄 아는 일체의 비결을 배웠노라" —빌립보서 4:12

"돈을 어떻게 벌고 어떻게 쓰는지를 보면 그 사람의 성품이 확연히 드러난다." —제임스 모팻

검약은 가치가 낮은 물건을 가치가 높은 물건과 맞바꾸는 기술이다.

"천국은 마치 밭에 감추인 보화와 같으니 사람이 이를 발견한 후 숨겨 두고 기뻐하며 돌아가서 자기의 소유를 다 팔아 그 밭을 사느니라" —마태복음 13:44

돈을 빌리는 것은 저축하는 기쁨을 가까스로 생존하는 속박으로 바꿔놓으므로 검약의 골칫거리다.

"하나님의 일을 하나님의 방법으로 하면 하나님의 공급은 끊어지지 않는다. 하나님은 무척 지혜로우셔서 자금 부족으로 자기의 목적을 망치시는 경우가 없다. 하나님은 나중만큼 쉽게 미리 주실 수 있고 오히려 미리 주는 쪽을 훨씬 더 선호하신다." —허드슨 테일러

한 달란트 받았던 자는 와서 이르되 주인이여 당신은 굳은 사람이라 심지 않은 데서 거두고 헤치지 않은 데서 모으는 줄을 내가 알았으므로 두려워하여 나가서 당신의 달란트를 땅에 감추어 두었었나이다 보소서 당신의 것을 가지셨나이다

그 주인이 대답하여 이르되 악하고 게으른 종아 나는 심지 않은 데서 거두고 헤치지 않은 데서 모으는 줄로 네가 알았느냐 그러면 네가 마땅히 내 돈을 취리하는 자들에게나 맡겼다가 내가 돌아와서 내 원금과 이자를 받게 하였을 것이니라 하고"(마태복음 25:14-27).

먼저 나오는 두 종은 검약의 원리를 깨닫고 실천했다. 소비를 최소한으로 줄이면서 투자 자원을 최대한으로 늘려 많은 수익을 냈다.

검약은 인색함과 어떻게 다른가

검약은 하나님과 다른 사람에게 후히 줄 자원을 늘리려고 자신을 위한 소비를 최소한으로 줄여 꼭 필요한 데만 쓰는 것이다. 인색함은 자기를 위해 더 많이 모으려고 다른 사람에게 줘야 할 것을 움켜쥐는 것이다. 하나님께서는 인색함을 책망하신다. "중한 변리로 자기 재산을 늘이는 것은 가난한 사람을 불쌍히 여기는 자를 위해 그 재산을 저축하는 것이니라"(잠언 28:8).

"보라 너희 밭에서 추수한 품꾼에게 주지 아니한 삯이 소리 지르며 그 추수한 자의 우는 소리가 만군의 주의 귀에 들렸느니라"(야고보서 5:4).

검약의 다양한 면

1. 검약은 기본 생활에 자족하는 자세에서 시작된다.

재산이 행복의 기준이라고 믿는 사람은 참된 검약의 미덕을 보일 수 없다. 이런 사람은 값진 자산을 이익도 만족도 주지 않는 곳에 다 써버린다. 예수님께서 경고하셨다. "그들에게 이르시되 삼가 모든 탐심을 물리치라 사람의 생명이 그 소유의 넉넉한 데 있지 아니하니라 하시고"(누가복음 12:15).

반면에 기본 생활에 자족하는 사람은 자연히 검약을 잘한다. "우리가 먹을 것과 입을 것이 있은즉 족한 줄로 알 것이니라"(디모데전서 6:8).

2. 검약은 창의력을 이용해 자산을 늘리는 것이다.

성실한 종 둘이 자산을 두 배로 늘렸듯이 야곱은 자기가 맡은 가축을 곱절로 늘리려고 창의적인 방법을 찾았다. 검약하는 사람은 하나님께서 설계하신 사물의 이치를 깨닫고 그 지식을 이용해 생산력을 높인다.

3. 검약은 열악한 환경을 감수하여 자산을 보호하는 것이다.

삶은 열악한 환경과 불리한 조건으로 가득하다. 안락한 생활은 대개 비싼 값을 지불해야 하고 그마저 잠시일 뿐이다. 검약하는 사람은 생산력을 높이는 데 필요하면 잠시 동안 불결한 환경을 얼마든지 감내한다. "소가 없으면 구유는 깨끗하려니와 소의 힘으로 얻는 것이 많으니라"(잠언 14:4).

4. 검약은 제기능을 잘하는 물건만을 소유하는 것이다.

예수님께서는 검약의 진수를 보여주셨고 기본 생활과 사역에 꼭 필요한 물건만 소유하셨다. 예수님께서는 열 두 제자를 보내시면서 지시하셨다. "모든 귀신을 제어하며 병을 고치는 능력과 권위를 주시고 하나님의 나라를 전파하며 앓는 자를 고치게 하려고 내보내시며 이르시되 여행을 위하여 아무 것도 가지지 말라 지팡이나 배낭이나 양식이나 돈이나 두 벌 옷을 가지지 말라"(누가복음 9:1-3).

바울 역시 일시적인 것들이 주의 일을 효과적으로 하는데 얼마나 방해가 될 수 있는 지를 잘 이해했다. "그러나 무엇이든지 내게 유익하던 것을 내가 그리스도를 위하여 다 해로 여길뿐더러 또한 모든 것을 해로 여김은 내 주 그리스도 예수를 아는 지식이 가장 고상함을 인함이라 내가 그를 위하여 모든 것을 잃어버리고 배설물로 여김은 그리스도를 얻고"(빌립보서 3: 7-8).

5. 검약은 견적을 요청하기 전에 먼저 가격을 제안한다.

하나님께서 솔로몬에게 주신 지혜에는 부를 얻고 유지하는 능력이 포함되었다. 그는 부를 지켜야 하는 남자의 책임을 순결을 지켜야 하는 여자의 책임에 비유했다. "유덕한 여자는 존영을 얻고 근면한 남자는 재물을 얻느니라"(잠언 11:16). 솔로몬은 히람 왕과 거래하면서 알뜰 구매를 위해 협상하는 훌륭한 본을 보여준다.

첫째로 솔로몬은 부친인 다윗 왕과 히람 왕 사이의 우정을 재확인했다. 다음으로 하늘의 하나님을 위해 그가 계획한 건축의 중요성을 설명했다. 그는 히람 왕의 숲에서 나는 목재를 보내 달라고 요청하면서 자국의 인력을 투입하겠다고 하여 비용을 크게 절감했다. 그리고 나서 먼저 가격을 제안했다.

"또 레바논에서 백향목과 잣나무와 백단목을 내게로 보내소서 내가 알거니와 당신의 종은 레바논에서 벌목을 잘 하나니 내 종들이 당신의 종들을 도울지라 이와 같이 나를 위하여 재목을 많이 준비하게 하소서 내가 건축하려 하는 성전은 크고 화려할 것이니이다 내가 당신의 벌목하는 종들에게 찧은 밀 이만 고르와 보리 이만 고르와 포도주 이만 밧과 기름 이만 밧을 주리이다 하였더라"(역대하 2:8-10).

또 솔로몬은 판매자가 물건의 가격을 부풀릴 줄을 예상하고 인자하게 응수하라고 조언한다. "물건을 사는 자가 좋지 못하다 좋지 못하다 하다가 돌아간 후에는 자랑하느니라"(잠언 20:14).

6. 검약은 일이 끝나면 남은 조각들을 주워 모으는 것이다.

예수님께서 오천 명을 먹이셨을 때 남은 음식을 낭비하지 않도록 하여 검약을 보이셨다. "다 배불리 먹고 남은 조각을 열두 바구니에 차게 거두었으며"(마태복음 14:20).

사치는 게으름을 조장하지만 검약은 근면을 요구한다. 솔로몬도 이 점을 지적했다. "게으른 자는 그 잡을 것도 사냥하지 아니하나니[자기가 사냥해서 잡은 것도 굽지 아니하거니와] 사람의 부귀는 부지런한 것이니라"(잠언 12:27).

코알라는 영양가가 거의 없는 유칼립투스 잎만 먹기 때문에 에너지를 극도로 아껴 써야 한다. 적은 에너지로 '겨우 살아가기' 위해서 아주 천천히 움직이고 거의 하루 종일 잠을 잔다.

검약은 가장 큰 보상을 얻으려고 애쓰는 사람들의 자기 훈련이다.

"우리가 주목하는 것은 보이는 것이 아니요 보이지 않는 것이니 보이는 것은 잠깐이요 보이지 않는 것은 영원함이라"

—고린도후서 4:18

검약은 베풂의 보상을 즐기는 사람들의 생활 양식이다.

"범사에 여러분에게 모본을 보여준 바와 같이 수고하여 약한 사람들을 돕고 또 주 예수께서 친히 말씀하신 바 주는 것이 받는 것보다 복이 있다 하심을 기억하여야 할지니라" —사도행전 20:35

1달러를 아끼면 일을 해서 1달러를 번 것보다 이익이다. 아껴서 얻은 수입의 상승 가치 때문이다.

"최대한 많이 벌어라. 최대한 많이 저축하라. 최대한 많이 베풀라."

—존 웨슬리

"돈은 바보라도 벌지만 돈을 쓰려면 지혜로운 사람이어야 한다."

—찰스 스펄전

7. 검약은 풍족할 때 아끼는 것이다.

수입이 늘어나면 늘어난 만큼을 개인의 편리와 사치에 쓰기 때문에 생활 수준도 높아지기 마련이다. 성경에서도 이런 경향을 확인한다. "재산이 많아지면 먹는 자들도 많아지나니 그 소유주들은 눈으로 보는 것 외에 무엇이 유익하랴" (전도서 5:11).

반대로 요셉은 바로에게 생존 계획을 제시하면서 검약의 지혜를 보여줬다. 풍년에 수확량의 20%를 비축해 놓았다가 흉년에 사용했다. (창세기 41장 참조)

검약은 눈앞의 사치와 편리함보다 훨씬 더 중요한 장기 목표를 요구한다. 우리의 목표는 하나님의 나라를 확장하고 하나님을 기쁘게 해 드리는 것이다.

검약을 위한 세 가지 조건

검약은 좋은 청지기와 관련이 깊으므로 예수님께서 제자들에게 요구하신 충실이 똑같이 적용된다. 첫째, 작은 일에 충실해야 한다. 둘째 돈 씀씀이에 충실해야 한다. 셋째, 다른 사람의 물건을 관리하는 데 충실해야 한다.

스스로 점검하기

나는 검약하는가?

- 자원이 어떻게 소비되는지 알기 위해 세밀히 기록하는가?
- 시간을 내어 각 투자의 수익성을 일일이 평가하는가?
- 매 시간을 가장 현명하게 쓰기 위해 그날그날의 계획을 세우는가?
- 가장 알뜰하게 구매하면서도 공급자가 돈을 절약하도록 돕기 위해 협상의 원리를 사용하는가?
- 남에게 베풀 돈을 준비하려고 최대한 절약하는가?
- 에너지와 자원을 주로 자신을 위해 쓰는가 아니면 형편이 어려운 사람을 돕는 데 쓰는가?
- 어떻게 하면 일의 효율을 높이고 비용을 절감할지를 파악하기 위해 모든 일의 과정을 연구하는가?
- 수입이 늘어도 생활 수준을 그대로 유지하면서 남에게 더 많이 베푸는가?
- 하나님께서 내가 시간과 에너지와 돈을 어떻게 투자하는지를 검토하시면 검약한다고 칭찬하시겠는가 아니면 사치한다고 책망하시겠는가?

겸손 *Humility*

vs. 교만 *Pride*

겸손은 하나님께 전적으로 의존해야 하는 존재임을 인식하고 시인하며 모든 결정에 하나님의 뜻을 찾는 것이다.

정의

'겸손'에 해당하는 히브리어 '아나'는 '굽히다, 풀이 죽다, 절하다, 고난당하다, 스스로 약해지다, 거칠게 다루다'를 뜻한다. 다윗 왕은 자루옷을 입고 금식함으로 겸손한 마음을 드러냈다. "나는 그들이 병 들었을 때에 굵은 베 옷을 입으며 금식하여 내 영혼을 괴롭게 하였더니 내 기도가 내 품으로 돌아왔도다"(시편 35:13).

'겸손'의 또 다른 히브리어 '카나'는 '무릎을 굽히다, 항복하다, 억누르다'를 뜻한다. 하나님께서 역대하 7장 14절에서 이 단어를 쓰셨다. "내 이름으로 일컫는 내 백성이 그들의 악한 길에서 떠나 스스로 낮추고[카나] 기도하여 내 얼굴을 찾으면 내가 하늘에서 듣고 그들의 죄를 사하고 그들의 땅을 고칠지라"

겸손의 보상

겸손의 가장 큰 보상은 주 예수 그리스도를 닮는 것이다. 예수님은 자신의 성품을 '온유하고 겸손하다'고 하셨다. 여기서 '겸손하다'는 '땅에 가까이 엎드리다, 슬픔으로 낮아지다, 영이 낮아지고 등급이 낮아지다'는 뜻이다.

겸손의 또 다른 보상은 모든 사람이 바라는 참된 부와 높은 영예와 풍부한 생명이다. "겸손과 여호와를 경외함의 보상은 재물과 영광과 생명이니라"(잠 22:4).

교만은 신속하고 엄중한 처벌을 받는다

교만은 하나님과 다른 사람들이 우리를 위해 그리고 우리를 통해 한 일을 내가 이뤘다고 믿는 것이다. 교만은 최종 결정을 내릴 권리를 스스로 확보하는 것이다. 교만은 인생을 나와 내가 원하는 것을 중심으로 살아가는 것이다.

하나님께서 교만을 신속히 처벌하신 사례는 헤롯 왕과 느부갓네살 왕의 삶에서 나타난다. 하나님께서는 헤롯 아그립바가 사도 야고보를 죽이고 사도 베드로를 투옥했을 때는 즉시 처벌하시지 않았지만 헤롯이 두로와 시돈 사람들에게 연설하고 백성이 엎드려 그를 신으로 숭배했을 때는 즉각 벌하셨다. "헤롯이 영광을 하나님께로 돌리지 아니하므로 주의 사자가 곧 치니 벌레에게 먹혀 죽으니라"(사도행전 12:23).

느부갓네살왕이 "이 큰 바벨론은 내가 능력과 권세로 건설하여 나의 도성으로 삼고 이것으로 내 위엄의 영광을 나타낸 것이 아니냐" 하고 자랑했을 때 하나님께서 즉시 그를 처벌하셨다. 이 말이 왕의 입에서 채 떨어지기도 전에 하나님께서 그를 정신쇠약에 걸리도록 치시고 그가 하늘의 왕께 경배할 때까지 그의 왕국을 빼앗으셨다. (다니엘 4:30-37 참조)

하나님께서 교만을 이토록 빠르게 처벌하시는 이유는 바로 이 죄가 사탄과 천사들 3분의 1이 하늘에서 쫓겨나게 된 죄이기 때문일 가능성이 크다. 그때 사

겸손은 나 중심이 아닌 하나님과 다른 사람 중심으로 삶을 살아가는 것이다.

"젊은 자들아 이와 같이 장로들에게 순종하고 다 서로 겸손으로 허리를 동이라 하나님은 교만한 자를 대적하시되 겸손한 자들에게는 은혜를 주시느니라"

—베드로전서 5:5

"하나님의 위인들은 모두 약한 사람이었다. 그러나 그들은 하나님께서 자기들과 함께 계심을 믿었기 때문에 큰일을 했다."

—허드슨 테일러

우리가 자기를 낮추지 않으면 그 일을 대신해주고 싶어하는 사람들이 줄서 있다.

자기를 너무 작게 생각하는 것은 가짜 겸손이다. 이것은 자기를 너무 크게 생각하는 것만큼 잘못된 행동이다.

터키콘도르는 치명적인 전염병을 유발하는 죽은 동물들을 먹어치움으로 생태계의 균형을 유지하는 데 결정적인 역할을 한다.

겸손은 우리 자신이 아무것도 아니지만 그리스도 안에서 우리가 모든 것이 됨을 깨닫는 것이다.

"내 속 곧 내 육신에 선한 것이 거하지 아니하는 줄을 아노니" —로마서 7:18

"은혜를 많이 받은 사람일수록 자기를 더 낮춘다." —찰스 스펄전

"가장 큰 잘못은 잘못을 의식하지 않는 것이다." —토머스 칼라일

탄은 말했다. "내가 하늘에 올라 하나님의 뭇 별 위에 내 자리[보좌]를 높이리라 내가……지극히 높은 이와 같아지리라"(이사야 14:13-14).

교만은 아담과 하와를 넘어지게 한 죄였다. 사탄은 그들에게 하나님의 명령을 어겨서 자신들의 노력으로 하나님처럼 되라고 유혹했다. 사탄은 말했다. "너희가 그것을 먹는 날에는 너희 눈이 밝아져 하나님과 같이 되어 선악을 알 줄 하나님이 아심이니라"(창세기 3:5).

교만은 하나님께서 세우신 권위자들과 대등한 위치에 자신을 올려놓는 것이다. 겸손은 자기를 낮추고 하나님의 의로운 규율과 권위자들에게 복종하는 것이다.

우리의 선택: 스스로 낮아질 것인가 아니면 하나님에 의해 강제로 낮아질 것인가

하나님께서는 우리에게 솔선하여 낮아지라고 타이르신다. 우리가 스스로 낮아지지 않으면 하나님께서 상황, 반대, 질병, 약함 등을 통해 우리를 낮추실 것이다.

- "주 앞에서 [자기를] 낮추라 그리하면 주께서 너희를 높이시리라"(야고보서 4:10).
- "그러므로 하나님의 능하신 손 아래에서 겸손하라 때가 되면 너희를 높이시리라"(베드로전서 5:6).

우리는 무엇보다도 먼저 사람들의 눈이 아닌 하나님의 눈에 겸손해야 한다는 점에 주의해야 한다. 하나님께서는 우리의 마음 상태를 정확히 꿰뚫어 보시기 때문에 우리가 형식적인 찬사로 하나님께 아첨하는지 아니면 진심으로 자신을 낮추고 하나님을 높이는지를 다 아신다.

느부갓네살 왕은 사람이 스스로 겸손해지지 않으면 어떻게 되는지를 배웠다. 그러나 그는 하나님에 의해 낮아지고 나서 하나님께 마땅한 영광을 돌렸다. "그 기한이 차매 나 느부갓네살이 하늘을 우러러 보았더니 내 총명이 다시 내게로 돌아온지라 이에 내가 지극히 높으신 이에게 감사하며 영생하시는 이를 찬양하고 경배하였나니 그 권세는 영원한 권세요 그 나라는 대대에 이르리로다"(다니엘 4:34).

교만은 마음에서 시작되나 겸손은 영에서 시작된다

우리의 영이 하나님의 성령과 온전히 교통하면 우리는 겸손한 마음을 갖게 된다.

- "지극히 존귀하며 영원히 거하시며 거룩하다 이름하는 이가 이와 같이 말씀하시되 내가 높고 거룩한 곳에 있으며 또한 통회하고 마음이 겸손한 자와 함께 있나니 이는 겸손한 자의 영을 소생시키며 통회하는 자의 마음을 소생시키려 함이라"(이사야 57:15).
- "겸손한 자와 함께 하여 마음을 낮추는 것이 교만한 자와 함께 하여 탈취물을 나누는 것보다 나으니라"(잠언 16:19).
- "사람이 교만하면 낮아지게 되겠고 마음이 겸손하면 영예를 얻으리라"(잠언 29:23).

교만은 하나님께서 우리에게 주신 것을 자기가 이뤘다고 여기는 것이다

우리가 가진 모든 것과 우리가 하는 모든 일이 하나님의 자비와 은혜 때문임을 인식하지 못하면 무엇을 성취하든 자기가 했다고 생각하기 쉽다. 그러면 교만으로 마음이 높아진다.

- 웃시아 왕은 힘이 강해지면서 교만해지더니 자멸하고 말았다. (역대하 26:16)

- 느부갓네살 왕은 "마음이 높아지며 뜻이 완악하여 교만을 행하므로 그의 왕위가 폐한 바 되며 그의 영광을 빼앗기고"(다니엘 5:20).

- 두로의 통치자가 번영할 때 하나님께서는 그를 이렇게 보셨다. "네 마음이 교만하여 말하기를 나는 신이라 내가 하나님의 자리 곧 바다 가운데에 앉아 있다 하도다……네가 이방인의 손에서 죽기를 할례 받지 않은 자의 죽음 같이 하리니" (에스겔 28:2, 10).

하나님께 대한 겸손 점검표

자기를 낮추는 법을 배우는 가장 확실한 길은 성경의 교훈을 따르고 하나님의 관점에서 자기를 낮춘 사람들의 전기를 읽는 것이다. 겸손은 '통회하는 마음'에서 출발해야 한다. "그러므로 너희는 하나님이 택하사 거룩하고 사랑 받는 자처럼 긍휼과 자비와 겸손과 온유와 오래 참음을 옷 입고"(골로새서 3장 12절)

야고보서 4장 6-10절에서는 겸손 점검표를 제시한다. "하나님이 교만한 자를 물리치시고 겸손한 자에게 은혜를 주신다……주 앞에서 낮추라 그리하면 주께서 너희를 높이시리라"

1. 하나님의 뜻에 무조건 다 항복함으로 하나님께 복종한다.
2. 은밀히 죄를 짓지 않고 쓸데없는 짐을 버림으로 마귀에게 대항한다.
3. 성경을 통해 하나님의 얼굴을 찾음으로 하나님께 가까이 나아간다.
4. 모든 죄를 고백하고 배상함으로 손을 깨끗이 한다.
5. 죄를 계속 지으려는 은밀한 욕망을 버림으로 마음을 깨끗이 한다.
6. 고난을 받고 슬퍼하며 운다. 죄의 끔찍함에 통곡한다.
7. 웃음을 슬픔으로 바꾸고 기쁨을 근심으로 바꾼다.
8. 이 모든 것을 하나님의 눈앞에서 하라. 그러면 하나님께서 당신을 높이시리라.

하나님께서는 겸손하게 나아오는 자의 기도를 들으신다

겸손에 대한 야고보서 4장의 말씀은 역대하 7장 14절과 맥락을 같이 한다. **"내 이름으로 일컫는 내 백성이 스스로 낮추고"**

1. **"기도하여"**–우리의 죄와 하나님의 거룩하심을 인정한다.
2. **"내 얼굴을 찾고"**–그리스도를 바라보지 못하게 가로막는 모든 방해요소를 버린다.
3. **"악한 길에서 돌아서면"**–마음뿐 아니라 삶도 바꾼다.

"내가 하늘에서 듣겠다."

내면에 참된 회개와 통회가 있으면 자연히 겉으로 증거가 나타난다. 하나님께서는 다음과 같은 모습으로 겸손을 드러내는 사람을 주목하시고 응답하신다.

- 아합–"아합이 이 모든 말씀을 들을 때에 그의 옷을 찢고 굵은 베로 몸을 동이고 금식하고 굵은 베에 누우며 또 풀이 죽어 다니더라"(열상기상 21:27). 그러자 하나님께서 응답하셨다. "아합이 내 앞에서 겸비함을 네가 보느냐 그가 내 앞에서 겸비하므로 내가 재앙을 저의 시대에는 내리지 아니하고"(열상기상 21:29).

겸손은 하나님께서 바로 앞에 계심을 아는 사람의 자연스런 반응이다.

하나님을 경외한다는 것은 끊임없이 하나님이 바로 앞에 계심을 인식하는 것이다. 그러므로 겸손과 하나님 경외는 상호의존적이다.

"겸손과 여호와를 경외함의 보상은 재물과 영광과 생명이니라" —잠언 22:4

"자기 의에 집착하는 사람은 홍수에서 빠지지 않으려고 맷돌을 붙잡는 사람과 같다."

—찰스 스펄전

"자기를 너무 높이 생각하는 사람은 충분히 생각하지 않는 사람이다."

—에이미 카마이클

앞서 가겠다고 남을 붙잡는 사람은 아무 데도 못 간다.

남을 내려다보는 사람은 예수 그리스도의 얼굴을 올려다보는 기쁨을 놓친다.

우리는 뭔가 뛰어난 사람이 되기 전에 먼저 아무것도 아닌 사람이 되어야 한다.

겸손은 남을 성공시키는 일을 기뻐하는 종의 정신에서 나온다.

우리가 자신을 종으로 여기는지를 확인하기에 가장 좋은 시험은 종 취급을 받을 때 어떻게 반응하는지를 보는 것이다.

그리스도께서는 "오히려 자기를 비워 종의 형체를 가지사 사람들과 같이 되셨고"

—빌립보서 2:7

- 요시야–"왕이 율법의 말씀을 듣자 곧 자기 옷을 찢더라" 그는 조상의 불법도 인정했다. "우리 조상들이 여호와의 말씀을 지키지 아니하고 이 책에 기록된 모든 것을 준행하지 아니하였으므로" 그러자 하나님께서 응답하셨다. "내가 이 곳과 그 주민을 가리켜 말한 것을 네가 듣고 마음이 연약하여 하나님 앞 곧 내 앞에서 겸손하여 옷을 찢고 통곡하였으므로 나도 네 말을 들었노라 여호와가 말하였느니라"(역대하 34:19, 21, 27).

자기를 낮추는 구체적인 방법

1. 비판을 달게 듣는다. 우리를 저주하는 자들을 축복한다.
2. 하찮은 일을 기쁘게 자원한다.
3. 사람들에게 자신의 맹점(고쳐야 할 잘못 중 스스로 못 보는 부분)을 물어본다.
4. 감사를 표현한다.
5. 자기 이야기만 하지 말고 남의 이야기를 잘 듣는다.
6. 무릎을 꿇고 기도한다.
7. 최종 결정은 권위자가 내리게 한다.
8. 잘못한 일에 대해 용서를 구한다.
9. 남을 칭찬하고 높인다.
10. 따로 시간을 내어 기도하고 금식한다.
11. 희생적으로 기부한다.
12. 하나님의 은혜를 간증한다.
13. 받은 칭찬을 다른 사람에게 돌린다.
14. 섬기는 자가 된다.

스스로 점검하기

나는 겸손한가?

- 사람들이 내 의견에 동의하지 않으면 내 입장을 변호하기 위해 논쟁하는가?
- 나를 무시하는 사람과 관계를 단절하는 편인가?
- 내가 싫어하는 사람이 높임을 받으면 기분이 나쁜가?
- 잘못을 인정하기가 어려운가?
- 사람들이 나를 비판하면 속으로 반발하는가?
- 누가 묻기도 전에 의견을 말하는가?
- 내가 성취한 일을 이야기할 때가 많은가?
- 듣기보다 말을 더 많이 하는가?
- 하나님의 명성보다 내 명성에 더 신경을 쓰는가?
- 문제가 없는 사람처럼 보이려고 행동하는가?
- 자기를 낮출 방법을 찾는가?
- 칭찬과 찬사를 받으려고 일하는가?
- 칭찬을 스스로 받고 남에게 돌리지 않는가?
- 다른 사람이 실수하면 곧바로 지적하는가?
- 공로를 제대로 인정받지 못하면 반발하는가?
- 자기를 중요하게 느끼는가?
- 자신을 하나님과 비교하지 않고 다른 사람들과 비교하는가?

경각심 *Alertness*

vs. 부주의 *Carelessness*

내게 맡겨진 자원의 손실 위험을 감지하기 위해 몸과 영의 감각을 사용하는 것이다.

정의

하나님께서 우리에게 맡기신 자원을 갉아먹거나 파괴하려고 위협하는 위험들이 존재하기 때문에 경각심이 필요하다. 우리는 자원을 지키기 위해 정신을 바짝 차리고 살펴야 한다. 성경의 두 단어가 경각심의 개념을 설명한다.

- 주의–헬라어 세 단어가 각각 경각심의 다른 강도를 가리킨다. '블레포'는 '감지하다, 관찰하다'는 뜻이다. '휠랏소'는 '도망가지 못하도록 주의 깊게 감시하는 보초의 개념'을 뜻한다. '프로세코'는 '주의하다, 조심하다, 관심을 갖다'는 뜻이다.
- 경계–'그레고류오'는 '파괴적인 재앙이 불시에 들이닥치지 않도록 주의하다'는 뜻이다. 교회 지도자는 정신을 차리고 깨어 있어야 한다.

무엇을 주의해야 하는가

- "거짓 선지자들을 삼가라[프로세코=조심하다] 양의 옷을 입고 너희에게 나아오나 속에는 노략질하는 이리라"(마태복음 7:15).
- "그 동안에 무리 수만 명이 모여 서로 밟힐 만큼 되었더니 예수께서 먼저 제자들에게 말씀하여 이르시되 바리새인들의 누룩 곧 외식을 주의하라[프로세코=조심하다]"(누가복음 12:1).
- "그들에게 이르시되 삼가 모든 탐심을 물리치라[휠랏소=감시하다] 사람의 생명이 그 소유의 넉넉한 데 있지 아니하니라 하시고"(누가복음 12:15).
- "누가 철학과 헛된 속임수로 너희를 사로잡을까 주의하라[블레포=관찰하다] 이것은 사람의 전통과 세상의 초등학문을 따름이요 그리스도를 따름이 아니니라"(골로새서 2:8).
- "개[악한 생각을 하는 자]들을 삼가고[블레포=관찰하다] 행악하는 자들을 삼가고 몸을 상해하는 일을 삼가라"(빌립보서 3:2).
- "그러므로 사랑하는 자들아 너희가 이것을 미리 알았은즉 무법한 자들의 미혹에 이끌려 너희가 굳센 데서 떨어질까 삼가라[휠랏소=감시하다]"(베드로후서 3:17).

무엇을 보호해야 하는가?

- **우리의 시간**: 시간은 많은 강도들이 노리는 귀중한 자산이다. (에베소서 5:16 참조)
- **우리의 건강**: 기운과 활력은 부도덕한 생활로 쇠약해진다. (잠언 5:11 참조)
- **우리의 순결**: 악한 남자들과 악한 여자들은 순진한 사람들을 착취하고 그들이 가진 순결의 힘과 풍요로움을 파괴한다. (잠언 5:10, 6:26 참조)
- **하나님과 우리의 교제**: "오직 너희 죄악이 너희와 너희 하나님 사이를 갈라 놓았고"(이사야 59:2).

경각심은 치명적인 적이 우리를 항상 노리고 있음을 의식하는 것이다.

(베드로전서 5:8 참조)

함께 사냥하는 사자 떼를 '프라이드'라고 한다. 이들 중 일부는 수풀 속에 숨어 사냥감의 탈출로를 차단하고 나머지는 사냥감을 위협하여 미리 매복해 있는 사자들 쪽으로 몰아간다. 정말 경각심이 있는 사람은 보이는 위험은 물론 눈에 잘 띄지 않는 위험까지도 알아챈다.

"외부감각을 철저히 감시하라. 사탄이 이를 통해 잠입한다. 특히 눈과 귀를 조심하라."

–윌리엄 거넬

언제부터 아첨이 왕을 무력하게 하여 왕국의 모든 보물을 잃게 했는가?

(열왕기하 20:12-18 참조)

"자유는 부단히 경계한 대가이다."

–토머스 제퍼슨

꿩은 천적의 공격을 피해 미리 달아남으로 생존한다. 예리한 눈과 귀를 통해 다가오는 위험을 쉽게 감지한다.

시간은 그 첫 부분을 하나님께 드려야만 늘어나는 한정된 자원이다.

"세월을 아끼라 때가 악하니라".
—에베소서 5:16

"알고 보니, 싸움이 끝나 승리한 줄로 생각하고 경계를 늦췄을 때 적이 일어나 내게 가장 큰 상처를 입혔다." —데이비드 브레이너드

- **우리의 가족과 친구**: 수군거리는 사람을 조심하라. 그는 중요한 친구들을 갈라놓기 때문이다. (잠언 16:28 참조)
- **우리의 명예**: "많은 재물보다 명예를 택할 것이요 은이나 금보다 은총을 더욱 택할 것이니라"(잠언 22:1).
- **우리의 돈과 재산**: "유덕한 여자는 존영을 얻고 근면한 남자는 재물을 얻느니라"(잠언 11:16).
- **우리의 영원한 보상**: "내가 속히 오리니 네가 가진 것을 굳게 잡아 아무도 네 면류관을 빼앗지 못하게 하라"(요한계시록 3:11).

경각심의 기초는 무엇인가?

몸의 모든 감각은 저마다 해당되는 영의 감각이 있다. 우리는 몸의 감각을 통해 물질 세계를 의식하고 영의 감각을 통해 영의 세계를 이해할 수 있다. 성숙한 신자는 선악을 분별하기 위해 모든 감각을 사용한다. (히브리서 5:14 참조)

몸의 감각과 영의 감각

시각

영의 시각: "내 눈을 열어서 주의 율법에서 놀라운 것을 보게 하소서"(시편 119:18).

청각

영의 청각: "멜기세덱에 관하여는 우리가 할 말이 많으나 너희가 듣는 것이 둔하므로 설명하기 어려우니라"(히브리서 5:11).

미각

영의 미각: "너희는 여호와의 선하심을 맛보아 알지어다 그에게 피하는 자는 복이 있도다"(시편 34:8).

촉각

영의 촉각: "태초부터 있는 생명의 말씀에 관하여는 우리가 들은 바요 눈으로 본 바요 자세히 보고 우리의 손으로 만진 바라"(요한일서 1:1).

후각

영의 후각: "이 사람에게는 사망으로부터 사망에 이르는 냄새요 저 사람에게는 생명으로부터 생명에 이르는 냄새라 누가 이 일을 감당하리요"(고린도후서 2:16).

어떻게 경각심을 높이는가?

1. 우리가 끊임없는 전쟁 중임을 인식한다.

사탄이 쫓겨난 이후부터 악은 선과 대적해 왔고 사탄은 경건한 세대와 의의 기초를 훔치고 죽이고 멸망시키는 것을 목표해 왔다. (요한복음 10:10 참조)

성경은 우리에게 예수 그리스도의 '좋은 병사'가 되라고 촉구한다. (디모데후서 2:3 참조) 군인은 자신이 싸우는 대의를 위해 개인의 욕망과 안락을 포기한다. 신자로서 우리도 믿음의 싸움을 잘할 수 있도록 세상의 쾌락을 버려야 한다. (디모데전서 6:12 참조)

2. 우리의 적이 속이는 데 명수임을 깨닫는다.

예수님께서는 사탄이 거짓말쟁이이고 거짓의 아비라고 경고하셨다. (요한복음

8:44 참조) 사도 바울은 사탄이 빛의 천사로 위장할 수 있다고 지적했다. "그런 사람들은 거짓 사도요 속이는 일꾼이니 자기를 그리스도의 사도로 가장하는 자들이니라 이것은 이상한 일이 아니니라 사탄도 자기를 광명의 천사로 가장하나니" (고린도후서 11:13-14).

3. 하나님께 영적 통찰력을 달라고 간구한다.

솔로몬은 왕이 되고서 하나님께 예리한 영적 감각을 달라고 간구했다. "누가 주의 이 많은 백성을 재판할 수 있사오리이까 듣는 마음을 종에게 주사 주의 백성을 재판하여 선악을 분별하게 하옵소서" (열왕기상 3:9).

바울은 에베소 신자들이 그리스도 안에 있는 자신들의 위치를 알고 이에 따라 승리의 삶을 살기를 기도했다. "너희 마음의 눈을 밝히사 그의 부르심의 소망이 무엇이며 성도 안에서 그 기업의 영광의 풍성함이 무엇이며"(에베소서 1:18).

4. 삶의 인과율을 이해한다.

행동에는 당연한 결과가 따른다는 사실과 수확의 법칙이 모든 삶에 적용된다는 점을 깨달으면 경각심이 높아진다. 성경은 우리에게 속지 말라고 경고한다. 우리는 뿌린 대로 거둔다. (갈라디아서 6:8-9 참조) 우리는 뿌린 종류대로 뿌린 장소에서 거두고 뿌린 양보다 많이 거두지만 뿌린 철에 거두지 않고 다른 철에 거둔다.

5. 위험마다 성경적으로 대응한다.

- **경계하여 대항한다**
  우리의 일차 저항선은 마음에 떠오르는 모든 생각을 점검하는 것이다. 사탄은 베드로나 아나니아와 삽비라에게 한 것처럼 우리의 마음에 악한 생각을 집어넣기도 한다. (누가복음 4:8, 사도행전 5:3 참조) 어떤 생각이 하나님에게서 온 것이 아님을 알아챘으면 곧바로 그 생각을 대항하고 사로잡아 예수 그리스도께 복종시켜야 한다.(고린도후서 10:4-5 참조) "마귀를 대적하라 그리하면 너희를 피하리라"(야고보서 4:7).

- **경계하여 멀리한다**
  부적절한 사람과 부적절한 생각에 연관되면 위험이 따를 수 있다. 바울은 이렇게 썼다. "형제들아 내가 너희를 권하노니 너희가 배운 교훈을 거슬러 분쟁을 일으키거나 거치게 하는 자들을 살피고 그들에게서 떠나라"(로마서 16:17). "어리석고 무식한 변론을 버리라 이에서 다툼이 나는 줄 앎이라"(디모데후서 2:23). "그러나 어리석은 변론과 족보 이야기와 분쟁과 율법에 대한 다툼은 피하라 이것은 무익한 것이요 헛된 것이니라" (디도서 3:9).

- **경계하여 피한다**
  유혹이 올 때 우리가 경계하여 그것을 알아채면 하나님께서 벗어날 길을 주신다고 약속하셨다. "사람이 감당할 시험 밖에는 너희가 당한 것이 없나니 오직 하나님은 미쁘사 너희가 감당하지 못할 시험 당함을 허락하지 아니하시고 시험 당할 즈음에 또한 피할 길을 내사 너희로 능히 감당하게 하시느니라"(고린도전서 10:13).

- **경계하여 도망간다**
  보디발의 아내가 잘못된 요구를 해오자 요셉은 위험을 경계하여 즉시 도망쳤다. 이와 같이 우리는 청년의 정욕을 멀리하고 음행에 빠질 상황에서 도망쳐야 한다. (디모데후서 2:22, 고린도전서 6:18 참조)

*말전주꾼: 이 사람에게는 저 사람 말을, 저 사람에게는 이 사람 말을 좋지 않게 전하여 이간질하는 사람.

바짝 경계하라!

감옥을 지키는 보초의 생명이 경계심을 발휘하는 능력에 달린 시대가 있었다. 죄수가 탈출하면 보초는 사형에 처했다. 그래서 빌립보 간수는 바울과 실라가 도망한 줄 생각하고 칼을 빼어 자결하려고 했다. (사도행전 16:27 참조)

"도둑은 단 몇 분만에 훔치지만 보초는 밤새도록 감시해야 한다. 죄는 수년에 걸쳐 쌓은 성품을 방심한 한 순간에 무너뜨린다."

–찰스 스펄전

스스로 점검하기

나는 위험에 경각심이 있는가?

- 내가 영적 전쟁 중임을 날마다 스스로 되새기는가?
- 비방꾼들에게 시간을 빼앗기지 않도록 부지런히 지키는가?
- 배우는 것을 모두 성경으로 확인하는가?
- 매일 주님과 함께하며 주님의 말씀을 묵상하는 시간을 경계하여 지키는가?
- 수군거리는 사람들과 *말전주꾼을 멀리하는가?
- 옳은 일만 하여 명예를 지키는가?
- 날마다 하나님의 안내를 구하고 그분의 뜻을 찾는가?

우리의 자연적 성향과 정반대로 생각하면 우리는 하나님의 음성을 들을 준비가 된다.

"이는 하늘이 땅보다 높음 같이 내 길은 너희의 길보다 높으며 내 생각은 너희의 생각보다 높음이니라" —이사야 55:9

"어떤 길은 사람이 보기에 바르나 필경은 사망의 길이니라" —잠언 16:25

가장 잘 듣는 사람이 가장 많이 배운다.

"내 아들아 내 말에 주의하며 내가 말하는 것에 네 귀를 기울이라" —잠언 4:20

"내 양은 내 음성을 들으며 나는 그들을 알며 그들은 나를 따르느니라" —요한복음 10:27

경청 *Attentiveness*

vs. 산만 *Distraction*

경청은 우리의 집중을 요구하는 일이나 사람들에게 '듣는 마음'을 주는 것이다.

정의

히브리어 '카샤브'은 아들이 마땅히 아버지의 지시에 주의를 기울이는 모습으로 '귀를 세우고 듣다'는 뜻이다. '아잔'은 '귀를 주다, 귀를 크게 벌리다'는 뜻이다. '샤마'는 하나님께 주의를 기울이는 것으로 '총명하게 듣다'는 뜻이다.

헬라어 '엑크레마마이'는 '말하는 사람의 입술에 귀를 걸어 놓다, 가까이서 듣다'는 뜻이다. 예수님의 가르침에 귀를 기울인 군중의 경청을 묘사한 단어이기도 하다. (누가복음 19:48 참조)

경청은 무엇인가?

경청은 당장이라도 참되고 옳은 일을 할 태세를 확실히 갖춘 마음자세다. 경청하는 사람은 상대방에게 눈을 맞추고 똑바로 앉아서 조금도 흐트러짐 없이 듣는 것을 기록하고 얻은 정보를 명료화한다.

경청은 귀로 듣는 것 이상으로 '듣는 마음'을 주는 것이다. 하나님께서 솔로몬에게 무엇이든 원하는 대로 구하라고 기회를 주셨을 때 솔로몬은 '듣는 마음'을 달라고 지혜롭게 답했다. 여기 히브리어는 '깨닫는 마음'으로도 번역이 가능하다. "누가 주의 이 많은 백성을 재판할 수 있사오리이까 듣는[샤마] 마음을 종에게 주사 주의 백성을 재판하여 선악을 분별하게 하옵소서"(열왕기상 3:9) 하나님께서는 솔로몬이 요구한 대로 주셨다. 그가 '듣는 마음'을 구했기 때문에 하나님께서는 지혜와 부와 명예도 함께 주시겠다고 약속하셨다. (열왕기상 3:10-13 참조)

경청은 하나님을 기쁘게 해 드린다.

귀는 자궁에서 제일 먼저 만들어지는 몸의 기관이고 청력은 죽을 때 가장 나중에 끊어지는 감각이다. 또한 경청은 다른 품성들의 바탕이 되므로 경청을 먼저 길러야 한다. 경청이 없이는 우리가 성경의 명령들이나 부모와 권위자들의 지시들을 들을 수도 없기 때문이다.

- "지혜 있는 자는 듣고 학식이 더할 것이요 명철한 자는 지략을 얻을 것이라"(잠언 1:5).
- "너희가 너희 하나님 나 여호와의 말을 들어 순종하고 내가 보기에 의를 행하며 내 계명에 귀를 기울이며 내 모든 규례를 지키면 내가 애굽 사람에게 내린 모든 질병 중 하나도 너희에게 내리지 아니하리니 나는 너희를 치료하는 여호와임이라"(출애굽기 15:26).
- "내 양은 내 음성을 들으며 나는 그들을 알며 그들은 나를 따르느니라"(요한복음 10:27).

나는 얼마나 경청하는가?

1. 하나님의 음성과 성령의 지시에 얼마나 경청하는가?

하나님께서는 옛날에는 선지자를 통해 지금은 성경을 통해 우리에게 말씀하신다. "모든 성경은 하나님의 감동[영감]으로 된 것으로 교훈과 책망과 바르게 함과 의로 교육하기에 유익하니"(디모데후서 3:16). "이것은 주께서 예로부터 거룩한 선지자의 입으로 말씀하신 바와 같이"(누가복음 1:70).

하나님은 우리를 우리 삶에 중요한 의미가 있는 성경 구절들에 주목하게 하신다. 이런 중요한 말씀들[레마]은 믿음을 견고히 하고 참된 성공을 가져다준다. (마태복음 4:4, 로마서 10:17, 요한복음 15:7 참조)

우리가 하나님의 말씀을 읽을 시간이 없을 정도로 바쁘다면 너무 지나치게 바쁜 것이다! 성경 말씀을 통해 주님과 단둘이 만날 약속 시간과 장소를 정하라.

스스로 점검하기

나는 하나님께 경청하는가?

- 매일매일 시간을 내어 하나님의 말씀을 읽는가?
- 읽으면서 핵심 단어들의 뜻을 찾는가?
- 성경말씀을 일상생활에 어떻게 적용할 수 있는지를 자문하는가?
- 성경 말씀을 사용해 기도하는가?
- 내 삶에 특별한 의미가 있어 적용해야 할 구절에 주의를 기울이는가?
- 기도할 때 하나님께서 내게 말씀하시는 것을 듣는 시간을 갖는가?

2. 아버지와 어머니의 지시에 얼마나 경청하는가?

지금껏 부모님께 경청하지 않았다면 다음 구절들을 곰곰이 생각해 보라.

- "내 아들아 네 아비의 훈계를 들으며 네 어미의 법을 떠나지 말라" (잠언 1:8).
- "네 아버지와 어머니를 공경하라 이것은 약속이 있는 첫 계명이니, 이로써 네가 잘되고 땅에서 장수하리라" (에베소서 6:2-3).
- "아비를 조롱하며 어미 순종하기를 싫어하는 자의 눈은 골짜기의 까마귀에게 쪼이고 독수리 새끼에게 먹히리라"(잠언 30:17).
- "너를 낳은 아비에게 청종하고 네 늙은 어미를 경히 여기지 말지니라" (잠언 23:22).

부모님이나 다른 권위자에게 경청하려면 하나님께서 우리 위에 두신 사람들을 통해 하나님의 뜻을 우리에게 전달하신다는 사실부터 깨달아야 한다. 이스라엘 자손들이 모세에게 투덜대자 모세가 말했다. "너희의 원망은 우리를 향하여 함이 아니요 여호와를 향하여 함이로다" (출애굽기 16:8).

경청은 순종하는 자세에서 나온다. 이는 성경에 위배되거나 지혜롭지 않는 지시가 아닌 한 권위자들이 우리에게 요구하는 대로 하겠다고 미리 다짐하는 헌신과 그렇게 하고 싶어하는 소망을 말한다. 성경에 위배되거나 지혜롭지 않는 지시를 받은 경우에는 절대로 악을 행하지 않겠다는 더 높은 차원의 헌신을 지키면서 권위자들의 요구에 대해 지혜롭게 호소해야 한다.

경청을 잘해서 위대한 지도자의 생명을 구한 경우:

- 충성스런 신하가 왕의 생명을 구했다. (에스더 6장 참조)
- 한 젊은이가 위대한 사도의 생명을 구했다. (사도행전 23:12-36 참조)

이 두 사람이 받은 보상은 우리에게까지 유익을 끼쳤다.

우리는 꼿꼿이 서서 도움을 청할 때보다 얼굴을 땅에 대고 엎드려서 지혜를 달라고 부르짖을 때 하나님의 음성을 더 선명하게 들을 수 있다.

"너는 귀를 기울여 지혜 있는 자의 말씀을 들으며 내 지식에 마음을 둘지어다"

—잠언 22:17

꽃사슴은 주변에 일어나는 일에 끊임없이 귀를 기울인다. 극도로 예리한 청각을 가지고 있어서 풀을 뜯는 동안에도 주변 소리에 계속 경청하며 위험을 경계한다.

경청은 하나님께 '듣는 마음'을 달라고 구하는 것에서 시작된다.

경청은 단순히 말을 듣는 것 이상이다. 경청은 또 말하는 사람의 얼굴 표정과 어조와 몸짓 언어를 분별하고 그 무엇보다 상대방의 영에 귀를 기울이는 것이다.

영어 attentiveness(경청)의 라틴어 어원인 attendere은 말이 귀를 앞으로 향하듯이 '뻗다'는 뜻이다. 말은 귀의 위치로 얼마나 경청하는지를 표현한다.

"누구든지 들은 말을 이해하려면 들은 말을 빨리 실행에 옮겨야 한다."

—성 그레고리

부모님께 경청하는 방법은 존경심을 갖고 흐트러짐 없이 부모님께 주의를 기울이는 것이다. 또 부모님이 말씀하실 때 바른 자세로 앉거나 서서 다른 데를 보지 않고 부모님을 바라보는 것이다. 부모님의 말씀이 이해되면 고개를 끄덕이고 이해되지 않으면 공손히 질문한다.

이렇게 부모님을 공경하면 하나님의 보상이 따르고 우리의 자녀들에게도 좋은 본이 된다.

"아들들아 아비의 훈계를 들으며 명철을 얻기에 주의하라. 내가 선한 도리를 너희에게 전하노니 내 법을 떠나지 말라. 나도 내 아버지에게 아들이었으며 내 어머니 보기에 유약한 외아들이었노라. 아버지가 내게 가르쳐 이르기를 내 말을 네 마음에 두라 내 명령을 지키라 그리하면 살리라. 지혜를 얻으며 명철을 얻으라 내 입의 말을 잊지 말며 어기지 말라"(잠언 4:1-5).

스스로 점검하기

나는 부모님께 경청하는가?

- 부모님은 내가 부모님의 말씀에 순종하는 자세를 가졌다고 하시겠는가?
- 부모님이 나를 부르시면 하던 일을 멈추고 곧장 부모님께 가는가?
- 부모님이 지시하시는 말씀을 정확하게 이해하려고 하는가?
- 부모님의 지시를 하나님의 말씀으로 확인하는가?
- 결정을 내릴 때 부모님이 뭐라고 하실지를 자문하는가?

3. 현명한 조언자들의 조언에 얼마나 경청하는가?

지혜로운 사람들과 어울리면 우리도 지혜로워진다. (잠언 13:20 참조) 지혜로운 사람들과 어울리는 효과적인 방법은 위인들의 전기를 읽는 것이다. 전 미국 합참의장 찰스 존스는 말했다. "지금 당신이 읽는 책과 당신이 사귀는 친구가 5년 후의 당신을 완전히 바꿔 놓을 것이다."

우리는 지혜를 가능한 한 싸게 사야 한다. 주변에 엄청난 대가를 치르고 '고생 끝에 힘들게' 교훈을 터득한 사람들이 있을 것이다. 그들에게 부탁하면 자기들의 경험을 그냥 말해 줄 것이다. "너는 권고를 들으며 훈계를 받으라 그리하면 네가 필경은 지혜롭게 되리라"(잠언 19:20). "너는 전략으로 싸우라 승리는 지략이 많음에 있느니라"(잠언 24:6).

조언을 수집할 때는 언제나 성경으로 확인하고 또 우리의 양심이 성령의 경고를 무시하지 못하도록 철저히 점검해야 한다.

스스로 점검하기

나는 조언자에게 경청하는가?

- 주변에 지혜롭고 성숙한 조언자들을 많이 두고 사는가?
- 지혜로운 사람들에게 그들이 터득한 교훈에 대한 통찰과 조언을 구하는가?
- 그리스도인 위인전을 정기적으로 읽는가?
- 어떤 결정을 내리기 전에 문제를 주의 깊게 살피는가?

공경 *Honor*

vs. 경시 *Disrespect*

공경은 하나님께서 세우신 권위자 앞에서 자신을 겸손히 낮추고 적절한 선물로 나의 헌신을 표현하는 것이다.

정의

'공경'의 첫 번째 특징은 경외하는 마음자세다. '경외'에 해당하는 히브리어 '샤하'는 '권위자에게 충성을 표하기 위해 자세를 낮추거나 엎드리다, 절하다, 웅크리다, 땅에 엎드려 경의를 표하다'는 뜻이다.

요나단의 다리 저는 아들 므비보셋이 "엎드려 경의[샤하]를 표하니"(사무엘하 9:6 킹제임스흠정역). "밧세바가 얼굴을 땅에 대고 절하며 경의[샤하]를 표하고"(열왕기상 1:31 킹제임스흠정역).

여호수아 5장 14절에서는 '샤하'가 '절하다'(경배하다)로 번역된다. "여호수아가 얼굴을 땅에 대고 엎드려 절하고[샤하] 그에게 이르되" 시편 95편 6절에서도 '경배하다'로 번역된다. "오라 우리가 굽혀 경배하며[샤하] 우리를 지으신 여호와 앞에 무릎을 꿇자"

참된 경외는 하나님 두려워하기와 긴밀히 연관된다. 히브리어 '야레'는 '귀히 여기다, 경외하다'로 번역된다. "……내 성소를 귀히 여기라 나는 여호와이니라"(레위기 19:30). "나는 주를 경외하는 모든 자들과 주의 법도들을 지키는 자들의 친구라"(시편 119:63). 경외는 공경을 포함한다. '공경'에 해당하는 헬라어 '티마오'는 '상을 주다, 가치를 정하다, 경외하다, 사람의 값을 매기다'는 뜻이다. 성경은 우리가 경외하고 공경해야 할 대상을 구체적으로 알려준다.

공경과 존중

'경외, 경배, 공경'과 더불어 '존중'의 개념도 함께 생각해야 한다. '존중'의 헬라어는 '아포블레포'이며 '다른 모든 것에서 눈을 돌려 한 사람이나 한 사물에 시선을 고정하다, 꿋꿋이 바라보다'는 뜻이다. 이 단어는 모세가 '상주심'을 어떻게 꿋꿋이 바라보고 그리스도를 위하여 받는 수모를 애굽의 모든 보화보다 더 큰 재물로 여겼는지를 잘 묘사했다. (히브리서 11:26 참조)

이와 반대로 에서는 맏아들의 권리를 경외하지 않아서 죽 한 그릇에 그것을 팔아 버렸다. 나중에 그 축복을 상속받으려고 눈물까지 흘리며 애썼지만 거절당했다. (히브리서 12:16-17 참조)

경외의 열쇠

사람들에 대한 진실한 경외심은 하나님을 바르게 두려워하는 만큼 커진다. 하나님께서 바로 모든 사람을 창조하시고 권위 체계를 세우신 분이시기 때문이다. 히브리어와 헬라어 세 단어에 따르면 하나님을 경외하는 데는 세 가지 측면이 있다. 이 각 면을 통해 우리는 하나님의 길과 하나님께서 인간을 다루시는 방식을 점점 더 깊이 깨닫고 경외하게 된다.

첫째 면: 벌을 받을까 두려움

모든 사람은 적어도 이 수준의 두려움을 가져야 한다. '야레', '율라베스'

- 하나님께서 사마리아에 사나운 사자들을 보내셨기 때문에 왕은 백성에게 주님을 어떻게 경외해야[야레]

통치자를 공경하는 일은 하나님께서 자기 뜻을 이루시기 위해 자기 권위를 이 통치자에게 주셨고 이 통치자를 통해 일하실 줄을 아는 것이다.

"왕의 마음이 여호와의 손에 있음이 마치 봇물과 같아서 그가[여호와께서] 임의로 인도하시느니라" —잠언 21:1

"오직 재판장이신 하나님이 이를 낮추시고 저를 높이시느니라" —시편 75:7

어리석은 사람은 통치자의 성격에 반발하지만 현명한 사람은 통치자의 지위를 존중한다.

우리의 궁극적 호소는 권좌에 있는 통치자가 아니라 그 사람을 그 자리에 앉히신 하나님께 해야 한다.

"각 사람은 위에 있는 권세들에게 복종하라 권세는 하나님으로부터 나지 않음이 없나니 모든 권세는 다 하나님께서 정하신 바라" —로마서 13:1

하나님을 입술로만 공경하지 말고 진심으로 공경하라.

"이 백성이 입술로는 나를 공경하되 마음은 내게서 멀도다" —마태복음 15:8

"내 이름을 멸시하는 제사장들아 나 만군의 여호와가 너희에게 이르기를 아들은 그 아버지를, 종은 그 주인을 공경하나니 내가 아버지일진대 나를 공경함이 어디 있느냐 내가 주인일진대 나를 두려워함이 어디 있느냐 하나 너희는 이르기를 우리가 어떻게 주의 이름을 멸시하였나이까 하는도다" —말라기 1:6

"하나님을 알되 하나님을 영화롭게도[공경하지도] 아니하며 감사하지도 아니하고 오히려 그 생각이 허망하여지며 미련한 마음이 어두워졌나니" —롬 1:21

하는지 가르칠 제사장을 임명했으나 여전히 우상을 버리지 않았다. (열왕기하 17:24-36 참조)

- 다니엘은 언약을 지키시는 크시고 두려워할[야레] 주 하나님께 기도했다. (다니엘 9:2-4 참조)
- 이스라엘 백성은 애굽 군대를 홍해에서 몰살되는 것을 보고 하나님을 경외했다[야레]. (출애굽기 14:31 참조)
- 세계 모든 나라에서 온 경건한[율라베스] 유대인들이 하나님을 경외했다. (사도행전 2:5 참조)

둘째 면: 욕되게 할까 두려움

이것은 경건한 행동을 하고 싶은 동기가 되는 두려움이다. '야레', '율라베오마이'-도덕적으로 경외하며 면밀함

- 아브라함은 이삭을 제단에 바쳤다. "내가 이제야 네가 하나님을 경외하는[야레] 줄을 아노라"(창세기 22:12).
- 요셉은 자기도 하나님을 경외한다[야레]면서 형들을 아버지 집으로 돌려보냈다. (창세기 42:18)
- 하나님을 두려워한[야레] 바로의 신하들은 우박에서 보호받을 길을 찾았다.(출애굽기 9:20)
- 이스라엘에서는 하나님을 두려워하는[야레] 사람을 치리자로 뽑아야 했다. (출애굽기 18:21)
- 오바댜는 하나님을 경외했기[야레] 때문에 이세벨 몰래 선지자 백 명을 숨겨줬다. (열왕기상 18:3-4)
- 욥은 "온전하고 정직하여 하나님을 경외하며[야레] 악에서 떠난 자"였다. (욥기 1:8)
- 히스기야는 하나님을 두려워하여[야레] 하나님께 간구했다.(예레미야 26:19)
- 요나는 하나님을 경외했기[야레] 때문에 선원들에게 바다가 잔잔해지게 하려면 자기를 바다로 내던지라고 했다. (요나 1:9, 12)
- 노아는 경외함[율라베오마이]으로 방주를 준비하여 자기 가족을 구하였다. (히브리서 11:7)

이런 두려움이 있는 자들에 대한 보상

- 하나님께서 이들에게 바른 길을 가르쳐주신다. (시편 25:12)
- 하나님께서 이들에게 언약을 보여주신다. (시편 25:14)
- 하나님께서 이들을 주목하시며 돌보신다. (시편 33:18)
- 천사들이 둘레에 진을 치고 이들을 구출한다. (시편 34:7)
- 아무것도 부족한 것이 없게 된다. (시편 34:9)
- 하나님께서 이들을 자식처럼 불쌍히 여기신다. (시편 103:13)
- 하나님께서 이들의 자손에게 자비를 베푸신다. (시편 103:17)
- 하나님께서 이들을 기뻐하신다. (시편 147:11)
- 의(義)의 태양이 이들에게 떠오른다. (말라기 4:2)

셋째 면: 친밀함을 잃을까 두려움

이 두려움은 하나님과의 친밀한 관계를 잃을까 두려워하는 것이다. '이르아', '율라바이아'

- "내가 그들에게 복을 주기 위하여 그들을 떠나지 아니하리라 하는 영원한 언약을 그들에게 세우고 나를 경외함[이르아]을 그들의 마음에 두어 나를 떠나지 않게 하고"(예레미야 32:40).
- "그러므로 우리가 흔들리지 않는 나라를 받았은즉 은혜를 받자 이로 말미암아 경건함과 두려움[율라바이아]으로 하나님을 기쁘시게 섬길지니" (히브리서 12:28).
- 다윗이 말했다. "이스라엘의 하나님이 말씀하시며 이스라엘의 반석이

내게 이르시기를 사람을 공의로 다스리는 자, 하나님을 경외함[이르아]으로 다스리는 자여”(사무엘하 23:3).

- 다윗이 하나님께 고백했다. “오직 나는 주의 풍성한 사랑을 힘입어 주의 집에 들어가 주를 경외함[이르아]으로 성전을 향하여 예배하리이다”(시편 5:7).
- “그의 위에 여호와의 영 곧 지혜와 총명의 영이요 모략과 재능의 영이요 지식과 여호와를 경외하는[이르아] 영이 강림하시리니 그가 여호와를 경외함[이르아]으로 즐거움을 삼을 것이며 그의 눈에 보이는 대로 심판하지 아니하며 그의 귀에 들리는 대로 판단하지 아니하며”(이사야 11:2-3).

이런 두려움이 있는 자들에 대한 보상

- 참된 지혜는 이런 두려움에서 시작된다. (시편 111:10)
- 이런 두려움이 지식의 시작이다. (잠언 1:7)
- 수명이 늘어난다. (잠언 10:27)
- 강한 확신이 생긴다. (잠언 14:26)
- 생명의 샘을 누린다. (잠언 14:27)
- 흡족하게 지내고 재앙을 당하지 않는다.(잠언 19:23)
- 부와 명예와 생명을 얻는다. (잠언 22:4)

하나님에 대한 경외심을 어떻게 찾는가

하나님을 두려워할 줄 아는 것, 특히 위의 세 번째 면을 깨닫는 것이 매우 중요하다. 우리가 하나님 두려워하기의 중요성을 깨달으면 그렇게 하기 위해 필요한 모든 영적 노력을 아끼지 않을 것이다.

“지식을 불러 구하며 명철을 얻으려고 소리를 높이며 은을 구하는 것 같이 그것을 구하며 감추어진 보배를 찾는 것 같이 그것을 찾으면 여호와 경외하기를 깨달으며 하나님을 알게 되리니”(잠언 2:3-5).

스스로 점검하기

나는 공경하는가?

- 하나님께서 나의 모든 생각과 말과 행동을 지켜보신다는 사실을 계속 의식하는가?
- 하나님의 거룩하심을 공경하는 마음으로 하나님께 경배하는가?
- 예수 그리스도께 무릎을 꿇고 그분을 나의 주님으로 선포했는가?
- 자기 몸을 성령의 성전으로 여기고 존중하여 다루는가?
- 하나님의 이름의 모든 속성에 따라 생활하여 하나님의 이름을 공경하는가?
- 우리 부모님은 내가 부모님을 온전히 진심으로 공경하고 순종한다고 말씀하시겠는가?
- 수입이 늘어나는 만큼 후히 드려서 하나님을 공경하는가?
- 정부 지도자들을 하나님께서 나를 돕기 위해 보내신 일꾼으로 보고 공경하는가?
- 부담해야 할 세금이나 수수료를 빠짐없이 납기일 내에 납부하는가?
- 고용주를 하나님께서 나를 다듬으시는 도구로 보는가?
- 주일에 내가 하고 싶은 일보다 주님을 즐거워하는 일로 시간을 보내는가?
- 나이 든 분이 들어오시면 일어나서 공경을 표하는가?
- 다른 사람을 칭찬할 방법을 찾고, 내가 받는 칭찬을 다른 사람에게 돌리는가?

잠깐 지나가는 대통령을 한 번 보려고 몇 시간씩 기다리는 군중이 있는데 대통령을 자주 보는 사람들이 그를 무시하는 경향이 있다니 모순이 아닐 수 없다.

지도자는 외로운 길을 가기에 자기의 중압감을 이해하는 사람들과 교제하고 싶어한다.

“형제들아 우리가 너희에게 구하노니 너희 가운데서 수고하고 주 안에서 너희를 다스리며 권하는 자들을 너희가 알고 그들의 역사로 말미암아 사랑 안에서 가장 귀히 여기며 너희끼리 화목하라”

—데살로니가전서 5:12-13

우리가 지도자를 공경하면 실제로 우리 자신을 공경하는 셈이다. 지도자는 우리를 대표하기 때문이다.

“너희를 인도하는 자들에게 순종하고 복종하라 그들은 너희 영혼을 위하여 경성하기를 자신들이 청산할 자인 것 같이 하느니라 그들로 하여금 즐거움으로 이것을 하게 하고 근심으로 하게 하지 말라 그렇지 않으면 너희에게 유익이 없느니라”

—히브리서 13:17

지도자들은 공경받는 정도만큼 응답하는 경향이 많다.

"다스리는 자들은 선한 일에 대하여 두려움이 되지 않고 악한 일에 대하여 되나니 네가 권세를 두려워하지 아니하려느냐 선을 행하라 그리하면 그에게 칭찬을 받으리라" —로마서 13:3

"악한 자는 반역만 힘쓰나니 그러므로 그에게 잔인한 사자가 보냄을 받으리라" —잠언 17:11

누구를 공경하는가

1. 주 예수 그리스도
"만물이 그로 말미암아 지은 바 되었으니 지은 것이 하나도 그가 없이는 된 것이 없느니라"(요한복음 1:3).

2. 하나님 아버지
"영원하신 왕 곧 썩지 아니하고 보이지 아니하고 홀로 하나이신 하나님께 존귀와 영광이 영원무궁하도록 있을지어다"(디모데전서 1:17).

3. 성령
"그가 와서 죄에 대하여, 의에 대하여, 심판에 대하여 세상을 책망하시리라"(요한복음 16:8). "성령이 친히 우리의 영과 더불어 우리가 하나님의 자녀인 것을 증언하시나니"(로마서 8:16).

4. 하나님의 이름
"여호와 우리 주여 주의 이름이 온 땅에 어찌 그리 아름다운지요"(시편 8:9). "다른 이로써는 구원을 받을 수 없나니 천하 사람 중에 구원을 받을 만한 다른 이름을 우리에게 주신 일이 없음이라 하였더라"(사도행전 4:12). "그의 거룩한 이름을 자랑하라"(시편 105:3). "너는 네 하나님 여호와의 이름을 망령되게 부르지 말라"(출애굽기 20:7).

5. 부모
"네 부모를 공경하라 그리하면 네 하나님 여호와가 네게 준 땅에서 네 생명이 길리라"(출애굽기 20:12). "자기의 아비나 어미를 저주하는 자는 그의 등불이 흑암 중에 꺼짐을 당하리라"(잠언 20:20).

6. 배우자
"이러므로 남자가 부모를 떠나 그의 아내와 합하여 둘이 한 몸을 이룰지로다"(창세기 2:24).

7. 영적 지도자들
"그가 어떤 사람은……목사와 교사로 삼으셨으니 이는 성도를 온전하게 하여 봉사의 일을 하게 하며 그리스도의 몸을 세우려 하심이라"(에베소서 4:11-12).

어떻게 공경하는가

절하고 고백한다–"……모든 무릎을 예수의 이름에 꿇게 하시고 모든 입으로 예수 그리스도를 주라 시인하여 하나님 아버지께 영광을 돌리게 하셨느니라"(빌립보서 2:10-11).

우리의 몸을 드린다–"하나님이 기뻐하시는 거룩한 산 제물로 드리라"(로마서 12:1). "네 재물과 네 소산물의 처음 익은 열매로 여호와를 공경하라"(잠언 3:9).

거룩하게 하고 내드린다–"너희 몸은 성령의 전이다"(고린도전서 6:19). "너희 지체를 의에게 종으로 내주어 거룩함에 이르라"(로마서 6:19). "하나님의 성령을 근심하게 하지 말라 그 안에서 너희가 구원의 날까지 인치심을 받았느니라"(에베소서 4:30).

알고 높이고 사용한다–하나님께서는 알파와 오메가이시며, 시작과 끝이시고, 하늘과 땅의 창조자이십니다. 또한 구원자이시며 영존하시는 하나님이시고 주 예수 그리스도의 아버지이시다. 위대한 의사이시며 지극히 높고 고귀하시며 불멸의 하나님이시다. 온 땅의 재판장이시며 주들 중의 주이시고 막강하신 하나님이시며 늘 믿음직한 친구이시다. 전능하시고 어디나 계시며 평화의 왕이시며 나라들의 통치자이시다. 최고이시며 삼위일체의 하나님이시다. 승리자이시며 유일하게 지혜로우신 하나님이시다.

순종하고 돕는다–"자녀들아 주 안에서 너희 부모에게 순종하라 이것이 옳으니라 네 아버지와 어머니를 공경하라……이로써 네가 잘되고 땅에서 장수하리라"(에베소서 6:1-3). "내 아들아 네 아비의 명령을 지키며 네 어미의 법을 떠나지 말고"(잠언 6:20). 노부모를 모신다. (마태복음 15:1-11, 디모데전서 5:8 참조)

경외하고 존중한다–"그러나 너희도 각각 자기의 아내 사랑하기를 자신 같이 하고 아내도 자기 남편을 존경하라"(에베소서 5:33). "남편들아 이와 같이 지식을 따라 너희 아내와 동거하고 그를 더 연약한 그릇이요 또 생명의 은혜를 함께 이어받을 자로 알아 귀히 여기라 이는 너희 기도가 막히지 아니하게 하려 함이라 또는 그 아내를 더 연약한[깨지기 쉬운] 그릇 같이 여겨 지식을 따라 동거하고"(베드로전서 3:7).

복종하고 지원한다–"잘 다스리는 장로들은 배나 존경할 자로 알되"(디모데전서 5:17). "하나님의 말씀을 너희에게 일러 주고 너희를 인도하던 자들을 생각[기억]하며 ……너희를 인도하는 자들에게 순종하고 복종하라"(히브리서 13:7, 17).

대평원의 들소는 나이 든 **들소**를 공경해서 그가 새로운 지역의 풀밭으로 무리를 이끄는 대로 따라간다.

8. 정부 지도자들

"다스리는 자들은 선한 일에 대하여 두려움이 되지 않고 악한 일에 대하여 되나니 네가 권세를 두려워하지 아니하려느냐……그는 하나님의 사역자[심부름꾼]가 되어 네게 선을 베푸는 자니라"(로마서 13:3-4).

복종하고 세를 낸다–"각 사람은 위에 있는 권세들에게 복종하라 권세는 하나님으로부터 나지 않음이 없나니 모든 권세는 다 하나님께서 정하신 바라"(로마서 13:1). "모든 자에게 줄 것을 주되 조세를 받을 자에게 조세를 바치고 관세를 받을 자에게 관세를 바치고 두려워할 자를 두려워하며 존경할 자를 존경하라"(로마서 13:7).

9. 고용주

"종들아 두려워하고 떨며 성실한 마음으로 육체의 상전에게 순종하기를 그리스도께 하듯 하라……기쁜 마음으로 섬기기를 주께 하듯 하고 사람들에게 하듯 하지 말라"(에베소서 6:5, 7).

성실히 섬긴다–"무릇 멍에 아래에 있는 종들은 자기 상전들을 범사에 마땅히 공경할 자로 알지니 이는 하나님의 이름과 교훈으로 비방을 받지 않게 하려 함이라 믿는 상전이 있는 자들은 그 상전을 형제라고 가볍게 여기지 말고 더 잘 섬기게 하라 이는 유익을 받는 자들이 믿는 자요 사랑을 받는 자임이라 너는 이것들을 가르치고 권하라"(디모데전서 6:1-2).

10. 주님의 날

"안식일을 기억하여 거룩하게 지키라 엿새 동안은 힘써 네 모든 일을 행할 것이나 일곱째 날은 네 하나님 여호와의 안식일인즉……아무 일도 하지 말라……그러므로 나 여호와가 안식일을 복되게 하여 그 날을 거룩하게 하였느니라"(출애굽기 20:8-11).

주님의 날을 즐거워한다–"만일 안식일에 네 발을 금하여 내 성일에 오락을 행하지 아니하고 안식일을 일컬어 즐거운 날이라, 여호와의 성일을 존귀한 날이라 하여 이를 존귀하게 여기고 네 길로 행하지 아니하며 네 오락을 구하지 아니하며 사사로운 말을 하지 아니하면 네가 여호와 안에서 즐거움을 얻을 것이라 내가 너를 땅의 높은 곳에 올리고 네 조상 야곱의 기업으로 기르리라 여호와의 입의 말씀이니라"(이사야 58:13-14).

11. 노인들

"늙은 자에게는 지혜가 있고 장수하는 자에게는 명철이 있느니라"(욥기 12:12).

들어오실 때 일어선다–"너는 센 머리 앞에서 일어서고 노인의 얼굴을 공경하며 네 하나님을 경외하라 나는 여호와이니라"(레위기 19:32).

12. 가족 없는 과부

"하나님 아버지 앞에서 정결하고 더러움이 없는 경건은 곧 고아와 과부를 그 환난중에 돌보고 또 자기를 지켜 세속에 물들지 아니하는 그것이니라"(야고보서 1:27).

후원하고 격려한다–"참 과부인 과부를 존대하라 만일 어떤 과부에게 자녀나 손자들이 있거든 그들로 먼저 자기 집에서 효를 행하여 부모에게 보답하기를 배우게 하라 이것이 하나님 앞에 받으실 만한 것이니라"(디모데전서 5:3-4).

13. 모든 신자

"이와 같이 우리 많은 사람이 그리스도 안에서 한 몸이 되어 서로 지체가 되었느니라"(로마서 12:5).

똑같이 공경한다–"우리가 몸의 덜 귀히 여기는 그것들을 더욱 귀한 것들로 입혀 주며 우리의 아름답지 못한 지체는 더욱 아름다운 것을 얻느니라"(고린도전서 12:23). "한 지체가 영광을 얻으면 모든 지체가 함께 즐거워하느니라"(고린도전서 12:26).

14. 모든 사람

"뭇[모든] 사람을 공경하며 형제를 사랑하며 하나님을 두려워하며 왕을 존대하라"(베드로전서 2:17). "각각 자기보다 남을 낫게 여기고"(빌립보서 2:3).

남을 칭찬하고 남에게 공을 돌린다–"그러므로 우리는 기회 있는 대로 모든 이에게 착한 일을 하되 더욱 믿음의 가정들에게 할지니라"(갈라디아서 6:10). "존경하기를 서로 먼저 하며"(로마서 12:10).

하나님께서는 절대로 쓸데없이 십대들에게 부모를 주시지 않는다. 그분은 늘 자신의 더 큰 계획을 수행하기에 딱 맞는 사람들을 택하시기 때문이다.

부모의 첫째 목표는 자녀를 믿는 것이 아니라 이해하는 것이다. 부모가 자녀를 이해하면 할수록 자녀는 부모를 더 믿는다.

성공의 최고 신임장은 하나님께서 부모를 공경하는 자들에게 주시는 영예다.

"네 아버지와 어머니를 공경하라 이것은 약속이 있는 첫 계명이니 이로써 네가 잘되고 땅에서 장수하리라"

—에베소서 6:2-3

삶은 현명한 결정이나 어리석은 결정에 따른 끝없는 교환의 연속이다.

우리는 기력을 돈으로, 그 돈을 음식으로, 그 음식을 기력으로 교환한다. 영적인 세계도 똑같다. 우리는 한시적인 것들을 그리스도의 더 많은 부분으로 교환하거나 한시적인 것들을 영원한 부로 교환한다.

"또한 모든 것을 해로 여김은 내 주 그리스도 예수를 아는 지식이 가장 고상하기 때문이라 내가 그를 위하여 모든 것을 잃어버리고 배설물로 여김은 그리스도를 얻고 그 안에서 발견되려 함이니"

—빌립보서 3:8

"어떤 어려움도 하나님의 뜻대로 하겠다는 마음만 있으면 극복된다."

—죠지 뮬러

의사 결정의 4가지 실천 사항

1. **하지 말라**–다른 사람의 책임인 일이면 그 사람이 하게 놔 둔다.
2. **연기하라**–나중에 해야 더 좋을 일이면 그 때를 기다린다.
3. **위임하라**–더 잘 할 수 있는 사람이 있으면 그들에게 맡긴다.
4. **하라**–위의 3가지에 해당되지 않으면 내가 직접 한다.

—글렌 헤크 박사

과단성 *Decisiveness*

vs. 두 마음 *Double-Mindedness*

과단성은 정확한 사실, 지혜로운 조언, 명확한 목표에 근거하여 옳은 일을 하기로 선택하는 것이다.

정의

다니엘은 바벨론에서 왕의 법령과 하나님의 명령 중 어느 것을 따를지를 결정해야 하는 상황에 부딪혔으나 그것은 다니엘에게 어려운 선택이 아니었다. 그는 어떤 대가를 치르더라도 하나님께 순종하기로 미리 결심했기 때문이다. "다니엘은 뜻을 정하여 왕의 음식과 그가 마시는 포도주로 자기를 더럽히지 아니하리라 하고"(다니엘 1:8).

'뜻을 정하여'로 번역된 히브리어 '숨'은 '세우다, 정하다'는 뜻이다. 하나님께서는 우리가 어떤 대가를 치르더라도 옳은 길을 선택하기로 어려서부터 작정하기를 바라신다. "내가 오늘 하늘과 땅을 불러 너희에게 증거를 삼노라 내가 생명과 사망과 복과 저주를 네 앞에 두었은즉 너와 네 자손이 살기 위하여 생명을 택하고"(신명기 30:19).

현명한 결정의 기초

과단성의 첫 번째 단계는 우리가 우리의 생명으로 누구를 섬길지를 선택하는 일이다. 우리는 우리의 시간과 기력과 창의력으로 돈을 섬기려는 성향이 있다. 돈이 있으면 원하는 물건들을 사서 즐길 수 있을 줄로 믿는다. 그러나 돈을 섬기는 것이 잘못임을 깨닫고 돈과 하나님을 함께 섬기려고 노력하는 사람도 있다. 그러나 예수님께서는 경고하셨다. "한 사람이 두 주인을 섬기지 못할 것이니 혹 이를 미워하고 저를 사랑하거나 혹 이를 중히 여기고 저를 경히 여김이라 너희가 하나님과 재물을 겸하여 섬기지 못하느니라"(마태복음 6:24).

하나님을 따르기로 결정한다는 말은 우리 마음 속에서 하나님과 경쟁하는 모든 것을 밀쳐 버린다는 뜻이다. "그러므로 이제는 여호와를 경외하며 온전함과 진실함으로 그를 섬기라 너희의 조상들이 강 저쪽과 애굽에서 섬기던 신들을 치워버리고 여호와만 섬기라 만일 여호와를 섬기는 것이 너희에게 좋지 않게 보이거든……너희가 섬길 자를 오늘 택하라 오직 나와 내 집은 여호와를 섬기겠노라 하니"(여호수아 24:14-15).

어리석은 결정을 내리는 원인

과단성의 가장 큰 장애물은 두 마음을 품는 것이다. "두 마음을 품어 모든 일에 정함이 없는 자로다"(야고보서 1:8). 이런 사람은 마치 바람에 밀려 요동하는 바다 물결과 같다.

'두 마음'으로 번역된 헬라어 '딥쉬코스'는 '두 혼을 가진, 망설이는 상태'를 뜻한다. '프쉬케'는 영어 Psychology(심리학)의 어원이며 지성과 감정과 의지를 가리킨다. 두 마음을 품은 자는 욕망이 둘로 나뉜다. 한편으로는 옳은 일을 하고 싶지만 다른 한편으로는 죄의 일시적인 향락을 누리고 싶어한다. (히브리서 11:24-15 참조)

모세는 하나님과 그분의 백성과 함께 하기로 사생결단하여 두 마음을 극복했다. "믿음으로 모세는 장성하여 바로의 공주의 아들이라 칭함 받기를 거절하고 도리어 하나님의 백성과 함께 고난 받기를 잠시 죄악의 낙을 누리는 것보다 더 좋아하고"(히브리서 11:24-25).

과단성은 모든 가능한 선택들을 지혜롭고 주의 깊게 살피는 데서 시작된다. "그리스도를 위하여 받는 수모를 애굽의 모든 보화보다 더 큰 재물로 여겼으니 이는 상 주심을 바라봄이라"(히브리서 11:26).

현명한 조언을 구하는 것의 가치

자신의 결정이 지혜롭고 바른지를 확신하려면 현명한 조언을 구해야 한다. 조언을 아주 저렴하게 얻는 방법이 있다. 그것은 잘못된 결정으로 비싼 대가를 치르고 지혜를 터득한 사람들을 찾아가는 것이다. 그들에게 묻기만 하면 그들은 자기 경험에서 얻은 유익을 기꺼이 나눠줄 것이고, 그들도 과거의 실수로 인한 고통과 손해를 조금이라도 보상받게 될 것이다.

- "미련한 자는 자기 행위를 바른 줄로 여기나 지혜로운 자는 권고를 듣느니라"(잠언 12:15).
- "의논이 없으면 경영이 무너지고 지략이 많으면 경영이 성립하느니라"(잠언 15:22).
- "너는 권고를 들으며 훈계를 받으라 그리하면 네가 필경은 지혜롭게 되리라"(잠언 19:20).
- "지략이 없으면 백성이 망하여도 지략이 많으면 평안을 누리느니라"(잠언 11:14).

하나님의 말씀에 근거하여 과단성을 갖기

현명한 의사 결정은 우리의 성향이나 취향이 아닌 하나님의 뜻을 따르는 것이다. "어떤 길은 사람이 보기에 바르나 필경은 사망의 길이니라"(잠언 14:12). 그러므로 하나님께서 경고하신다. "자기의 마음을 믿는 자는 미련한 자요 지혜롭게 행하는 자는 구원을 얻을 자니라"(잠언 28:26).

예수님께서 내리신 모든 결정은 하늘 아버지의 뜻을 따른 것이었다. "내가 아무것도 스스로 할 수 없노라 듣는 대로 심판하노니 나는 나의 뜻대로 하려 하지 않고 나를 보내신 이의 뜻대로 하려 하므로 내 심판은 의로우니라"(요한복음 5:30). 어떤 일에 대한 하나님의 뜻은 반드시 하나님께서 만물의 창조를 통해 확립하시고 성경을 통해 밝히시고 설명하신 범우주적이고 필연적인 삶의 원칙에서 벗어나지 않는다. 어떤 문제에 대해 의사 결정을 내릴 때 다음 질문을 통해 이 원칙을 체계화할 수 있다.

1. **내가 자원을 사용하는 방식이 하나님의 창조 목적과 일치하는가?** (돈, 음식, 옷, 결혼, 가족, 시간, 친구 등)
2. **나는 누구의 관할권 아래서 이 결정을 내리는가?** (부모, 고용주, 정부, 교회) 과단성은 하나님의 모든 관할권과 하나님 말씀의 도덕 원칙을 절대로 어기지 않는 것이다.
3. **나는 깨끗한 양심으로 이 결정을 내릴 수 있는가?** 양심의 거리낌이나 권위자의 권고를 반드시 고려해야 한다.
4. **나는 이 결정에 연관된 모든 사람과 화목한가?** 원망이나 홧김에 결정을 내리는 것은 잘못이고 값비싼 대가를 초래한다.

지금 내리는 사소한 결정이 나중에 내릴 중대한 결정을 좌우한다.

작은 선택이 모여 성품을 낳고, 그 성품이 미래의 행동을 주도한다.

결정을 기피하는 사람은 다른 사람이나 상황이 대신 결정하게 하기로 결정하는 셈이다.

오소리는 천적을 만났을 때 재빨리 결정한다. 일단 도망치지 않기로 결정하면 온 힘을 다해 싸운다.

과단성은 방해물에 집중하지 않고 목적지에 집중한다.

목표를 더 명확하게 정하면 정할수록 현명한 결정을 훨씬 능숙하게 내릴 수 있다.

"푯대를 향하여 그리스도 예수 안에서 하나님이 위에서 부르신 부름의 상을 위하여 달려가노라" —빌립보서 3:14

"나는 끝까지 가서 나의 목적지에 도달할 때까지 절대로 멈추지 않기로 결단했다."

—데이비드 리빙스턴

옳은 결정임을 알았으면 다시 생각하지 않는 것이 과단성을 기르는 길이다.

5. **이 문제에 대해 나의 권리를 내려놓았는가?** 믿음의 위인인 조지 뮬러는 의사 결정 시 하나님의 뜻을 아는 방법을 터득했다. 그의 비법은 자기 뜻이 하나도 남지 않도록 마음을 비우는 것이었다. 실제적인 방법은 각 선택의 모든 유익을 일일이 적어 보고 하나님께서 어느 쪽을 당신의 뜻으로 제시하시든지 무조건 하나님께 감사하기로 작정하는 것이다.

6. **이 결정으로 누군가가 약해지거나 피해를 입는가?** 우리는 연약한 형제를 넘어지게 하거나 상처받게 하거나 약해지게 하는 어떤 일도 해서는 안 된다. (로마서 14:21 참조) 그러므로 "악은 어떤 모양이라도 버리라"(데살로니가전서 5:22).

7. **이 결정이 내 삶에 대한 하나님의 소명을 받드는 것인가?** 하나님께서는 하나님의 나라를 확장하고 사탄의 나라를 무너뜨리는 중요한 임무를 감당하도록 신자들을 부르신다. 우리가 내리는 모든 결정은 이 목적에 부합되어야 한다. 이는 모든 권위자를 위해 기도하고 선한 일로 섬기며 고아와 과부, 가난한 자와 외국인들을 돕는 일이다.

우리의 주된 사명은 예수님께서 주신 지상명령(至上命令)에 잘 나타난다. "그러므로 너희는 가서 모든 민족을 제자로 삼아 아버지와 아들과 성령의 이름으로 세례를 베풀고 내가 너희에게 분부한 모든 것을 가르쳐 지키게 하라 볼지어다 내가 세상 끝날까지 너희와 항상 함께 있으리라 하시니라"(마태복음 28:19-20).

금식이 어떻게 과단성을 높이는가

의사 결정을 위해 영적 경각심을 높이려면, 특히 중대한 결정을 내릴 때는 하루나 며칠 동안 기도하고 금식하는 것이 현명하다. 예수님께서는 우리가 은밀히 기도하면 우리에게 공개적으로 보상하시겠다고 약속하셨다. (마태복음 6:18 참조)

금식의 많은 보상 중 하나는 분별과 현명한 판단이 깊어지는 것이다. 하나님께서는 금식을 하면 "네 빛이 새벽 같이 비칠 것이며……네 어둠이 낮과 같이 될 것"이라고 약속하셨다(이사야 58:8, 10).

스스로 점검하기

나는 과단성이 있는가?

- 어떤 대가를 치르더라도 옳은 일을 하기로 헌신했는가?
- 돈이나 명성이나 쾌락보다 하나님을 섬기기로 결정했는가?
- 의사 결정을 내리기 전에 현명한 조언을 구하는가?
- 어떤 결정이든 먼저 하나님의 뜻을 분별하고 그 뜻을 실행하기로 작정했는가?
- 무엇을 결정할 때 금식하며 하나님께 지혜를 달라고 부르짖는가?
- 충동적으로 결정하는가 아니면 하나님의 말씀[레마]에 따라 결정하는가?
- 성경 말씀에 어긋나는 조언을 거부하는가?

근면 *Diligence*

vs. 게으름 *Slothfulness*

근면은 맡은 일을 모두 주님의 특별한 과제로 받아들이고 총력을 다해 신속하고 능숙하게 해내는 것이다.

정의

'근면'에 해당하는 히브리어와 헬라어는 '일찍 일어나다, 고통을 감수하며 찾는다, 열성, 열심, 의지력, 빠르고 능숙하게 효율적으로 일하다, 맡은 일에 즉시 정력적으로 몰두하다'는 개념을 전달한다. 근면을 그림처럼 아주 잘 묘사한 단어는 '깊이 판 갱(坑)이나 채굴한 금'을 뜻하는 히브리어 '하루쯔'다.

1849년 미국 캘리포니아 주의 금광 붐(Gold Rush)은 근면의 예를 잘 보여준다. 동부 해안지역 남자들은 모든 것을 내팽개치고 금을 캐기 위해 서부 해안지역으로 몰려들었다.

이들은 자신의 피곤이나 희생엔 아랑곳하지 않고 빠르고 철저하게 일했다. 이렇게 일할 수 있었던 원동력은 그들이 발견한 금으로 할 수 있는 일을 마음속으로 그렸기 때문이다. 우리가 수행하는 모든 과제에 이와 똑같은 에너지와 동기를 쏟는다면 근면은 빛을 발할 것이다.

근면의 큰 보상

근면한 사람에게는 값진 보상이 약속된다. 예를 들어 부지런히 일하는 사람은 부나 지도력이나 호의를 얻거나 통치자 앞에 서거나 인생의 의미를 깨닫거나 하나님께 영예를 입는다.

- "네가 자기의 일에 능숙한 사람을 보았느냐 이러한 사람은 왕 앞에 설 것이요 천한 자 앞에 서지 아니하리라"(잠언 22:29).
- "부지런한 자의 손은 사람을 다스리게 되어도 게으른 자는 부림을 받느니라"(잠언 12:24).
- "손을 게으르게 놀리는 자는 가난하게 되고 손이 부지런한 자는 부하게 되느니라"(잠언 10:4).

근면에 대한 성경의 권면

하나님께서는 다음 영역에서 근면하라고 권면하신다:

- 법적 분쟁을 해결하는 일 (누가복음 12:58)
- 지도자의 책임을 수행하는 일 (로마서 12:8)
- 선을 행하는 일 (디모데전서 5:10)
- 하나님을 찾는 일 (히브리서 11:6)
- 동료 신자들을 돌보는 일 (히브리서 12:15)
- 하나님의 소명과 선택을 확인하는 일 (베드로후서 1:10)
- 경건한 성품을 기르는 일 (베드로후서 1:5-7)
- 마음의 평안과 순결을 지키는 일 (베드로후서 3:14)

아무것도 남기지 말라!

근면한 사람은 맡은 일을 완수하기 위해 그 일에 자신을 전부 내준다. 그런 사람은 보상으로 위대한 사람과 통치자 앞에서 말할 기회를 얻는다.

"네가 자기의 일에 능숙한 사람을 보았느냐 이러한 사람은 왕 앞에 설 것이요 천한 자 앞에 서지 아니하리라"
—잠언 22:29

"직업이 없는 것은 쉼이 아니다. 마음은 비어 있는 만큼 괴로운 법이니까." —윌리엄 카우퍼

사랑이 동기가 될 때 노동은 쉼이 된다.

"많이 사랑하는 사람일수록 많이 섬긴다." —토마스 아켐피스

근면은 맡은 일을 사랑 때문에 기쁜 자세로 하는 것이다.

"또 무엇을 하든지 말에나 일에나 다 주 예수의 이름으로 하고 그를 힘입어 하나님 아버지께 감사하라" —골로새서 3:17

"게으른 그리스도인은 입에 불평을 달고 살지만 부지런한 그리스도인은 마음에 평안이 가득하다."

—토머스 부룩스

"활동과 일의 차이를 구분할 줄 알라." —존 워너메이커

근면을 기르는 비결

참된 근면은 인간의 본성과 정반대로 에너지를 쏟을 것을 요구한다. 우리는 쉬운 길을 택하고 힘든 일은 남이 해주길 바라는 경향이 짙다. 어려운 일을 부탁받을 때마다 우리는 스스로 두 가지 질문을 한다. "이 일을 하면 어떤 이익이 있을까?" 혹은 "이 일을 하지 않으면 어떤 손해가 있을까?" 하나님께서는 다음 성경구절에서 이 질문에 답을 주신다.

"무슨 일을 하든지 마음을 다하여 주께 하듯 하고 사람에게 하듯 하지 말라 이는 기업의 상을 주께 받을 줄 아나니 너희는 주 그리스도를 섬기느니라"(골로새서 3:23-24).

그러므로 부지런히 일하고 싶은 동기는 우리가 그저 세상 고용주를 위해서 일하는 것이 아니라 주 예수 그리스도께서 우리의 실제 고용주이심을 깨닫는 데서 나온다. 예수님께서는 우리가 하는 모든 일을 철저히 검사하시고 상을 주시되 이 세상에서뿐 아니라 영원히 우리의 근면을 보상하실 것이다.

예수님께서 우리의 고용주이시기 때문에 우리는 일을 잘 하려고 남보다 더 노력한 자신의 노고를 인정받지 못할까 걱정할 필요가 없고, 우리가 남의 눈에 잘 띄지 않을 세세한 부분을 간과하거나 회피한 행동을 예수님께서 보실지 궁금해할 필요도 없다. 이 점을 깨닫고 전도서 9장 10절의 교훈을 따르기로 마음먹어야 한다.

비버는 가만이 있는 법이 거의 없다. 계속해서 집을 짓고 보수하고 미리미리 일하여 가족을 돌본다. 집과 둑을 다 짓고 나서도 다음 세대를 위해 추가로 집을 짓고 둑을 쌓느라 여념이 없다.

"네 손이 일을 얻는 대로 힘을 다하여 할지어다 네가 장차 들어갈 스올에는 일도 없고 계획도 없고 지식도 없고 지혜도 없음이니라"

우리가 맡은 모든 과제에 근면을 보이지 못했다면 우리가 섬기는 주 예수 그리스도를 적절히 대변하지 못한 셈이다. 또한 우리에게 더 높은 근면과 생산성을 기대했던 사람들에게 실망을 안겨준 것이다. 그렇다면 우리가 실망을 안긴 사람들과 예수님께 용서를 구하고 앞으로 모든 일에서 참된 근면을 기르기로 새롭게 다짐하는 것이 현명한 행동이다.

스스로 점검하기

나는 근면한가?

- 주어진 일을 빨리 열성적으로 완수하는가 아니면 마지못해 일정에 끼워 넣는가?
- 일을 가장 빠르고 효율적인 방법으로 하기 위해 미리 계획하는가?
- 귀한 시간을 몇 분이라도 아끼기 위해 빠르게 움직이는가 아니면 천천히 걸어 가는가?
- 맡은 일이 끝나면 새 일을 고대하는가 아니면 쉬고 싶은가?
- 부모님께서 나를 근면한 일꾼으로 인정하실 정도로 나는 집안일을 철저히 끝내는가?
- 고용주보다 하나님을 더 기쁘게 해 드리려고 일하는가?
- 매번 일을 완수하기 위해 전심으로 일하며 추가로 오리를 더 가는가?
- 고용주의 성공을 위해 근무시간을 일 분도 허비하지 않는가?

긍휼 *Compassion*

vs. 냉담 *Indifference*

긍휼은 다른 사람의 깊은 필요를 어떻게든 채워주려는 마음으로 응하는 것이다.

정의

요한일서 3장 17절에서 '도와줄 마음'으로 번역된 헬라어 '스플랑크논'은 '동정, 공감'을 뜻하며 '창자, 따뜻한 애정이 자리하는 곳'을 가리킨다. 예수님께서 사람들의 어려운 속사정을 보시고 응하신 것을 성경은 "불쌍히 여기셨다"고 묘사한다. 히브리어 '라함'은 '깊이 사랑하다, 측은히 여기다'는 뜻이다. 이 단어는 부모가 자녀에게 갖는 애틋한 사랑과 하나님께서 자기 백성에게 베푸시는 자비를 묘사한다.

긍휼에 해당하는 또 다른 헬라어 '엘레에오'가 있다. 악한 종은 큰 돈을 탕감받았지만 자기에게 작은 돈을 빚진 동료에게 긍휼[엘레에오]을 보이지 않았다. 이 단어에서 인도주의적 구호 차원의 '자선, 기부'를 뜻하는 영어 eleemosynary가 나왔다. 긍휼의 또 다른 개념은 '불쌍히 여기다, 멸망에서 살려내다, 자비를 보이다'이다.

긍휼은 도움이 절실한 긴급 상황에서 우러나온다

- **바로의 딸이 아기 모세에게 긍휼을 느꼈다**–"열고 그 아기를 보니 아기가 우는지라 그가 그를 불쌍히 여겨 이르되 이는 히브리 사람의 아기로다(출애굽기 2:6).
- **예수님께서는 우는 과부에게 긍휼을 느끼셨다**–예수님께서 한 과부의 외아들이 죽어 무덤으로 실려가는 것을 보시고 그 과부를 "불쌍히 여기사 울지 말라 하시고"(누가복음 7:13) 그 죽은 아들을 살리셨다.
- **선한 사마리아인은 부상당한 여행자에게 긍휼을 느꼈다**–"어떤 사람이 예루살렘에서 여리고로 내려가다가 강도를 만나매 강도들이 그 옷을 벗기고 때려 거의 죽은 것을 버리고 갔더라……어떤 사마리아 사람은 여행하는 중 거기 이르러 그를 보고 불쌍히 여겨"(누가복음 10:30, 33).

긍휼은 어려운 속사정을 분별한 결과이다

- **예수님께서는 군중의 영적 필요를 보시고 긍휼히 여기셨다**–"무리를 보시고 불쌍히 여기시니 이는 그들이 목자 없는 양과 같이 고생하며 기진함이라 이에 제자들에게 이르시되 추수할 것은 많되 일꾼이 적으니 그러므로 추수하는 주인에게 청하여 추수할 일꾼들을 보내 주소서 하라 하시니라"(마태복음 9:36-38).
- **예수님께서는 군중의 육체적 필요를 보시고 치유와 음식을 주셨다**–"예수께서 나오사 큰 무리를 보시고 불쌍히 여기사 그 중에 있는 병자를 고쳐 주시니라……무리를 명하여 잔

어떤 위대한 사람들은 다른 사람을 작게 느껴지게 만들지만 진짜 위대한 사람들은 다른 사람을 크게 느껴지게 만들어준다.

"누가 이 세상의 재물을 가지고 형제의 궁핍함을 보고도 도와 줄 마음을 닫으면 하나님의 사랑이 어찌 그 속에 거하겠느냐"

—요한일서 3:17

동정 – 아파하는 사람을 딱하게 느끼는 마음

공감 – 아파하는 사람과 함께 같은 고통을 느끼는 감정

긍휼 – 그 고통에 대해 뭔가를 하는 행동

세 사람이 한 여행자가 부상당한 채 길가에 쓰러진 것을 보았다. 첫 번째 사람은 옆으로 지나가면서 동정을 느꼈다. 두 번째 사람은 다가가서 그 사람을 쳐다보며 공감을 보였다. 세 번째 사람은 가던 길을 멈추고 그 사람을 돕는 긍휼을 베풀었다. 그가 바로 선한 사마리아인이다. (누가복음 10:30-37 참조)

얼룩말의 무리는 하나가 부상을 당하면 그 말이 상처에서 회복될 때까지 속력을 줄여서 함께 머문다.

고통이 유익한 이유는 같은 아픔이 있는 사람들에게 긍휼을 느끼도록 도와기 때문이기도 하다.

한 아기가 울었기에 왕의 딸은 긍휼을 베풀었고 한 나라가 부르짖었기에 왕 중 왕이신 하나님께서는 이 나라에 긍휼을 베푸시기 위해 긍휼을 받은 그 아기를 쓰셨다. (출애굽기 2:6, 23-25, 3:9-10 참조)

"찬송하리로다 그는 우리 주 예수 그리스도의 하나님이시요 자비의 아버지시요 모든 위로의 하나님이시며 우리의 모든 환난 중에서 우리를 위로하사 우리로 하여금 하나님께 받는 위로로써 모든 환난 중에 있는 자들을 능히 위로하게 하시는 이시로다 그리스도의 고난이 우리에게 넘친 것 같이 우리가 받는 위로도 그리스도로 말미암아 넘치는도다"

—고린도후서 1:3-5

디 위에 앉히시고 떡 다섯 개와 물고기 두 마리를 가지사 하늘을 우러러 축사하시고 떡을 떼어 제자들에게 주시매 제자들이 무리에게 주니 다 배불리 먹고"(마태복음 14:14, 19-20)

- **예수님께서는 지도자를 원하는 군중의 필요를 보시고 긍휼히 여기셨다**—"예수께서 나오사 큰 무리를 보시고 그 목자 없는 양 같음으로 인하여 불쌍히 여기사 이에 여러 가지로 가르치시더라"(마가복음 6:34).

긍휼은 겸손히 도움을 청할 때 우러난다

- **큰 빚을 진 종은 인내를 애원했다**—"그 종이 엎드려 절하며 이르되 내게 참으소서 다 갚으리이다 하거늘 그 종의 주인이 불쌍히 여겨 놓아 보내며 그 빚을 탕감하여 주었더니"(마태복음 18:26-27).
- **두 맹인은 치유해 달라고 외쳤다**—"맹인 두 사람이 길 가에 앉았다가 예수께서 지나가신다 함을 듣고 소리 질러 이르되 주여 우리를 불쌍히 여기소서 다윗의 자손이여 하니…… 예수께서 불쌍히 여기사 그들의 눈을 만지시니 곧 보게 되어 그들이 예수를 따르니라"(마태복음20:30, 34)
- **나병환자는 무릎을 꿇고 치유를 간청했다**—"한 나병환자가 예수께 와서 꿇어 엎드려 간구하여 이르되 원하시면 저를 깨끗하게 하실 수 있나이다 예수께서 불쌍히 여기사 손을 내밀어 그에게 대시며 이르시되 내가 원하노니 깨끗함을 받으라 하시니"(마가복음 1:40-41)
- **악령 들린 아이의 아버지는 도와 달라고 눈물을 흘리며 외쳤다**—"곧 그 아이의 아버지가 소리를 질러 이르되 내가 믿나이다 나의 믿음 없는 것을 도와 주소서 하더라 예수께서 무리가 달려와 모이는 것을 보시고 그 더러운 귀신을 꾸짖어 이르시되 말 못하고 못 듣는 귀신아 내가 네게 명하노니 그 아이에게서 나오고 다시 들어가지 말라 하시매"(마가복음 9:24-25).
- **탕자는 회개하고 자비를 빌었다**—"이에 일어나서 아버지께로 돌아가니라 아직도 거리가 먼데 아버지가 그를 보고 측은히 여겨 달려가 목을 안고 입을 맞추니"(누가복음 15:20).

긍휼은 긴급 상황에 대한 정상적인 반응이다

- **도와 달라고 외치는 것은 겸손과 의존성을 나타낸다**—사람은 대부분 자기의 부족함을 인정하거나 도움을 청하기를 주저한다. 그러므로 도와 달라고 외치는 것은 자신이 긴급한 필요를 채우기에 무능하고 부적합함을 겸손히 인정하는 것이다. "하나님이 교만한 자를 물리치시고 겸손한 자에게 은혜를 주신다"(야고보서 4:6).
- **남의 어려운 형편을 보고 도와주기를 거부하면 긍휼의 마음을 닫는 것이다**—"누가 이 세상의 재물을 가지고 형제의 궁핍함을 보고도 도와 줄 마음을 닫으면 하나님의 사랑이 어찌 그 속에 거하겠느냐"(요한일서 3:17).
- **부유한 사람은 궁핍한 사람들에게 나누라는 권고를 받았다**—"네가 이 세대에서 부한 자들을 명하여 마음을 높이지 말고 정함이 없는 재물에

소망을 두지 말고 오직 우리에게 모든 것을 후히 주사 누리게 하시는 하나님께 두며 선을 행하고 선한 사업을 많이 하고 나누어 주기를 좋아하며 너그러운 자가 되게 하라"(디모데전서 6:17-18).

긍휼을 베풀려면 먼저 어려운 형편을 해결해줄 능력이 있어야 한다

- 예수님께서는 군중을 먹이기 위해 자신의 신성의 능력을 꺼내 쓰셨다.
- 선한 사마리아인은 치료를 제공하기 위해 자신의 자원을 꺼내 썼다.
- 우리는 궁핍한 사람들을 돕기 위해 하나님께서 우리에게 주신 자원을 꺼내 써야 한다. "하나님이 능히 모든 은혜를 너희에게 넘치게 하시나니 이는 너희로 모든 일에 항상 모든 것이 넉넉하여 모든 착한 일을 넘치게 하게 하려 하심이라"(고린도후서 9:8). "형제를 사랑하여 서로 우애하고 존경하기를 서로 먼저 하며……성도들의 쓸 것을 공급하며"(로마서 2:10, 13). "주라 그리하면 너희에게 줄 것이니"(누가복음 6:38).

긍휼을 베풀라는 명령들

긍휼은 그리스도를 따르는 사람들에게는 제안이 아니라 명령이다.

- **서로 긍휼을 베풀라**–"마지막으로 말하노니 너희가 다 마음을 같이하여 동정하며 형제를 사랑하며 불쌍히 여기며 겸손하며 악을 악으로, 욕을 욕으로 갚지 말고 도리어 복을 빌라 이를 위하여 너희가 부르심을 받았으니 이는 복을 이어받게 하려 하심이라"(베드로전서 3:8-9).
- **긍휼과 자비를 입으라**–"그러므로 너희는 하나님이 택하사 거룩하고 사랑 받는 자처럼 긍휼과 자비와 겸손과 온유와 오래 참음을 옷 입고 누가 누구에게 불만이 있거든 서로 용납하여 피차 용서하되 주께서 너희를 용서하신 것 같이 너희도 그리하고"(골로새서 3:12-13).
- **긍휼히 여기라**–"하나님의 사랑 안에서 자신을 지키며 영생에 이르도록 우리 주 예수 그리스도의 긍휼을 기다리라 어떤 의심하는 자들을 긍휼히 여기라 또 어떤 자를 불에서 끌어내어 구원하라 또 어떤 자를 그 육체로 더럽힌 옷까지도 미워하되 두려움으로 긍휼히 여기라"(유다서 1:21-23)

긍휼한 마음을 어떻게 기르는가

1. 우리가 하나님께 진 큰 빚에 관심을 집중한다.

우리의 기분을 상하게 한 사람들에게는 긍휼한 마음을 닫기가 너무 쉽다. 그러나 우리가 하나님께 어마어마한 큰 빚을 진 사실을 깨달았으면 우리의 자세는 백팔십도로 달라져야 한다.

악한 종이 큰 빚을 탕감받았으면서도 자기에게 작은 빚을 진 동료에게 똑같은 긍휼을 베풀지 않은 이유는 자기가 주인에게 제대로 겸손히 자비를 애원해 보지 않았기 때문이다. 그는 기한만 연장해 달라고 부탁했다. 이처럼 그는 주인이 자기에게 베푼 긍휼과 자비에 대한 감사가 없었고 그러므로 자기에게 똑같이 기한만 연장해 달라고 부탁하는 동료에게 베풀 자비도 없었다.

긍휼을 맛본 사람은 예수님의 마음을 아주 잘 이해한다.

그리스도의 가장 큰 관심은 잃어버린 자들의 영적 상태였다.

"인자가 온 것은 잃어버린 자를 찾아 구원하려 함이니라" —누가복음 19:10

"그가 우리를 대신하여 자신을 주심은 모든 불법에서 우리를 속량하시려 하심이라" —디도서 2:14

"그가 찔림은 우리의 허물 때문이요…… 그가 채찍에 맞으므로 우리는 나음을 받았도다" —이사야 53:5

"무리를 보시고 불쌍히 여기시니 이는 그들이 목자 없는 양과 같이 고생하며 기진함이라 이에 제자들에게 이르시되 추수할 것은 많되 일꾼이 적으니 그러므로 추수하는 주인에게 청하여 추수할 일꾼들을 보내 주소서 하라 하시니라" —마태복음 9:36-38

"우리는 직접 시련을 겪기 전까지는 하나님의 지극히 풍성한 복인 위로와 긍휼을 경험으로 알지 못한다." —T. J. 바흐

"마지막으로 말하노니 너희가 다 마음을 같이하여 동정[긍휼]하며 형제를 사랑하며 불쌍히 여기며 겸손하며 악을 악으로, 욕을 욕으로 갚지 말고 도리어 복을 빌라 이를 위하여 너희가 부르심을 받았으니 이는 복을 이어받게 하려 하심이라"

—베드로전서 3:8-9

스스로 점검하기

나는 긍휼한가?

- 삶에 그리스도가 없는 사람들을 보면 긍휼이 느껴지는가?
- 하나님께 수확할 일꾼을 보내 달라고 기도하는가?
- 이웃이 딱한 사정을 호소할 때 다시 찾아오지 않길 바라며 생각해 보겠다고 말하는가 아니면 실제로 긍휼을 베풀 길을 찾는가?
- 장애인을 보면 실제로 도움을 주는가?
- 궁핍한 사람들을 돕는 데 쓸 수 있는 자금이나 기술이 있는가?
- 내게 가장 최근에 도움을 청한 사람은 누구며 나는 그 사람을 어떻게 도왔는가?

"그러므로 천국은 그 종들과 결산하려 하던 어떤 임금과 같으니 결산할 때에 만 달란트 빚진 자 하나를 데려오매 갚을 것이 없는지라 주인이 명하여 그 몸과 아내와 자식들과 모든 소유를 다 팔아 갚게 하라 하니 그 종이 엎드려 절하며 이르되 내게 참으소서 다 갚으리이다 하거늘 그 종의 주인이 불쌍히 여겨 놓아 보내며 그 빚을 탕감하여 주었더니

그 종이 나가서 자기에게 백 데나리온 빚진 동료 한 사람을 만나 붙들어 목을 잡고 이르되 빚을 갚으라 하매 그 동료가 엎드려 간구하여 이르되 나에게 참아 주소서 갚으리이다 하되 허락하지 아니하고 이에 가서 그가 빚을 갚도록 옥에 가두거늘

그 동료들이 그것을 보고 몹시 딱하게 여겨 주인에게 가서 그 일을 다 알리니 이에 주인이 그를 불러다가 말하되 악한 종아 네가 빌기에 내가 네 빚을 전부 탕감하여 주었거늘 내가 너를 불쌍히 여김과 같이 너도 네 동료를 불쌍히 여김이 마땅하지 아니하냐 하고 주인이 노하여 그 빚을 다 갚도록 그를 옥졸[형리]들에게 넘기니라"(마태복음 18:23-34).

2. 기도 목록으로 마음을 넓힌다.

마음이 넓을수록 긍휼이 많아진다. 다윗은 하나님께 마음을 넓혀 달라고 기도했다. (시편 119:32 참조) 바울은 고린도 신자들에게 쓴 편지에서 자기 마음이 그들에게 넓혀져 있듯이 서로 마음을 넓히라고 권했다. (고린도후서 6:1-13 참조)

바울이 마음을 넓혀 긍휼을 갖는 확실한 방법 중 하나는 구체적이고 많은 기도 목록을 갖는 것이었다. (빌립보서 1:4 참조) 그는 날마다 모든 교회의 책임을 수행했고, 많은 신자들의 이름을 일일이 불러가며 그들을 위해 기도했다. (고린도후서 11:28 참조)

3. 자신의 고난을 다른 사람에 대한 긍휼로 바꾼다.

모든 신자는 고난을 겪도록 부름 받았다. "이를 위하여 너희가 부르심을 받았으니 그리스도도 너희를 위하여 고난을 받으사 너희에게 본을 끼쳐 그 자취를 따라오게 하려 하셨느니라"(베드로전서 2:21). 고난의 목적은 그리스도의 긍휼을 배우는 것이기도 하다. 다른 사람이 고난을 겪을 때 어떻게 느끼는지를 이해함으로 우리는 우리가 하나님께 받은 위로로 그들을 위로할 수 있다. "우리의 모든 환난 중에서 우리를 위로하사 우리로 하여금 하나님께 받는 위로로써 모든 환난 중에 있는 자들을 능히 위로하게 하시는 이시로다"(고린도후서 1:4).

4. 모든 사람에게 선을 행할 길을 찾는다.

긍휼은 참사랑의 실제적 표현이다. 모든 신자는 서로 사랑하며 다른 사람들을 사랑하라는 명령을 받았다. 사랑은 제자의 자격 요건일뿐 아니라 갈라디아서 6장 10절에서 "그러므로 우리는 기회 있는 대로 모든 이에게 착한 일을 하되 더욱 믿음의 가정들에게 할지니라"라는 가르침을 성취하는 수단이기도 하다.

기쁨 *Joyfulness*

vs. 자기연민 *Self-Pity*

기쁨은 주님과 온전히 교제하여 영이 밝아지고 얼굴에 빛이 나는 것이다.

정의

'기쁨'을 가리키는 주요 히브리어 '씸하'는 '밝게 하다, 기뻐하다, 즐겁다, 즐겁게 하다'를 뜻하는 '싸마흐'에서 파생했다. 연관된 성경 단어는 '기뻐하다'[카이로, 빌립보서 4:4], '무척 즐거워하다'[아갈리아오, 마태복음 5:12], '기분 좋게 즐기다'[아나그, 시편 37:4], 행복하고 영적으로 풍요롭다는 뜻에서 '복되다'[에셰르, 시편 1:1]가 있다.

어떻게 기쁨과 슬픔이 공존할 수 있는가?

사도 바울은 예수 그리스도를 거부하는 사람들 때문에 마음이 무겁고 슬펐지만 동시에 복음에 응답하는 사람들 때문에 늘 기뻤다고 고백했다. (로마서 9:2, 빌립보서 4:1 참조) 다음 구절에서도 기쁨과 슬픔을 증언했다. "근심하는[뤼페오=고통스럽게 슬퍼하는] 자 같으나 항상 기뻐하고"(고린도후서 6:10). 기쁨은 영의 표현이고 슬픔은 혼의 표현이기 때문에 우리는 기쁨과 슬픔을 동시에 가질 수 있다. 기쁨이 우리 마음에 영향을 미치면 기쁜 마음을, 슬픔이 우리 마음에 영향을 미치면 슬픔 마음을 갖게 된다.

기쁨의 보상

기쁨은 전염성이 있어서 기뻐하는 사람 자신뿐 아니라 주변 사람들에게도 기쁨의 신체적, 심리적, 영적 보상이 있다. 기쁨은 몸의 면역력을 증진하는 각종 호르몬 분비를 촉진한다. 그러므로……

1. 기쁨은 우리의 힘이다–"여호와로 인하여 기뻐하는 것이 너희의 힘이니라"(느헤미야 8:10).

2. 기쁨은 우리의 건강이다–"마음의 즐거움은 양약이라"(잠언 17:22).

3. 기쁨은 얼굴의 빛이다–"마음의 즐거움은 얼굴을 빛나게 하여도"(잠언 15:13).

무엇이 기쁨을 낳는가

1. 우리의 영원한 구원

우리에게 기쁨의 가장 큰 원천은 영원한 구원이다. 예수님께서도 제자들에게 이 점을 강조하셨다. "그러나 귀신들이 너희에게 항복하는 것으로 기뻐하지 말고 너희 이름이 하늘에 기록된 것으로 기뻐하라 하시니라"(누가복음 10:20). 불행히도 우리가 삶에 죄를 허용하면 구원의 기쁨은 줄어들거나 사라지기도 한다. 그래서 다윗은 기도했다. "주의 구원의 즐거움을 내게 회복시켜 주시고 자원하는 심령을 주사 나를 붙드소서"(시편 51:12).

2. 깨끗한 양심

기쁨은 주님과의 교제에서 나오므로 이 교제를 방해하는 것은 무엇이든 우리의 기쁨을 갉아먹는다. 악한 행동은 어둠의

기쁨은 하나님께서 인간의 마음을 온전히 만족시키실 수 있다는 증거이다.

"주의 앞에는 충만한 기쁨이 있고 주의 오른쪽에는 영원한 즐거움이 있나이다"

—시편 16:11

"기쁨은 그리스도인의 삶에 사치나 단순 장식품이 아니다. 우리가 진짜 하나님의 놀라운 사랑으로 살고 있고 그 사랑이 우리를 만족시킨다는 표시이다."

–앤드류 머레이

기쁨이 시련에 더해지면 시련을 견딜 힘을 준다.

"여호와로 인하여 기뻐하는 것이 너희의 힘이니라" —느헤미야 8:10

"기쁨은 눈앞에 문제가 없는 상태가 아니라 그리스도께서 바로 앞에 계신 상태이다."

—윌리엄 밴더 호번

기뻐하는 마음자세는 이를 가진 사람과 이를 나누는 사람 모두에게 건강의 샘이다.

"마음의 즐거움은 양약이라"
—잠언 17:22

"기쁨은 나눌수록 배가되는 희귀한 보물이다." —작자 미상

미소의 세 가지 유형

1. 순종의 미소

내가 어떻게 느끼든 범사에 기뻐하라는 명령을 따르는 자세

2. 섬김의 미소

내 얼굴을 봐야 하는 사람들을 격려하려는 자세

3. 기쁨의 미소

하나님께서 내 삶 속에서 일하시기 때문에 영의 기쁨을 혼으로 표현하는 자세

행위이고 대개 어둠 속에서 행해지기 때문에 고백하지 않고 숨겨둔 죄와 불법은 주님과의 교제를 무너뜨린다. 하나님은 빛이시고 그분 안에는 어둠이 전혀 없다. "그가 빛 가운데 계신 것 같이 우리도 빛 가운데 행하면 우리가 서로 사귐이 있고 그 아들 예수의 피가 우리를 모든 죄에서 깨끗하게 하실 것이요"(요한일서 1:7). 이 진리에 따라 바울은 편지했다. "우리 양심이 증언하는 바니 이것이 우리의 자랑이라"(고린도후서 1:12).

3. 하나님 말씀의 규례

규례는 하나님의 율법을 실제로 적용하는 용례다. 다윗과 부하 6백 명이 자기들의 가족과 재산을 약탈해 간 아말렉 족속을 쫓아가 제압하여 잃어버린 모든 것을 되찾고 추가로 그들의 가축 떼까지 빼앗아 전리품으로 갖고 돌아왔다. 다윗의 부하 중에 몇 사람은, 몸이 약해서 끝까지 추격하지 못하고 남아 있던 2백 명에게 그들의 가족과 소유만 돌려주고 전리품은 나눠 주지 말자고 제안했으나 다윗은 싸우러 나갔던 사람의 몫이나 '뒤에 남아 물건을 지킨' 사람의 몫이나 다 똑같아야 한다고 대답했다. 이것이 영원히 이스라엘의 규례가 되었다.
(사무엘상 30:24-25 참조)

규례는 진리를 선포하므로 우리의 마음을 기쁘게 한다. "여호와의 교훈[규례]은 정직하여 마음을 기쁘게 하고"(시편 19:8).

4. 주님의 명령들

모든 율법은 하나님을 사랑하고 서로 사랑하라는 계명으로 성취된다. 요한복음에서 예수님께서는 이 계명을 지키는 데서 오는 기쁨을 일깨우신다. "아버지께서 나를 사랑하신 것 같이 나도 너희를 사랑하였으니 나의 사랑 안에 거하라 내가 아버지의 계명을 지켜 그의 사랑 안에 거하는 것 같이 너희도 내 계명을 지키면 내 사랑 안에 거하리라 내가 이것을 너희에게 이름은 내 기쁨이 너희 안에 있어 너희 기쁨을 충만하게 하려 함이라 내 계명은 곧 내가 너희를 사랑한 것 같이 너희도 서로 사랑하라 하는 이것이니라 사람이 친구를 위하여 자기 목숨을 버리면 이보다 더 큰 사랑이 없나니"(요한복음 15:9:13). "여호와의 계명은 순결하여 눈을 밝게 하시도다"(시편 19:8).

5. 성경의 레마 말씀

모든 성경은 하나님의 영감으로 쓰였으므로 개인이 적용하기에 유익하다. 따라서 성령께서는 특정 상황에 구체적인 방향을 제시하는 성경 구절로 각 신자를 인도하신다. 이 말씀[레마]이 우리 혼에 접붙여져 삶의 일부가 되면 특별한 기쁨을 준다. "내가 주의 말씀을 얻어 먹었사오니 주의 말씀은 내게 기쁨과 내 마음의 즐거움이오나"(예레미야 15:16).

요한은 말씀[레마]에서 오는 기쁨을 확증한다. "너희가 내 안에 거하고 내 말[레마]이 너희 안에 거하면 무엇이든지 원하는 대로 구하라 그리하면 이루리라 너희가 열매를 많이 맺으면 내 아버지께서 영광을 받으실 것이요 너희는 내 제자가 되리라…… 내가 이것을 너희에게 이름은 내 기쁨이 너희 안에 있어 너희 기쁨을 충만하게 하려 함이라"(요한복음 15:7-11).

6. 현명한 대답

말은 선하든 악하든 힘을 갖는다. "죽고 사는 것이 혀의 힘에 달렸나니 혀를 쓰기 좋아하는 자는 혀의 열매를 먹으리라"(잠언 18:21). 남에게 상처 주는 말을 하거나 진실을 제대로 전달하지 않으면 슬픔과 후회를 경험하게 된다. 그러나 현명하고 유익한 대답을 하면 기쁨을 누린다. "적당한[올바른] 말로 대답함은 입맞춤과 같으니라"(잠언 24:26). "사람은 그 입의 대답으로 말미암아 기쁨을 얻나니 때에 맞는 말이 얼마나 아름다운고"(잠언 15:23).

현명한 대답은 저절로 나오지 않는다. “지혜로운 자의 마음은 그의 입을 슬기롭게 하고 또 그의 입술에 지식을 더하느니라”(잠언 16:23).

7. 박해의 시험

사람들이 가장 두려워하고 반발하는 시련이야말로 오히려 우리에게 기쁨의 원천이 되도록 하나님께서 계획하신 것이다. 예수님께서 말씀하셨다. “나로 말미암아 너희를 욕하고 박해하고 거짓으로 너희를 거슬러 모든 악한 말을 할 때에는 너희에게 복이 있나니 기뻐하고 즐거워하라 하늘에서 너희의 상이 큼이라 너희 전에 있던 선지자들도 이같이 박해하였느니라”(마태복음 5:11-12).

야고보는 이 진리를 더욱 확실하게 증언한다. “내 형제들아 너희가 여러 가지 시험을 당하거든 온전히 기쁘게 여기라 이는 너희 믿음의 시련이 인내를 만들어 내는 줄 너희가 앎이라”(야고보서 1:2-3). 베드로도 어떻게 고난이 기쁨을 낳는지를 밝힌다. 너희가 고난을 당하면 “오히려 너희가 그리스도의 고난에 참여하는 것으로 즐거워하라 이는 그의 영광을 나타내실 때에 너희로 즐거워하고 기뻐하게 하려 함이라”(베드로전서 4:13).

8. 우리의 제자들의 영적 성장

우리 인생의 목표는 최대한 많은 사람을 주 예수 그리스도께 인도하고 그들이 영적으로 성숙해지도록 돕는 것이어야 한다. (골로새서 1:28-29, 마태복음 28:19-20 참조) 이 일은 많은 수고를 기울여야 하지만 보상으로 큰 기쁨이 따른다. “눈물을 흘리며 씨를 뿌리는 자는 기쁨으로 거두리로다”(시편 126:5). 바울은 자기가 그리스도께 인도한 사람들에게 말했다. “나의 자녀들아 너희 속에 그리스도의 형상을 이루기까지 다시 너희를 위하여 해산하는 수고를 하노니”(갈라디아서 4:19). “우리의 소망이나 기쁨이나 자랑의 면류관이 무엇이냐 그가 강림하실 때 우리 주 예수 앞에 너희가 아니냐”(데살로니가전서 2:19). 요한은 말했다. “내가 내 자녀들이 진리 안에서 행한다 함을 듣는 것보다 더 기쁜 일이 없도다”(요한삼서 1:4).

9. 성령의 능력

우리가 “약한 것들과 능욕과 궁핍과 박해와 곤고”에 대해 하나님께 감사하고 기뻐하며 필요할 때 부르짖으면 하나님께서는 성령의 능력으로 우리에게 보상해 주실 것이다. (고린도후서 12:8-9 참조) “너희가 그리스도의 이름으로 치욕을 당하면 복 있는 자로다 영광의 영 곧 하나님의 영이 너희 위에 계심이라”(베드로전서 4:14). 성령의 능력은 사랑과 기쁨으로 시작된다. (갈라디아서 5:22 참조)

10. 일을 잘 했다는 확신

하나님께서는 성령의 능력으로 우리에게 기쁨을 가져다주는 “크고 은밀한 일을” 이루실 수 있다. “각각 자기의 일을 살피라 그리하면 자랑할 것이 자기에게는 있어도 남에게는 있지 아니하리니” (갈라디아서 6:4).

모든 신자의 궁극적인 기쁨은 인생을 마감하고 주님을 뵐 때 주님께서 “잘하였도다 착하고 충성된 종아 네가 적은 일에 충성하였으매 내가 많은 것을 네게 맡기리니 네 주인의 즐거움에 참여할지어다” 하시는 말씀을 듣는 것이다.

하나님은 가장 큰 슬픔도 가장 큰 기쁨으로 바꾸실 수 있다.

“저녁에는 울음이 깃들일지라도 아침에는 기쁨이 오리로다” —시편 30:5

“가장 순수하고 고귀한 기쁨은 슬픈 일이 기쁜 일로 바뀌는 것이다.”

—알렉산더 맥클라렌

수달은 무미건조한 일상 허드렛일도 즐거운 일로 만든다. 물에 대한 두려움을 극복하는 일을 비롯해 홍합의 껍질을 까는 일까지 모든 것을 재미있는 놀이로 바꾼다.

참된 기쁨은 단순히 우리 삶에서 일어나는 일의 결과가 아니라 우리 마음속에서 사시는 한 분 때문에 벌어지는 일의 결과이다.

기쁨은 하나님과 교제하며 영원한 부를 맛보는 데서 샘솟는다.

"마음에 평화와 기쁨이 가득하면 외부 환경과 상황은 상대적으로 그리 중요하지 않게 된다."

—한나 화이트홀 스미스

기쁨을 누리는 단계별 행동

성경에는 그대로 따르기만 하면 우리의 마음을 기뻐게 하는 아홉 가지 명령이 의미있게 나열된다. 역대상 16장 8-11절과 시편 105편 1-4절에서 그 목록을 찾을 수 있다.

1. 주님께 감사하라

어떤 상황에서든지 우리의 첫 대응은 하나님께 감사하는 것이어야 한다. 그렇게 하는 것이 모든 신자에게 향한 하나님의 뜻이기 때문이다. (데살로니가전서 5:18 참조) 우리가 하나님께 감사할 수 있는 이유는

1. 모든 것이 하나님의 손에서 나오기 때문이다. (욥기 1:21, 마태복음 10:29)
2. 우리에게 일어나는 모든 일이 궁극적으로 우리에게 유익하기 때문이다. (로마서 8:28)
3. 모든 상황이 우리 안에 성품을 다져줄 수 있기 때문이다. (로마서 8:29)
4. 어려움과 고난이 우리에게 하나님의 길을 가르쳐줄 수 있기 때문이다.(시편 119:71)

이 진리를 깨닫고 감사하는 마음자세를 길러야 참된 기쁨의 토대가 마련된다.

2. 주님의 이름을 부르라

슬픔과 낙심은 대개 우리 자신의 능력으로 그리스도인의 삶을 살려고 한 결과다. 기쁨은 오직 하나님만이 우리 안에 일하시어 그분의 뜻을 행하고 싶은 소원과 행할 수 있는 힘을 우리에게 주실 수 있음을 아는 것이다. (빌립보서 2:13 참조) 하나님이 필요하다는 사실을 잊고 우리 자신의 힘을 의지하는 것이 우리의 자연적 성향이다. 그러므로 하나님께서는 인간의 능력으로 감당할 수 없는 상황으로 우리를 끊임없이 밀어넣으시어 우리가 하나님께 부르짖게 하시고 우리 안에서 우리를 통해 나타내시는 하나님의 초자연적인 능력을 체험하게 하신다.

바울은 자신의 약함을 인정할 때 오히려 강해짐을 발견했다. "이는 내가 약한 그 때에 강함이라"(고린도후서 12:10). 우리가 약해서 하나님께 의존할 수 밖에 없음을 표현하는 가장 좋은 길은 하나님께 부르짖는 것이다. "환난 날에 나를 부르라 내가 너를 건지리니 네가 나를 영화롭게 하리로다"(시편 50:15). 예레미야 33장 3절에서 이것을 더욱 확실하게 밝힌다. "너는 내게 부르짖으라 내가 네게 응답하겠고 네가 알지 못하는 크고 은밀한 일을 네게 보이리라"

3. 주님께서 하신 일을 만민에게 알리라

우리가 하나님의 뜻에 '무조건 항복'하고 하나님의 능력과 공급에 전적으로 의존하는 자세로 하나님께 부르짖는 순간 하나님께서는 우리에게 응답하신다. 이때 우리의 책임은 우리의 부르짖음에 응답하여 하나님께서 하신 크고 놀라운 일을 알리는 것이다. 우리가 하나님의 능력과 공급을 기뻐할 때 하나님께서는 영광을 받으시고 다른 사람들의 믿음은 견고해진다.

4. 주님께 노래하며 주님을 찬양하라

시편은 우리에게 일어난 중요한 사건에 대한 개인의 음악적 표현이다. 하나님께서 우리의 부르짖음에 응답하여 놀라운 일을 하실 때 우리는 하나님께 바치는 노래를 작곡하여 우리의 기쁨과 감사를 나타낼 수 있다. 다윗이 그렇게 했고 우리도 그렇게 하라고 명령받았다. "성령으로 충만함을 받으라 시와 찬송과 신령한 노래들로 서로 화답하며 너희의 마음으로 주께 노래하며 찬송하며"(에베소서 5:18-19). 노래하는 사람은 기뻐하는 사람이다.

5. 주님의 모든 기적을 전하라

우리의 대화는 주로 가장 흥미있는 사람이나 사건에 대한 이야기다. 하나님께서 우리 안에서 우리를 통해 놀라운 일을 하시는 것을 보면 그것을 사람들에게 이야기하는 것은 기쁜 일이다.

6. 주님의 거룩하신 이름을 자랑하라

하나님께서는 이름이 많으시다. 각 이름마다 삶의 단면을 나타낸다. 우리가 하나님을 부를 때는 구체적으로 필요한 영역에 맞는 이름을 불러야 한다. 예수님께서 약속하셨다. "내 이름으로 무엇이든지 내게 구하면 내가 행하리라"(요한복음 14:14). 하나님의 이름들은 하나님의 성품을 가리키기도 한다. 하나님은 위대한 의사이시며 지칠 줄 모르는 공급자이시며 강한 보호자이시다. 하나님은 거룩하시고 정의로우시며 자비로우시다.

7. 주님을 찾는 자는 마음으로 즐거워하라

인생의 시련과 환난은 하나님께서 우리로 하여금 일시적인 것에 대한 애착을 떨쳐 버리게 하시려고 계획하신 것이다. 이런 시련과 환난을 계기로 우리는 하나님을 찾아야 한다. "주의 앞에는 충만한 기쁨이" 있기 때문이다(시편 16:11). 하나님을 찾기 위해서는 먼저 온 마음을 다해 찾아야 한다. "너희가 온 마음으로 나를 구하면 나를 찾을 것이요 나를 만나리라"(예레미야 29:13). 하나님께서 우리의 온 마음을 받으시면 우리의 온 마음에 기쁨을 채워주신다. "여호와 하나님은…… 정직하게 행하는 자에게 좋은 것을 아끼지 아니하실" 것이기 때문이다(시편 84:11).

8. 주님과 그분의 능력을 구하라

하나님을 찾아야 할 가장 중요한 시기는 시련과 어려움이 있을 때다. 우리는 하나님께 시련을 감사할 수 있도록 이 시련의 유익을 분별할 지혜를 달라고 기도할 수 있다. 그 결과로 얻는 기쁨은 우리에게 힘이 된다. "여호와로 인하여 기뻐하는 것이 우리의 힘"이기 때문이다. (느헤미야 8:10)

9. 항상 주님의 얼굴을 찾으라

우리에게 죄나 허물이 있으면 주님께서 얼굴을 우리에게서 가리시거나 (이사야 59:2) 아예 우리가 주님의 얼굴을 보고 싶어 하지 않기 때문에 주님의 얼굴을 찾는 데 방해가 된다. 하나님께서 얼굴을 우리에게 비추시면 우리의 얼굴도 빛나고 다른 사람의 삶까지 밝아진다. 이것이 바로 주변을 밝게 만드는 기쁨의 본질이다. 다윗은 기도했다. "하나님은 우리에게 은혜를 베푸사 복을 주시고 그의 얼굴 빛을 우리에게 비추사 주의 도를 땅 위에, 주의 구원을 모든 나라에게 알리소서"(시편 67:1-2).

스스로 점검하기

나는 기뻐하는가?

- 사람들에게 밝은 표정을 보이는가?
- 어려운 상황에 부딪힐 때마다 하나님께 부르짖는가?
- 하나님께 부르짖을 때 하나님께서 응답하여 일하시는 것을 체험하는가?
- 할 수 있는 한 모든 사람에게 이런 체험을 기쁘게 이야기하는가?
- 기도하거나 부르짖을 때 하나님의 이름을 다양하게 부르는가?
- 온 마음을 다해 하나님과 풍요로운 교제 시간을 즐기는가?
- 성경에서 내게 주신 레마 말씀을 암송하는가?
- 시련을 겪을 때마다 하나님께 감사드리는가?
- 다른 사람을 영적으로 성장하도록 훈련하는가?
- 맡은 일에 온 마음과 생각을 기울이는가?

"우리 중에 누가 정말로 행복할까? 바로 절대로 자신을 먼저 생각하지 않는 사람이다."

—에이미 카마이클

기쁨의 귀한 선물

- 기쁨을 줄 수 없을 만큼 가난한 사람은 없다.
- 기쁨을 나누는 것은 순간이지만 그것을 받은 사람들은 평생 간직한다.
- 기쁨을 나눠 주는 사람은 기쁨이 더 많아진다.
- 기쁨을 나눠 받은 사람은 그것을 되돌려주고도 다른 사람에게 나눠 줄 수 있다.
- 기쁨은 필요한 만큼 찾아보기가 어렵다. 그러나 드문 만큼 더 귀중하다.
- 기쁨은 즐거운 마음에서 우러나는 참된 미소로 나타난다.

끈기는 중간중간의 방해물보다 더 큰 목표에 집중하는 것이다.

우리에게 있는 힘의 한계를 알면 기운과 자원을 아끼기 위해 불필요한 요구들을 사절할 것이다.

"모든 무거운 것과 얽매이기 쉬운 죄를 벗어 버리고 인내로써 우리 앞에 당한 경주를 하자" —히브리서 12:1

"아무리 단단한 바위라도 작은 파도가 천 년간 끈질기게 내리치면 침식될 수밖에 없다."

–알프레드 테니슨 경

순종은 우리를 고갈되지 않는 힘의 보고(寶庫)로 인도한다.

그리스도의 능력에 의지하려면 우리의 약함을 깨닫고 인정해야 한다. 우리는 하나님께서 우리가 불가능한 일을 할 수 있도록 필요한 것을 공급하시리라고 확신해도 좋다. 하나님께서는 언제나 우리가 그분의 소명을 받들 수 있게 하신다.

"피곤한 자에게는 능력을 주시며 무능한 자에게는 힘을 더하시나니" —이사야 40:29

끈기 *Endurance*

vs. 낙담 *Discouragement*

끈기는 시련과 환난을 기뻐하여 하나님의 사랑의 능력을 경험하는 것이다.

정의

'끈기'는 달리기에 필요한 몸의 활동력과 관련된다. 그러나 품성으로서 끈기는 몸의 활동력보다 훨씬 더 깊다. 끈기는 하나님의 길을 따르다가 받는 모욕을 기뻐할 때 생기는 힘이다.

'끈기'에 해당하는 헬라어 '카스코파데오'는 '고난을 겪다, 고통당하다, 어려움을 견디다'는 뜻이고, '아네코마이'는 버티다, 참다, 지탱하다, 견디다'는 뜻이다. 또 '휘포메노'는 '밑에 머무르다, 견디다, 꿋꿋함을 지니다, 참다, 남겨지다, 상황을 인내하다'는 뜻이다.

'끈기'는 목표가 이루어질 때까지 끈질기게 붙드는 것이다. 야곱은 천사를 붙잡고 선포했다. "당신이 내게 축복하지 아니하면 가게 하지[놓아 드리지] 아니하겠나이다" 하나님께서는 그에게 복을 주시며 말씀하셨다. "네 이름을 다시는 야곱이라 부를 것이 아니요 이스라엘이라 부를 것이니 이는 네가 하나님과 및 사람들과 겨루어 이겼음이니라"(창세기 32:28).

무엇을 견뎌야 하는가?

다음은 우리가 견뎌야 할 시련의 유형이다.

1. **어려움을 견딘다**–"그리스도 예수의 좋은 병사로"(디모데후서 2:3).
2. **고난을 견딘다**–"때가 이르리니 사람이 바른 교훈을 받지 아니하며……그 귀를 진리에서 돌이켜 허탄한 이야기를 따르리라"(디모데후서 4:3-4).
3. **박해를 견딘다**–"이는……너희로 하여금 하나님의 나라에 합당한 자로 여김을 받게 하려 함이니 그 나라를 위하여 너희가 또한 고난을 받느니라"(데살로니가후서 1:5).
4. **환난을 견딘다**–"이는 하나님의 공의로운 심판의 표요"(데살로니가후서 1:5).
5. **슬픔을 견딘다**–"부당하게 고난을 받아도 하나님을 생각함으로 슬픔을 참으면 이는 아름다우나"(베드로전서 2:19).
6. **매를 견딘다**–"하나님이 아들과 같이 너희를 대우하시나니……"(히브리서 12:7).
7. **유혹을 견딘다**–"……주께서 자기를 사랑하는 자들에게 약속하신 생명의 면류관을 얻을 것이기 때문이라"(야고보서 1:12).
8. **모든 것을 견딘다**–"택함 받은 자들을 위하여"(디모데후서 2:10).

어떻게 견디는가?

끈기는 소망에 기초한다. 달리기 선수가 경주에서 이기리라는 희망 때문에 혹독하고 고통스런 훈련을 견딘다. 예수님께서는 자신의 죽음이 사탄을 정복하고 영원한 구원을 이룰 것을 아시고 기쁘셨기 때문에 십자가를 견디시고 그에 따른 수치를 대수롭지 않게 여기셨다. 신자들의 소망은 시련을 견딤으로 이생에서 더 큰 영적 능력을 경험하고 하늘에서도 보상을 받는 것이다.

이 능력은 성령의 열매인 사랑, 희락, 화평을 말한다. 성령의 충만 뒤에 성령의 시험이 따르고 그 결과로 성령의 능력을 얻는 이 순서는 성경 전체에서 계속 반복된다. 그리스도인의 삶은 믿음으로 시작되고 그 다음으로 시험과 환난 중에는 소망이 필요하다. 그 결과로 참사랑이 남는다. (아래 도표를 보라.)

성경 속에 나타난 끈기의 예

- 엘리야는 당시의 악에 맞서다가 쫓기는 신세가 되었지만 끝까지 믿음을 지켰다. (열왕기상 19장 참조)
- 세례 요한은 이혼과 재혼에 대한 소신 때문에 투옥되었지만 죽기까지 믿음을 지켰다. (마태복음 14:3-4 참조)
- 다니엘은 네 왕이 통치하는 동안 변함없이 하나님의 기준을 지켰다. 그의 생명을 노리는 사람들 때문에 시련을 당했지만 끝까지 견뎠다. (다니엘 1:21 참조)
- 누가는 바울과 함께 끝까지 견뎠다. (디모데후서 4:11 참조)
- 데마는 끈기 시험에 통과하지 못했다. 투옥된 바울을 섬기지 않고 세상의 쾌락을 즐기려고 떠났다. (디모데후서 4:10 참조)

성령의 충만	성령의 시험	성령의 능력
1. 예수님은 세례를 받으시고 성령으로 충만해지셨다. (누가복음 4:1)	예수님은 성령께 이끌려 광야에서 시험을 받으셨다.	예수님은 성령의 능력을 갖고 돌아오셨다.
2. 예수님이 제자들에게 숨을 내쉬며 성령을 받으라 하셨고 제자들은 오순절 날에 성령으로 충만해졌다.	(겟세마네 동산의 '한 시간 동안 깨어서 기도하는 시험'에 실패한 후) 제자들에게 주어진 시험은 열흘을 기다리는 것이었다.	성령께서 제자들에게 능력을 부어주셔서 많은 사람이 믿었다. (사도행전 1-3장)
3. 바울은 개종하고 성령으로 충만해졌다. (사도행전 9:17-18)	바울은 약함, 모욕, 빈곤, 박해, 역경을 기뻐했다.	"나의 여러 약한 것들에 대하여 자랑하리니 이는 그리스도의 권능이 내게 머물게 하려 함이라"(고린도후서 12:9-10)
4. 데살로니가 신자들은 바울의 설교를 통해 성령을 받았다.	그들은 모든 박해와 환난을 견디며 인내와 믿음을 보여줬다. (데살로니가후서 1:3-5)	그들의 믿음이 크게 자라고 서로에 대한 사랑이 넘쳤다. (데살로니가후서 1:3-5)
5. 모든 신자들은 구원을 받을 때 자기 영에 성령을 받았고 (로마서 8:9-16) 하나님께 자기 혼을 성령으로 채워 달라고 간구할 수 있다. (누가복음 11:13)	성령께서는 모든 신자를 시련의 불길과 유혹과 모욕을 통과하게 하실 것이다. (베드로전서 4:12-14, 야고보서 1:1-3, 마태복음 5:11-12)	"너희가 그리스도의 이름으로 치욕을 당하면 복 있는 자로다 영광의 영 곧 하나님의 영이 너희 위에 계심이라"(베드로전서 4:14).

우승자들을 따라가라. 그들은 경주에 이길 속도를 지킨다.

"만일 네가 보행자와 함께 달려도 피곤하면 어찌 능히 말과 경주하겠느냐 네가 평안한 땅에서는 무사하려니와 요단 강 물이 넘칠 때에는 어찌하겠느냐" —예레미야 12:5

달리기 선수가 피하고 싶은 결과

1. 목표 지점에 이르기 전에 힘이 소진되는 것
2. 결승점을 통과할 때 기운이 남아 있는 것

"푯대를 향하여 그리스도 예수 안에서 하나님이 위에서 부르신 부름의 상을 위하여 달려가노라" —빌립보서 3:14

경주를 포기하지 않는 한 상을 받는다는 사실을 알면 끈기가 생긴다.

씨앗이 열매를 맺기 전에 죽어야 하듯이 하나님께서는 '비전의 죽음'을 통해 우리의 끈기를 시험하시고 그 다음에 그 비전을 초자연적으로 이루심으로 보상하신다. [역자주: '비전의 죽음'이란 비전을 달성하기가 불가능해지는 상황을 가리킴.]

"우리가 선을 행하되 낙심하지 말지니 포기하지 아니하면 때가 이르매 거두리라" —갈라디아서 6:9

야자나무(종려나무)는 겉껍질에 상처가 나도 해를 입지 않기 때문에 다른 나무들을 죽게 만드는 역경을 잘 견딘다.

야자나무의 생명력은 다른 나무들처럼 겉껍질 바로 밑이 아닌 몸통의 중심에 있다. 가뭄에는 뿌리가 땅속 깊이 내려가 양분을 끌어들인다. 오래 견딜수록 열매가 달아진다.

"의인은 종려나무[야자나무] 같이 번성하며 레바논의 백향목 같이 성장하리로다"

—시편 92:12

"자기 힘에 알맞은 일을 달라고 기도하지 말고 자기 일에 알맞은 힘을 달라고 기도하라."

—필립스 부룩스

어떻게 진리가 끈기를 일으키는가?

진리는 끈기를 약화시키는 나쁜 태도와 영향에서 우리를 자유롭게 해준다.

시련과 유혹이 올 때는 다음 네 가지 내응으로 맞서 견뎌야 한다.

1. 매 시험마다 하나님께 감사한다.

모든 것은 하나님의 손에서 나오기 때문에 우리는 모든 것을 감사할 수 있다. 모든 것은 우리의 유익을 위한 것이며 우리에게 성품을 가르쳐준다. 하나님을 사랑하는 자들에게는 모든 것이 합력하여 선을 이룬다. 욥은 큰 환난을 견뎠고 이 점을 깨달았다. "주신 이도 여호와시요 거두신 이도 여호와시오니 여호와의 이름이 찬송을 받으실지니이다"(욥기 1:21).

2. 모든 것을 기뻐한다.

하나님께서 시련을 통해 의도하신 유익을 알면 우리는 그것을 기뻐할 수 있다. 유익을 분별할 지혜가 없을 때는 하나님께 지혜를 간구하면 하나님께서 주실 것이다.

3. 필요할 때는 부르짖는다.

때로는 견뎌서는 안 되는 상황이 있다. 그럴 때는 하나님께 부르짖으면 하나님께서 구해주실 것이다. "환난 날에 나를 부르라 내가 너를 건지리니 네가 나를 영화롭게 하리로다"(시편 50:15).

4. 선을 행함으로 이긴다.

"악에게 지지 말고 선으로 악을 이기라"(로마서 12:21).

낙타는 '사막의 극한 상황들'을 견디기 위해 몸속에 에너지를 비축함으로 끈기의 비결을 보여준다.

스스로 점검하기

나는 끈기가 있는가?

- 유례없는 가장 치열한 영적 전쟁에 참전한 군인처럼 살고 있는가 아니면 평화와 풍요와 쾌락의 시대에서 시민처럼 살고 있는가?
- 하나님의 길을 따르지 않는 사람들에게 거부당하는 것을 기뻐하는가 아니면 참된 제자의 믿음과 기준 때문에 고난을 당해야 하는 것을 불평하는가?
- 내가 하지도 않은 일로 억울하게 비난받는 것을 기뻐하는가 아니면 나의 진실성을 의심하는 사람들에게 반발하고 방어하며 원망하는가?
- 내가 잘못한 것에 대해 하나님께 매를 맞으면 겸손히 받아들이는가 아니면 낙심하여 그리스도인의 삶을 포기하고 싶은가?
- 유혹에 저항하고 모든 생각을 사로잡는가 아니면 육신의 욕망과 지성의 욕망에 쉽게 굴복하는가?
- 그리스도의 사랑의 능력을 더 많이 체험할 수 있도록 시련과 박해를 기대하는가 아니면 사람과 고난을 두려워하는가?

담대함 *Boldness*

vs. 두려움 *Fearfulness*

담대함은 옳은 일을 해서 당하는 고난이 사랑의 큰 능력을 낳으므로 그 고난을 기쁘게 맞는 것이다.

정의

'담대함'의 성경적 정의에는 깊은 통찰이 있다. 담대함으로 번역된 세 헬라어는 저마다 서로 다른 중요한 면을 드러낸다.

1. '달레오'–죽음에 맞서는 담대함
2. '팔흐레시아조마이'–진리를 말하는 담대함
3. '톨마오'–하나님을 위해 큰일을 이루는 담대함

'담대함'은 아무것도 두려워하지 않고 하나님께서 우리를 불러 명하신 일을 거침없이 해내는 용기다. 하나님께서 여호수아에게 "강하고 담대하라"라고 하신 명령은 전투에서 죽음을 무릅쓰고 자신의 마음과 백성에게 진리를 말하고 하나님을 위해 큰일을 해내는 담대함을 가지라는 뜻이었다.

1. 죽음에 맞서는 담대함

신자는 죽음을 두려워할 필요가 없다. 우리가 몸을 떠나면 주님 곁으로 가는 것이 확실하기 때문이다.

죽음의 공포를 이기는 것은 실제로 예수 그리스도께서 죽으신 목적이기도 하다. "자녀들은 혈과 육에 속하였으매 그도 또한 같은 모양으로 혈과 육을 함께 지니심은 죽음을 통하여 죽음의 세력을 잡은 자 곧 마귀를 멸하시며 또 죽기를 무서워하므로 한평생 매여 종 노릇 하는 모든 자들을 놓아 주려 하심이니"(히브리서 2:14-15).

사도 바울에게는 이런 담대함이 있었다. 그는 얻어맞고 박해받고 파선당하는 것을 두려워하지 않았다. 그의 비결은 그가 할 일이 남아 있는 한 절대로 죽지 않을 것이라는 확신이었다. 그리고 그는 언제라도 죽으면 그 즉시 자신이 주님 곁에 영원히 있게 됨을 알았다.

바울은 말했다. "그러므로 우리가 항상 담대하여 몸으로 있을 때에는 주와 따로 있는 줄을 아노니……우리가 담대하여[달레오] 원하는 바는 차라리 몸을 떠나 주와 함께 있는 그것이라"(고린도후서 5:6, 8).

바울은 땅에서 계속 사역하여 유익을 끼치는 편과 하늘에서 자기 노고에 대해 보상을 누리는 편 사이에서 고심했다. 그는 빨리 하늘에 가는 편이 훨씬 좋지만 자기가 땅에서 사역을 계속하는 편이 신자들에게는 더 유익하다는 점을 알았다. "이는 내게 사는 것이 그리스도니 죽는 것도 유익함이라……차라리 세상을 떠나서 그리스도와 함께 있는 것이 훨씬 더 좋은 일이라"(빌립보서 1:21, 23)

하나님께서는 우리를 절대로 떠나거나 버리지 않으시겠다고 약속하신다. 그러므로 "우리가 담대히 말하되 주는 나를 돕는 이시니 내가 무서워하지 아니하겠노라 사람이 내게 어찌하리요 하노라"(히브리서 13:6).

지상에서 가장 강한 사람은 죽음을 두려워하지 않는 사람이다.

의인은 사자처럼 담대하다.
(잠언 28:1)

한 남자의 담대함으로 제국들이 하나님을 두려워하게 된 때는 언제였는가?

다니엘은 바벨론에 포로로 끌려가서 네 왕을 섬겼다. 그는 바벨론에 오기 전부터 자신을 더럽히지도 하나님의 법을 어기지도 않기로 굳게 마음먹었다. 그는 사자굴 앞에서도 흔들리지 않았다. 그 결과 다리오 왕은 다음과 같은 칙령을 내렸다. "내 나라 관할 아래에 있는 사람들은 다 다니엘의 하나님 앞에서 떨며 두려워할지니 그는 살아 계시는 하나님이심이라"(다니엘 6:26).

"죽음을 무서워하지 않는 사람들보다 위험한 것은 지구 상에 없다."

—요세프 촌

"또 우리 형제들이 어린 양의 피와 자기들이 증언하는 말씀으로써 그를 이겼으니 그들은 죽기까지 자기들의 생명을 아끼지 아니하였도다" —요한계시록 12:11

울버린은 담대함을 잘 보여준다. 겁없고 집요한 싸움꾼이어서 덩치가 몇 배 큰 적이라도 절대로 물러서는 법이 없다.

영예는 담대한 이에게 주어진다.

다니엘은 하나님의 성전 그릇들을 자기 술 잔치에 사용한 벨사살 왕에게 담대히 진실을 말했다. 왕은 자기와 자기 나라에 대한 하나님의 심판에 대해 듣고 나서 다니엘에게 영예를 주었다. (다니엘 5:29 참조)

"당당히 다니엘처럼 되어라!
당당히 홀로 서라!
당당히 확고한 목표를 세우라!
당당히 그 목표를 알리라!"

—필립스 부룩스

"너는 어떠한 자이기에 죽을 사람을 두려워하며 풀 같이 될 사람의 아들을 두려워하느냐 하늘을 펴고 땅의 기초를 정하고 너를 지은 자 여호와를 어찌하여 잊어버렸느냐" —이사야 51:12-13

스스로 점검하기

나는 죽음 앞에 담대한가?

- 자신에 대해 죽고 그리스도를 따르기로 결심했는가? "또 무리에게 이르시되 아무든지 나를 따라오려거든 자기를 부인하고 날마다 제 십자가를 지고 나를 따를 것이니라"(누가복음 9:23).
- 나의 명성을 그리스도의 명성으로 대신하고 사람들이 내 안에서 사시는 그리스도를 보는 것에만 신경 쓰기로 결심하여 사람에 대한 두려움을 정복했는가?
- 하나님의 소명을 완수하기 위해 생명을 내놓았는가? 하나님께서 요구하시는 어떤 희생도 감수할 생각인가?
- 죽음을 무릅쓰고 지킬 성경적 신념은 무엇인가?
- 다른 사람에게 그리스도를 알리기 위해 어떤 구체적인 방법으로 자신에 대해 죽겠는가?

2. 진리를 말하는 담대함

죽음의 공포를 이기는 담대함이 구원을 통해 온다면 진리를 말하는 담대함[팔흐레시아조마이]은 다른 신자들의 기도를 통해 온다. 사도 바울도 이 담대함을 위해 기도를 요청했다. "또 나를 위하여 구할 것은 내게 말씀을 주사 나로 입을 열어 복음의 비밀을 담대히 알리게 하옵소서 할 것이니 이 일을 위하여 내가 쇠사슬에 매인 사신이 된 것은 나로 이 일에 당연히 할 말을 담대히 하게 하려 하심이라"(에베소서 6:19-20).

사도들은 예수의 이름으로 말하면 해치겠다는 협박을 당하자 기도를 통해 담대함을 얻었다. "주여 이제도 그들의 위협함을 굽어보시옵고 또 종들로 하여금 담대히 하나님의 말씀을 전하게 하여 주시오며……빌기를 다하매 모인 곳이 진동하더니 무리가 다 성령이 충만하여 담대히 하나님의 말씀을 전하니라"(사도행전 4:29, 31).

진리를 말하는 용기는 하나님과 사람들 앞에서 깨끗한 양심을 가질 때 나온다. 과거 잘못을 해결하지 않고서는 입이 자유로울 수 없다. 이사야는 말하는 임무를 받기 전에 자신의 죄악을 씻음 받았다. (이사야 6:7-9 참조)

스스로 점검하기

나는 진리를 말하는 데 담대한가?

- 진리를 담대히 말하도록 어떤 그리스도인 지도자들을 위해 기도하는가?
- 내가 담대히 전도할 수 있도록 다른 사람들에게 기도를 부탁했는가?
- 전도할 기회를 기다리는가 아니면 기회를 만들어 전도하는가?
- 사람들이 주님을 모욕할 때 사랑으로 진리를 변호하는가?
- 나중에 자연스럽게 나의 말로 나오도록 어떤 좋은 보물을 마음에 쌓고 있는가?
- 언제든 준비된 답을 내놓을 수 있게 간증문을 써 놓았는가?

3. 큰일을 이루는 담대함

신자가 죽음의 공포를 정복하고 담대히 진리를 말했으면 이제 '톨마오' 담대함을 가질 차례다. 하나님께서는 이런 신자를 통해 놀라운 일을 이루실 수 있다. "여호와의 눈은 온 땅을 두루 감찰하사 전심으로 자기에게 향하는 자들을 위하여 능력을 베푸시나니"(역대하 16:9).

하나님과 그분의 나라를 위해 위대한 공적을 이루는 것은 하나님을 알고 세상에 대한 하나님의 목적과 그분의 성품을 깨달은 결과다. "오직 자기의 하나님을 아는 백성은 강하여 용맹을 떨치리라"(다니엘 11:32).

하나님께서는 자기 백성에게 그들이 이루기를 원하시는 일에 직결된 특별한 성경 말씀을 주심으로 큰일을 이룰 담대함을 주신다. 이 말씀이 레마이며 믿음의 근거이다. "믿음은 들음에서 나며 들음은 그리스도의 말씀[레마]으로 말미암았느니라"(로마서 10:17).

우리가 그 성경 말씀[레마]을 삶에 접목하여 묵상하면 대담한 일을 감행할 때 그 말씀의 성취를 주장할 수 있다. "너희가 내 안에 거하고 내 말[레마]이 너희 안에 거하면 무엇이든지 원하는 대로 구하라 그리하면 이루리라 너희가 열매를 많이 맺으면 내 아버지께서 영광을 받으실 것이요 너희는 내 제자가 되리라"(요한복음 15:7-8).

기드온은 자기 아버지의 바알 제단을 허물고 병사 삼 백명을 이끌고 적의 대군에 맞섬으로 담대함을 보여주었다. 다윗도 골리앗에 맞서 나감으로 담대함을 보여주었다.

히브리서 11장의 믿음의 위인들은 '탈마오' 담대함을 보여주었다. "내가 무슨 말을 더 하리요 기드온, 바락, 삼손, 입다, 다윗 및 사무엘과 선지자들의 일을 말하려면 내게 시간이 부족하리로다 그들은 믿음으로 나라들을 이기기도 하며 의를 행하기도 하며 약속을 받기도 하며 사자들의 입을 막기도 하며 불의 세력을 멸하기도 하며 칼날을 피하기도 하며 연약한 가운데서 강하게 되기도 하며 전쟁에 용감하게 되어 이방 사람들의 진을 물리치기도 하며"(히브리서 11:32-34).

스스로 점검하기

나는 하나님을 위하는 일에 담대한가?

- 하나님께서 나를 통해 놀라운 일을 하실 수 있도록 내 마음은 하나님 앞에 올바른가?
- 나의 인생 목표는 가능한 한 많은 사람을 예수 그리스도와 관계를 맺어주고 그리스도의 모든 가르침으로 그들을 제자화하는 것인가?
- 하나님께서 내게 주신 특별한 성경 말씀[레마]은 무엇인가? 그 말씀을 규칙적으로 묵상하는가? (시편 1편 참조)
- 하나님께서 내게 특정 부류의 사람들을 돕도록 그들에 대한 특별한 관심을 주셨는가?
- 생을 마칠 때 돌아보며 "이것이 하나님께서 나를 통해 이루신 일이다."라고 말하고 싶은 일이 무엇인가?

하나님을 두려워하면 사람에 대한 두려움이 무너진다.

존 녹스는 16세기 종교개혁자였다. 그는 스코틀랜드에서 큰 회중에게 담대히 진리를 말했다. 그러나 이 일로 체포되어 범선의 노젓는 죄수가 되었다.

수개월 동안 노를 당기면서 그는 육체적 힘과 함께 열정적인 기도의 힘을 키웠다. 그는 부르짖었다. "오, 하나님! 제게 스코틀랜드를 주시옵소서 그렇지 않으면 저는 차라리 죽음을 택하겠습니다."

하나님을 위해 그가 산 삶과 한 일이 너무 강력했기에 스코틀랜드 여왕은 고백했다. "나는 유럽의 모든 연합군보다 존 녹스의 기도가 더 두렵다."

"너희 안에 계신 이가 세상에 있는 자보다 크심이라" —요한일서 4:4

"우리가 사람들을 그렇게 많이 두려워하는 것은 그만큼 하나님을 두려워하지 않기 때문이다. 두려움은 두려움으로 치료된다. 사람의 테러가 무섭다면 초점을 바꿔 하나님의 진노를 생각하라."

—윌리엄 거널

덕은 등대와 같다. 폭풍이 거셀수록 밤이 어두울수록 등대의 힘과 밝기는 더욱 소중해진다.

"일어나라 빛을 발하라 이는 네 빛이 이르렀고 여호와의 영광이 네 위에 임하였음이니라 보라 어둠이 땅을 덮을 것이며 캄캄함이 만민을 가리려니와 오직 여호와께서 네 위에 임하실 것이며 그의 영광이 네 위에 나타나리니" —이사야 60:1-2

덕의 능력은 사탄의 나라에 큰 위협이다. 그러므로 사탄은 이 능력을 파괴하려고 아주 매력적인 미끼로 유혹한다.

덕 *Virtue*

vs. 유약함 *Weakness*

덕은 하나님의 거룩한 기준에 맞게 사는 삶의 능력이다.

정의

'덕(德)'에 해당하는 히브리어 '하일'은 성경에서 단 한 번만 '덕행'으로 번역되고 이백 번 넘게는 '용사, 용맹스러운, 힘, 권력, 능력, 강하다, 군대, 무리, 세력, 부, 재물, 물질' 등으로 번역되었다.

'덕'에 해당하는 헬라어는 '뒤나미스'와 '아레테'다. '뒤나미스'는 단 세 번만 '덕'으로 번역되고 백 번 넘게는 '능력, 권세, 기적, 힘, 강력, 강력한 일'로 번역되었다. 덕은 하나님과 바른 관계를 맺고 성령의 능력으로 충만해진 삶의 거룩한 영향력이다.

덕의 능력

덕은 건조한 방에서 카펫 위를 걸은 사람의 몸에 쌓인 정전기와 같다. 누군가 이 사람을 만지면 전기 충격이 일어난다. 똑같은 방식으로 그리스도께서 성령으로 충만해지시자 성령께 이끌려 광야로 가셔서 40일간 시험을 거치며 유혹을 받으셨다. 그리고 "성령의 능력[뒤나미스]"을 입고 돌아오셔서(누가복음 4:14), 사람들에게 사역하셨다. 사람들은 예수님 안에 하나님의 능력이 있다는 사실을 금방 알아보았다. "온 무리가 예수를 만지려고 힘쓰니 이는 능력[뒤나미스]이 예수께로부터 나와서 모든 사람을 낫게 함이러라"(누가복음 6:19).

하나님의 뜻은 모든 신자가 이와 똑같은 덕의 능력을 체험하여 그 능력으로 다른 사람을 유익하게 하는 것이다. 그러면 그 사람들이 하나님께 영광을 돌릴 것이다.

- "하나님의 나라는 말에 있지 아니하고 오직 능력[뒤나미스]에 있음이라"(고린도전서 4:20).
- "우리 가운데서 역사하시는 능력[뒤나미스]대로 우리가 구하거나 생각하는 모든 것에 더 넘치도록 능히 하실 이에게"(에베소서 3:20).
- "그의 신기한 능력으로 생명과 경건에 속한 모든 것을 우리에게 주셨으니 이는 자기의 영광과 덕으로써 우리를 부르신 이를 앎으로 말미암음이라"(베드로후서 1:3).

어떻게 덕의 능력을 잃는가

덕이 정욕과 부도덕으로 더렵혀지면 힘을 잃게 된다. 성경은 젊은 남자에게 경고한다. "네 힘[하일]을 여자들에게 쓰지 말며 왕들을 멸망시키는 일을 행하지 말지어다"(잠언 31:3).

솔로몬은 아들에게 경고했다. "대저 음녀의 입술은 꿀을 떨어뜨리며 그의 입은 기름보다 미끄러우나 나중은 쑥 같이 쓰고 두 날 가진 칼 같이 날카로우니……네 길을 그에게서 멀리 하라 그의 집 문에도 가까이 가지 말라 두렵건대 네 존영이 남에게 잃어버리게 되며 네 수한이 잔인한 자에게 빼앗기게 될까 하노라 두렵건대 타인이 네 재물로 충족하게 되며 네 수고한 것이 외인의 집에 있게 될까 하노라 두렵건대 마지막에 이르러 네 몸, 네 육체가 쇠약할 때에 네가 한탄할까 하노라"(잠언 5:3-11).

어떻게 덕의 능력을 얻는가?

베드로는 "우리 하나님과 구주 예수 그리스도의 의를 힘입어 동일하게 보배로운 믿음을 우리와 함께 받은 자들에게" 편지하여 권면했다. "너희 믿음에 덕을" 더하라(베드로후서 1:1, 5).

바울은 믿음에 덕을 더하는 과정을 밝혔다. "어두운 데에 빛이 비치라 말씀하셨던 그 하나님께서 예수 그리스도의 얼굴에 있는 하나님의 영광을 아는 빛을 우리 마음에 비추셨느니라 우리가 이 보배를 질그릇에 가졌으니 이는 심히 큰 능력[뒤나미스]은 하나님께 있고 우리에게 있지 아니함을 알게 하려 함이라 우리가 사방으로 우겨쌈을 당하여도 싸이지 아니하며 답답한 일을 당하여도 낙심하지 아니하며 박해를 받아도 버린 바 되지 아니하며 거꾸러뜨림을 당하여도 망하지 아니하고

우리가 항상 예수의 죽음을 몸에 짊어짐은 예수의 생명이 또한 우리 몸에 나타나게 하려 함이라 우리 살아 있는 자가 항상 예수를 위하여 죽음에 넘겨짐은 예수의 생명이 또한 우리 죽을 육체에 나타나게 하려 함이라 그런즉 사망은 우리 안에서 역사하고 생명은 너희 안에서 역사하느니라"(고린도후서 4:6-12). 바울은 시련과 환난에 바르게 반응하면 할수록 다른 사람에게 그리스도의 생명을 줄 능력이 그만큼 더 커졌다.

바울은 같은 편지에서 이 힘의 원천을 어떻게 찾았는지를 밝혔다. "내 육체에 가시 곧 사탄의 사자를 주셨으니 이는 나를 쳐서 너무 자만하지 않게 하려 하심이라 이것이 내게서 떠나가게 하기 위하여 내가 세 번 주께 간구하였더니

나에게 이르시기를 내 은혜가 네게 족하도다 이는 내 능력[뒤나미스]이 약한 데서 온전하여짐이라 하신지라 그러므로 도리어 크게 기뻐함으로 나의 여러 약한 것들에 대하여 자랑하리니 이는 그리스도의 능력[뒤나미스]이 내게 머물게 하려 함이라

그러므로 내가 그리스도를 위하여 약한 것들과 능욕과 궁핍과 박해와 곤고를 기뻐하노니 이는 내가 약한 그 때에 강함이라"(고린도후서 12:7-10).

바울의 서신에는 덕의 능력을 체험하기 위해 고난을 기뻐하는 장면이 여러 번 반복된다. 바울은 빌립보 신자들에게 말했다. "내가 그리스도와 그 부활의 권능과 그 고난에 참여함을 알고자 하여 그의 죽으심을 본받아"(빌립보서 3:10).

골로새 신자들에게는 이렇게 말했다. "주께 합당하게 행하여 범사에 기쁘시게 하고 모든 선한 일에 열매를 맺게 하시며 하나님을 아는 것에 자라게 하시고 그의 영광의 힘을 따라 모든 능력으로 능하게 하시며 기쁨으로 모든 견딤과 오래 참음에 이르게 하시고"(골로새서 1:10-11).

역사상 가장 지혜로웠던 남성은 비록 자기는 아들에게 멀리하라고 경고한 부류의 여성들과 관계하여 덕을 잃었지만 덕을 칭송했다.

(열왕기상 11:1-10 참조)

"누가 현숙한[덕스러운] 여인을 찾아 얻겠느냐 그의 값은 진주보다 더 하니라……고운 것도 거짓되고 아름다운 것도 헛되나 오직 여호와를 경외하는 여자는 칭찬을 받을 것이라" —잠언 31:10, 30

덕은 접촉하는 사람들의 삶을 강력하게 하는 성령의 능력이다.

"그의 영광의 풍성함을 따라 그의 성령으로 말미암아 너희 속사람을 능력으로 강건하게 하시오며" —에베소서 3:16

대백로가 어떻게 깃털을 그렇게 눈부시도록 하얗게 유지하는지는 오랫동안 불가사의였다. 비밀은 솜털에 있었다. 솜털이 깃털에서 떨어질 때마다 분가루를 만들어낸다. 이 분가루는 흙먼지, 기름, 때에 달라붙는다. 백로가 깃털로 먼지를 털면 분가루에 붙은 때도 함께 떨어진다.

덕은 도덕적 능력의 장자권과 같다. 에서처럼 이것을 경시하는 자는 이것을 잃고 나중에 눈물까지 흘리며 찾게 될 것이다.

"너희가 아는 바와 같이 그가 그 후에 축복을 이어받으려고 눈물을 흘리며 구하되 버린 바가 되어 회개할 기회를 얻지 못하였느니라" —히브리서 12:17

성경에 예시된 덕의 능력

잠언 31장 10-31절은 유덕한 여성에게 보내는 놀라운 찬사다. 이 여성은 남편과 자녀들뿐 아니라 자신에 대한 글을 읽는 모든 사람들에게도 칭찬을 받는다. 그녀의 유덕한 품성과 각 품성이 가져다주는 능력의 유형은 다음 목록과 같다.

덕에 대한 묘사	능력의 유형
"남편의 마음은 그를 믿나니"	보호의 능력
"산업[소득]이 핍절하지 아니하겠으며"	공급의 능력
"살아 있는 동안에 그의 남편에게 선을 행하고 악을 행하지 아니하느니라"	끈기의 능력
"양털과 삼을 구하여 부지런히 손으로 일하며"	근면의 능력
"상인의 배와 같아서 먼 데서 양식을 가져 오며"	창의적 조달의 능력
"밤이 새기 전에 일어나서 자기 집안 사람들에게 음식을 나누어 주며 여종들에게 일을 정하여 맡기며"	책임을 다하는 능력
"밭을 살펴 보고 사며 자기의 손으로 번 것을 가지고 포도원을 일구며"	현명한 투자의 능력
"힘 있게 허리를 묶으며 자기의 팔을 강하게 하며"	건강과 활력의 능력
"자기의 장사가 잘 되는 줄을 깨닫고 밤에 등불을 끄지 아니하며"	소중한 재산을 지키는 능력
"손으로 솜뭉치를 들고 손가락으로 가락을 잡으며"	높은 생산성의 능력
"곤고한 자에게 손을 펴며 궁핍한 자를 위하여 손을 내밀며"	사랑과 나눔의 능력
"자기 집 사람들은 다 홍색 옷을 입었으므로 눈이 와도 그는 자기 집 사람들을 위하여 염려하지 아니하며"	준비의 능력
"자기를 위하여 아름다운 이불을 지으며 세마포와 자색 옷을 입으며"	우아함의 능력
"남편은 그 땅의 장로들과 함께 성문에 앉으며 사람들의 인정을 받으며"	명예의 능력
"베로 옷을 지어 팔며 띠를 만들어 상인들에게 맡기며"	부를 창출하는 능력
"능력과 존귀로 옷을 삼고 후일을 웃으며"	만족과 참된 안정의 능력
"입을 열어 지혜를 베풀며 그의 혀로 인애의 법을 말하며"	현명한 조언의 능력
"자기의 집안 일을 보살피고 게을리 얻은 양식을 먹지 아니하나니"	자원선용의 능력
"자식들은 일어나 감사하며 그의 남편은 칭찬하기를"	지도력의 능력
"덕행 있는 여자가 많으나 그대는 모든 여자보다 뛰어나다 하느니라"	확언의 능력
"고운 것도 거짓되고 아름다운 것도 헛되나 오직 여호와를 경외하는 여자는 칭찬을 받을 것이라"	내적 아름다움의 능력
"그 손의 열매가 그에게로 돌아갈 것이요 그 행한 일로 말미암아 성문에서 칭찬을 받으리라"	공적인 칭송의 힘

덕의 능력을 얻으려면 믿음이 필요하다

"열두 해를 혈루증으로 앓아 온 한 여자가 있어 많은 의사에게 많은 괴로움을 받았고 가진 것도 다 허비하였으되 아무 효험이 없고 도리어 더 중하여졌던 차에 예수의 소문을 듣고 무리 가운데 끼어 뒤로 와서 그의 옷에 손을 대니"(마가복음 5:25-27).

예수님께서는 곧 자신으로부터 덕의 능력이 나간 것을 아시고 인파 속에서 돌아서서 물으셨다. "누가 내 옷에 손을 대었느냐"(마가복음 5:30). 당황한 제자들은 군중이 사방에서 밀쳐 대는데 예수님께 손을 댄 사람이 어디 한둘이겠냐고 반문했다.

그러나 예수님을 만지면 치유의 능력을 받으리라 믿고 믿음으로 예수님을 만진 사람은 한 사람뿐이었다. "이는 내가 그의 옷에만 손을 대어도 구원을 받으리라 생각함일러라 이에 그의 혈루 근원이 곧 마르매 병이 나은 줄을 몸에 깨달으니라"(마가복음 5:28-29).

그러므로 예수님을 그냥 만지면 되지 않고 반드시 믿음으로 예수님을 만져야 한다. 예수님께서 "네 믿음이 너를 구원하였으니"라고 여러 번 말씀하셨기 때문이다.

덕을 잃은 결과

덕을 포기하면 생명의 능력을 잃게 된다. 악한 여자는 단순한 젊은 남자들의 이 힘을 파괴하려고 유혹한다. 솔로몬은 경고했다. "음녀로 말미암아 사람이 한 조각 떡만 남게 됨이며 음란한 여인은 귀한 생명을 사냥함이니라"(잠언 6:26). "그의 집은 사망으로, 그의 길은 스올로 기울어졌나니 누구든지 그에게로 가는 자는 돌아오지 못하며 또 생명 길을 얻지 못하느니라"(잠언 2:18-19).

이런 상실을 경험했다면 이를 계기로 회개하고 하나님께 자비와 은혜를 달라고 부르짖어야 한다.

스스로 점검하기

나는 덕스러운가?

- 덕의 힘을 소중히 여기는가? 내게 이 힘이 있는가?
- 내가 있으면 주위 사람들이 욕설이나 무례함을 사과하는가?
- 다른 사람들이 자기들의 삶에서 겪는 문제로 내게 조언을 구하는가?
- 다른 사람이 죄책감, 분노, 두려움, 정욕, 원망을 극복하도록 돕는가?
- 그리스도인의 삶을 사는 데 있어서 다른 사람들은 나의 본을 따르려고 싶어하는가?
- 사탄에게서 오는 유혹을 이길 힘이 있는가?
- 고난을 받을 때 감사하고 기뻐하는가?
- 하나님의 능력을 체험하기 위해 나의 약한 부분을 하나님께 시인하는가?
- 덕스러운 사람다운 품성을 보이는가?
- 다른 사람들이 하나님과 동행하는 데에 내가 도움을 주었다고 이야기하는가?

그리스도의 덕을 본받으려면 믿음이 필수이기 때문에 우리는 믿음에 덕을 더해야 한다. (베드로후서 1:5 참조)

"예수께서 이르시되 딸아 네 믿음이 너를 구원하였으니 평안히 가라 네 병에서 놓여 건강할지어다" —마가복음 5:34

부덕한 사람이 유덕한 사람을 조롱하는 이유는 덕의 능력 앞에서 자신이 부끄러워지지 때문이다.

"너희가 음란과 정욕과 술취함과 방탕과 향락과 무법한 우상 숭배를 하여 이방인의 뜻을 따라 행한 것은 지나간 때로 족하도다 이러므로 너희가 그들과 함께 그런 극한 방탕에 달음질하지 아니하는 것을 그들이 이상히 여겨 비방하나"

—베드로전서 4:3-4

만족의 비결은 하나님의 현존을 즐기는 것이다.

"주께서 생명의 길을 내게 보이시리니 주의 앞에는 충만한 기쁨이 있고 주의 오른쪽에는 영원한 즐거움이 있나이다"

—시편 16:11

만족을 택하지 않으면 소유가 많아도 권태에 빠질 뿐이다.

"그들에게 이르시되 삼가 모든 탐심을 물리치라 사람의 생명이 그 소유의 넉넉한 데 있지 아니하니라 하시고"

—누가복음 12:15

"얼마나 많이 가졌느냐가 아니라 가진 것들을 얼마나 많이 기뻐하느냐가 행복의 지표다."

—찰스 스펄전

만족 *Contentment*

vs. 탐심 *Covetousness*

만족은 하나님께서 현재와 미래의 행복에 필요한 모든 것을 이미 공급해 주셨음을 깨닫는 것이다.

정의

히브리어 '야알'은 '기꺼이 하고자 하다, 착수하다, 동의하다, 수용하다, 양보하다'를 뜻한다. 이 단어는 미가와 함께 거하기로 한 레위인처럼 뭔가를 결심한 사람을 묘사한다. "미가가 그에게 이르되 네가 나와 함께 거주하라……그 레위인이 그 사람과 함께 거주하기를 만족하게 생각했으니"(사사기 17:10-11).

신약 성경에서 만족으로 번역된 헬라어는 '충분히 강하다, 만족스럽다'는 뜻인 '알케오'와 도움이나 지원이 불필요하다, 생필품이 넉넉하다'는 뜻인 '아우탈케이아'이다.

'만족'은 하나님이 우리에게 필요한 전부이시고 하나님은 우리를 절대로 떠나시지 않는다는 사실을 깨닫는 데서 생긴다. 우리는 하나님께서 우리 몸과 영에 필요한 모든 것의 공급자이심을 알고 하나님 안에서 만족할 수 있다. "돈을 사랑하지 말고 있는 바를 족한 줄로 알라 그가 친히 말씀하시기를 내가 결코 너희를 버리지 아니하고 너희를 떠나지 아니하리라 하셨느니라"(히브리서 13:5).

만족은 인간의 본성과 상반되므로 배워야 한다

우리는 환경이 달라지면 만족할 줄로 추정하고 상황이 나아지길 바란다. 아담과 하와는 완벽한 환경 속에서 살았으나 만족하지 않았다. 그들은 완벽한 건강, 완벽한 결혼, 완벽한 정원을 가지고 하나님과 매일 교제했다. 그러나 얼마 안 가서 그들은 하나님께서 자기들에게 현재와 미래의 행복에 필요한 모든 것을 공급하지 않으셨다는 거짓말을 믿었다.

아담과 하와가 에덴동산에 만족하지 않았다면 우리에게 무슨 희망이 있겠는가? 하나님께서 영적 통찰력을 주시지 않으면 우리는 절망적이다. 우리도 바울처럼 "내가 궁핍하므로 말하는 것이 아니니라 어떠한 형편에든지 나는 자족하기를 배웠노니"(빌립보서 4:11)라고 말할 수 있을까?

만족은 삶의 목적을 아는 데서 비롯된다

"사람의 제일 목적은 하나님을 영화롭게 하는 것과 영원토록 그를 즐거워하는 것이다"(웨스트민스터 소요리문답). 사람은 하나님 크기만큼 공백을 갖고 창조되었으며 하나님만이 이 공간을 채우실 유일하신 분이시다. 사도 바울의 최종 목표는 "내가 그리스도와 그 부활의 권능과 그 고난에 참여함을 알고자 하여 그의 죽으심을 본받는 것"(빌립보서 3:10)이었다.

만족은 필요와 욕심을 구분하는 것이다.

삶에서 정말로 꼭 필요한 것은 몇 가지밖에 없다. 사실 하나님께서는 음식과 의복, 단 둘뿐이라고 하셨다. "우리가 먹을 것과 입을 것이 있은즉 족한 줄로 알 것이니라"(디모데전서 6:8). 우리가 음식과 의복이라는 기본에 만족하지 않으면 아무리 많은 것을 얻어도 우리는 절대로 만족하지 않을 것이다.

하나님께서는 우리의 모든 필요를 채우신다고 약속하셨지, 우리가 원하는 대로 다 얻을 것이라고 하시지 않았다. 우리는 대개 욕심을 채우는 데 돈을 써버리고서 정작 필요가 채워지지 않을까 걱정한다. 예수님께서는 이런 염려를 경고하셨다. "그러므로 염려하여 이르기를 무엇을 먹을까 무엇을 마실까 무엇을 입을까 하지 말라 이는 다 이방인들이 구하는 것이라 너희 하늘 아버지께서 이 모든 것이 너희에게 있어야 할 줄을 아시느니라 그런즉 너희는 먼저 그의 나라와 그의 의를 구하라 그리하면 이 모든 것을 너희에게 더하시리라" (마태복음 6:31-33).

만족은 서로의 필요성을 인식할수록 커진다

삶의 가장 큰 신비와 놀라움은 하나님께서 우리 각 사람을 필요로 하신다는 점이다. 하나님은 우리와 교제하기를 원하신다. 하나님께는 하나님의 성령의 성전으로서 우리의 몸이 필요하고 하나님의 뜻을 행하는 의의 도구로서 우리의 지체가 필요하다. 하나님께서 우리를 통해 일하시기로 선택하셨기 때문이다.

반면에 하나님께서는 우리가 날마다 하나님이 필요하도록 창조하셨다. 하나님께서는 우리를 한 달에 한끼만 먹어도 생존하도록 만들지 않고 매일 먹어야 살도록 창조하셨으며 "오늘 우리에게 일용할 양식을 주시옵고"(마태복음 6:11)라고 기도하도록 가르치셨다. 하나님께서는 또 이 점을 지적하셨다. "사람이 떡으로만 살 것이 아니요 하나님의 입으로부터 나오는 모든 말씀으로 살 것이라" (마태복음 4:4).

불만족은 자급자족을 바라는 데에서 비롯된다

부부 중 어느 한 사람이라도 자급자족하면 사랑의 관계는 망가진다. 기쁨과 은혜는 주고받는 데서 오기 때문이다. 아담과 하와에게 온 유혹은 단순히 금단의 열매를 맛보는 것이 아니라 하나님이 더 이상 필요없이 자급자족하는 것이었다. 교활한 뱀은 그들에게 그 열매를 먹으면 하나님처럼 되어서 선악을 스스로 결정할 수 있다고 말했다. (창세기 3:1-6 참조)

불만족은 탐심으로 이끈다

한 형제가 공평하게 상속을 받지 않았다고 불평하자 예수님께서 말씀하셨다. "삼가 모든 탐심을 물리치라 사람의 생명이 그 소유의 넉넉한 데 있지 아니하니라"(누가복음 12:15).

탐심은 우상숭배로 이어진다

우리가 하나님께서 우리에게는 주시지 않고 다른 사람에게 주신 것을 원하면 탐욕의 죄를 지은 것이다. 이것은 십계명을 어긴 것이다. "네 이웃의 집을 탐내지 말라 네 이웃의 아내나 그의 남종이나 그의 여종이나 그의 소나 그의 나귀나 무릇 네 이웃의 소유를 탐내지 말라" (출애굽기 20:17).

하나님만 주실 수 있는 것을 사람이나 물질에 바라면 그들을 우상으로 만들고 우상숭배의 죄를 짓는 것이다. 예를 들어, 돈으로 안정을 바라면 우리는 돈을 우상으로 만드는 것이다. 그 까닭은 하나님만 우리에게 안정을 주실 수 있기 때문이다. 이처럼 우리가 재산이나 비싼 물건으로 성취감을 얻으려고 하면 우리는 이것들을 우상으로 만드는 것이다. 음식이나 식이요법만으로 건강을 얻으려고 하는 것도 똑같다.

우상숭배는 하나님만이 하실 수 있는 것을 사람이나 소유물에게 기대하는 것이다.

"나의 하나님이 그리스도 예수 안에서 영광 가운데 그 풍성한 대로 너희 모든 쓸 것을 채우시리라" —빌립보서 4:19

"지금 가진 것으로 만족하지 않으면 절대로 원하는 것을 가진다고 해도 만족하지 않을 것이다."

—랄프 거쓰리

"나는 비천에 처할 줄도 알고 풍부에 처할 줄도 알아 모든 일 곧 배부름과 배고픔과 풍부와 궁핍에도 처할 줄 아는 일체의 비결을 배웠노라" —빌립보서 4:11

"하나님께서 우리에게 주신 소명으로 만족하는 것이 믿음 다음으로 가장 고상한 기술이다." —마틴 루터

세상의 소유를 놓아 버릴수록 영원한 보물을 더 많이 붙잡을 수 있다.

"우리가 세상에 아무 것도 가지고 온 것이 없으매 또한 아무 것도 가지고 가지 못하리니" —디모데전서 6:7

"불만족은 부자를 가난하게 만드나 만족은 가난한 자를 부하게 만든다." —벤자민 프랭클린

사슴쥐는 무엇이든 유용한 것을 편안하게 느끼고 거의 아무 데서나 보금자리를 만드는 재주가 있어서 만족을 잘 보여준다.

만족은 그리스도를 더 얻기 위해 모든 것을 버림으로 이뤄진다

"예수님께서는 우리가 필요한 전부이지만 예수님께서 실제로 우리가 가진 전부이기 전까지는 우리가 그것을 안다고 할 수 없다."라고 누군가가 지혜롭게 말했다. 바울은 예수 그리스도를 얻기 위해 자기 것을 버림으로 이 진리를 깨달았다. "또한 모든 것을 해로 여김은 내 주 그리스도 예수를 아는 지식이 가장 고상하기 때문이라 내가 그를 위하여 모든 것을 잃어버리고 배설물로 여김은 그리스도를 얻고자 함이라"(빌립보서 3:8).

어떻게 보면 인생은 끊임없이 주고받는 교환이다. 우리는 일하는 시간을 주고 돈을 얻는다. 그리고 돈을 주고 음식을 얻고 음식을 주고 힘을 얻는다. 현명한 사람은 작은 가치를 주고 큰 가치를 얻는다. 짐 엘리어트는 말했다. "지킬 수 없는 것을 주고 잃을 수 없는 것을 얻는 사람은 절대로 바보가 아니다."

만족은 가치가 더 큰 것을 얻게 한다

만족은 한시적인 물질에 집착하지 않고 영원한 보물을 사랑하는 것이다. 세상 걱정으로 산만해지지 않고 하나님의 성품을 체험하는 것이다. 예수님께서는 서로 다른 토양에 떨어진 씨앗을 이야기하시면서 한시적인 물질과 영원한 부의 충돌을 경고하셨다. "가시떨기에 뿌려졌다는 것은 말씀을 들으나 세상의 염려와 재물의 유혹에 말씀이 막혀 결실하지 못하는 자요"(마태복음 13:22).

스스로 점검하기

나는 만족하는가?

- 어떤 구체적인 방식으로 하나님의 현존을 즐기는가?
- 가족과 함께하는 시간이 즐거운가?
- 내가 맡은 소유물을 잘 사용하는가?
- 삶을 더 행복하게 해 줄 것 같은 물건들을 사는 데 집착하는가?
- 소유물이 망가지거나 도둑맞았을 때 원망하는가?
- 내 삶이나 소유나 가족이 피해를 입으면 욥처럼 반응하는가? "주신 이도 여호와시요 거두신 이도 여호와시오니 여호와의 이름이 찬송을 받으실지니이다"(욥기 1:21).
- 건강, 자유, 명예, 깨끗한 양심, 영원한 구원과 같이 돈으로 살 수 없는 것들을 한시적 소유물보다 더 기뻐하는가?
- 하나님께서 내게 필요한 모든 것을 주셨다고 믿는가?

민감성 *Sensitivity*

vs. 무감각 *Callousness*

민감성은 비슷한 상처를 하나님께 치유받은 경험 때문에 다른 사람의 고통을 아는 것이다.

정의

'민감성'의 성경 단어는 '불쌍히 여김'이다. "서로 친절하게 하며 **불쌍히 여기며** 서로 용서하기를 하나님이 그리스도 안에서 너희를 용서하심과 같이 하라"(에베소서 4:32).

'불쌍히 여기며'로 번역된 헬라어 '유스플랑크노스'는 '좋게, 잘'을 뜻하는 '유'와 '비장(脾臟), 창자'를 뜻하는 '스플랑크톤'의 합성어다. 상징적으로 '인정, 동정, 친절과 긍휼과 같은 내적 사랑'을 뜻한다.

'유스플랑크노스'는 베드로전서 3장 8절에서 '불쌍히 여기다'로 번역되었다. "마지막으로 말하노니 너희가 다 마음을 같이하여 동정하며 형제를 사랑하며 **불쌍히 여기며** 겸손하며"

하나님께서는 요시야 왕의 부드러운 마음을 보상하셨다. "네가 듣고 마음이 **부드러워져서** 여호와 앞 곧 내 앞에서 겸비하여 옷을 찢고 통곡하였으므로…… 내가 이 곳에 내리는 모든 재앙을 네 눈이 보지 못하리라 하셨느니라"(열왕기하 22:19-20).

'부드러움'으로 번역된 히브리어 '라카크'의 반대말은 '완고함'이다. 시편 기자는 말했다. "너희 마음을 완악하게 하지 말지어다"(시편 95:8). 히브리서 저자도 이 교훈을 되풀이한다. "광야에서 시험하던 날에 거역하던 것 같이 너희 마음을 완고하게 하지 말라"(히브리서 3:8). "성경에 일렀으되 오늘 너희가 그의 음성을 듣거든 격노하시게 하던 것 같이 너희 마음을 완고하게 하지 말라"(히브리서 3:15).

'완악하게 하다'로 번역된 히브리어 '카샤'는 '밀도가 높다, 힘들다, 호되다, 몹시 사납다, 짐을 지우다, 뻣뻣하다'를 뜻한다. '완고하게 하다'로 번역된 헬라어 '스톨레뤼노'는 '고집불통이 되다, 완강하다, 딱딱하게 하다'를 뜻한다.

왕이 어떻게 민감성을 높였는가?

요시야는 겨우 8살에 유다의 왕이 되었다. 하나님께서는 요시야 왕의 전기에 놀라운 찬사를 남기셨다. "요시야와 같이 마음을 다하며 뜻을 다하며 힘을 다하여 모세의 모든 율법을 따라 여호와께로 돌이킨 왕은 요시야 전에도 없었고 후에도 그와 같은 자가 없었더라"(열왕기하 23:25).

기록에 따르면 그가 훌륭했던 비결은 부드러운 마음이었다. 그가 어떻게 이런 마음을 갖게 되었는지는 다음과 같다.

1. 요시야 왕은 하나님을 기쁘게 해 드리기로 마음먹었다.

하나님께서는 요시야의 삶과 사역을 이렇게 요약하신다. "요시야가 여호와 보시기에 정직히 행하였더라"(열왕기하 22:2).

요시야는 어릴 때부터 마치 다니엘이 자기를 더럽히지 않기 위해 이방 관습을 따르지 않겠다고 다짐했듯이 하나님을 따르기로 마음을 정했다.

민감성은 다른 사람들의 진짜 감정을 알아채고 그 감정에 알맞게 반응하는 것이다.

"즐거워하는 자들과 함께 즐거워하고 우는 자들과 함께 울라" —로마서 12:15

상처 주는 말과 행동을 삼가면 다른 사람을 돕는 특권을 누리게 된다.

"칼로 찌름 같이 함부로 말하는 자가 있거니와 지혜로운 자의 혀는 양약과 같으니라"
—잠언 12:18

민감성은 한 영혼이 다른 영혼과 교통하는 것이다.

"사람의 일을 사람의 속에 있는 영 외에 누가 알리요 이와 같이 하나님의 일도 하나님의 영 외에는 아무도 알지 못하느니라"
—고린도전서 2:11

마음이 완고하면 다른 사람의 아픔을 이해할 수 있는 능력을 잃게 된다.

"서로 친절하게 하며 불쌍히 여기며"

—에베소서 4:3

"만일 우리가 원수의 속사정을 헤아릴 수만 있으면 각 사람의 삶에서 슬픔과 고통을 발견하고 모든 적개심을 버릴 것이다."

ㅡ헨리 롱펠로우

눈토끼는 계절에 맞춰 색을 바꾼다. 밝기의 변화에 민감해서 겨울에는 하얀 눈에, 여름에는 숲의 갈색 바닥에 어울리게 자기 털색을 맞춘다.

2. 요시야 왕은 경건한 자를 본으로 삼았다.

요시야는 아버지와 할아버지의 악한 길을 따라가기가 쉬웠지만 오히려 선조 "다윗의 모든 길"을 걸었다. (열왕기하 22:2) 다윗이 하나님의 마음에 맞는 사람이라고 알려졌기에 요시야 왕은 다윗의 삶을 의로운 삶의 전형으로 삼았다.

3. 요시야 왕은 계속 하나님께 집중했다.

요시야는 부지런히 하나님을 따랐으므로 경건한 균형을 유지하며 "좌우로 치우치지 아니하였더라"(열왕기하 22:2).

4. 요시야 왕은 예배처를 복원했다.

요시야 왕 18년에 성전을 보수하고 하나님께서 제시하신 예배를 회복하는 일을 진행했다. "성전에 부숴진 것을 수리하기" 위해 헌금을 모았다. (열왕기하 22:5)

5. 요시야 왕은 하나님의 말씀을 듣고 자신을 낮추었다.

하나님의 전을 수리하다가 제사장이 발견한 성경 사본을 서기관이 요시야 왕에게 읽어주었다. "왕이 율법책의 말을 듣자 곧 그의 옷을 찢으니라"(열왕기하 22:11).

6. 요시야 왕은 조상들의 불법을 인정했다.

요시야는 조상들이 하나님의 길을 저버렸기 때문에 자기 민족에게 하나님의 심판이 내렸다는 사실을 깨달았다. "우리 조상들이 이 책의 말씀을 듣지 아니하며 이 책에 우리를 위하여 기록된 모든 것을 행하지 아니하였으므로 여호와께서 우리에게 내리신 진노가 크도다" (열왕기하 22:13).

하나님께서는 부드러운 마음을 어떻게 보상하셨는가?

요시야 왕이 조상들의 죄 때문에 자기 민족이 하나님께 받을 재앙에 대해 여쭈려고 관료들을 보내자 하나님께서 그에게 말씀하셨다. "내가 이 곳과 그 주민에게 대하여 빈 터가 되고 저주가 되리라 한 말을 네가 듣고 마음이 부드러워져서 여호와 앞 곧 내 앞에서 겸비하여 옷을 찢고 통곡하였으므로 나도 네 말을 들었노라 여호와가 말하였느니라" (열왕기하 22:19).

스스로 점검하기

나는 민감한가?

- 온 마음을 다해 하나님을 찾는가?
- 영이 무감각해지도록 원망을 품거나 악을 용납하는가?
- 가족들과 대화를 끊고 지내는가?
- 경건의 본으로 삼고 따라갈 사람을 택했는가?
- 매일 하나님과 만날 시간과 장소를 정했는가?
- 하나님의 성령께서 성경을 통해 말씀하실 때 그분의 음성을 민감하게 듣는가?
- 다른 사람들의 영에 민감해지도록 나의 영을 훈련하는가?

믿음 *Faith*

vs. 불신 *Unbelief*

믿음은 주어진 상황에서 하나님의 뜻을 깨닫고 그 뜻에 따라 행동하는 것이다.

정의

'믿음'으로 번역되는 헬라어 '피스티스'는 '설득되다, 논증을 통해 확신하다, 증거에 동의하다, 심증으로 의지하다, 자신하다'는 뜻의 '페이도'에서 파생되었다. 믿음은 하나님의 약속에 근거한다. 하나님의 약속은 아주 확실해서 아무리 기다려도 낙심되지 않고 그대로 따라 행동해도 좋다. "믿음은 바라는 것들의 실상[실체]이요 보이지 않는 것들의 증거니"(히브리서 11:1).

왜 믿음이 그토록 중요한가?

"믿음이 없이는 하나님을 기쁘시게 하지 못하나니 하나님께 나아가는 자는 반드시 그가 계신 것과 또한 그가 자기를 찾는 자들에게 상 주시는 이심을 믿어야 할지니라"(히브리서 11:6).

- 우리는 믿음으로 의로워진다 [하나님께서 보시기에 완전해진다]. (로마서 3:28)
- 우리는 믿음으로 죄에서 구원된다. (에베소서 2:8-9)
- 우리는 믿음으로 거룩하게 되고 깨끗해진다. (사도행전 26:18)
- 우리의 마음은 믿음으로 순수해진다. (사도행전 15:9)
- 우리는 믿음으로 하나님의 은혜에 들어간다. (로마서 5:2)
- 우리는 믿음으로 산을 옮길 수 있다. (마태복음 17:20)

우리는 어떻게 믿음을 얻는가?

하나님을 믿는 믿음의 첫 분량은 세상 모든 사람에게 주어졌다. 예수님께서는 어린아이의 믿음을 이렇게 칭찬하셨다. "누구든지 하나님의 나라를 어린 아이와 같이 받들지 않는 자는 결단코 그곳에 들어가지 못하리라"(마가복음 10:15).

구원에 이르는 믿음은 하나님의 말씀을 듣는 데서 생긴다. "그러므로 믿음은 들음에서 나며 들음은 그리스도의 말씀으로 말미암았느니라"(로마서 10:17). 구원을 받은 후에 믿음은 우리가 성경 말씀을 접붙이고 행하는 만큼 커진다.

성경이 기록되기 전에는 하나님께 직접 말씀을 들은 믿음의 위인들이 있다. 노아는 방주를 지으라는 하나님의 경고를 받았고 아브라함은 자기 땅을 떠나라는 하나님의 소명을 받았다. (히브리서 11:7-8 참조)

어떻게 하나님의 말씀이 믿음을 조성하는가?

신약에서 '말씀'으로 번역되는 헬라어는 주로 둘이다. 첫 번째 말씀, '로고스'는 하나님의 영감으로 쓰여진 모든 성경 말씀과 예수님을 가리킨다.(요한복음 1:1 참조)

두 번째 말씀, '레마'는 성령께서 우리 개개인에게 적용하도록 주시는 구체적인 성경 말씀을 가리킨다. 예수님께서 베드로에게 배 반대편으로 그물을 던지라고 말씀하시자 베드로가 대답했다.

믿음은 영적 감각으로 분별할 수 있는 현실에 대한 절대적 신뢰와 의존이다.

"이는 우리가 믿음으로 행하고 보는 것으로 행하지 아니함이로라" —고린도후서 5:7

"믿음은 어리숙함과는 전혀 다르다. 모든 것을 다 믿는 사람은 아무것도 믿지 않으려는 사람만큼이나 하나님과 멀어져 있다." —A. W. 토저

믿음과 순종은 아주 긴밀하게 얽혀 있어서 하나만 따로 있을 수 없다.

"믿음과 순종은 한 꾸러미에 묶여 있어서 하나님께 순종하는 사람은 하나님을 믿고 하나님을 믿는 사람은 하나님께 순종한다."

—찰스 스펄전

"믿음은 본질상 반드시 검증되어야 한다. 시험을 통과하지 않은 믿음은 개인의 성품에 무가치하다."

—오스왈드 챔버스

날다람쥐는 날개가 없지만 나뭇가지 사이를 활공할 때마다 '믿음의 도약'을 한다.

"선생님 우리들이 밤이 새도록 수고하였으되 잡은 것이 없지마는 말씀[레마]에 의지하여 내가 그물을 내리리이다"(누가복음 5:5).

다음 구절에서 하나님의 레마를 더 설명한다.

- "예수께서 대답하여 이르시되 기록되었으되 사람이 떡으로만 살 것이 아니요 하나님의 입으로부터 나오는 모든 말씀[레마]으로 살 것이라 하였느니라 하시니"(마태복음 4:4).
- "그러므로 믿음은 들음에서 나며 들음은 그리스도의 말씀[레마]으로 말미암았느니라"(로마서 10:17).
- "구원의 투구와 성령의 검 곧 하나님의 말씀[레마]을 가지라"(에베소서 6:17).
- "남편들아 아내 사랑하기를 그리스도께서 교회를 사랑하시고 그 교회를 위하여 자신을 주심 같이 하라 이는 곧 물로 씻어 말씀[레마]으로 깨끗하게 하사 거룩하게 하시고"(에베소서 5:25-26).
- "너희가 내 안에 거하고 내 말[레마]이 너희 안에 거하면 무엇이든지 원하는 대로 구하라 그리하면 이루리라"(요한복음 15:7).

믿음의 질은 사람마다 다르다

- 우리는 약한 믿음을 가질 수도 있고 강한 믿음을 가질 수도 있다. (로마서 4:19-20 참조)
- 우리는 검증된 믿음을 가질 수도 있고 검증되지 않은 믿음을 가질 수도 있다. (베드로전서 1:7 참조)
- 우리는 작은 믿음을 가질 수도 있고 큰 믿음을 가질 수도 있다. (마태복음 8:10, 26 참조)
- 우리는 믿음이 부족할 수도 있고 믿음이 넘칠 수도 있다. (데살로니가전서 3:10, 데살로니가후서 1:3 참조)

믿음은 반드시 행동으로 나타난다

"이와 같이 행함이 없는 믿음은 그 자체가 죽은 것이라 어떤 사람은 말하기를 너는 믿음이 있고 나는 행함이 있으니 행함이 없는 네 믿음을 내게 보이라 나는 행함으로 내 믿음을 네게 보이리라 하리라"(야고보서 2:17-18) 하나님의 명예전당에 들어간 사람들은 믿음을 갖고 그 믿음에 따라 행동했다. 믿음으로 노아는 방주를 지었다. 믿음으로 아브라함은 고향을 떠났다. 믿음으로 모세는 애굽의 보물을 거부하고 이스라엘 자손과 함께 학대받는 길을 선택했다. (히브리서 11장 참조)

믿음은 다른 사람의 유익을 위해 쓰이기도 한다

친구 네 명이 중풍병자를 예수님께 데려왔을 때 그 중풍병자의 믿음에 대해서는 이야기가 없다. 오히려 친구들의 믿음이 그를 낫게 했다고 말한다. "침상에 누운 중풍병자를 사람들이 데리고 오거늘 예수께서 그들의 믿음을 보시고 중풍병자에게 이르시되 작은 자야 안심하라 네 죄 사함을 받았느니라"(마태복음 9:2).

스스로 점검하기

나는 믿음이 강한가?

- 성경을 읽을 때 말씀[레마]을 기다리는가?
- 하나님께서 주시는 말씀[레마]을 암기하고 묵상하는가?
- 하나님께서 살아 계시며 자기를 부지런히 찾는 자에게 상을 주신다는 사실을 믿는가?
- 하나님께 추상적으로 기도하는가 아니면 구체적으로 요청하는가?
- 하나님께서 공급하실 때까지 기다리는가 아니면 가져야 할 물건을 위해 돈을 빌리는가?
- 나의 믿음을 통해 하나님께서 초자연적으로 일하신 예가 있는가?

분별 *Discernment*

vs. 판단 *Judgment*

분별은 현명한 결정을 내리기 위해 선한 것과 악한 것을 구별하는 능력이다.

분별은 영의 눈으로 보는 것이다.

"그가 여호와를 경외함으로 즐거움을 삼을 것이며 그의 눈에 보이는 대로 심판하지 아니하며 그의 귀에 들리는 대로 판단하지 아니하며" —이사야 11:3

"분별은 보고 듣는 것을 해석하는 능력이다." –오스왈드 챔버스

분별은 모든 상황에서 하나님의 손길을 보고 매 상황마다 그분의 의도를 믿는 능력이다.

"우리가 알거니와 하나님을 사랑하는 자 곧 그의 뜻대로 부르심을 입은 자들에게는 모든 것이 합력하여 선을 이루느니라" —로마서 8:28

정의

'분별'의 개념은 몇몇 히브리어로 정의할 수 있다. '샤마'는 '듣다, 이해하다, 인지하다'는 뜻이고, '야다'는 '알다, 인식하다, 고려하다'는 뜻이고, '빈'은 '정신적으로 분리하다, 구별하다'는 뜻이고, 네 번째 히브리어 '미쉬파트'는 '법적 판결, 결정'을 뜻하며 특히 선고나 법령과 같은 사법부의 '평결'을 가리킨다.

'분별하다'로 번역된 헬라어는 '디아크리노'이며 '철저히 분리하다, 철수하다, 차별하다, 구별하다, 결정하다'는 뜻이다.

무엇을 분별해야 하는가?

하나님께서 솔로몬에게 무엇을 원하냐고 물으시자 솔로몬은 분별하는 능력을 달라고 청했다. "듣는 마음을 종에게 주사 주의 백성을 재판하여 선악을 분별하게 하옵소서"(열왕기상 3:9).

하나님께서는 이스라엘의 제사장들에게 "내 백성에게 거룩한 것과 속된 것의 구별을 가르치며 부정한 것과 정한 것을 분별하게 할 것"을 명령하셨다(에스겔 44:23). 성경의 정의에 따르면 성숙한 그리스도인은 "지각을 사용함으로 연단을 받아 선악을 분별하는 자들"이다(히브리서 5:14). 지각은 우리의 감각 기관인 눈, 귀, 코, 혀, 손, 머리, 심장을 통해 인식하는 능력이다. 우리는 이 감각들을 꾸준히 훈련하여 선악을 세밀하게 구분하는 능력을 높여야 한다.

선악을 분별해야 하는 중요성

다음 구절에서 가리키듯이 성경에서 거룩함의 반대는 더러움(不淨)이다.

- "하나님이 우리를 부르심은 부정하게 하심이 아니요 거룩하게 하심이니"(데살로니가전서 4:7).
- "너희 육신이 연약하므로 내가 사람의 예대로 말하노니 전에 너희가 너희 지체를 부정과 불법에 내주어 불법에 이른 것 같이 이제는 너희 지체를 의에게 종으로 내주어 거룩함에 이르라"(로마서 6:19).

사도 베드로는 신약의 거룩함을 거룩에 대한 구약의 가르침에 연결한다. "너희가 순종하는 자식처럼 전에 알지 못할 때에 따르던 너희 사욕을 본받지 말고 오직 너희를 부르신 거룩한 이처럼 너희도 모든 행실에 거룩한 자가 되라 기록되었으되 내가 거룩하니 너희도 거룩할지어다 하셨느니라"(베드로전서 1:14-16).

이 구절에서 베드로는 레위기를 그대로 인용했다. 레위기는 육체적, 도덕적 더러움(不淨)을 약 열 가지로 구분한다. 레위기에서만 거룩이라는 단어가 70번 이상 쓰였다.

"나는 여호와 너희의 하나님이라 내가 거룩하니 너희도 몸을 구별하여 거룩하게 하고……스스로 더럽히지 말라"

살쾡이는 뛰어난 사냥꾼이다. 먹잇감의 모든 움직임을 평가하여 그 먹잇감의 의도를 분별할 수 있다.

분별과 판단

1. 분별하는 사람은 자신의 삶을 돌아보지만 판단하는 사람은 자신의 비슷한 잘못을 간과한다.
2. 분별하는 사람은 모든 사실을 확인하지만 판단하는 사람은 먼저 자기 의견을 내고 나서 이를 뒷받침할 증거를 찾는다.
3. 분별하는 사람은 다른 사람의 실수를 당사자에게만 조용히 말하지만 판단하는 사람은 공개적으로 비난한다.

"그대의 눈이 다른 사람을 관찰하는 동안 상대방의 눈도 그대를 똑같이 보고 있다." —토마스 아 켐피스

(레위기 11:44). "너희는 거룩하라 이는 나 여호와 너희 하나님이 거룩함이니라"(레위기 19:2). "너희는 스스로 깨끗하게 하여 거룩할지어다 나는 너희의 하나님 여호와이니라"(레위기 20:7).

더러움의 결과는 무엇인가?

더러움(不淨)을 금하는 규정들은 성령의 성전인 신자의 몸을 바르게 돌보도록 통제한다. 이 성전을 더럽히면 하나님의 심판을 받는다. "너희는 너희가 하나님의 성전인 것과 하나님의 성령이 너희 안에 계시는 것을 알지 못하느냐 누구든지 하나님의 성전을 더럽히면 하나님이 그 사람을 멸하시리라 하나님의 성전은 거룩하니 너희도 그러하니라"(고린도전서 3:16-17).

신자가 도덕적 더러움(不淨)으로 몸을 더럽히면 더 끔찍한 결과가 벌어진다. 그리스도의 몸의 모든 지체에게 나쁜 영향을 주기 때문이다. "이와 같이 우리 많은 사람이 그리스도 안에서 한 몸이 되어 서로 지체가 되었느니라"(로마서 12:5). "하나님이 그 원하시는 대로 지체를 각각 몸에 두셨으니"(고린도전서 12:18).

그리스도의 몸의 지체들간의 상호관계는 결혼한 부부의 연합에 비유된다. "이와 같이 남편들도 자기 아내 사랑하기를 자기 자신과 같이 할지니 자기 아내를 사랑하는 자는 자기를 사랑하는 것이라……그 둘이 한 육체가 될지니 이 비밀이 크도다 나는 그리스도와 교회에 대하여 말하노라"(에베소서 5:28, 31-32).

이 공동체 연합의 놀라운 결과는 한 신자가 죄를 지으면 모든 신자가 해를 입는다는 점이다. "만일 한 지체가 고통을 받으면 모든 지체가 함께 고통을 받고 한 지체가 영광을 얻으면 모든 지체가 함께 즐거워하느니라"(고린도전서 12:26).

이 진리를 근거로 고린도전서 6장 15-19절 말씀은 경고한다. "너희 몸이 그리스도의 지체인 줄을 알지 못하느냐 내가 그리스도의 지체를 가지고 창녀의 지체를 만들겠느냐 결코 그럴 수 없느니라 창녀와 합하는 자는 그와 한 몸인 줄을 알지 못하느냐 일렀으되 둘이 한 육체가 된다 하셨나니 주와 합하는 자는 한 영이니라"

이스라엘 사람들에게도 이 진리가 적용되었다. "이스라엘 자손들이 온전히 바친 물건으로 말미암아 범죄하였으니 이는……아간이 온전히 바친 물건을 가졌음이라 여호와께서 이스라엘 자손들에게 진노하시니라"(여호수아 7:1). 분별 있는 신자는 자신의 모든 생각과 말과 행동이 하나님의 말씀으로 승인받고 성령으로 인도되어야 함을 깨달을 것이다. 하나라도 어겼으면 회개하고 고백해야 한다.

예수님께서는 성도들에게 스스로를 살피는 시간으로서 성찬식을 제정해주셨다. 그러므로 성찬식에 참여하기 전에 먼저 죄를 고백하고 그리스도의 몸의 용서를 구해야 한다. 그리스도의 죽음의 참된 목적과 신자로서 우리 몸에 대한 책임을 분별하지 못하면 몸이 약해지거나 병들거나 일찍 죽기도 한다.

"그러므로 누구든지 주의 떡이나 잔을 합당하지 않게 먹고 마시는 자는 주의 몸과 피에 대하여 죄를 짓는 것이니라 사람이 자기를 살피고 그 후에야 이 떡을 먹고 이 잔을 마실지니 주의 몸을 분별하지 못하고 먹고 마시는 자는 자기의 죄를 먹고 마시는 것이니라 그러므로 너희 중에 약한 자와 병든 자가 많고 잠자는 자도 적지 아니하니"(고린도전서 11:27-30).

어떻게 분별을 얻는가?

답은 솔로몬이 하나님께 드린 간청에 있다. "듣는 마음을 종에게 주사 주의 백성을 재판하여 선악을 분별하게 하옵소서"(열왕기상 3:9). 답은 바로 '듣는 마음'이다. 이는 양심의 소리와 성경의 말씀과 성령의 깨우치심에 귀 기울이는 것이다.

야고보서 1장 5절 말씀은 지혜를 구하라고 권면하면서 하나님께서 지혜를 믿음으로 구하는 모든 자에게 주실 것이라고 격려한다. 그러므로 솔로몬이 요청한 대로 받았듯이 우리도 비슷한 것을 받을 줄로 기대할 수 있다. 결정을 내릴 때마다 우리의 지각을 사용하면 할수록 우리의 분별은 더욱 날카로워질 것이다.

이 진리를 거부하는 사람들의 비극은 그들이 속는다는 것이다. "이는 그들이 진리의 사랑을 받지 아니하여 구원함을 받지 못함이라 이러므로 하나님이 미혹의 역사를 그들에게 보내사 거짓 것을 믿게 하심은 진리를 믿지 않고 불의를 좋아하는 모든 자들로 하여금 심판을 받게 하려 하심이라"(데살로니가후서 2:10-12).

판단 성향은 어떻게 드러나는가?

다른 사람의 실패를 볼 때 우리 자신의 잘못을 돌아보기보다는 자기 자신을 더 긍정하게 된다면 우리는 남을 판단하는 것이다.

우리는 다른 사람의 잘못을, 그 문제와 관련이 없고 해결의 당사자가 아닌 제삼자에게 이야기함으로 판단하는 영을 드러낸다. 원망하기, 과거의 잘못을 끄집어내기, 보복을 바라기 등은 판단하는 영의 표징이다.

스스로 점검하기

나는 분별하는가?

- 선악을 분별하기 위해 이해하는 마음을 달라고 하나님께 구하는가?
- 어떤 형태의 더러움도 거부함으로 거룩함을 추구하는가?
- 몸을 성령의 성전으로 하나님께 드리는가?
- 성령의 음성을 듣는 데 방해가 되는 것을 없애 달라고 구하는가?
- 결론을 내기 전에 양쪽 모두의 이야기에 귀를 기울이는가?
- 하나님께서 어떤 일이 벌어지도록 허락하시면 그 일의 유익을 평가하는가?
- 남을 판단하기 전에 그 사람의 삶과 배경을 헤아리는가?
- 잘못된 결정을 내리는 사람을 보면 도와주고 싶은가?

관찰은 사랑의 해결책을 줄 마음이 없을 때 판단이 된다.

"분별은 다른 사람을 위해 중보기도를 하라는 하나님의 소명이지 잘못을 찾아내는 것이 절대로 아니다." —오스왈드 챔버스

진리와 사랑은 언제나 분별해서 결합해야 한다.

- 사랑 없는 진리는 가혹이다.
- 진리 없는 사랑은 타협이다.

"남의 잘못을 분별하느라 눈이 멀어 당신이 하나님의 은혜로 지금의 당신이 된 사실을 잊지 않도록 주의하라." —오스왈드 챔버스

설득은 사람들이 자기에게 무엇이 필요한지를 깨닫도록 돕고 그것을 얻는 길을 보여주는 것이다.

"우리는 주의 두려우심을 알므로 사람들을 권면[파이쏘]하거니와" —고린도후서 5:11

"우리는 모두 선교사다……우리가 어디에 있든지 사람들을 그리스도께 가까이 데려오거나 그들을 그리스도에게서 멀리 쫓아버리거나 둘 중 하나다." —에릭 리들

사람들을 설득하려면 우리 마음속에 있는 진리와 사랑 못지않는 확신이 목소리에 담겨야 한다.

"이는 우리가 이제부터 어린 아이가 되지 아니하여 사람의 속임수와 간사한 유혹에 빠져 온갖 교훈의 풍조에 밀려 요동하지 않게 하려 함이라 오직 사랑 안에서 참된 것을 하여[사랑으로 진리를 말하며] 범사에 그에게까지 자랄지라 그는 머리니 곧 그리스도라" —에베소서 4:14-15

설득 *Persuasiveness*

vs. 다툼 *Contentiousness*

설득은 하나님의 방식이 나의 삶에 확실히 효과가 있기에 다른 사람들에게도 그것을 따르도록 확신을 주는 것이다.

정의

'설득'의 더 깊은 뜻을 보여주는 헬라어 단어들이 있다. '파이쏘'는 '어떤 사람을 말로 유도해 믿게하다, 논쟁으로 옳고 그름에 대한 확신을 주다, 증거나 권위자에 동의하다'를 뜻한다. 확실하고 체계적인 말로 어떤 사람의 생각을 이끈다는 개념이다. '엘렉코'는 '반박하다, 유죄를 선고하다, 잘못을 찾아내다, 바로잡다, 훈계하다, 책망하다'를 뜻한다. '디알로기조마이'는 '다른 이유들을 하나로 모으다, 철저히 계산하다, 심사숙고하다'를 뜻한다.

왜 설득이 중요한가

하나님께서 모든 신자에게 주신 주된 사명은 하나님의 진리의 증인이 되는 것이다. 설득은 건전한 논리로 상대방의 영에 진리를 전달하여 그 사람도 하나님의 길을 따르도록 확신을 주는 것이다. 설득은 사람들이 죽음의 길에서 생명의 길로 돌아오도록 돕는 일의 효과를 높인다.

지옥의 영원한 고통을 생각한다면 우리는 불신자들을 그곳에서 돌아서게 하기 위해 설득의 기술을 개발해야 한다. 바울도 같은 생각이었다. "우리는 주의 두려우심을 알므로 사람들을 권면[설득]하거니와 우리가 하나님 앞에 알리어졌으니 또 너희의 양심에도 알리어지기를 바라노라"(고린도후서 5:11).

우리가 사람들에게 이야기할 때 사람들은 속으로 두 가지 질문을 한다. (1)왜 이것이 내가 들어야 할 만큼 중요하지? (2)이것을 내 삶에 어떻게 적용하지? 우리의 첫마디가 이 두 질문에 답이 되어야 한다.

바울은 어떻게 설득을 사용했는가

바울은 많은 사람을 그리스도께 이끄는 설득의 달인이었다.

- 바울이 "항상 하나님의 은혜 가운데 있으라 **권하니라**[파이쏘]"(사도행전 13:43).
- "안식일마다 바울이 회당에서 강론하고 유대인과 헬라인을 **권면하니라**[파이쏘]"(사도행전 18:4).
- "바울이 회당에 들어가 석 달 동안 담대히 하나님 나라에 관하여 강론하며 **권면하되**[파이쏘]"(사도행전 19:8).
- "바울이 아침부터 저녁까지 강론하여 하나님의 나라를 증언하고 모세의 율법과 선지자의 말을 가지고 예수에 대하여 **권하더라**[파이쏘]"(사도행전 28:23).

바울의 설득 능력에 대한 가장 의미 있는 증언은 그를 반대하던 적들의 입에서 나왔다. 데메드리오라는 에베소의 은장이는 말했다. "이 바울이 에베소뿐 아니라 거의 전 아시아를 통하여 수많은 사람을 **권유하여**[파이쏘] 말하되 사람의 손으로 만든 것들은 신이 아니라 하니 이는 그대들도 보고 들은 것이라"(사도행전 19:26)

설득의 비결

1. 깨끗한 양심의 권위

바울은 하나님과 사람 앞에 양심에 거리낌이 없도록 끊임없이 자신을 단련했다. 고린도후서 5장 11절에서 바울은 깨끗한 양심을 설득과 관련지었다. 또 진리를 위한 싸움에서 선한 양심이 필수 요소임을 인정했다. "……믿음과 착한 양심을 가지라 어떤 이들은 이 양심을 버렸고 그 믿음에 관하여는 파선하였느니라"(디모데전서 1:18-19). 우리의 양심이 깨끗하지 않으면 거룩하신 하나님의 일과 길에 대해 확신 있게 말하지 못할 것이다.

2. 성경의 권위

설득은 이를 뒷받침하는 권위에 근거한다. '하나님께서 그렇게 말씀하셨다.'는 말보다 더 큰 권위는 있을 수 없다. 바울과 아볼로를 비롯해 수많은 사람의 설득의 열쇠는 성경을 인용하는 것이었다. 아볼로는 "성경으로써 예수는 그리스도라고 증언하여 공중 앞에서 힘있게 유대인의 말을 이김이러라"(사도행전 18:28). 이 권위를 가지려면 "진리의 말씀을 옳게 분별하여" 하나님의 말씀을 능숙하게 사용하는 법을 배워야 한다(디모데후서 2:15).

3. 개인 간증의 권위

바울은 청중에게 하나님의 능력과 진리에 대한 확신을 주기 위해 자신의 간증을 자주 사용했다. 그의 간증은 아그립바 왕을 거의 신자로 만들 정도로 설득력이 있었다. (사도행전 26:13-28 참조) 요한계시록 12장 11절에 언급된 성도들은 자신들의 간증으로 사탄을 이겼다. 불신자들이나 하나님의 것들에 대해 배운 적이 없는 사람들을 설득하는 간증의 힘이 고린도전서 14장 25절에서 잘 묘사되었다. "그 마음의 숨은 일들이 드러나게 되므로 엎드리어 하나님께 경배하며 하나님이 참으로 너희 가운데 계신다 전파하리라"

4. 양심에 호소할 때 나오는 권위

바울은 아레오바고에서 사람들의 지성에 호소하는 것으로 청중을 설득하는 데는 한계가 있음을 배웠다. (사도행전 17:18-34 참조) 바울이 부활을 이야기하자 그들은 더는 들으려 하지 않았다. 부활은 그들의 이해 능력을 넘어서는 것이었기 때문이다. 바울은 고린도후서 4장 2절에서 더 효과적인 설득법을 밝혔다. "이에 숨은 부끄러움의 일을 버리고 속임으로 행하지 아니하며 하나님의 말씀을 혼잡하게 하지 아니하고 오직 진리를 나타냄으로 하나님 앞에서 각 사람의 양심에 대하여 스스로 추천하노라." 상대방의 양심에 호소하기 위해서는 과거 개인적 실패에 대해 질문을 해도 괜찮겠냐고 먼저 양해를 구하는 것이 중요하다.

5. 은혜로운 말의 효력

하나님께서는 우리에게 은혜를 주신다. 은혜는 하나님의 뜻을 행하고 싶은 소망과 실행할 수 있는 힘이다. 이와 똑같이 우리가 다른 사람에게 옳은 일을 하도록 설득하려면 은혜로운 말을 써야 한다. "너희 말을 항상 은혜 가운데서 소금으로 맛을 냄과 같이 하라 그리하면 각 사람에게 마땅히 대답할 것을 알리라"(골로새서 4:6).

다른 사람이 우리에게 시비를 걸어와도 우리는 같이 싸워서는 안 된다. "주의 종은 마땅히 다투지 아니하고 모든 사람에 대하여 온유하며 가르치기를 잘하며 참으며 거역하는 자를 온유함으로 훈계할지니 혹 하나님이 그들에게 회개함을 주사 진리를 알게 하실까 하며 그들로 깨어 마귀의 올무에서 벗어나 하나님께 사로잡힌 바 되어 그 뜻을 따르게 하실까 함이라"(디모데후서 2:24-26).

가장 효과적인 설득은 상대방에게 그 생각이 상대방 자신에게서 나왔다는 확신을 주는 것이다.

설득을 위한 두 가지 기본 동기

1. 이것을 하면
   어떤 이익이 있을까?
2. 이것을 하지 않으면
   어떤 손해가 있을까?

하나님께서는 사람의 마음속에 이 두 동기를 두셨다. 그러므로 우리는 다른 사람에게 옳은 일을 하도록 설득할 때 이 두 질문에 답을 주어야 한다. 궁극적인 이익은 하늘이고 궁극적인 손해는 지옥이다.

악인에게 곧 닥쳐올 심판이 바로 설득이 시급한 이유다.

"가령 내가 악인에게 말하기를 너는 꼭 죽으리라 할 때에 네가 깨우치지 아니하거나 말로 악인에게 일러서 그의 악한 길을 떠나 생명을 구원하게 하지 아니하면 그 악인은 그의 죄악 중에서 죽으려니와 내가 그의 피 값을 네 손에서 찾을 것이고"

—에스겔 3:18

다른 사람에게 확신을 주려면 우리의 말보다 우리의 삶이 훨씬 더 설득력이 있다.

"너희가 이방인 중에서 행실을 선하게 가져 너희를 악행한다고 비방하는 자들로 하여금 너희 선한 일을 보고 오시는 날에 하나님께 영광을 돌리게 하려 함이라"

—베드로전서 2:12

당신과 의견을 달리하는 사람에게서 공통점을 찾아내어 논쟁을 줄이라.

"생명을 사모하고 연수를 사랑하여 복 받기를 원하는 사람이 누구뇨 네 혀를 악에서 금하며 네 입술을 거짓말에서 금할지어다 악을 버리고 선을 행하며 화평을 찾아 따르지어다"

—시편 34:12-14

성경에서 설득의 사례

1. "아히도벨이 베푸는 계략은 사람이 하나님께 물어서 받은 말씀과 같은 것이라"라고 할 정도로 아히도벨은 현명한 책사였다. 그러나 후새는 압살롬에게 아히도벨의 현명한 조언을 무시하도록 설득하여 다윗의 생명을 구했다. (사무엘하 16:23, 17:1-23 참조)

2. 하만은 유능하고 영리한 외교관이었다. 그러나 에스더는 아하수에로 왕에게 자기의 호소를 들어주도록 설득하여 유대인을 학살하려는 하만의 계략을 폭로했다. (에스더 7장 참조)

3. 예수님께서는 유대인들에게 보냄을 받으셨지만 헬라의 수로보니게 여인은 예수님을 설득하여 자기 딸의 치유를 주님의 사역 계획에 포함시켰다. (마가복음 7:24-30 참조)

4. 이스라엘은 다른 족속과 동맹을 맺지 말도록 명령받았지만 기브온 사람들은 그들을 설득하여 이 명령을 어기게 했다. (여호수아 9장 참조)

수컷 공작은 짝이 될 암컷의 관심을 끌기 위해 무지갯빛 윗꽁지덮깃을 부채모양으로 최대한 벌리면서 열정적으로 보여준다.

스스로 점검하기

나는 설득하는가?

- 동료 그리스도인들에게 어려운 사람들을 돕는 일에 동참하도록 설득하는가?
- 다른 사람들에게 나의 예를 따르도록 설득하기 위해 그리스도인의 삶의 다양한 영역에 대한 간증문을 써 놓았는가?
- 다른 사람들에게 예수 그리스도를 믿으라고 설득하는가?
- 반항한 자녀에게 양심을 깨끗이 하고 하나님과 부모의 권위 아래 돌아올 것을 설득하는가?
- 이혼을 생각하는 친구들에게 이혼을 하지 않도록 설득하는가?
- 형제자매에게 잘못된 결정을 내리지 않도록 설득하는가?
- 다른 사람들에게 삶을 하나님께 드리라고 설득하는가?
- 잘못된 행동을 정당화하기 위해 성경을 이용하는 사람들에게 그들이 하나님의 말씀을 오용한 것임을 깨닫도록 설득하는가?

솔선 *Initiative*

vs. 빈둥거림 *Idleness*

솔선은 하나님께서 성경을 통해 우리에게 주시는 레마 말씀에 따라 행동하는 것이다.

정의

'솔선'은 생각과 행동, 이 두 가지 면으로 나타난다. '생각하다'로 번역되는 히브리어 '하샤브'는 솔선의 생각 단계로 '계획하다, 계산하다, 고안하다, 상상하다'를 뜻한다.

행함의 개념으로 가장 많이 쓰이는 헬라어 '포이에오'는 솔선의 행동 단계로 '만들다, 제조하다, 실행하다, 도입하다'를 뜻한다.

'솔선'은 성경의 레마 말씀을 통해 하나님의 뜻을 아는 믿음과 그것을 그대로 행하는 행함에 기초한다. 믿음에서 시작되지 않은 솔선은 불의이다.

왜 솔선이 중요한가?

솔선은 다른 모든 품성의 기초다. 솔선은 하나님께서 우리에게 사랑을 베푸실 때 보여주신 첫 품성이자 우리가 그분의 사랑에 응답할 때 보여야 할 첫 품성이기도 하다. 솔선은 누군가 처리해야 할 일을 요청받기 전에 먼저 알아서 하는 것이다. 솔선은 하나님의 성령께 인도받아 하나님의 뜻을 이루기 위해 하나님의 에너지(은혜)를 쓰는 것이다.

하나님께서는 세상이 창조되기 전에 솔선하여 우리의 구원을 제공하셨다.(베드로전서 1:18-20 참조) 또한 솔선하여 하늘과 땅을 창조하셨다. (창세기 1:1 참조)

솔선은 감사, 용서, 시간엄수, 근면, 기쁨과 같은 다른 모든 품성을 실천하는 데 꼭 필요하다. "쉬지 말고 기도하라", "보물을 하늘에 쌓아 두라", "모든 이에게 착한 일을 하라", "선한 일에 힘쓰라", "온 천하에 다니며 만민에게 복음을 전파하라"와 같은 성경의 명령을 완수하는 데도 꼭 필요하다.

솔선은 어떻게 조성되는가?

솔선은 생각과 말로 조성된다. 성경은 선악의 힘이 우리의 생각과 말에 있다고 가르친다. "대저 그 마음의 생각이 어떠하면 그 위인도 그러한즉"(잠언 23:7). "모든 생각을 사로잡아 그리스도에게 복종하게 하니"(고린도후서 10:5). "죽고 사는 것이 혀의 힘에 달렸나니 혀를 쓰기 좋아하는 자는 혀의 열매를 먹으리라"(잠언 18:21). 우리는 말로 하나님의 일을 할 수도 있고 사탄의 일을 할 수도 있다. 그러므로 "네 말로 의롭다 함을 받고 네 말로 정죄함을 받으리라"(마태복음 12:37).

하나님께서 세상을 창조하실 때 말씀으로 창조적 에너지를 발생시키셨다. "믿음으로 모든 세계가 하나님의 말씀으로 지어진 줄을 우리가 아나니 보이는 것은 나타난 것으로 말미암아 된 것이 아니니라"(히브리서 11:3). 하나님께서 하신 그 말씀이 창조 이야기에 기록되었다. "하나님이 이르시되 빛이 있으라 하시니 빛이 있었고"(창세기 1:3). "하나님이 이르시되 물 가운데에 궁창이 있어 물과 물로 나뉘라 하시고"(창세기 1:6). 하나님께서 여덟 번 말씀하시자 창조가 완성되었다. (창세기 1장 참조)

솔선은 하나님의 마음에 조율되어 하나님의 뜻을 수행하는 것이다.

"나의 하나님이여 내가 주의 뜻 행하기를 즐기오니 주의 법이 나의 심중에 있나이다 하였나이다" —시편 40:8

위대한 지도자들은 광야 뒤편에서 현명한 솔선을 위한 분별을 배운다. (출애굽기 3장 참조)

나태함은 온갖 악이 뿌리내리는 토양이다.

나태한 시간은 유혹의 시간이다.

"사탄은 우리보다 훨씬 성실하다. 우리가 대가를 계산하며 머뭇거리는 사이에 사탄은 기회를 확 낚아챈다." —에이미 카마이클

솔선이 세상을 감동시킨 날

1899년 2월 22일 작은 신문사 편집자가 한 시간만에 쓴 기사는 삽시간에 전 세계로 퍼져 나갔고 수백 언어로 번역되어 4천만 부가 넘게 인쇄되었다.

이 기사의 발단은 무엇이었을까? 그것은 미국-스페인 전쟁 때 밀림에 숨어 있던 쿠바의 반군 지도자 가르시아 장군에게 미국의 매킨리 대통령이 보낸 편지를 전달한 로완 중위의 솔선이었다.

이 기사는 그를 본받으라는 호소문이었다. "로완 중위는 편지를 받고 '가르시아 장군이 어디에 있습니까?'라고 묻지 않았다. 그는 그저 맡겨진 일을 수행했다. 만일 당신이 직원에게 '백과사전을 뒤져서 코레조의 생애에 대한 보고서를 작성해 오게.' 하고 요청한다면 당신의 직원이 '예, 사장님.' 하고 가서 묵묵히 그 일을 하겠는가?"

"절대로 그렇지 않을 것이다. 그는 당신을 수상쩍게 쳐다보면서 [어리석은] 질문들을 연거푸 쏟아낼 것이다……이렇게 독자적으로 행동하는 능력의 부재와……이렇게 과제를 유쾌하게 받아들이는 자발성의 부재가……바로 참된 기독교가 세상을 정정당당하게 이기지 못하는 이유이다."

말씀은 구원의 출발점이기도 하다. 예수님께서는 하나님의 살아 있는 말씀이시다. "태초에 말씀이 계시니라 이 말씀이 하나님과 함께 계셨으니 이 말씀은 곧 하나님이시니라"(요한복음 1:1)

하나님께서는 말씀으로 구원을 시작하셨고 우리도 말로 구원을 받는다. "네가 만일 네 입으로 예수를 주로 시인하며 또 하나님께서 그를 죽은 자 가운데서 살리신 것을 네 마음에 믿으면 구원을 받으리라"(로마서 10:9).

어떤 경우에 솔선이 불의가 되는가?

우리는 솔선하여 여러 가지 좋은 일을 할 수 있다. 그러나 경우에 따라서는 그것이 오히려 불의가 되기도 한다. 우리가 불의를 행하지 않으려면 성령께서 우리 속에 바른 솔선을 일으키시고 우리를 솔선수범하게 이끄시도록 그리스도의 본을 따라 성령의 인도를 받아야 한다.

하나님의 뜻을 행하고 싶은 마음과 행할 수 있는 능력인 은혜를 우리에게 주시는 분은 성령이시다. 우리를 성경의 진리(레마)로 이끄시는 분도 성령이시다. 성경의 레마 말씀이 있으면 우리가 스스로 솔선해도 하나님의 뜻 안에 있음을 알 수 있다. 이것이 요한복음 15장 7-8절의 약속이다. "너희가 내 안에 거하고 내 말이 너희 안에 거하면 무엇이든지 원하는 대로 구하라 그리하면 이루리라 너희가 열매를 많이 맺으면 내 아버지께서 영광을 받으실 것이요 너희는 내 제자가 되리라"

다윗은 어떻게 솔선을 보였는가?

다윗은 시편 37편 4절에 이렇게 썼다. "또 여호와를 기뻐하라 그가 네 마음의 소원을 네게 이루어 주시리로다" 이 구절은 "하나님께서 자신의 소원을 우리 마음속에 넣으신다."로 번역될 수 있다. 그러므로 우리 마음의 소원을 성경 말씀으로 점검하고 성경의 레마로 확증하는 것이 중요하다.

성경은 다윗을 '하나님의 마음에 맞는 사람'이라고 극찬했다. (사도행전 13:22 참조) 다윗은 어려서부터 놀랍게 솔선을 보였다. 그는 목동이었을 때 가만히 앉아서 양떼를 지켜보며 시간을 보낼 수도 있었지만 오히려 솔선하여 하나님의 율법을 묵상하며 암기하고 수금을 연주하고 양을 헤치려는 포식자들을 무릿매로 잡았다. 이런 솔선 덕에 그는 뛰어난 목동이 되었고 이스라엘이라는 한 나라를 이끌 지도자로 준비되었다.

그는 왕이 되어 하나님을 위해 성전을 짓겠다고 결심했다. 그의 말에서 솔선이 어떻게 시작되는지 주목하라. "왕이 선지자 나단에게 이르되 볼지어다 나는 백향목 궁에 살거늘 하나님의 궤는 휘장 가운데에 있도다"(사무엘하 7:2). 하나님께서는 당신께서 머무실 집을 짓는 것은 불가능하고 다윗은 성전을 지을 자격이 없다고 말씀하시면서도 다윗의 솔선을 존중하셔서 성전 건축을 다윗의 아들에게 허락하시고 그 성전을 하나님께서 이스라엘 민족을 다루시는 중심으로 삼으셨다. (사무엘하 7:6-17 참조)

솔선을 어떻게 검증하는가

만일 우리의 주된 관심이 모든 일에서 하나님을 영화롭게 하고 모든 사람에게, 특히 믿음의 가족들에게 좋은 일을 하는 것이라면 바른 솔선을 보일 자세가 제대로 되어 있다고 하겠다. (갈라디아서 6:10 참조)

만일 우리가 솔선을 보이지 못했다면 성령님과 우리의 관계를 살피는 것이 중요하다. 만일 우리가 죄를 고백하지 않아서 성령님을 슬프시게 했다면 성령님의 말씀이 들리지 않는다. 성령님의 말씀을 듣기는 들었지만 순종하지 못했다면 불순종으로 성령님을 슬프시게 한 것이다. “만일 우리가 우리 죄를 자백하면 그는 미쁘시고 의로우사 우리 죄를 사하시며 우리를 모든 불의에서 깨끗하게 하실 것이요”(요한일서 1:9).

솔선의 성경적인 사례

1. 모세는 솔선하여 자기 백성을 노예 생활에서 구출하려 했다. 그의 처음 행동은 옳지 않았지만 하나님께서는 그의 목표를 존중하시고 그 비전을 이루도록 그를 준비시키셨다. (출애굽기 2-3장)
2. 다윗은 가족의 양떼를 돌보는 동안 솔선했다. 이때 그는 한 나라를 이끄는 데 필요한 기량을 닦았다. (사무엘상 17장, 시편 78:71-72)
3. 나아만은 치유받기 위해 솔선하여 엘리야를 찾아갔다. 그가 하나님의 지시를 따르자 낫게 되었다. (열왕기하 5장)
4. 느헤미야는 솔선하여 예루살렘 성벽을 재건했다. (느헤미야 1-2장)
5. 젊은 부자 관원은 솔선하여 예수님께 나아왔다. (누가복음 18장)

스스로 점검하기

나는 솔선하는가?

- 솔선하여 아침 일찍 일어나 하나님을 찾는가?
- 솔선하여 하나님의 말씀에서 삶의 방향을 찾는가?
- 솔선하여 용서를 구하고 원수와 화해하는가?
- 솔선하여 기도 목록을 만들고 기도하는가?
- 솔선하여 금식할 시간을 내는가?
- 솔선하여 주님의 날을 높이는가?
- 솔선하여 선을 행하는가?
- 솔선하여 다른 사람에게 복음을 나누는가?
- 솔선하여 집과 자동차를 수리하고 관리하는가?
- 솔선하여 교회와 이웃에서 고아와 과부를 찾아 그들의 어려움을 살피는가?
- 솔선하여 하나님께서 내게 가르치시는 진리를 기록하는 법을 배우는가?

백조는 무리를 지어 V자 대형으로 비행할 때 연장자가 휘파람을 불며 솔선하여 선두에 선다. 다른 백조들은 지도자를 본받아 차례대로 돌아가며 바람을 가른다. 이렇게 하여 백조 무리는 각자 따로따로 날 때보다 30퍼센트 더 멀리까지 날아갈 수 있다.

솔선은 덕이라는 블록을 쌓는 것이다.

“누가 현숙한[덕스러운] 여인을 찾아 얻겠느냐……그는 자기의 집안 일을 보살피고 게을리[일하지 않고] 얻은 양식을 먹지 아니하나니” —잠언 31:10, 27

“하나님의 소명을 마냥 기다려야 한다는 생각은 잘못이다. 우선 자신이 하나님의 소명을 깨달을 수 있는 상태인지부터 살피라.”

—오스왈드 챔버스

순종은 모두 하나님께 답변해야 하는 두 '종' 사이의 관계다.

"젊은 자들아 이와 같이 장로들에게 순종하고 다 서로 겸손으로 허리를 동이라 하나님은 교만한 자를 대적하시되 겸손한 자들에게는 은혜를 주시느니라"

—베드로전서 5:5

순종을 택하지 않으면 자유가 아닌 독재자를 만난다.

"악한 자는 반역만 힘쓰나니 그러므로 그에게 잔인한 사자가 보냄을 받으리라"

—잠언 17:11

"선을 어떻게 찾을 것인가? 선은 선택의 문제가 아니라 보이지 않는 하나님의 보좌 발치에서 출발하여 순종의 통로를 따라 흐르는 강물과 같다." —조지 엘리엇

순종 *Obedience*

vs. 고집 *Willfulness*

순종은 하나님께서 지명하신 권위자들의 보호 아래에서 창의성을 발휘할 자유이다.

정의

'순종'을 뜻하는 대표적인 히브리어는 '샤마'이다. 이는 '알아듣다, 귀를 기울이다, 동의하다, 주의를 기울이다, 귀로 인지하다, 이해하다'를 뜻한다.

헬라어 '후파쿠오'는 히브리어의 '순종하다'는 뜻을 확대한다. '후파'는 '아래, 밑에'라는 뜻이고 '아쿠오'는 '듣다, 이해하다'는 뜻이어서 '후파쿠오'는 '주의하여 듣다, 명령이나 권위자에게 주의를 기울이거나 순응하다'를 뜻한다.

두 번째 헬라어 '파이쌀케오'는 '통치자에게 설득되다, 권위에 복종하다'는 뜻이다. 종교 지도자들이 예수의 이름으로 가르치지 말라고 명령하자 제자들은 대답했다. "사람보다 하나님께 순종하는 것이 마땅하니라"(사도행전 5:29).

'순종'에 관련된 단어는 복종이다. 헬라어로는 '후포타쏘'이며 '자신을 복종시키다'는 뜻이다. 이는 한 사람이 다른 사람에게 종속되려는 자발적인 행동을 말한다.

삶과 죽음의 선택

순종은 선택 사항이 아니다. 순종하지 않는 사람은 망하기 때문이다. "내가 오늘 복과 저주를 너희 앞에 두나니 너희가 만일 내가 오늘 너희에게 명하는 너희의 하나님 여호와의 명령을 들으면 복이 될 것이요 너희가 만일 내가 오늘 너희에게 명령하는 도에서 돌이켜 떠나 너희의 하나님 여호와의 명령을 듣지 아니하고 본래 알지 못하던 다른 신들을 따르면 저주를 받으리라"(신명기 11:26-28)

"아비를 조롱하며 어미 순종하기를 싫어하는 자의 눈은 골짜기의 까마귀에게 쪼이고 독수리 새끼에게 먹히리라"(잠언 30:17). "자주 책망을 받으면서도 목이 곧은 사람은 갑자기 패망을 당하고 피하지 못하리라"(잠언 29:1).

하나님의 심부름꾼들

모든 합법적인 권위는 하나님에게서 온다. 통치자를 세우시고 끌어내리시는 분은 하나님이시다. (시편 75:7 참조) 그러므로 우리가 하나님께서 세우신 권위자에게 불순종하면 하나님의 심판을 받게 된다.

"각 사람은 위에 있는 권세들에게 복종하라 권세는 하나님으로부터 나지 않음이 없나니 모든 권세는 다 하나님께서 정하신 바라 그러므로 권세를 거스르는 자는 하나님의 명을 거스름이니 거스르는 자들은 심판을 자취하리라"(로마서 13:1-2).

이 다음 구절들을 보면 세 번이나 하나님께서 세우신 권세들을 '하나님의 사역자'와 '하나님의 일꾼'으로 규정한다. 그러므로 이들은 하나님께서 맡기신 권위를 통해 하나님의 뜻을 수행한다.

순종의 두 가지 방식

항공모함 갑판에 병사 셋이 서 있었다. 갑자기 미사일이 다가오는 것을 본 지휘관이 소리쳤다. "엎드려!" 병사 둘은 바닥에 엎드렸다. 나머지 병사 하나는 무슨 문제인지 알려고 주위를 돌아보았다. 바로 그 순간 미사일에 맞아 죽었다. 이 일화는 순종의 두 가지 철학을 보여준다.

첫 번째는 헬라 방식이다. 먼저 이해하고 나서 나중에 순종하는 것이다. 주위를 돌아본 병사는 왜 엎드려야 하는지 이유를 알고 싶었다. 이유를 확인하고 나서 순종할지 말지를 결정하려고 했다. 두 번째는 히브리 방식이다. 먼저 순종하고 나서 나중에 이유를 이해하는 것이다. 이것이 하나님께서 아브라함을 훈련하실 때 쓰신 방식이다. 그래서 아브라함에게 "집을 떠나라, 아들을 바쳐라"라고 하셨다. 이것이 성경의 바탕이므로 모든 신자는 하나님께 먼저 순종하고 나중에 이유를 이해하려고 해야 한다.

히브리식 순종은 명령을 내리는 사람과 수행하는 사람의 친밀한 관계가 먼저 이루어져야 한다. 예수님도 다음 말씀에서 이것을 강조하셨다. "내 양은 내 음성을 [알아]들으며 나는 그들을 알며 그들은 나를 따르느니라"(요한복음 10:27). 양은 낯선 사람을 따르지 않는다. 그 까닭은 양이 낯선 사람의 목소리를 모르기 때문이다.

순종의 동기

신명기 11:1에 순종의 본질인 두 단어가 있다. '사랑하다'와 '지키다'이다. "그런즉 네 하나님 여호와를 **사랑하여** 그가 주신 책무와 법도와 규례와 명령을 항상 **지키라**"

참된 순종의 바탕은 사랑이다. 그러므로 예수님께서 말씀하셨다. "너희가 나를 **사랑하면** 나의 계명을 **지키리라**"(요한복음 14:15). 우리가 주님을 진실로 사랑하면 "그의 계명들은 무거운 것이 아니로다"(요한일서 5:3).

하나님의 계명을 '지킨다'는 것은 순종할 의도로 그것을 눈 앞에 두는 것이다. 신명기 11장 1절에서 '지키다'로 번역된 히브리어 '사매르'는 '경비하다, 관찰하다, 보존하다'는 뜻이다. 하나님께서는 자기 백성에게 계명을 잊지 않도록 그것을 기록하고 계속 눈 앞에 두라고 명령하셨다. 집에 들어오고 나갈 때마다 보이도록 문설주에 써 놓으라고까지 하셨다.

'지키다'는 말은 요한복음 14장 21절에도 쓰였다. "나의 계명을 지키는 자라야 나를 사랑하는 자니 나를 사랑하는 자는 내 아버지께 사랑을 받을 것이요 나도 그를 사랑하여 그에게 나를 나타내리라." 여기서 '지키다'로 번역된 헬라어 '테레오'는 '시선을 떼지 않고 잃어버리거나 다치지 않도록 경비하다'는 뜻이다.

하나님의 계명을 계속 눈 앞에 두려면 신명기 11장 18절의 지시대로 하는 것이 가장 좋은 방법이다. "이러므로 너희는 나의 이 말을 너희 마음과 뜻에 두고 또 그것으로 너희의 손목에 매어 기호를 삼고 너희 미간에 붙여 표를 삼으며"

순종에 기초가 되는 세 번째 단어는 신명기 11장 13절에 나타난다. "내가 오늘 너희에게 명하는 내 명령을 너희가 만일 **청종하고** 너희의 하나님 여호와를 사랑하여 마음을 다하고 뜻을 다하여 섬기면". 여기서 '청종하다'로 번역된 히브리어는 '샤마'이다. 똑같은 단어가 신명기 11장 27절에서는 '듣다'로 번역되었다.

아메리카원앙은 순종을 깊이 있게 잘 보여준다. 어미가 11일쯤 알을 품고 나서 새끼들을 부르면 새끼들은 이에 응답하여 단 몇 분만에 모두 알을 깨고 나온다. 그리고 얼마 지나지 않아서 어미는 나무 밑에 서서 새끼들이 뛰어내리도록 불러낸다. 순종하는 새끼들은 가까운 연못에서 안전하게 보호를 받지만 불순종하는 새끼들은 버려진 둥지에서 죽는다.

"순종은 한 발 앞을 더 볼 수 있는 유일한 자격 요건이다."

—캠벨 몰간

순종은 하나님께서 우리의 권위자로 세우신 사람들을 통해 우리에게 방향을 제시하시고 필요한 것을 공급하신다는 진리를 확증하는 것이다.

"인간의 모든 제도를 주를 위하여 순종하되 혹은 위에 있는 왕이나 혹은 그가 악행하는 자를 징벌하고 선행하는 자를 포상하기 위하여 보낸 총독에게 하라"

—베드로전서 2:13-14

"하나님의 뜻에 순종하는 것이 영적 지식과 통찰력을 얻는 비결이다. 하나님의 뜻의 확실성은 하나님의 뜻을 알려는 의지가 아니라 하나님의 뜻을 행하려는 의지에서 온다."

—에릭 리들

순종과 지혜의 관계

하나님께서 솔로몬에게 무엇이든 원하는 대로 구하라고 하셨을 때 솔로몬은 '듣는 마음'을 달라고 내답했다. "누가 주의 이 많은 백성을 재판할 수 있사오리이까 듣는 마음을 종에게 주사 주의 백성을 재판하여 선악을 분별하게 하옵소서"(열왕기상 3:9).

여기서 '듣는'으로 번역된 히브리어가 '샤마'이다. 똑같은 단어가 다른 곳에서는 '순종하다, 청종하다'로 번역되었다. 하나님은 솔로몬의 요청에 기뻐하시며 말씀하셨다. "이에 하나님이 그에게 이르시되 네가 이것을 구하도다 자기를 위하여 장수하기를 구하지 아니하며 부도 구하지 아니하며 자기의 원수의 생명을 멸하기도 구하지 아니하고 오직 송사를 듣고[샤마] 분별하는[빈] 지혜를 구하였으니 내가 네 말대로 하여 네게 지혜롭고 총명한[빈] 마음을 주노니 네 앞에도 너와 같은 자가 없었거니와 네 뒤에도 너와 같은 자가 일어남이 없으리라"(열왕기상 3:11-12).

하나님께서 솔로몬에게 주신 마음은 단순히 듣는[샤마] 마음이 아니라 이해하는[빈] 마음이었다. 이해하는[빈] 마음은 분별하고 구분하며 명석하고 신중하며 납득되도록 가르칠 수 있는 폭넓은 능력을 말한다.

순종이 어떻게 독재와 속박을 피하게 하는가

권력의 자리에 있는 사람들이 힘을 남용하는 경우에는 그들의 윗사람들에게 책망을 받아야 한다. 반대로 권위 아래 있는 사람들이 모든 구속(拘束)에서 벗어나려고 반항하는 경우도 있지만 이들은 오히려 새로운 관계에서 훨씬 더 심한 구속을 당할 뿐이다.

순종하기 위해 관할을 규정하기

두 권위자가 서로 상반된 명령을 내리거나 한 권위자가 우리의 도덕에 어긋나는 지시를 내릴 때 우리는 그 명령을 내린 사람이 합당한 관할권을 가졌는지를 분별해야 한다. 관할권은 네 가지 영역이 가능하다.

1. 부모의 관할권

부모는 자녀가 하나님을 경외하고 옳은 행동을 하도록 훈련할 관할권을 하나님께 부여받았다. 자녀는 모든 영역에서 부모에게 순종하라는 명령을 받았다. (에베소서 6:1-2 참조) 그러나 부모가 하나님의 법이나 사람의 법에 어긋나는 일을 자녀에게 시키면 이는 자기 관할권 밖으로 벗어난 것이다.

2. 정부의 관할권

하나님께서는 정의에 대한 하나님의 뜻을 수행하도록 정부에게 권한을 부여하셨다. 통치자는 선을 행하는 사람을 칭찬하고 악을 행하는 사람을 처벌해야 한다. (로마서 13:3-4 참조) 통치자들의 권력은 하나님으로부터 나오기 때문에 이들도 하나님의 법을 위반하면 심판을 받는다. 그러므로 시민들은 무분별하거나 부당한 법에 대해서는 이의를 제기하기 위해 지혜롭게 호소해야 한다.

3. 교회의 관할권

가장들은 교회에서 현명하고 경건한 장로들의 지도력에 자발적으로 복종해야 한다. 어떤 아버지가 가족에게 성경에 어긋나지 않게 지시하는 한, 교회 장로들은 그 아버지의 관할권을 침범하여 그의 아내나 자녀들에게 아버지의 지도와 기대를 무시하라고 지도해서는 안 된다. (갈라디아서 4:1-2 참조)

4. 직장의 관할권

근로자는 전심으로 일하며 고용주에게 순종해야 한다. 고용주가 근로자에게 그의 성경적 신념을 깨는 행동을 하도록 요구하면 근로자는 지혜롭게 호소해야 한다. 호소가 받아들여지지 않으면 회사를 그만둘 생각도 해봐야 한다. (사도행전 5:29, 골로새서 3:22-23 참조)

스스로 점검하기

나는 순종하는가?

1. 어떤 지시를 받아도 순종하는가?
순종은 하나님께서 참되고 옳다고 하시는 것을 따르는 것이다. 맹목적 순종이나 자기 책임을 포기하는 것은 순종이 아니다.

2. 요구가 받아들여지지 않으면 이유를 묻는가?
순종은 '안 돼!'라는 말을 최종 답변으로 수용한다. 도전적인 질문을 던지거나 곧바로 항의하거나 회의를 지연시키지 않고 새로 알아야 할 핵심 정보만 확보한다.

3. 지시를 받으면 즉각 순종하는가?
순종은 명령을 받는 순간 즉시 행동한다. 미루거나 반대하거나 "이거 다 마치고 할게요."와 같이 핑계를 대지 않는다.

4. 뭔가를 하라는 말을 들으면 밝은 미소를 짓는가?
순종은 요구에 기쁘게 응답한다. 찡그리거나 투덜거리거나 싫은 소리를 내거나 눈을 부라리지 않는다.

5. 맡은 일을 할 수 없는 이유를 대는 편인가?
순종은 장애 요소를 극복할 방법을 찾는다. 부정적 생각을 버리고 창의적으로 생각하며 못하겠다는 말을 하지 않는다.

6. 사소한 임무까지 일일이 재차 알려줘야 하는 편인가?
순종은 큰 명령뿐 아니라 사소한 명령까지 완수한다. 변명하거나 못마땅해 하거나 반발하거나 정당화하지 않는다.

7. 처음에 잘못된 방식으로 일을 해서 다시 해야 하는 편인가?
순종은 처음부터 모든 지시 사항을 따른다. 가정하거나 추측하거나 잊어버리거나 자기 뜻대로 하지 않는다.

8. 맡은 일을 '바보 같은 짓'이라고 생각하는 편인가?
순종은 먼저 일을 하고 나중에 이유를 이해한다. 비웃거나 구시렁대거나 비꼬는 질문을 하지 않는다.

9. 엄마(아빠)가 이미 안 된다고 했는데 다시 아빠(엄마)한테 물어보는가?
순종은 권위자들이 서로 반대편에 서게 만들지 않는다. 계략을 꾸미거나 중요한 사실을 빼고 얘기하거나 거듭거듭 요청하지 않는다.

10. 집안일을 하면서 오락거리를 계획하는 편인가?
순종은 맡은 일에 모든 에너지를 쏟는다. 무성의하거나 대충하거나 백일몽에 빠지지 않는다.

양심에 어긋나는 명령에 순종하는 것은 불순종이다.

"베드로와 사도들이 대답하여 이르되 사람보다 하나님께 순종하는 것이 마땅하니라"

—사도행전 5:29

예수님께서는 제자들에게 기도를 가르치시면서 지혜롭게 호소하는 원리를 제시하셨다.

1. 권위자의 명예를 보호하라

"[아버지의] 이름이 거룩히 여김을 받으시오며"

(다시 말해 "당신과 당신의 업적을 선전하기를 원합니다.")

2. 권위자의 계획을 증진하라

"[아버지의] 나라가 임하옵시며"

(다시 말해 "당신께서 목적을 이루시도록 돕겠습니다.")

3. 권위자의 지위를 존중하라

"[아버지의] 뜻이 이루어지이다"

(다시 말해 "저처럼 다른 사람들도 당신의 권위를 존중하기를 원합니다.")

"순종은 믿음의 열매이며 인내는 그 열매에 피어난 꽃이다."

—크리스티나 로제티

인생이 정말 얼마나 짧은지를 깨달으면 매 분초를 최대한 활용하지 않을 수 없다.

"너희 생명이 무엇이냐 너희는 잠깐 보이다가 없어지는 안개니라"

—야고보서 4:14

시간엄수는 다른 사람의 시간을 존중하는 행동이다. 내가 5분 늦으면 나를 기다리는 사람마다 영원히 5분씩을 잃고 만다.

"어떤 사람이 나를 기다려준다고 해서 그 사람의 시간을 무가치하게 보고 그 사람을 보잘것없는 사람으로 추정하여 그 사람을 모욕해서는 안 된다." —찰스 스펄전

사람들은 대개 자기를 자꾸 기다리게 하는 사람의 과거 잘못들을 곱씹기 마련이다. 오래 기다리게 할수록 더 많은 잘못을 떠올릴 것이다.

"미루는 것은 시간 도둑질이다."

—작자 미상

시간엄수 *Punctuality*

vs. 지체 *Tardiness*

시간엄수는 약속 시간에 미리 도착하여 상대방과 시간의 가치를 보여주는 것이다.

시간엄수의 중요성

시간엄수에는 두 가지 중요한 기본 요소가 있다. 첫째는 시간에 대한 존중이고 둘째는 사람에 대한 존중이다. 시간엄수는 약속 시간에 맑은 정신과 준비된 자세로 나타나는 것이다. 시간을 꼭 지키는 습관은 시간을 언제나 정확하게 지키시는 하나님의 본성과 일치하는 삶이다. 시간을 엄수하지 않으면 우리 삶에서 하나님의 목적을 가로막고 우리 때문에 기다려야만 하는 사람들의 마음을 상하게 한다. 사람들은 대개 자기를 자꾸 기다리게 하는 사람의 과거 잘못들을 곱씹기 마련이다. 오래 기다리게 할수록 더 많은 잘못을 떠올릴 것이다.

시간을 존중하기

우리는 시간을 존중해야 한다. 하나님께서 시간을 만드셨기 때문이다. 하나님께서는 낮, 밤, 주, 달, 해를 창조하시고 해마다 계절을 두시고 인생마다 시절을 정하셨다. 하나님께서는 낮에 일하고 밤에 쉬도록 설계하셨다. 하나님께서는 우리가 한 주의 일을 6일 동안, 매일 하루를 최대한 활용하여 끝내기를 원하신다. 우리는 '모든 수입의 첫 열매'를 드려서 하나님을 높여야 한다. 이는 급여의 첫 부분, 하루의 첫 시간, 일주일의 첫 날을 말한다.

하나님께 시간을 지키지 않았다면 이 말씀을 생각해 보기 바란다. "그러므로 사람이 선을 행할 줄 알고도 행하지 아니하면 죄니라"(야고보서 4:17). 하나님께 죄를 고백하고 하나님께 시간엄수를 실천할 계획을 단계별로 적으라.

스스로 점검하기

나는 하나님의 시간을 엄수하는가?

- 매일 아침 시간에 맞춰 기도와 성경 읽기를 통해 하나님을 만나는가?
- 아침에 일찍 일어나기 위해 밤에 일찍 잠자리에 드는가?
- 정한 시간에 준비된 자세로 교회에 일찍 도착하는가?
- 십일조를 제때에 내는가?
- 하나님께서 누군가의 어려움을 보여주시면 신속히 최선을 다해 돕는가?
- 하나님께서 인도하실 때마다 기회를 놓치지 않고 복음을 나누는가?

사람을 존중하기

시간엄수의 둘째 요소는 다른 사람을 존중하여 하나님께서 그 사람에게 맡기신 시간을 존중하는 자세다. 시간은 아주 귀중한 자산이다. 우리는 한정된 시간을 받았고 그 시간을 어떻게 썼는지를 하나님께 책임지고 답변해야 한다.

우리가 다른 사람을 기다리게 하면 실제로 그 사람의 시간을 빼앗아서 그 사람이 하나님의 뜻을 이루지 못하게 방해하는 것이다. 우리는 다음 명령에 순종하지 않은 셈이다. "어떻게 행할지를 자세히 주의하여……세월을 아끼라 때가 악하니라"(에베소서 5:15-16). 다음 인용문의 진리를 깨닫지 못하는 격이기도 하다.

"어제 해가 뜨고 지는 사이
어딘가에서
루비 같은 분(分) 60개의 시간
금쪽 같은 두 시간을
잃어버렸다네.

영원히 사라졌으니
아무런 보상도 없네"

–호러스 맨

만일 시간엄수를 못해서 다른 사람의 시간을 빼앗았다면 그렇게 피해를 입힌 사람들의 명단을 적고 용서를 구하라. 남에게 한 약속을 지키고 시간엄수를 책임지고 잘 할 수 있도록 누군가에게 점검을 부탁하라. 시간엄수가 계속 훈련될 때까지 이것을 최우선으로 삼으라.

시간엄수에 필요한 관련 품성

- 정돈–시간을 지킬 수 있도록 생활과 환경을 정리하기
- 창의성–시간을 지킬 수 있도록 임무를 완수할 더 효율적 방법을 짜기
- 솔선–시간을 엄수하기 위해 해야 할 일에 앞장서기
- 인내–시간엄수를 못하는 사람을 용서하기

스스로 점검하기

나는 다른 사람의 시간을 엄수하는가?

- 식사시간과 가족 모임에 시간 맞춰 도착하는가?
- 직장에 일찍 도착하는가?
- 다른 사람과 만나기로 약속하면 시간을 지키는가?
- 공과금이나 청구액을 즉시즉시 납부하는가?
- 때에 맞춰 감사 편지나 쪽지를 쓰는가?
- 빌린 책이나 물건을 기한 내에 돌려주는가?
- 다른 사람에게 한 약속을 이행하는가?

삼색제비가 정확한 시간에 맞춰 이주하는 특성은 수천 년부터 기록으로 전해진다. 이 제비 떼는 해마다 가을이 되면 남쪽으로 날아갔다가 이듬해 봄이 되면 예상일 하루 전후에 어김없이 되돌아온다.

시간엄수는 현명한 계획을 따르고 매혹적인 오락을 거부하는 행동이다.

"우리에게 우리 날 계수함을 가르치사 지혜로운 마음을 얻게 하소서"

—시편 90:12

"시간은 생명의 소멸이다. 시간을 잘 쓰면 낭비되는 시간을 구한다."

–릭 그럽스

시간은 하나님께 첫 부분을 바치면 배가되는 귀중한 자산이다.

"네 재물과 네 소산물의 처음 익은 열매로 여호와를 공경하라 그리하면 네 창고가 가득히 차고 네 포도즙 틀에 새 포도즙이 넘치리라"

—잠언 3:9-10

시간은 교환권과 같아서 실물로 바꾸지 않으면 아무런 유익이 없다. 시간을 영원한 보물에 투자해야 가장 큰 가치를 얻는다.

작은 일에 대한 신뢰성이야말로 큰 책임을 맡기 위한 전제 조건이다.

"지극히 작은 것에 충성된 자는 큰 것에도 충성되고 지극히 작은 것에 불의한 자는 큰 것에도 불의하니라" —누가복음 16:10

"하나님을 섬기는 큰 기회는 흔치 않아도 작은 기회는 날마다 주변에 널려 있다." —성 프란시스 드 살레스

무게와 길이를 재는 기준은 하나님의 천지창조와 자연법칙의 신뢰성에 기초한다.

신뢰성 *Dependability*

vs. 변덕 *Inconsistency*

어떤 대가를 치르더라도 하나님의 뜻을 행하기로 마음에 작정하는 것이다.

정의

성경에서는 신뢰성 있는 사람을 충성된 사람이라고 한다. '충성되다'로 번역된 헬라어 '피스토스'는 '믿을 만하다, 의지할 만하다, 성실하다'를 뜻한다. 바울은 다른 사람을 가르칠 수 있는 성실한 사람에게 복음을 가르치라고 지시했다.

'충성되다'로 번역된 히브리어 '아만'은 '세우다, 지지하다, 부모나 유모로서 양육하다, 확고하게 하다'를 뜻한다.

신뢰성의 중요성

모든 신자는 삶으로 신뢰성을 나타내고자 해야 한다. 신뢰성이 바로 예수님께서 우리가 예수님을 위해 한 일을 평가하실 때 고려하시는 그 품성이다. "잘하였도다 착하고 충성된[피스토스=성실한] 종아"(마태복음 25:21).

신뢰성은 하나님께서 우리에게 자원을 맡기실 때 요구하시는 품성이며 영원한 면류관을 받게 하는 품성이기도 하다. "그리고 맡은 자들에게 구할 것은 충성[피스토스=성실]이니라"(고린도전서 4:2). "네가 죽도록 충성하라[피스토스=성실하라] 그리하면 내가 생명의 관을 네게 주리라"(요한계시록 2:10).

신뢰성의 특징

- **신뢰성 있는 신자는 하나님과 마음이 일치한다.** "내가 나를 위하여 충실한[믿음직한] 제사장을 일으키리니 그 사람은 내 마음, 내 뜻대로 행할 것이라 내가 그를 위하여 견고한 집을 세우리니 그가 나의 기름 부음을 받은 자 앞에서 영구히 행하리라"(사무엘상 2:35). "이는 내 생각이 너희의 생각과 다르며 내 길은 너희의 길과 다름이니라 여호와의 말씀이니라 이는 하늘이 땅보다 높음 같이 내 길은 너희의 길보다 높으며 내 생각은 너희의 생각보다 높음이니라"(이사야 55:8-9). "또 여호와를 기뻐하라 그가 네 마음의 소원을 네게 이루어 주시리로다"(시편 37:4).
- **신뢰성 있는 그리스도인은 하나님을 깊이 경외한다.** "내 아우 하나니와 영문의 관원 하나냐가 함께 예루살렘을 다스리게 하였는데 하나냐는 충성스러운[확실한] 사람이요 하나님을 경외함이 무리 중에서 뛰어난 자라"(느헤미야 7:2).
- **신뢰성 있는 사람은 큰 일뿐 아니라 작은 일에도 성실하다.** "지극히 작은 것에 충성된[성실한] 자는 큰 것에도 충성되고[성실하고]"(누가복음 16:10).
- **신뢰성 있는 사람은 성실한 마음 자세를 갖는다.** "그[아브라함]의 마음이 주 앞에서 충성됨[믿음직함]을 보시고 그와 더불어 언약을 세우사"(느헤미야 9:8).
- **신뢰성 있는 사람은 개인의 비밀을 지켜준다.** "두루 다니며 한담하는 자는 남의 비밀을 누설하나 마음이 신실한[믿음직한] 자는 그런 것을 숨기느니라"(잠언 11:13).

- **신뢰성 있는 사람은 에너지와 건강을 전달한다.** "악한 사자는 재앙에 빠져도 **충성된**[믿음직한] 사신은 양약이 되느니라"(잠언 13:17).
- **신뢰성 있는 사람은 언제나 진실을 말한다.** "**신실한**[믿음직한] 증인은 거짓말을 아니하여도 거짓 증인은 거짓말을 뱉느니라"(잠언 14:5).
- **신뢰성 있는 사람은 자신의 선함을 자랑하지 않는다.** "많은 사람이 각기 자기의 인자함을 자랑하나니 **충성된**[믿음직한] 자를 누가 만날 수 있으랴"(잠언 20:6).
- **신뢰성 있는 사람은 자기가 섬기는 사람들을 격려한다.** "**충성된**[믿음직한] 사자는 그를 보낸 이에게 마치 추수하는 날에 얼음 냉수 같아서 능히 그 주인의 마음을 시원하게 하느니라"(잠언 25:13).
- **신뢰성 있는 사람은 자기 일에 성실하다.** "이에 총리들과 고관들이 국사에 대하여 다니엘을 고발할 근거를 찾고자 하였으나 아무 근거, 아무 허물도 찾지 못하였으니 이는 그가 **충성되어**[믿음직하여] 아무 그릇됨도 없고 아무 허물도 없음이었더라"(다니엘 6:4).
- **신뢰성 있는 사람은 물질과 인간관계를 지혜롭게 다룬다.** (누가복음 16:1-15 참조)

신뢰성의 보상

- **신뢰성 있는 사람은 성실한 후손의 영적 가문을 일으킨다.** "내가 나를 위하여 **충실한**[믿음직한] 제사장을 일으키리니 그 사람은 내 마음, 내 뜻대로 행할 것이라 내가 그를 위하여 견고한 집을 세우리니 그가 나의 기름 부음을 받은 자 앞에서 영구히 행하리라"(사무엘상 2:35).
- **신뢰성 있는 사람은 큰 직책을 맡는다.** 느헤미야는 "아우 하나니와 영문의 관원 하나냐가 함께 예루살렘을 다스리게 하였는데 하나냐는 **충성스러운**[확실한] 사람이요 하나님을 경외함이 무리 중에서 뛰어난 자라"(느헤미야 7:2).
- **신뢰성 있는 사람은 하나님께 특별한 칭찬과 영예를 받는다.** "잘하였도다 착하고 **충성된**[성실한] 종아 네가 적은 일에 **충성**[성실]**하였으매** 내가 많은 것을 네게 맡기리니 네 주인의 즐거움에 참여할지어다 하고"(마태복음 25:23).
- **신뢰성 있는 사람은 하나님께 보호를 받는다.** "너희 모든 성도들아 여호와를 사랑하라 여호와께서 **진실한** 자를 보호하시고 교만하게 행하는 자에게 엄중히 갚으시느니라"(시편 31:23).
- **신뢰성 있는 사람은 하나님의 복이 넘친다.** "**충성된** 자는 복이 많아도 속히 부하고자 하는 자는 형벌을 면하지 못하리라"(잠언 28:20).
- **신뢰성 있는 사람은 생명의 관을 받는다.** "네가 죽도록 **충성**[성실]**하라** 그리하면 내가 생명의 관을 네게 주리라"(요한계시록 2:10)

신뢰성의 동기

신뢰성은 우리를 믿는 사람들을 실망시키지 않는 것이기도 하다. 이런 신뢰성을 쌓게 하는 몇 가지 요소가 있다. 첫 번째이며 가장 큰 동기는 우리가 다른 사람들을 유익하게 하는 일이 실제로 주 예수 그리스도를 위해 일하는 것임을 깨닫는 것이다. 예수님께서 이것을 밝히셨다. "너희가 여기 내 형제 중에 지극히 작은 자 하나에게 한 것이 곧 내게 한 것이니라"(마태복음 25:40).

디모데는 신뢰성 있는 사람이었다. 바울이 그에 대해 말했다. "이는 뜻을 같이하

당신은……사람들이 신뢰할 만한가?

약속을 지키리라고
시간을 지키리라고
사소한 것까지 신경 쓰리라고
현명한 결정을 내리리라고
시간을 지혜롭게 쓰리라고
과제를 완수하리라고

"예수 그리스도께서 죽으셨고 그것이 나를 위해서였다면 내가 그분을 위해서 하지 못할 희생은 아무것도 없다."

—C. T. 스터드

사향소는 북극의 매서운 추위에서 살아남기 위해서 서로를 믿고 의지하여 사나운 맹수들과 겨울의 극한을 이겨낸다. 사향소 떼는 어린 새끼들을 애워싸서 적으로부터 보호한다.

우리의 신뢰성은 우리가 하나님의 능력에 얼마나 의존하느냐에 직결된다.

"내게 능력 주시는 자 안에서 내가 모든 것을 할 수 있느니라" —빌립보서 4:13

성실성을 검증하기에 좋은 시험은 예상보다 더 많은 것이 요구되는 일이다.

"마음에 서원한 것은 해로울지라도 변하지……아니하는 자이니 이런 일을 행하는 자는 영원히 흔들리지 아니하리이다"
—시편 15:4-5

"탁월함은 흔한 일을 흔치 않은 방법으로 하는 것이다."
—부커 T. 워싱턴

여 너희 사정을 진실히 생각할 자가 이밖에 내게 없음이라 그들이 다 자기 일을 구하고 그리스도 예수의 일을 구하지 아니하되"(빌립보서 2:20-21).

두 번째 동기는 우리가 다른 사람을 어떻게 섬겼는지를 마지막 날에 하나님 앞에서 평가받는다는 사실을 깨닫는 것이다. "이는 우리가 다 반드시 그리스도의 심판대 앞에 나타나게 되어 각각 선악간에 그 몸으로 행한 것을 따라 받으려 함이라"(고린도후서 5:10).

세 번째 동기는 예수님의 임박한 재림을 의식하는 것이다. 예수님께서는 비유를 통해 이 점을 강조하셨다.

"주께서 이르시되 지혜 있고 진실한[성실한] 청지기가 되어 주인에게 그 집 종들을 맡아 때를 따라 양식을 나누어 줄 자가 누구냐 주인이 이를 때에 그 종이 그렇게 하는 것을 보면 그 종은 복이 있으리로다"(누가복음 12:42-43).

신뢰성을 쌓는 능력의 원천

하나님과 사람들은 우리에게 신뢰성을 기대하지만 하나님께서는 우리 안에 신뢰를 줄 능력이 없음을 아신다. 우리의 힘은 하나님에게서 나와야 한다. 우리가 다른 사람에게 성실할 수 있는 것은 바로 하나님께서 우리에게 성실하시기 때문이다. 그러면 어떻게 해야 하나님의 성실하심을 물려받을 수 있는가?

바울은 1세기 교회에 보낸 편지에서 이 과정을 밝혔다. 바울은 주님 앞에서 자신의 연약함을 인정하는 사람들에게만 주님의 능력이 유용하다는 사실을 발견했다. 연약함을 인정하는 첫 번째 표현은 하나님께 구원해 달라고 부르짖는 것이다. 두 번째는 날마다 하나님께 의존하며 부르짖는 것이다. 바울은 시련과 환난을 자신의 연약함과 예수 그리스도의 충분성을 되새기는 계기로 삼을 줄 알았다.

이것을 되새기는 것이 아주 중요했기 때문에 바울은 자신의 연약함을 하나님께 감사하고 그 연약함 때문에 또 그 연약함을 통해 얻은 유익을 생각하여 자신의 연약함을 오히려 자랑했다. 바울은 끝까지 사역에 성실했다. 그는 자기가 성실할 수 있었던 비결을 이렇게 밝혔다. "그러므로 내가 그리스도를 위하여 약한 것들과 능욕과 궁핍과 박해와 곤고를 기뻐하노니 이는 내가 약한 그 때에 강함이라"(고린도후서 12:10).

스스로 점검하기

나는 신뢰성이 있는가?

- 사람들은 내가 어떤 일을 하겠다고 하면 예상보다 일이 아무리 힘들어도 반드시 해내리라고 항상 믿을 수 있겠는가?
- 나는 뜻밖의 어려움에 처하면 그것을 핑계 삼아 일을 포기하는가?
- 나는 다른 사람을 위해 하는 일을 실제로 예수 그리스도를 섬기는 것처럼 생각하는가?
- 공익사업자들은 내가 공공요금의 고지서를 받으면 제때 내리라고 믿을 수 있겠는가?
- 가족들은 내가 가족의 특별한 행사에 함께하기 위해 다른 기회를 포기하리라고 믿을 수 있겠는가?
- 하나님께서는 내가 하나님께서 맡기신 자원을 최대한 지혜롭게 사용하리라고 믿으실 수 있겠는가?
- 나는 맡은 책임을 완수하는 데에 방해가 될 초대를 공손하게 확실히 거절하는가?

신실 *Sincerity*

vs. 위선 *Hypocrisy*

신실은 겉으로 드러나 보이는 것처럼 내면도 진실한 것이다.

정의

‘신실하다’는 뜻의 영어 ‘sincere’는 ‘온전한, 순수한, 진정한’을 뜻하는 라틴어 sincerus에서 파생되었다. 이 단어는 ‘하나’를 뜻하는 어근 ‘sem-’과 ‘창조하다’를 뜻하는 동사 ‘-cerus’의 합성어일 가능성이 높다. ‘신실’은 속일 의도로 복제하지 않는다는 뜻이다. 복제의 극치는 사탄과 그의 사자들이 실제로는 어둠과 죽음이면서 빛의 천사로 나타나는 경우다. (고린도후서 11:13-15 참조)

성경은 속으로는 죽이려고 하는 원수이면서 겉으로는 관대하게 입을 맞추는 사람을 조심하라고 경고한다. (잠언 27:6 참조) 이 경고가 옳다는 사실을 요압이 잘 보여줬다. 요압은 아마사 장군에게 미소를 지으며 입을 맞추었지만 칼로 그의 배를 찔러 죽였다. (사무엘하 20:9-10 참조)

‘신실’에 해당하는 히브리어 ‘타밈’은 ‘완전함, 온전함, 전체, 건전함, 강직함, 진실과 사실에 완전히 일치함’을 뜻한다. ‘신실’에 해당하는 헬라어는 ‘아일리크리네스’이다. 바울은 편지에 썼다. “내가 기도하노라 너희 사랑을 지식과 모든 총명으로 점점 더 풍성하게 하사 너희로 지극히 선한 것을 분별하며 또 **진실하여**[아일리크리네스] 허물 없이 그리스도의 날까지 이르고 예수 그리스도로 말미암아 의의 열매가 가득하여 하나님의 영광과 찬송이 되기를 원하노라” (빌립보서 1:9-11).

아일리크리네스는 ‘햇빛’을 뜻하는 ‘아일레’와 ‘심판’을 뜻하는 ‘크리노’의 합성어이다. 직역하면 ‘우리의 삶과 행동이 햇빛으로 심판을 받아 깨끗하다고 판정되다’는 뜻이다. 예수님께서 밝히셨다. “악을 행하는 자마다 빛을 미워하여 빛으로 오지 아니하나니 이는 그 행위가 드러날까 함이요”(요한복음 3:20).

바울이 예루살렘의 어려운 성도들을 위해 모금했던 헌금은 신자들이 얼마나 진실하게 사랑하고 마음을 다해 헌신했는지를 분명하고 확실하게 보여주었다. (고린도후서 8:1-8 참조)

신실함과 비슷한 개념은 완전함이다. “내가 나의 완전함[통]에 행하였사오며 흔들리지 아니하고 여호와를 의지하였사오니 여호와여 나를 판단하소서” (시편 26:1).

신실은 어떻게 시작되는가

히브리어 ‘타밈’은 구약에서 처음 두 번은 ‘완전함’으로 번역되었다. “이것이 노아의 족보니라 노아는 의인이요 당대에 완전한[타밈] 자라 그는 하나님과 동행하였으며”(창세기 6:9). “아브람이 구십구 세 때에 여호와께서 아브람에게 나타나서 그에게 이르시되 나는 전능한 하나님이라 너는 내 앞에서 행하여 완전하라[타밈]” (창세기 17:1).

신명기 18장 13절에서 하나님께서는 자기 백성에게 완전하라고 명하셨다. “너는 네 하나님 여호와 앞에서 완전하라[타밈]” 시편 15편 2절에서는 타밈이 정

신실은 우리의 흠을 감추려고 하지 않고 오히려 그것으로 하나님께서 빛을 발하시게 하는 것이다.

“하나님이여 상하고[부서지고] 통회하는 마음을 주께서 멸시하지 아니하시리이다”

—시편 51:17

신실은 다른 사람들에게 치유 기도를 받을 수 있도록 자신의 명백한 잘못을 인정하는 것이다.

“그러므로 너희 죄를 서로 고백하며 병이 낫기를 위하여 서로 기도하라 의인의 간구는 역사하는 힘이 큼이니라”

—야고보서 5:16

신실은 우리 자신에 관해 분수에 넘치는 생각을 하지 않도록 자신의 불완전한 부분들을 기억하는 것이다.

아브라함 링컨은 역사상 가장 존경받는 사람 중 하나다. 전례대로 대통령의 초상화를 그리는 화가가 그에게 "볼에 있는 사마귀를 넣고 그릴까요, 뺄까요?"라고 묻자 링컨이 대답했다. "당연히 넣고 그리셔야지요."

꿀벌은 의사소통에 유별난 기술을 보인다. 독특하게 만들어낸 향내인 페로몬이나 몸짓말을 사용해 각종 위험, 작업 할당, 먹이 위치에 대해 믿을 만한 정보를 전달한다.

직으로 번역되었다. "여호와여 주의 장막에 머무를 자 누구오며 주의 성산에 사는 자 누구오니이까 정직하게[타밈] 행하며 공의를 실천하며 그의 마음에 진실을 말하며"(시편 15:1-2).

신실의 핵심

주로 '완전함'으로 번역된 히브리어 '샬렘'은 신실을 가리키며, '완전함, 완벽함, 온전함, 완성됨'을 뜻한다. 어원은 '화평을 이루다'는 뜻이다. 솔로몬은 성전을 봉헌하며 기도했다. "그런즉 너희의 마음을 우리 하나님 여호와께 온전히 바쳐 완전하게 하여 오늘과 같이 그의 법도를 행하며 그의 계명을 지킬지어다"(열왕기상 8:61). 그러나 솔로몬은 신실함과 온전함을 지키지 못했다. "솔로몬의 나이가 많을 때에 그의 여인들이 그의 마음을 돌려 다른 신들을 따르게 하였으므로 왕의 마음이 그의 아버지 다윗의 마음과 같지 아니하여 그의 하나님 여호와 앞에 온전하지 못하였으니"(열왕기상 11:4).

아사 왕처럼 현명한 결정을 내리지 않는 사람이 온전한 마음을 갖기도 한다. "다만 산당은 없애지 아니하니라 그러나 아사의 마음이 일평생 여호와 앞에 온전하였으며"(열왕기상 15:14). 반대로 아마샤 왕처럼 옳은 결정을 내리는 사람이 온전한 마음을 갖지 못하기도 한다. "아마샤가 왕위에 오를 때에 나이가 이십오 세라 예루살렘에서 이십구 년 동안 다스리니라……아마샤가 여호와께서 보시기에 정직하게[옳은 일을] 행하기는 하였으나 온전한 마음으로 행하지 아니하였더라"(역대하 25:1-2).

우리는 우리가 지금 은밀히 혹은 내놓고 다른 신들을 섬기는지를 알아봄으로 우리의 마음이 온전한지를 분별할 수 있다. "아마샤가 에돔 사람들을 죽이고 돌아올 때에 세일 자손의 신들을 가져와서 자기의 신으로 세우고 그것들 앞에 경배하며 분향한지라"(역대하 25:14). 우리가 하나님만 주실 수 있는 것을 사문이나 사람에게 기대하면 그것들을 우상으로 만들어 우리 마음의 신실함을 빼앗기게 된다.

신실함의 보상

하나님께서는 당신의 지혜와 능력을 나타낼 통로로 신실하고 온전한 마음을 찾으신다. "여호와의 눈은 온 땅을 두루 감찰하사 전심[온전한 마음]으로 자기에게 향하는 자들을 위하여 능력을 베푸시나니 이 일은 왕이 망령되이 행하였은즉 이 후부터는 왕에게 전쟁이 있으리이다 하매"(역대하 16:9). 이것은 하나님을 의지했을 때 대승을 거뒀으나 후에 군사 동맹을 의지하여 참패한 아사 왕에게 선견자 하나니가 한 말이다.

바울은 자신이 약하더라도 온 마음으로 주님을 의지하면 하나님의 능력을 체험하게 된다는 사실을 발견했다. "나에게 이르시기를 내 은혜가 네게 족하도다 이는 내 능력이 약한 데서 온전하여짐[텔레이오오]이라 하신지라 그러므로 도리어 크게 기뻐함으로 나의 여러 약한 것들에 대하여 자랑하리니 이는 그리스도의 능력이 내게 머물게 하려 함이라"(고린도후서 12:9).

신실함의 비결

온전함으로 번역된 다른 헬라어는 '카탈티조'이며 '철저히 완성하다, 수리하다, 조정하다, 맞추다'는 뜻이다. 베드로는 편지에 썼다. "모든 은혜의 하나님 곧 그리스도 안에서 너희를 부르사 자기의 영원한 영광에 들어가게 하신 이가 잠깐 고난을 당한 너희를 친히 온전하게[카탈티조] 하시며 굳건하게 하시며 강하게 하시며 터를 견고하게 하시리라"

(베드로전서 5:10).

하나님께서는 모든 신자들을 시련의 불길을 통과하게 하신다. 시련은 감춰진 결함과 불완전함을 들춰낸다. 신자들이 이런 시련을 하나님께 감사하며 그 시련을 주신 목적으로 기뻐하면 하나님께서는 신자들의 삶에 그에 걸맞는 성령의 능력을 주시고 성령의 열매로 온전하게 하신다. (베드로전서 4:12-13 참조)

위선의 비극

많은 사람이 신자들의 위선을 보고 하나님께 등을 돌린다. 아마도 이 까닭에 예수님께서 사역 초기에 위선자들을 호되게 꾸짖으셨을 것이다. "화 있을진저 외식하는 서기관들과 바리새인들이여 너희는 천국 문을 사람들 앞에서 닫고 너희도 들어가지 않고 들어가려 하는 자도 들어가지 못하게 하는도다"(마태복음 23:13).

위선자로 번역된 헬라어는 '휘포크리테스'이며 '배우, 무대 연기자, 척하는 사람'을 뜻한다. 예수님 시대의 위선자들은 사람들의 칭찬을 받으려고 겉으로는 종교적인 행동을 했지만 속은 도덕적으로 썩을 대로 썩어 있었다. "화 있을진저 외식하는 서기관들과 바리새인들이여 회칠한 무덤 같으니 겉으로는 아름답게 보이나 그 안에는 죽은 사람의 뼈와 모든 더러운 것이 가득하도다"(마태복음 23:27).

위선자의 근본 문제는 온 마음을 하나님께 드리지 않은 점이다. "외식하는 자들아 이사야가 너희에 관하여 잘 예언하였도다 일렀으되 이 백성이 입술로는 나를 공경하되 마음은 내게서 멀도다"(마태복음 15:7-8).

위선자는 정작 율법의 중요한 것들을 어기면서 의(義)의 사소한 것들에 집중한다. "화 있을진저 외식하는 서기관들과 바리새인들이여 너희가 박하와 회향과 근채의 십일조는 드리되 율법의 더 중한 바 정의와 긍휼과 믿음은 버렸도다 그러나 이것도 행하고 저것도 버리지 말아야 할지니라"(마태복음 23:23)

스스로 점검하기

나는 신실한가?

- 나는 겉과 속이 같은가?
- 그리스도의 빛에 드러나지 않도록 은밀한 죄를 숨기는가?
- 내가 죄책감이 있는 부분에 대해 남을 판단하는가?
- 겉으로는 지시에 순종하는 척하면서 속으로는 저항하는가?
- 온 마음으로 하나님을 찾는가?
- 사람들의 칭찬을 받으려고 선한 행동을 하는가 아니면 하나님의 영광을 위해서 하는가?
- 사람들이 나의 강점과 약점을 통해 그리스도의 빛을 보는가?
- 다른 사람들의 성품을 배우지는 않고 그들의 성취만 따라하려고 하는가?

우리는 행동으로도 말하고 말로도 말하지만 행동이 말보다 더 크게 들린다.

"그러므로 주 안에서 갇힌 내가 너희를 권하노니 너희가 부르심을 받은 일에 합당하게 행하여" —에베소서 4:1

"우리의 성품과 행동에서 아무도 볼 수 없는 부분이 누구나 볼 수 있는 부분만큼이나 올바른가? 우리는 처음부터 끝까지 다 진실한가?"

—에이미 카마이클

종교적 행위의 가면을 벗고 당신의 진심을 드러내라.

시련의 불길이 닥쳐오면 금방 우리의 신실이 드러난다.

"사랑하는 자들아 너희를 연단하려고 오는 불 시험을 이상한 일 당하는 것 같이 이상히 여기지 말고" —베드로전서 4:12

신중 *Discretion*

vs. 경솔 *Simple-Mindedness*

신중은 지혜를 짜서 해로운 태도와 말이나 행동을 피하고 통찰력 있는 조언을 하는 것이다.

신중은 아무말도 하지 않는 것이 최선일 때를 아는 것이다.

답을 알아도 누가 답을 물어볼 때까지 기다릴 줄 알라. 어리석은 사람은 입을 열어서 자신의 어리석음을 나타내지만 신중한 사람은 침묵을 지켜서 현명하게 보인다.

"미련한 자라도 잠잠하면 지혜로운 자로 여겨지고 그의 입술을 닫으면 슬기로운 자로 여겨지느니라" —잠언 17:28

"말을 안 해서 바보로 의심받는 것이 말을 해서 그 의심을 풀어주는 것보다 낫다." —아브라함 링컨

신중은 불쾌한 일을 기분 좋게 묘사할 줄 아는 능력이다.

"경우에 합당한 말은 아로새긴 은 쟁반에 금 사과니라" —잠언 25:11

정의

성경에서 신중에 가장 비슷한 단어는 슬기이다. 신중한 행동이 해로운 상황을 피하는 것처럼 슬기로운 사람은 인과율을 이해하고 그에 맞게 행동한다. "슬기로운 자는 재앙을 보면 숨어 피하여도 어리석은 자는 나가다가 해를 받느니라"(잠언 22:3).

'슬기롭다'로 번역되는 히브리어가 몇 가지 있는데 그 중 첫째 히브리어 '아룸'은 '영리하다'는 뜻이다. 슬기로운 사람이 바른 동기와 지식을 가지면 문제를 피하고 통찰력 있는 해결책을 생각해 낼 수 있다. "무릇 슬기로운 자는 지식으로 행하거니와 미련한 자는 자기의 미련한 것을 나타내느니라"(잠언 13:16). "슬기로운 자의 지혜는 자기의 길을 아는 것이라도 미련한 자의 어리석음은 속이는 것이니라"(잠언 14:8).

슬기로운 행동의 특징은 다음과 같다.

- **창의적인 기술**–"나 지혜는 명철로 주소를 삼으며 지식과 근신[창의적 지식]을 찾아 얻나니"(잠언 8:12).
- **좋은 판단력**–"미련한 자는 당장 분노를 나타내거니와 슬기로운 자는 수욕을 참느니라"(잠언 12:16).
- **말조심**–"슬기로운 자는 지식을 감추어도 미련한 자의 마음은 미련한 것을 전파하느니라"(잠언 12:23).
- **솔선하여 배움**–"명철한 자의 마음은 지식을 얻고 지혜로운 자의 귀는 지식을 구하느니라"(잠언 18:15).
- **사실을 조사함**–"어리석은 자는 온갖 말을 믿으나 슬기로운 자는 자기의 행동을 삼가느니라[살핀다]"(잠언 14:15).
- **책망을 달게 들음**–"아비의 훈계를 업신여기는 자는 미련한 자요 경계를 받는 자는 슬기를 얻을 자니라"(잠언 15:5).

신중의 중요성

신중을 잘 하면 건강과 재물과 지혜를 지키게 된다. "근신[메짐마=신중]이 너를 지키며 명철이 너를 보호하여"(잠언 2:11). 신중의 뜻을 지닌 히브리어가 몇 단어 있다. 이 단어들은 맥락에 따라 신중의 의미와 적용을 잘 드러낸다.

1. 신중은 이해하는 마음을 기르고 베푸는 것이다.

이해하는 마음은 듣고 순종하는 마음이기도 하다. "내 아들아 내 지혜에 주의하며 내 명철에 네 귀를 기울여서 근신[메짐마=신중]을 지키며 네 입술로 지식을 지키도록 하라 대저 음녀의 입술은 꿀을 떨어뜨리며 그의 입은 기름보다 미끄러우나 나중은 쑥 같이 쓰고 두 날 가진 칼 같이 날카로우며"(잠언 5:1-4). 히브

리어 '메짐마'는 '악한 계획이나 혁신적이고 재치 있고 통찰력 있는 계획'을 가리키기도 한다.

2. 신중은 옳고 그름을 구별하여 옳은 것을 선택하는 것이다.

신중은 어떤 태도나 말이나 행동이 옳고 공손하고 정의로운지를 알고 그에 맞게 행동하는 것이다. "은혜를 베풀며 꾸어 주는 자는 잘 되나니 그 일을 정의로[미쉬파트] 행하리로다 그는 영원히 흔들리지 아니함이여 의인은 영원히 기억되리로다……그가 재물을 흩어 빈궁한 자들에게 주었으니 그의 의가 영구히 있고 그의 뿔이 영광 중에 들리리로다"(시편 112:5-6, 9). 히브리어 '미쉬파트'는 '재판, 판결, 사건을 판정하는 행위'를 가리킨다.

3. 신중은 지혜를 소중히 여기며 사용하는 것이다.

무엇을 소중히 여긴다는 것은 그것을 지키고 애지중지하고 즐거워하는 것이다. "내 아들아 완전한 지혜와 근신[메짐마=신중]을 지키고 이것들이 네 눈 앞에서 떠나지 말게 하라 그리하면 그것이 네 영혼의 생명이 되며 네 목에 장식이 되리니 네가 네 길을 평안히 행하겠고 네 발이 거치지 아니하겠으며 네가 누울 때에 두려워하지 아니하겠고 네가 누운즉 네 잠이 달리로다"(잠언 3:21-24).

이 구절에 쓰인 히브리어 '메짐마'는 '창의력'을 가리킨다. 이런 혁신과 통찰력에서 보물이 나온다. 지혜보다 돈을 소중히 여기는 사람은 부를 얻을 수는 있어도 사업 걱정과 돈을 잃게 될까 두려움 때문에 밤에 단잠을 못 잔다.

4. 신중은 사람들의 동기를 알아채고 알맞게 대응하는 것이다.

속이거나 나쁜 동기를 가진 사람을 피해야 한다. 솔로몬은 지혜와 통찰력과 신중을 통해 성공하면서 유명해졌다. 그러나 말년에 신중하지 못해 음란한 여인들에게 마음을 빼앗기고 말았다. "근신이 너를 지키며 명철이 너를 보호하여……지혜가 또 너를 음녀에게서, 말로 호리는 이방 계집에게서 구원하리니"(잠언 2:11, 16).

5. 신중은 지식을 현명한 조언으로 바꾸는 것이다.

잠언은 "지혜와 훈계를 알게 하며 명철의 말씀을 깨닫게 하며 지혜롭게, 공의롭게, 정의롭게, 정직하게 행할 일에 대하여 훈계를 받게 하며 어리석은 자를 슬기롭게 하며 젊은 자에게 지식과 근신함[메짐마]을 주기 위한 것이니"(잠언 1:2-4). '메짐마'는 조언의 지혜와 통찰력을 강조한다.

6. 신중은 성령의 지혜로 행동하는 것이다.

성경의 가장 뛰어난 모범인 요셉은 신중을 잘 보여줬다. 아버지의 말씀을 귀담아듣고 순종하며, 악하고 정욕적인 동기로 접근한 보디발의 아내에게 신중하게 반응하고, 바로에게 현명한 조언을 줄 때도 신중을 기했다.

"이제 바로께서는 명철하고 지혜 있는 사람을 택하여 애굽 땅을 다스리게 하시고 바로께서는 또 이같이 행하사 나라 안에 감독관들을 두어 그 일곱 해 풍년에 애굽 땅의 오분의 일을 거두되 그들로 장차 올 풍년의 모든 곡물을 거두고 그 곡물을 바로의 손에 돌려 양식을 위하여 각 성읍에 쌓아 두게 하소서 이와 같이 그 곡물을 이 땅에 저장하여 애

신중한 **붉은여우**는 적을 피하는 데 모든 발걸음이 아주 중요하다는 점을 알기에 방향을 빠르게 바꾸고 흔적을 지워 추격자를 따돌린다.

신중하지 못한 말이나 행동은 한 순간에 이루어지지만 그 후회는 평생을 간다.

"슬기로운 자는 재앙을 보면 숨어 피하여도 어리석은 자들은 나가다가 해를 받느니라"
—잠언 27:12

"내 사랑하는 형제들아 너희가 알지니 사람마다 듣기는 속히 하고 말하기는 더디 하며 성내기도 더디 하라" —야고보서 1:19

신중은 과거의 문제를 보고 사람이나 계획의 가능성을 생각해 내는 것이다.

다른 사람의 흠이나 약점에 대한 해결책을 보고 그것을 그 사람과 소통할 줄 알면 새로운 삶이 열린다. 흠이나 약점 때문에 오히려 가능성을 제시할 줄 알면 희망이 보인다.

"의인의 입은 생명의 샘이라도 악인의 입은 독을 머금었느니라……의인의 입술은 기쁘게 할 것을 알거늘 악인의 입은 패역을 말하느니라" —잠언 10:11, 32

"입을 지키는 자는 자기의 생명을 보전하나 입술을 크게 벌리는 자에게는 멸망이 오느니라" —잠언 13:3

"때론 아무 말도 하지 않는 것이 최고 명언이다."

—오스왈드 챔버스

굽 땅에 임할 일곱 해 흉년에 대비하시면 땅이 이 흉년으로 말미암아 망하지 아니하리이다"(창세기 41:33-36).

"[바로가] 요셉에게 이르되 하나님이 이 모든 것을 네게 보이셨으니 너와 같이 명철하고 지혜 있는 자가 없도다 너는 내 집을 다스리라 내 백성이 다 네 명령에 복종하리니 내가 너보다 높은 것은 내 왕좌뿐이니라"(창세기 41:39-40).

7. 신중은 파괴적인 감정을 다스리는 것이다.

남에게 조언을 할 지혜가 있어도 자신의 두려움과 좌절과 분노의 감정을 다스리지 못하는 사람이 있다. 그러나 "노하기를 더디 하는 것이 사람의 슬기요 허물을 용서하는 것이 자기의 영광이니라"(잠언 19:11). 여기서 '슬기'로 번역된 히브리어 '쎄켈'은 '지성, 현명함, 이해력'을 뜻한다. 여기서 '허물'은 '도덕적이거나 영적이거나 법적인 반역, 반항, 범죄'를 가리킨다.

이 경우 신중한 사람은 이러한 반항이 누구의 관할권 밑에서 일어났는지를 분별하고 담당 권위자가 처리하도록 맡긴다. "길로 지나가다가 자기와 상관 없는 다툼을 간섭하는 자는 개의 귀를 잡는 자와 같으니라"(잠언 26:17). 이렇게 개입하다가는 다친다.

이와 같이 악을 행하는 자들 때문에 속상해 하거나 악한 행동을 시기해서는 안 된다. 하나님께서 곧 처리하시기 때문이다. "악을 행하는 자들 때문에 불평하지 말며 불의를 행하는 자들을 시기하지 말지어다……여호와 앞에 잠잠하고 참고 기다리라 자기 길이 형통하며 악한 꾀를 이루는 자 때문에 불평하지 말지어다 분을 그치고 노를 버리며 불평하지 말라 오히려 악을 만들 뿐이라"(시편 37:1, 7-8). (아모스 5:12-25 참조)

스스로 점검하기

나는 신중한가?

- 어떤 활동을 지혜롭게 평가할 줄 아는가?
- 다른 사람에게 미칠 영향을 먼저 헤아리지 않고 나의 생각을 말하는가?
- 내가 잘못 말하거나 행동하는 것을 보고 지적하는 사람의 책망을 달게 듣는가?
- 다른 사람의 실수를 내가 되풀이하지 않도록 잘 배우는가?
- 옳은 일을 위해 당당히 홀로 서고 악한 일은 무엇이든 멀리하는가?
- 친구를 선택할 때 그 친구의 인기가 아닌 지혜를 보는가?
- 누군가에게 피해를 주는 이야기나 험담이나 중상을 삼가는가?

안정 *Security*

vs. 걱정 *Anxiety*

안정은 하나님께서 절대로 우리를 떠나거나 버리지 않으시고 우리가 하나님께 무엇을 드리든 그것이 영원한 보물이 될 줄을 아는 것이다.

정의

'안정'에 해당하는 헬라어 '아메림노스'는 '걱정 없는, 근심 없는'을 뜻한다. 이것은 바울이 고린도교회에 바라는 바였다. "너희가 염려 없기를 원하노라"(고린도전서 7:32). 안정의 또 다른 개념은 신뢰다. "잠잠하고 신뢰하여야 힘을 얻을 것이거늘"(이사야 30:15). 여기서 '신뢰'로 번역된 히브리어 '비트하'는 '급히 피신하다, 신뢰하다, 안전하다, 안전하게 느끼다, 확신하다'를 뜻하는 '바타흐'에서 파생되었다.

안정의 가치

모든 사람은 마음속으로 안정을 간절히 바란다. 불행히도 우리는 영원한 실체 속에서 안정을 찾기는커녕 돈이나 재물이나 사람과 같이 앞으로 소멸될 한시적인 물질에서 안정을 찾는 경향이 있다. 역설적이게도 우리가 안정을 바라고 그렇게 의지하는 것들이 오히려 불안과 걱정의 불씨가 된다. "노동자는 먹는 것이 많든지 적든지 잠을 달게 자거니와 부자는 그 부요함 때문에 자지 못하느니라"(전도서 5:12).

여자는 안정을 너무 절박하게 찾다가 허황된 남자의 그럴듯한 약속에 넘어가 순결의 힘을 포기하는 경우가 많고, 남자는 주로 미래의 안정을 보장해줄 듯한 그렇듯한 사업 계획에 전 재산을 쏟아붓는다. 그러나 "유덕한 여자는 존영을 얻고 근면한 남자는 재물을 얻느니라"(잠언 11:16).

거짓 안정의 위험성

안정이 절실히 필요하기 때문에 사람들은 무엇이든 안정을 보장해 줄 듯한 것을 붙잡으려고 한다. 이런 것들로 거짓 안정을 누리다가 대개 평소에는 그 실체가 드러나지 않지만 시련이 닥치면 안정감이 무너지고 만다. 예를 들어 잠언 11장 28절은 재물로 안정을 바란 결과가 무엇인지를 밝힌다. "자기의 재물을 의지하는[바타흐] 자는 패망하려니와"

거짓 안정은 방심을 낳는다. 부주의한 사람은 겉으로는 안전해 보여도 실제로는 파멸의 길을 가는 중이다. "그러므로 사치하고 평안히[비트하-바타흐에서 파생됨] 지내며 마음에 이르기를 나뿐이라 나 외에 다른 이가 없도다……네가 네 악을 의지하고[바타흐]……하였으므로 재앙이 네게 임하리라 그러나 네가 그 근원을 알지 못할 것이며 손해가 네게 이르리라 그러나 이를 물리칠 능력이 없을 것이며 파멸이 홀연히 네게 임하리라 그러나 네가 알지 못할 것이니라"(이사야 47:8, 10-11).

인간은 신의 능력을 사람이 만든 무생물체에 갖다 붙이는 경향이 있다. 그리고는 이 물체를 안정의 원천으로 숭배한다. "열국의 우상은 은금이요 사람의 손으로 만든 것이라 입이 있어도 말하지 못하며 눈이 있어도 보지 못하며 귀가 있어도 듣지 못하며 그들의 입에는 아무 호흡도 없나니 그것을 만든 자와 그것을 의지하는[바타흐] 자가 다 그것과 같으리로다"(시편 135:15-18).

안정은 재산이 소멸되거나 빼앗겼을 때 얼마나 평안하느냐로 검증된다.

예수님은 우리에게 필요한 전부이시다. 그러나 예수님이 우리의 전 재산이 되기 전까지는 이 사실을 알 길이 없다. 하나님 안에서 안정을 누릴 때 우리는 하나님 나라가 확장되고 사람들이 구원받기를 갈망하게 된다.

안정은 하나님께서 쉬지 않고 우리를 돌보신다는 확신으로 세상의 염려에서 자유로운 상태다.

"하나님을 위해 해야 할 일이 하나라도 있다면 나는 살 가치가 있다. 그러나 이보다 낮은 목표를 위해 산다면 그 얼마나 헛되고 무가치한 삶인가!"

—데이비드 브레이너드

하나님께서는 우리를 불안정한 존재로 창조하셔서 사랑의 관계 증진을 통해 그 불안정한 부분들을 채워가기를 기뻐하신다.

"아무 것도 염려하지 말고 다만 모든 일에 기도와 간구로, 너희 구할 것을 감사함으로 하나님께 아뢰라 그리하면 모든 지각에 뛰어난 하나님의 평강이 그리스도 예수 안에서 너희 마음과 생각을 지키시리라"

—빌립보서 4:6-7

캥거루는 새끼를 배고 한 달만에 출산한다. 갓난 새끼 캥거루는 크기가 콩알만 해서 주머니쥐라고 부른다. 새끼 캥거루는 1년 동안 어미의 육아낭 속에서 보호받고 음식과 온기를 제공받으면서 안정을 누린다.

하나님께 등을 돌리고 사람들을 의지하는 자는 혹독한 대가를 치르게 된다. "여호와께서 이와 같이 말씀하시니라 무릇 사람을 믿으며[바타흐] 육신으로 그의 힘을 삼고 마음이 여호와에게서 떠난 그 사람은 저주를 받을 것이라 그는 사막의 떨기나무 같아서 좋은 일이 오는 것을 보지 못하고 광야 간조한 곳[소금 땅], 건건한[메마른] 땅, 사람이 살지 않는 땅에 살리라"(예레미야 17:5-6).

하나님을 안정으로 삼는 보상

1. 힘과 도움

"잠잠하고 신뢰하여야 힘을 얻을 것이거늘"(이사야 30:15). "여호와는 나의 힘과 나의 방패이시니 내 마음이 그를 의지하여[바타흐] 도움을 얻었도다"(시편 28:7).

2. 두려움에서 해방

"여호와는 나의 빛이요 나의 구원이시니 내가 누구를 두려워하리요 여호와는 내 생명의 능력이시니 내가 누구를 무서워하리요 악인들이 내 살을 먹으려고 내게로 왔으나 나의 대적들, 나의 원수들인 그들은 실족하여 넘어졌도다 군대가 나를 대적하여 진 칠지라도 내 마음이 두렵지 아니하며 전쟁이 일어나 나를 치려 할지라도 나는 여전히 태연하리로다[바타흐]"(시편 27:1-3).

3. 내면의 평화와 기쁨

"주께서 심지가 견고한 자를 평강하고 평강하도록 지키시리니 이는 그가 주를 신뢰함[바타흐]이니이다"(이사야 26:3). "여호와를 의지하는[바타흐] 자는 복[행복]이 있느니라"(잠언 16:20).

4. 안정감과 결실

"여호와를 의지하는[바타흐] 자는 시온 산이 흔들리지 아니하고 영원히 있음 같도다"(시편 125:1). "그러나 무릇 여호와를 의지하며[바타흐] 여호와를 의뢰하는 그 사람은 복을 받을 것이라 그는 물 가에 심어진 나무가 그 뿌리를 강변에 뻗치고 더위가 올지라도 두려워하지 아니하며 그 잎이 청청하며 가무는 해에도 걱정이 없고 결실이 그치지 아니함 같으리라"(예레미야 17:7-8).

안정의 기초

모든 신자는 다음과 같은 구체적인 방식으로 하나님의 안정을 누린다.

1. 하나님의 사랑 안에서 안정을 누린다

"내가 확신하노니 사망이나 생명이나 천사들이나 권세자들이나 현재 일이나 장래 일이나 능력이나 높음이나 깊음이나 다른 어떤 피조물이라도 우리를 우리 주 그리스도 예수 안에 있는 하나님의 사랑에서 끊을 수 없으리라"(로마서 8:38-39). "옛적에 여호와께서 나에게 나타나사 내가 영원한 사랑으로 너를 사랑하기에 인자함으로 너를 이끌었다 하였노라"(예레미야 31:3).

2. 하나님과의 교제 안에서 안정을 누린다

"그러므로 너희는 가서 모든 민족을 제자로 삼아 아버지와 아들과 성령의 이름으로 세례를 베풀고 내가 너희에게 분부한 모든 것을 가르쳐 지키게 하라 볼지어다 내가 세상 끝날까지 너희와 항상 함께 있으리라 하시니라"(마태복음 28:19-20). "그가 친히 말씀하시기를 내가 결코 너희를 버리지 아니하고 너희를 떠나지 아니하리라 하셨느니라"(히브리서 13:5). "너희를 불러 그의 아들 예수 그리스도 우리 주와 더불어 교제하게 하시는 하나님은 미쁘시도다"(고린도전서 1:9). "우리가 보고 들은 바를 너희에게도 전함은 너희로 우리와 사귐이 있게 하려 함이니 우리의 사귐은 아버지와 그의 아들 예수 그리스도와 더불어 누림이라"(요한일서 1:3).

3. 성령 안에서 안정을 누린다

"그가 또한 우리에게 인치시고 보증으로 우리 마음에 성령을 주셨느니라"(고린도후서 1:22). "너희는 다시 무서워하는 종의 영을 받지 아니하고 양자의 영을 받았으므로 우리가 아빠 아버지라고 부르짖느니라"(로마서 8:15). "그 안에서 너희도 진리의 말씀 곧 너희의 구원의 복음을 듣고 그 안에서 또한 믿어 약속의 성령으로 인치심을 받았으니"(에베소서 1:13).

4. 하나님의 손 안에서 안정을 누린다

"그들을 주신 내 아버지는 만물보다 크시매 아무도 아버지 손에서 빼앗을 수 없느니라"(요한복음 10:29). "두려워하지 말라 내가 너와 함께 함이라 놀라지 말라 나는 네 하나님이 됨이라 내가 너를 굳세게 하리라 참으로 너를 도와주리라 참으로 나의 의로운 오른손으로 너를 붙들리라"(이사야 41:10). "나 여호와가 의로 너를 불렀은즉 내가 네 손을 잡아 너를 보호하며 너를 세워 백성의 언약과 이방의 빛이 되게 하리니"(이사야 42:6).

5. 하나님의 보호 안에서 안정을 누린다

"이로 말미암아 내가 또 이 고난을 받되 부끄러워하지 아니함은 내가 믿는 자를 내가 알고 또한 내가 의탁한 것을 그 날까지 그가 능히 지키실 줄을 확신함이라"(디모데후서 1:12). "지존자의 은밀한 곳에 거주하며 전능자의 그늘 아래에 사는 자여, 나는 여호와를 향하여 말하기를 그는 나의 피난처요 나의 요새요 내가 의뢰하는[바타흐] 하나님이라 하리니, 이는 그가 너를 새 사냥꾼의 올무에서와 심한 전염병에서 건지실 것임이로다. 그가 너를 그의 깃으로 덮으시리니 네가 그의 날개 아래에 피하리로다 그의 진실함은 방패와 손 방패가 되시나니 너는 밤에 찾아오는 공포와 낮에 날아드는 화살과 어두울 때 퍼지는 전염병과 밝을 때 닥쳐오는 재앙을 두려워하지 아니하리로다"(시편 91:1-6). "주는 미쁘사 너희를 굳건하게 하시고 악한 자에게서 지키시리라"(데살로니가후서 3:3).

6. 그리스도의 몸 안에서 안정을 누린다

"이와 같이 우리 많은 사람이 그리스도 안에서 한 몸이 되어 서로 지체가 되었느니라"(로마서 12:5). "몸이 하나요 성령도 한 분이시니 이와 같이 너희가 부르심의 한 소망 안에서 부르심을 받았느니라 주도 한 분이시요 믿음도 하나요 세례도 하나요 하나님도 한 분이시니 곧 만유의 아버지시라 만유 위에 계시고 만유를 통일하시고 만유 가운데 계시도다 우리 각 사람에게 그리스도의 선물의 분량대로 은혜를 주셨나니"(에베소서 4:4-7).

7. 하나님의 가족 안에서 안정을 누린다

"우리 각 사람에게 그리스도의 선물의 분량대로 은혜를 주셨나니 너희가 참음은 징계를 받기 위함이라 하나님이 아들과 같이 너희를 대우하시나니 어찌 아버지가 징계하지 않는 아들이 있으리요"(히브리서 12:6-7). "아버지가 자식을 긍휼히 여김 같이 여호와께서는 자기를 경외하는 자를 긍휼히 여기시나니"(시편 103:13). "성령이 친히 우리의 영과 더불어 우리가 하나님의 자녀인 것을 증언하시나니 자녀이면 또한 상속자 곧 하나님의 상속자요 그리스도와 함께 한 상속자니 우리가 그와 함께 영광을 받기 위하여 고난도 함께 받아야 할 것이니라"(로마서 8:16-17).

불안은 하나님만 주실 수 있는 것을 사람이나 사물에 기대한 결과다.

"어떤 사람은 병거, 어떤 사람은 말을 의지하나 우리는 여호와 우리 하나님의 이름을 자랑하리로다" —시편 20:7

불안을 해소하는 방법은 예수님께서 포도나무이시고 우리는 그분께서 만드시는 열매가 매달리는 가지라는 사실을 깨닫는 것이다.

"걱정은 내일의 근심을 없애주지 못하고 오늘의 힘만 빼앗아 갈 뿐이다." —찰스 스펄전

안정은 하나님께서 절대로 우리를 떠나거나 버리지 않으신다는 사실을 아는 것이다.

"여인이 어찌 그 젖 먹는 자식을 잊겠으며 자기 태에서 난 아들을 긍휼히 여기지 않겠느냐 그들은 혹시 잊을지라도 나는 너를 잊지 아니할 것이라 내가 너를 내 손바닥에 새겼고 너의 성벽이 항상 내 앞에 있나니" —이사야 49:15-16

우리에게 거짓 안정을 주었던 사람이나 소유가 없어졌다면 그것은 바로 하나님의 사랑의 행동이다.

"하늘에서는 주 외에 누가 내게 있으리요 땅에서는 주 밖에 내가 사모할 이 없나이다" —시편 73:25

"주는 나의 피난처시요 원수를 피하는 견고한 망대이심이니이다" —시편 61:3

"삶과 경험에서 흔들릴 수 있는 것이 모조리 흔들리고 흔들릴 수 없는 것만 남을 때 비로소 우리는 하나님만이 우리의 반석과 기초이시라는 사실을 보고 그분께만 기대하는 삶을 배운다."

–하나 화이트홀 스미스

안정의 열쇠

안정은 소멸되거나 빼앗길 수 없는 것을 중심으로 살아가는 것이다. 그러므로 오직 하나님과 그분의 말씀과 영원한 것들만 안정의 기초가 될 수 있다.

주 예수 그리스도를 믿으면 성령께서 우리의 영과 더불어 우리가 하나님의 자녀임을 확증하실 뿐 아니라 하나님께서 친히 우리와 함께하신다. (로마서 8:16 참조) 이때 영적인 아기인 우리는 성장하기 위해 하나님의 말씀을 사모해야 한다.

대부분의 사람은 돈과 재산을 모으는 것으로 안정을 구축하지만 신자는 정반대다. 안정은 가난한 자의 어려운 형편을 돕는 데서 비롯된다. "은혜를 베풀며 꾸어 주는 자는 잘 되나니 그 일을 정의로 행하리로다 그는 영원히 흔들리지 아니함이여 의인은 영원히 기억되리로다 그는 흉한 소문을 두려워하지 아니함이여 여호와를 의뢰하고 그의 마음을 굳게 정하였도다"(시편 112:5-7). 이런 후한 품성은 하나님을 제대로 두려워한 결과다. 하나님을 두려워하는 사람은 사람을 두려워하지 않는다. "겸손과 여호와를 경외함의 보상은 재물과 영광과 생명이니라"(잠언 22:4).

스스로 점검하기

나는 안정을 누리는가?

- 은행 잔고를 늘리기보다 다른 사람을 그리스도께 인도하는 데 주력하는가?
- 나쁜 소식을 두려워할 필요가 없도록 가난한 사람들을 경제적으로 도와주는가?
- 사람이 만든 물건에 의해 좋은 일이 일어난다는 거짓 관념을 거부하는가?
- 하늘 아버지께서 나를 사랑하신다고 확신하는가?
- 하루 종일 하나님의 일에 집중하는가?
- 하나님의 성령과 교제하는가? 성령께서 내 삶을 주도하시는가?
- 그리스도의 몸 안에서 제 구실을 하는가?
- 물질보다 하나님과의 친밀한 동행을 간구하는가?
- 체력보다 영적인 힘을 기르는 데 열중하는가?
- 전 재산을 잃는다고 해도 여전히 그리스도 안에서 완전함을 느끼겠는가?

열성 *Enthusiasm*

vs. 무관심 *Apathy*

열성은 나의 영 안에 있는 하나님의 에너지가 나의 생각과 의지와 감정을 통해 나타나는 것이다.

촛불이 자기를 소모하는 혼의 열성과 같다면 기름등잔불은 제대로 채우면 끊임없이 타오르는 영의 열성과 같다.

"오직 성령으로 충만함을 받으라" 그리고 "그리스도의 말씀이 너희 속에 풍성히 거하게 하라" —에베보서 5:18, 골로새서 3:16

정의

영어 enthusiasm(열성)은 두 헬라어에서 파생되었다. 'en'은 '안에', 'theos'는 '하나님'을 뜻한다. 열성적이라는 말은 하나님 안에서 에너지와 영감을 얻는다는 뜻이다. 성경에서 '열성'과 상응하는 '열심'으로 번역된 헬라어 '제오'는 '끓다, 뜨겁다'는 뜻이다. 하나님과 다른 사람에게 참사랑이 끓어오르는 상태로 '영의 열심'을 은유적으로 가리킨다.

'열심'으로 번역된 또 다른 헬라어 '젤로스'는 '마음의 흥분, 열의, 영의 열정'을 뜻한다. 또한 '누군가나 뭔가를 추구하거나 껴안거나 변호하는 열의'를 가리킨다. 열성에 해당하는 또 다른 단어이며 '힘써'로 번역된 히브리어 '하라'는 '뜨거워지다, 맹렬하다, 타오르다, 불길이 솟다, 불붙다'는 뜻이다. '열성'의 성경적 표현은 "기뻐 뛰다'이며 헬라어 '스킬타오'는 '껑충 뛰다, 뛰놀다'는 뜻으로 이를 잘 나타낸다.

열성은 명령이다

모든 신자는 그리스도인 삶의 기본 문제에 열성을 다하라는 명령을 받았다. "사랑에는 거짓이 없나니 악을 미워하고 선에 속하라 형제를 사랑하여 서로 우애하고 존경하기를 서로 먼저 하며 부지런하여 게으르지 말고 **열심을 품고**[성령으로 뜨거워져서] 주를 섬기라(로마서 12:9-11).

성경은 어느 영역에서 어떻게 열성을 가져야 하는지를 구체적으로 밝힌다. "좋은 일에 대하여 열심으로 사모함을 받음은 내가 너희를 대하였을 때뿐 아니라 언제든지 좋으니라"(갈라디아서 4:18).

무엇에 열성을 보여야 하는가?

● 하나님에 대해 열성을 다한다.

바울은 그리스도인이 되기 전에도 "하나님께 대하여 **열심**이 있는 자"였다.(사도행전 22:3) 그러나 "올바른 지식을 따른" 열심이 아니고 (로마서 10:20) "조상의 전통에 대하여 더욱 열심이 있었다"(갈라디아서 1:14). 바울은 신자가 되고 나서 똑같은 열성을 하나님의 나라를 확장하는 데로 돌렸다.

노아 웹스터 사전(1828년판)에서는 열성을 이렇게 정의한다. "열성은 어떤 목표와 영감을 좇아가는 맹렬한 열정이나 마음의 흥분이고, 성공의 확신이며, 논증이나 경험의 매를 맞아서 고결한 열정과 강한 열심으로 승화된 상상의 뜨거움이다. 열성은 숭고한 사상을 형성하고 칭찬할 만한 목표를 열렬히 추구하게 만든다. 애국자와 영웅과 그리스도인의 열성이 이와 같다."

● 다른 사람을 사랑하는 데 열성을 다한다.

"무엇보다도 **뜨겁게** 서로 사랑할지니 사랑은 허다한 죄를 덮느니라"(베드로전서 4:8). 고린도 신자들은 바울에게 열렬한 사랑을 베풀었다. 디도가 "너희의 사모함과 애통함과 나를 위하여 **열심** 있는

열성을 유지하려면 하나님의 말씀으로 성령과 끊임없이 교제해야 한다.

"성령을 소멸하지 말라"
—데살로니가전서 5:19

혹등고래는 공중으로 힘차게 뛰어오르고 바닷물을 타고 수백킬로까지 울려 퍼지는 노래를 불러 삶의 열성을 보인다.

열성은 하나님의 일에 대한 열렬한 헌신이다.

"사람은 자기 일에 열성을 더할 때 최상의 능력을 발휘한다."

–존 워너메이커

열성은 목숨을 걸 만한 삶의 목적에 따라오는 부산물이다.

"좋은 일에 대하여 열심으로 사모함을 받음은 내가 너희를 대하였을 때뿐 아니라 언제든지 좋으니라" —갈라디아서 4:18

것을 우리에게 보고함으로 나를 더욱 기쁘게 하였느니라"(고린도후서 7:7).

열렬한 사랑은 하나님의 진리에 순종함으로 먼저 우리 혼(프쉬케: 지정의)을 깨끗하게 할 때만 가능하다. 그렇지 않으면 사랑은 잘못된 동기와 욕망에 뒤섞이고 만다. "너희가 진리를 순종함으로 너희 영혼[프쉬케]을 깨끗하게 하여 거짓이 없이 형제를 사랑하기에 이르렀으니 마음으로 **뜨겁게** 서로 사랑하라"(베드로전서 1:22).

● 기도에 열성을 다한다.

"그러므로 너희 죄를 서로 고백하며 병이 낫기를 위하여 서로 기도하라 의인의 **간구**[간절한 기도]는 역사하는 힘이 큼이니라"(야고보서 5:16). 바울의 동료도 다른 신자들에게 이런 기도의 마음을 가졌다. "그리스도 예수의 종인 너희에게서 온 에바브라가 너희에게 문안하느니라 그가 항상 너희를 위하여 애써 기도하여 너희로 하나님의 모든 뜻 가운데서 완전하고 확신 있게 서기를 구하나니 그가 너희와 라오디게아에 있는 자들과 히에라볼리에 있는 자들을 위하여 많이 **수고하는**[젤로스] 것을 내가 증언하노라"(골로새서 4:12-13).

● 선행에 열성을 다한다.

신자라면 누구나 남을 유익하게 하기 위해 희생적인 일을 하는 데 열성을 내야 한다. 이런 일은 보상이나 영광을 바라고 해서는 안 되고, 오직 다른 사람들이 유익을 보고 하나님께서 영광을 받으시도록 해야 한다. 예수 그리스도께서 "우리를 대신하여 자신을 주심은 모든 불법에서 우리를 속량하시고 우리를 깨끗하게 하사 선한 일을 **열심히** 하는 자기 백성이 되게 하려 하심이라"(디도서 2:14). 이를 바탕으로 "서로 돌아보아 사랑과 선행을 격려 해야 한다. (히브리서 10:24)

궁핍한 신자들을 위해 구제금을 낸 고린도 신자들의 열성은 다른 신자들에게 본이 되었다. 구제에 대한 "너희의 **열심**이 퍽 많은 사람들을 분발하게 하였느니라"(고린도후서 9:2).

● 회개에 열성을 다한다.

우리는 하나님과 다른 사람을 사랑하는 것 못지 않게 하나님과 사람 앞에서 선한 양심을 지키는 데도 열성을 내야 한다. 에바브라가 열심히 기도했던 라오디게아 신자들은 열성이 없었다. 하나님에 대해 뜨겁지 않고 미지근했다. 하나님께서는 이런 상태인 그들을 책망하고 회개하라고 경고하셨다.

"내가 네 행위를 아노니 네가 차지도 아니하고 뜨겁지도 아니하도다 네가 차든지 뜨겁든지 하기를 원하노라 네가 이같이 미지근하여 뜨겁지도 아니하고 차지도 아니하니 내 입에서 너를 토하여 버리리라……무릇 내가 사랑하는 자를 책망하여 징계하노니 그러므로 네가 **열심**을 내라 회개하라"(요한계시록 3:15-16, 19).

● 시련과 모욕에도 열성을 다한다.

예수님께서는 우리가 그리스도를 위해 박해받으면 "기뻐하고 **즐거워하라**[아갈리아오=기뻐 날뛰다]"고 가르치셨다. (마태복음 5:12). 바울은 "그리스도를 위하여 약한 것들과 능욕과 궁핍과 박해와 곤고를 기뻐했다"(고린도후서 12:10).

어떻게 열성을 내는가?

참된 열성은 우리의 에너지로 조성되지 않는다. 하나님의 성령과 조화롭게 교통하는 데서 열성이 나온다. 이 까닭에 우리는 성령을 소멸해서도 안 되며, 성령께서 기뻐하시지 않는 일로 성령을 슬프게 해서도 안 된다. (데살로니가전서 5:19, 에베소서 4:30 참조)

영의 열성과 혼의 열광을 구분하는 것이 중요하다. 생각이나 의지나 감정으로 열성을 올리려고 하는 사람은 끝에 가서 우울증과 무기력증에 빠지게 된다.

혼의 열성은 촛불과 같다. 양초는 빛을 내지만 자기를 써서 없앤다. 반면에 영에서 나오는 열성은 등잔불과 같다. 우리가 하나님의 성령과 말씀으로 충만하기만 하면 열성은 기름이 가득한 등잔처럼 끝없이 타오른다.

시편 기자는 영이 열성으로 혼(지정의)을 격려하는 과정을 기록했다. 혼이 슬플 때 동시에 영이 열성으로 뜨거울 수 있기 때문이다. "내 영혼[네페쉬]아 네가 어찌하여 낙심하며 어찌하여 내 속에서 불안해 하는가 너는 하나님께 소망을 두라 나는 그가 나타나 도우심으로 말미암아 내 하나님을 여전히 찬송하리로다"(시편 42:11).

누가 열성을 보여줬는가?

- 바울은 아주 열성적인 사람이었다. 그는 하나님에 대한 열심과 열정으로 신자들을 위해 제단 위에 자신의 삶을 쏟아부었다. (빌립보서 2:17 참조)
- 아볼로는 "언변이 좋고 성경에 능통한 자라……열심으로 예수에 관한 것을 자세히 말하며 가르쳤다"(사도행전 18:24-25).
- 스데바나의 집은 성도를 섬기는 일에 헌신했다. (고린도전서 16:15 참조)

스스로 점검하기

나는 열성적인가?

- 열성을 보여 주변 사람들 모두에게 에너지를 주는가?
- 그리스도 안에서 구원을 통해 성령께서 내주하심을 경험했는가?
- 신자로서 하늘 아버지께 내 삶을 성령으로 충만하게 채워 달라고 기도했는가?
- 하나님의 성령을 통하지 않고 감정으로 열성을 보이려고 하다가 무기력감이나 우울증에 빠지지는 않는가?
- 하나님의 성령과 말씀을 통해 하나님과 매일 교제하여 내 영의 '등잔'에 기름을 가득 채우는가?
- 모든 사람에게 따듯하고 열정적인 미소를 짓는가 아니면 가까운 친구에게만 그렇게 하는가?
- 그리스도인의 삶의 치열함보다 스포츠에 더 열광하는가?
- 성경을 공부하기보다 소설을 더 열심히 읽는가?

열성은 평범한 행동을 비범한 업적으로 바꾸어 놓는다.

"이는 힘으로 되지 아니하며 능력으로 되지 아니하고 오직 나의 영으로 되느니라"
—스가랴 4:6

열성은 진정으로 성공한 사람들의 숨은 에너지다.

"어디에 있든지 거기에 몰두하라. 하나님의 뜻이라고 믿는 모든 상황을 힘껏 살아가라." —짐 엘리어트

열성은 하나님께서 내 안에서 일하시는 능력을 주변 사람들에게 표현하는 것이다.

온유 *Meekness*

vs. 화 *Anger*

온유는 하나님께서 우리를 통해 평안과 능력을 나타내시도록 우리의 권리를 하나님께 드리는 것이다.

온유는 약함이 아니라 하나님의 통제를 따르는 힘이다.

예수께서 말씀하시기를 "나는 나의 뜻대로 하려 하지 않고 나를 보내신 이의 뜻대로 하려 하므로 내 심판은 의로우니라"

—요한복음 5:30

분노는 저절로 옮지만 온유는 가르쳐야 배운다.

"노를 품는 자와 사귀지 말며 울분한 자와 동행하지 말지니 그의 행위를 본받아 네 영혼을 올무에 빠뜨릴까 두려움이니라"

—잠언 22:24-25

고삐와 재갈의 통제를 따르는 **말**의 힘은 온유의 본질을 잘 보여준다.

정의

'온유'에 해당하는 히브리어 '아나바'는 '자기를 낮추다, 절하다, 환난을 당하다, 낮아지다'를 뜻하는 어근 '아나'에서 파생되었다.

'온유'로 번역된 헬라어 '프라우스'는 '온순하다, 겸손하다'를 뜻한다. '온유'는 주로 겸손(에베소서 4:2), 공의(시편 45:4), 관용(고린도후서 10:1), 두려움(베드로전서 3:15)과 함께 쓰인다.

온유의 중요성

온유는 바로 예수님께서 자신을 묘사하신 품성이기에 매우 중요하다. "나는 마음이 온유하고 겸손하니 나의 멍에를 메고 내게 배우라"(마태복음 11:29). 그래서 온유를 배우고 기르면 기를수록 주 예수 그리스도의 본성을 많이 이어받게 된다.

그러므로 예수님께서 제자도에 관한 담화를 시작하면서 온유의 품성을 칭찬하실 만도 하다. "심령이 가난한 자는 복이 있나니……애통하는 자는 복이 있나니……온유한 자는 복이 있나니"(마태복음 5:3-5).

온유의 보상

1. 예수 그리스도를 알게 된다

사도 바울의 목표는 "그리스도와 그 부활의 능력"을 아는 것이었다. (빌립보서 3:10) 이 목표의 중요성은 바울이 이 목표를 이루기 위해 들인 공에서 잘 나타난다. "모든 것을 해로 여김은 내 주 그리스도 예수를 아는 지식이 가장 고상하기 때문이라 내가 그를 위하여 모든 것을 잃어버리고 배설물로 여김은 그리스도를 얻고[자 함이라]"(빌립보서 3:8).

2. 복음을 깨닫게 된다

구원의 좋은 소식은 누구에게나 해당된다. 그러나 온유한 사람만 이 복음을 깨닫고 응답한다. 예수님께서 이사야 성경을 펼치시고 다음 구절을 읽으실 때 이를 밝히셨다. "주 여호와의 영이 내게 내리셨으니 이는 여호와께서 내게 기름을 부으사 **가난한**[아나브=온유한] 자에게 아름다운 소식을 전하게 하려 하심이라 나를 보내사 마음이 상한 자를 고치며 포로된 자에게 자유를, 갇힌 자에게 놓임을 선포하며"(이사야 61:1). 시편 기자는 이렇게 썼다. "여호와께서는 자기 백성을 기뻐하시며 **겸손한**[아나브=온유한] 자를 구원으로 아름답게 하심이로다"(시편 149:4). "하나님이 땅의 모든 **온유한** 자를 구원하시려고 심판하러 일어나신 때에로다"(시편 76:9).

3. 인격이 변하게 된다

사람이 하나님의 말씀을 자기 지성과 감정과 의지의 중심으로 삼아 죄악스럽고 파괴적인 습관을 극복할 수 있게 하는 품성이 바로 온유다. "그러므로 모든 더러운 것과 넘치는 악을 내버리고 너희 영혼[프쉬케]을 능히 구원할 바 마음에 심어진 말씀을 **온유함**으로 받으라"(야고보서

1:21). 예수님께서 하나님의 살아 있는 말씀이시므로 우리가 예수님에 대해 알면 알수록 하나님의 말씀을 더 많이 깨닫게 된다. (요한복음 1:1 참조)

4. 하나님의 인도를 받게 된다

현명한 결정을 내리는 것은 삶에서 아주 중요한 일이면서 그만큼 어려운 일이다. 자기 나름대로 아무리 옳은 결정을 내려도 나중에 가서 뒤집히는 경우가 적지 않다. 그러면 어떻게 해야 현명한 결정을 내리는 분별이 생길까? "**온유한** 자를 정의로 지도하심이여 **온유한** 자에게 그의 도를 가르치시리로다"(시편 25:9).

5. 참된 성품을 기르게 된다

성경은 사람의 겉모습보다 마음속에 감추어진 속사람을 단장하는 일이 훨씬 중요하다고 밝힌다. 속사람은 온유로 단장해야 한다. "너희의 단장은 머리를 꾸미고 금을 차고 아름다운 옷을 입는 외모로 하지 말고 오직 마음에 숨은 사람을 **온유하고** 안정한[조용한] 심령의 썩지 아니할 것으로 하라 이는 하나님 앞에 값진 것이니라"(베드로전서 3:3-4).

6. 삶을 온전히 즐기게 된다

재산이 많아도 그것을 즐기지 못하는 사람이 적지 않다. 아무리 좋은 음식도 입맛이 당기지 않는다. 그러나 "**겸손한**[아나브=온유한] 자는 먹고 배부를 것이며 여호와를 찾는 자는 그를 찬송할 것이라 너희 마음은 영원히 살지어다"(시편 22:26).

7. 영원한 유산을 받게 된다

예수님께서 약속하신다. "**온유한** 자는 복이 있나니 그들이 땅을 기업으로 받을 것임이요"(마태복음 5:5). 시편 37편 9-11절에서는 이 약속을 자세히 설명한다. "진실로 악을 행하는 자들은 끊어질 것이나 여호와를 소망하는 자들은 땅을 차지하리로다 잠시 후에는 악인이 없어지리니 네가 그 곳을 자세히 살필지라도 없으리로다 그러나 **온유한** 자들은 땅을 차지하며 풍성한 화평으로 즐거워하리로다"

온유의 기본 기능

온유가 예수 그리스도의 본성이므로 당연히 신자의 삶의 기본 기능도 온유이어야 한다.

1. 성령의 열매를 맺기

우리가 육신의 행위로 살 권리를 내려놓아야만 성령의 열매가 맺힌다. "오직 성령의 열매는……**온유**……니"(갈라디아서 5:22-23).

2. 동료 신자를 회복시키기

우리가 잘못을 저지른 형제를 바로잡으려면 우리 자신이 그 형제보다 낫다고 느끼거나 그 형제처럼 실수하지 않으리라고 생각할 권리를 내려놓아야만 한다. "형제들아 사람이 만일 무슨 범죄한 일이 드러나거든 신령한 너희는 **온유한** 심령으로 그러한 자를 바로잡고 너 자신을 살펴보아 너도 시험을 받을까 두려워하라"(갈라디아서 6:1). "거역하는 자를 **온유함**으로 훈계할지니 혹 하나님이 그들에게 회개함을 주사 진리를 알게 하실까 하며"(디모데후서 2:25).

3. 그리스도께 합당한 자로 살기

우리의 신앙 고백에 합당하게 살려면 동료 신자에게 원한을 품을 권리를 내려놓아야 한다. "그러므로 주 안에서 갇힌 내가 너희를 권하노니 너희가 부르심을 받은 일에 합당하게 행하여 모든 겸손과 **온유**로 하고 오래 참음으로 사랑 가운데서 서로 용납하고"(에베소서 4:1-2). "그러므로 너희는 하나님이 택하사 거룩하고 사랑 받는 자처럼 긍휼과 자비와 겸손과 **온유**와 오래 참음을 옷 입고 누가 누구에게 불만이 있거든 서로 용납하여 피차

온유는 힘들고 무거운 우리 삶의 짐을 쉽고 가벼운 그리스도의 멍에와 맞바꿔 매는 것이다.

"수고하고 무거운 짐 진 자들아 다 내게로 오라 내가 너희를 쉬게 하리라 나는 마음이 온유하고 겸손하니 나의 멍에를 메고 내게 배우라 그리하면 너희 마음이 쉼을 얻으리니 이는 내 멍에는 쉽고 내 짐은 가벼움이라 하시니라"

—마태복음 11:28-30

"사람의 힘은 자기 권리를 포기하는 만큼 커진다." —윌리엄 부스

"마음이 슬픔에 겨운가?
삶이 고민에 치이는가?
짐을 하나씩 지고 십자가로
나아오라. 모든 걱정을 그 앞에
내려놓으라." —E. H. 조이

분노는 우리의 온유를 점검하라는 신호이다.

감정은 불과 같아서 우리에게 종이 되면 선하지만 주인이 되면 악하니 온유로 감독하고 다스려야 한다.

가장 내려놓기 어려운 권리 중 하나는 내가 최종 결정을 내릴 권리다.

"분노는 산(酸)과 같아서 분노를 쏟아부은 대상보다 분노를 담고 있는 자신에게 더 해롭다."

—작자 미상

우리가 온유할 때는 처음에 말을 하든 마지막에 말을 하든 개의치 않는다.

용서하되 주께서 너희를 용서하신 것 같이 너희도 그리하고"(골로새서 3:12-13).

4. 권위자들을 공경하기

하나님께서 세우신 권위자를 잘 공경한다는 말은 권위자를 악평할 권리를 내려놓는다는 뜻이다. "너는 그들로 하여금 통치자들과 권세 잡은 자들에게 복종하며 순종하며 모든 선한 일 행하기를 준비하게 하며 아무도 비방하지 말며 다투지 말며 관용하며 범사에 **온유함**을 모든 사람에게 나타낼 것을 기억하게 하라"(디도서 3:1-2).

5. 선을 행하기

선행을 하려면 공로를 인정받을 권리를 내려놓고 다른 사람에게 영예를 돌릴 줄 알아야 한다. "너희 중에 지혜와 총명이 있는 자가 누구냐 그는 선행으로 말미암아 지혜의 **온유함**으로 그 행함을 보일지니라"(야고보서 3:13).

6. 우리의 소망을 설명하기

사람들이 우리의 삶을 보고 우리가 미래에 대해 가진 소망에 감탄해야 맞다. 그러나 우리가 시련이나 슬픔이 없는 삶을 살 권리를 내려놓지 않는 한 사람들은 우리의 소망을 거들떠보지도 않을 것이다. "그러나 의를 위하여 고난을 받으면 복 있는 자니 그들이 두려워하는 것을 두려워하지 말며 근심하지 말고 너희 마음에 그리스도를 주로 삼아 거룩하게 하고 너희 속에 있는 소망에 관한 이유를 묻는 자에게는 대답할 것을 항상 준비하되 **온유**와 두려움으로 하고"(베드로전서 3:14-15).

어떻게 온유를 배우는가?

우리는 자신의 약함을 인정하고 그리스도께서 십자가에서 이루신 일을 믿음으로 그분께 나아가 그분과 연합하여 온유를 배운다. 그리고 우리가 그리스도를 닮도록 우리를 위해 스스로 낮아지신 그리스도를 실제로 겪어 보며 깊이 알아가야 한다.

스스로 점검하기

나는 온유한가?

- 자신을 하나님께 드리고 모든 권리를 내드렸는가?
- 내게 일어나는 모든 일을 하나님께서 통제하신다고 백 퍼센트 확신하는가?
- 주 예수 그리스도를 더 닮는 것이 목표인가?
- 복음의 좋은 소식를 듣고 응답했는가?
- 사람들이 나의 온유함과 조용함을 칭찬하는가 아니면 나의 분노에 반발하는가?
- 사람들이 내가 도와 주려고 하는 충고나 조언에 저항하는가?
- 지도자들에 대해 악평하는가?
- 내가 어떠한 역경에도 왜 그렇게 평온을 잃지 않는지를 사람들이 묻는가?
- 내 짐을 그리스도의 멍에와 맞바꿨는가?
- 나의 선행으로 사람들에게 칭찬받으면 나를 도와준 다른 사람에게 영예를 돌리는가?

온화함 *Gentleness*

vs. 거칢 *Harshness*

온화함은 다른 사람들이 약한 시기에 주님 안에서 모든 역량을 다 발휘하도록 지원하는 것이다.

정의

'온화함'을 가리키는 히브리어의 어근인 '아나'는 '내려다 보다, 누르다, 자기를 낮추다, 기가 꺾이다, 고난당하다, 낮아지다, 스스로 약해지다'라는 광범위한 뜻을 갖는다.

온화함의 실제 모습

온화함은 다른 사람, 특히 우리가 돌보는 아랫사람에 대한 우리의 반응으로 나타난다. 우리는 다른 사람의 약점과 한계를 인식하고 부드러운 대답과 따뜻한 격려로 반응하기 위해 자신을 훈련해야 한다. 또한 즐겁게 노래하고 현명하게 대답하며 그들을 위해 하나님께 부르짖고 그들이 비틀거리면 붙잡아 주어 그들을 양육해야 한다.

온화함의 성경적 사례

1. 양을 돌보는 목자

양의 생명과 건강은 목자의 온화함에 달렸다. 온화한 목자의 이해심은 형 에서가 부하 400명과 함께 양떼를 몰고 가려고 했을 때 야곱이 형에게 한 답변에 잘 나타난다. "야곱이 그에게 이르되 내 주도 아시거니와 자식들은 연약하고 내게 있는 양 떼와 소가 새끼를 데리고 있은즉 하루만 지나치게 몰면 모든 떼가 죽으리니 청하건대 내 주는 종보다 앞서 가소서 나는 앞에 가는 가축과 자식들의 걸음대로 **천천히**[아트=부드럽게] 인도하여 세일로 가서 내 주께 나아가리이다"(창세기 33:13-14).

하나님께서는 다음 구절에서 당신을 온화한 목자에 비유하신다. "보라 주 여호와께서 장차 강한 자로 임하실 것이요 친히 그의 팔로 다스리실 것이라 보라 상급이 그에게 있고 보응이 그의 앞에 있으며 그는 목자 같이 양 떼를 먹이시며 어린 양을 그 팔로 모아 품에 안으시며 젖먹이는 암컷들을 **온순히** 인도하시리로다"(이사야 40:10-11). 여기서 '온순히 인도하다'로 번역된 히브리어 '나할'은 '곱게 이끌다, 쉬게 하다, 쉼터로 데려가다, 안내하다, 생기를 주다, 보호하다, 지지하다'는 뜻이다.

2. 아기를 돌보는 엄마

바울은 자기가 그리스도께 인도한 사람들에 대한 사랑과 관심을 온화함의 개념으로 설명했다. "우리는……너희 가운데서 유순한 자가 되어 유모가 자기 자녀를 기름[애지중지함]과 같이 하였으니"(데살로니가전서 2:7).

여기서 '기르다'로 번역된 헬라어 '달포'는 '따뜻하게 하다, 부드럽게 양육하다'를 뜻한다. 어미 닭이 깃털로 알을 품는 모습을 가리킨다.

젖먹이의 엄마는 아기가 매우 연약해서 거칠게 다루거나 무관심하면 쉽게 다친다는 점과 아기가 엄마를 떠나서는 사랑과 음식과 보호를 받을 수 없다는 점을

온화함은 딱딱한 얼굴에 감춰진 내면의 섬세한 영혼을 보는 것이다.

무뚝뚝함은 대개 상처받아 아픈 영혼을 보호하려는 자기 방어 수단이다. 이해를 호소하는 울부짖음이기도 하다.

온화함은 자기를 낮추고 자기가 대접받고 싶은 대로 남을 대접할 때 나온다.

"오직 위로부터 난 지혜는 첫째 성결하고 다음에 화평하고 관용하고[온화하고] 양순하며 긍휼과 선한 열매가 가득하고 편견과 거짓이 없나니" —야고보서 3:17

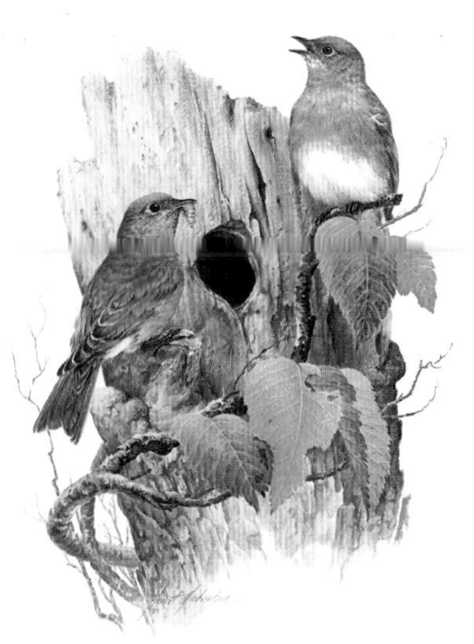

파랑울새는 한 시간에 여섯 번에서 열 번까지 새끼에게 먹이를 물어다 준다. 이 때문에 새끼들은 부화한 지 단 2주 만에 독립한다.

온화함의 정도는 이를 베푸는 사람이 아닌 받는 사람만 평가할 수 있다.

"의인은 자기의 가축의 생명을 돌보나 악인의 긍휼은 잔인이니라" —잠언 12:10

"주님께서는 우리가 사람들을 대하는 면에서 주님을 더 많이 닮게 하신다. 대개 종들이 서로 거칠게 대하지 어디 주님께서 그러시는가?"

—에이미 카마이클

잘 안다. 데살로니가전서 2장 7절에서 바울이 '유순하다'라고 한 말은 '친절하고 부드럽고 상냥하다'는 뜻이다.

어떻게 온화한 자세를 기르는가

우리는 우리에게 온화한 사람을 통해 온화함을 배운다. 하나님께서 우리에게 고난을 겪게 하시는 이유는 다른 사람에게 온화함을 표현할 기회를 우리에게 주시는 것이기도 하다. '굽히다, 자기를 낮추다, 절하다, 고난당하다, 낮아지다, 스스로 약해지다'를 뜻하는 히브리어 '아나'가 이 개념을 잘 반영한다.

예수님께서도 제자들에게 당신을 낮추시어 온화한 마음을 갖는 개념을 가르치셨다. "누구든지 나를 따라오려거든 자기를 부인하고 자기 십자가를 지고 나를 따를 것이니라"(마태복음 16:24). "수고하고 무거운 짐 진 자들아 다 내게로 오라 내가 너희를 쉬게 하리라 나는 마음이 온유하고 겸손하니 나의 멍에를 메고 내게 배우라 그리하면 너희 마음이 쉼을 얻으리니"(마태복음 11:28-29). 여기서 '겸손하다'는 말은 '납작 엎드리다, 낮아지다, 굴욕을 당하다'는 뜻으로 '낮은 등급이 되고, 낮은 곳으로 끌려가고, 낮춰지고, 바닥에 던져진' 상태를 가리킨다.

하나님께서는 우리에게 겸손을 가르치시기 위해 조심스럽게 우리를 인도하여 시련을 겪게 하신다. 이 시련 속에서 하나님은 우리에게 위로와 조언을 주셔서 우리가 같은 시련을 겪는 사람들을 도울 수 있도록 우리를 준비시키신다. "찬송하리로다 그는 우리 주 예수 그리스도의 하나님이시요 자비의 아버지시요 모든 위로의 하나님이시며 우리의 모든 환난 중에서 우리를 위로하사 우리로 하여금 하나님께 받는 위로로써 모든 환난 중에 있는 자들을 능히 위로하게 하시는 이시로다"(고린도후서 1:3-4).

어떻게 온화함이 우리를 위대하게 만드는가

성경에서 두 번 다윗은 증언한다. "주의 온유함[온화함]이 나를 크게 하였나이다"(사무엘하 22:36, 시편 18:35). 여기서 '크게'로 번역된 히브리어 '라바'는 '엄청나게 증가하다, 확대하다, 많아지다, 가치가 커지다, 배가하다'를 뜻한다.

온화함은 고통과 슬픔으로 시작하여 넘치도록 늘어나는 풍요로 끝난다. 이것이 하나님의 길이다. 자신에게 죽으면 살고, 넘치도록 주면 넘치게 받고, 눈물로 씨를 뿌리면 기쁨으로 수확을 거둔다.

야베스의 삶은 온화함의 뜻과 힘을 멋지게 묘사한다. '야베스'의 뜻은 '슬픔'이다. 그의 어머니가 "고통 속에서 낳았다" 하여 지어준 이름이었다. 당시는 이름이 무척 중요했고 실제로 이름이 그 사람의 미래를 예견한 경우가 많았다. 그러나 야베스는 삶의 초점과 목표를 바꾸고 싶어서 이스라엘의 하나님께 부르짖었다. "주께서 내게 복을 주시려거든 나의 지역을 넓히시고 주의 손으로 나를 도우사 나로 환난을 벗어나 내게 근심이 없게 하옵소서 하였더니 하나님이 그가 구하는 것을 허락하셨더라"(역대상 4:10).

어떻게 온화함이 지혜의 기본인가

야고보는 지혜를 설명하면서 온화함을 강조했다. "오직 위로부터 난 지혜는 첫째 성결하고 다음에 화평하고 관용하고 [에피에이케스=온화하고] 양순하며 긍휼과 선한 열매가 가득하고 편견과 거짓이 없나니"(야고보서 3:17).

참된 지혜에서 나오는 온화함은 이해심 또는 '듣는 마음'의 결과다. 이것은 바로 솔로몬이 하나님께 청했던 품성이다. "듣는 마음을 종에게 주사 주의 백성을 재판하여 선악을 분별하게 하옵소서" (열왕기상 3:9). 여기서 '듣는'은 히브리어 '샤마'이다. "이스라엘아 오늘 내가 너희의 귀에 말하는 규례와 법도를 듣고[샤마] 그것을 배우며 지켜 행하라"(신명기 5:1). 이처럼 온화함은 '듣는 마음'의 결과다.

'샤마'는 성경에서 '순종하다'로 번역되기도 한다. 우리가 하나님의 말씀을 듣고 성령의 인도를 따르면 육신의 정욕으로 거칠어지고 부패되는 것을 피하고 "사랑과 희락과 화평과 오래 참음과 **자비**[온화함]와 양선과 충성과 온유와 절제" 곧 성령의 열매를 경험하게 된다. (갈라디아서 5:22-23) 이 구절에서 자비로 번역된 헬라어 '크레스토테스'는 성품과 태도에서 탁월한 도덕성을 가리킨다.

지혜와 온화함은 현실에서 남을 헐뜯지 않고 모든 사람과 관계에서 평화와 조화를 추구하는 것으로 나타난다. "너는 그들로 하여금 통치자들과 권세 잡은 자들에게 복종하며 순종하며 모든 선한 일 행하기를 준비하게 하며 아무도 비방하지 말며 다투지 말며 **관용하며**[온화하며] 범사에 온유함을 모든 사람에게 나타낼 것을 기억하게 하라" (디도서 3:1-2). "주의 종은 마땅히 다투지 아니하고 모든 사람에 대하여 **온유하며**[온화하며] 가르치기를 잘하며 참으며" (디모데후서 2:24).

온화함은 다른 사람들이 약한 시기에 주님 안에서 모든 역량을 전부 발휘하도록 지원하는 것이다.

스스로 점검하기

나는 온화한가?

- 다른 사람의 아픔과 어려움을 주의 깊게 살피기 위해 자기를 훈련하고 겸손을 배웠는가?
- 다른 사람에게 지시하거나 반응할 때 그 사람의 약점과 한계를 고려하는가?
- 나를 영적 지도자나 모범으로 바라보는 사람들에게 목자의 마음자세를 갖는가?
- 과거의 고통과 고난이 생각날 때마다 다른 사람을 보호하고 내게 상처를 준 사람들에게 바르게 대응하도록 철저히 준비하는 계기로 삼는가?
- 사람들이 도움이 필요하다고 내 시간이나 에너지를 빼앗아 가면 짜증을 내거나 반발하는가?
- 싫어하는 사람을 비방하는가?
- 영적으로 제대로 성숙하지 못한 사람들을 가르칠 방법을 찾는가?
- 다른 사람을 마음 상하게 하거나 낙심시키지 않도록 부드럽게 대답하는가?
- 다른 사람의 잠재력을 보고 그들이 잘 성장하도록 돕기로 작정하는가?

역경의 불길은 우리 삶에 해로운 가시덤불과 엉겅퀴를 태우고 온화함을 새롭게 배울 기회를 준다.

"사랑하는 자들아 너희를 연단하려고 오는 불 시험을 이상한 일 당하는 것 같이 이상히 여기지 말고 오히려 너희가 그리스도의 고난에 참여하는 것으로 즐거워하라 이는 그의 영광을 나타내실 때에 너희로 즐거워하고 기뻐하게 하려 함이라"

—베드로전서 4:12-13

시련 속에서 하나님의 위로와 은혜를 받아들이면 다른 사람에게 친절하고 온화한 자세를 갖게 된다.

"아무도 비방하지 말며 다투지 말며 관용하며[온화하며] 범사에 온유함을 모든 사람에게 나타낼 것을 기억하게 하라"

—디도서 3:2

"영웅적인 큰일을 할 기회는 아무에게나 오지 않는다. 그러나 상냥하고 다정하고 부드럽게 남을 대할 기회는 누구에게나 매일 온다."

—마가렛 생스터

하나님의 용서 공식:
70 × 7 = 0

“그 때에 베드로가 나아와 이르되 주여 형제가 내게 죄를 범하면 몇 번이나 용서하여 주리이까 일곱 번까지 하오리이까 예수께서 이르시되 네게 이르노니 일곱 번뿐 아니라 일곱 번을 일흔 번까지라도 할지니라” —마태복음 18:21-22

“만일 하루에 일곱 번이라도 네게 죄를 짓고 일곱 번 네게 돌아와 내가 회개하노라 하거든 너는 용서하라 하시더라” —누가복음 17:4

신자를 용서하는 것은 자기 자신에게 선물을 주는 것이다. 우리는 모두 한 몸의 지체이기 때문이다.

용서 *Forgiveness*

vs. 원망 *Bitterness*

용서는 내게 잘못한 사람들이
나를 통해 하나님의 사랑의 능력으로 치유되도록
그들을 대하는 것이다.

정의

‘용서’는 내게 잘못한 사람의 잘못을 마음에서 지워버리고 그 일로 인한 어떤 결과도 감내하며 살기로 결정하는 것이다.

‘용서’로 번역된 주요 헬라어는 ‘아페시스’이며 ‘도말, 석방, 사면’을 뜻한다. 이 말의 어원은 ‘아피에미’이며 ‘떠나 보내다’는 뜻이다.

예수님의 말씀에 ‘아피에미’가 쓰였다. “우리가 우리에게 죄 지은 자를 사하여[아피에미] 준 것 같이 우리 죄를 사하여[아피에미] 주시옵고”(마태복음 6:12).

‘용서하다’로 번역된 헬라어는 ‘카리조마이’이며 ‘즐거운 일 또는 마음에 드는 일을 하다, 호의를 베풀다, 은혜를 베풀다, 거저 주다’는 뜻이다. 이 말은 바울의 편지에서 쓰였다. “서로 친절하게 하며 불쌍히 여기며 서로 용서하기[카리조마이]를 하나님이 그리스도 안에서 너희를 용서하심[카리조마이]과 같이 하라”(에베소서 4:32).

왜 용서가 중요한가

자기에게 잘못한 사람을 용서하지 않는 사람은 심각한 결과를 맞는다. 가해자를 용서하지 않는 사람이 겪는 신체적, 정신적, 감성적, 영적 결과는 다음과 같다.

● 우리가 용서받지 못한다.

예수님께서 말씀하셨다. “너희가 사람의 잘못을 용서하면 너희 하늘 아버지께서도 너희 잘못을 용서하시려니와 너희가 사람의 잘못을 용서하지 아니하면 너희 아버지께서도 너희 잘못을 용서하지 아니하시리라”(마태복음 6:14-15).

● 우리가 고문을 당한다.

많은 빚을 탕감받은 종이 자기에게 적은 돈을 빚진 동료를 용서하지 않았을 때 주님께서는 말씀하셨다. “이에 주인이 그를 불러다가 말하되 악한 종아 네가 빌기에 내가 네 빚을 전부 탕감하여 주었거늘 내가 너를 불쌍히 여김과 같이 너도 네 동료를 불쌍히 여김이 마땅하지 아니하냐 하고 주인이 노하여 그 빚을 다 갚도록 그를 옥졸들에게 넘기니라 너희가 각각 마음으로부터 형제를 용서하지 아니하면 나의 하늘 아버지께서도 너희에게 이와 같이 하시리라”(마태복음 18:32-35).

● 우리가 더러워진다.

우리가 상처를 입으면 하나님께서는 우리에게 가해자를 용서하도록 은혜를 주신다. 그러므로 “모든 사람과 더불어 화평함과 거룩함을 따르라 이것이 없이는 아무도 주를 보지 못하리라 너희는 하나님의 은혜에 이르지 못하는 자가 없도록 하고 또 쓴 뿌리[원망]가 나서 괴롭게 하여 많은 사람이 이로 말미암아 더럽게 되지 않게 하며”(히브리서 12:14-15).

● 우리의 건강을 해친다.

우리가 가해자를 용서하지 않으면 주님

의 성찬식에 바르게 참여할 수 없게 된다. "그러므로 너희 중에 약한 자와 병든 자가 많고 잠자는[죽은] 자도 적지 아니하니" (고린도전서 11:30, 마태복음 6:14-15).

용서는 사면과 어떻게 다른가

누가 우리 가족을 죽이면 우리는 마땅히 그 사람을 용서해야 한다. 그러나 우리에게는 그를 사면할 권한이 없다. 그 까닭은 우리가 가해자를 처벌할 권한이 없기 때문이다. 그러므로 우리가 용서해도 그 사람은 잘못에 대한 보응을 받게 된다. 용서는 내게 잘못한 사람의 잘못을 마음에서 지우고 그와 교제를 회복하는 것이다. 그러나 가해자는 파멸의 씨앗으로 계속 심각한 보응을 받기도 한다.

다윗은 밧세바와 간음을 범하고 그녀의 남편 우리아가 죽도록 살인을 교사하고 나서 회개했다. 이때 "나단이 다윗에게 말하되 여호와께서도 당신의 죄를 사하셨나니 당신이 죽지 아니하려니와" (사무엘하 12:13). 다윗의 죄는 용서되었지만 보응이 따랐다. "여호와께서 또 이와 같이 이르시기를 보라 내가 너와 네 집에 재앙을 일으키고 내가 네 눈앞에서 네 아내를 빼앗아 네 이웃들에게 주리니" (사무엘하 12:11).

용서하기를 어떻게 배우는가

"당신 마음을 상하게 하거나 당신에게 깊은 상처를 준 사람들을 기억합니까?" 라고 물으면 대부분 사람들은 즉시 "기억한다."라고 대답한다. 그러면 다음 질문을 꼭 물어야 한다. "그들을 완전히 용서했습니까?"

용서하지 않으면 원망이 생기고 원망은 나병과 같다. 나병환자는 감각이 마비되어 고통을 못 느낀다. 그러므로 자신을 해치는 상황조차 의식하지 못한다. 이처럼 원망을 품은 사람들은 자기가 말과 태도와 행동으로 다른 사람들을 얼마나 아프게 하는지를 깨닫지 못한다. 하나님께서는 사람들에게 용서할 마음을 일으키시기 위해 명령과 대조와 개념을 사용하신다.

용서하라는 명령들

- "서로 친절하게 하며 불쌍히 여기며 서로 용서하기를 하나님이 그리스도 안에서 너희를 용서하심과 같이 하라" (에베소서 4:32).
- "누가 누구에게 불만이 있거든 서로 용납하여 피차 용서하되 주께서 너희를 용서하신 것 같이 너희도 그리하고"(골로새서 3:13).
- "비판하지 말라 그리하면 너희가 비판을 받지 않을 것이요 정죄하지 말라 그리하면 너희가 정죄를 받지 않을 것이요 용서하라 그리하면 너희가 용서를 받을 것이요"(누가복음 6:37).
- "너희는 스스로 조심하라 만일 네 형제가 죄를 범하거든 경고하고 회개하거든 용서하라"(누가복음 17:3).

용서를 이해하는 개념들

- **자비를 달라고 애원하는 것과 시간을 더 달라고 애원하는 것의 차이**

엄청난 빚에서 풀려나고서도 동료의 적은 빚을 탕감해 주지 않은 종은 자비를 베풀 수 없었다. 그 까닭은 그가 자비를 구하지 않았기 때문이다. 그는 오히려 시간을 더 달라고만 간청했다. "내게 참으소서 다 갚으리이다 하거늘"(마태복음 18:26). 현명한 주인은 그가 절대로 자기 빚을 다 갚을 수 없음을 깨닫도록 그를 감옥에 가두고 고문 형리들에게 넘겨주었다. 그래야 그는 자비를 달라고 간청할 것이고 다른 사람들에게도 그 자비를 베풀 수 있게 될 것이다. (누가복음 41-48 참조)

잘못을 범한 사람은 정당한 처벌을 받아들일 마음이 있을 때 비로소 용서 속에 감춰진 자비를 보고 감사하게 된다.

(창세기 44장 참조)

"악인의 불의로 고통을 당하고 있다면 악인이 둘이 되지 않도록 그를 용서하라."

—성 어거스틴

양은 고난을 딛고 일어서는 속도가 빠르다. 양은 보복하거나 비명을 지르지 않고 고통과 괴로움을 감내한다.

허물을 간과하라!

"노하기를 더디 하는 것이 사람의 슬기요 허물을 용서하는 것이 자기의 영광이니라"

—잠언 19:11

"나는 내 영혼이 옹졸하게 되어 추락하지 않도록 절대로 어느 누구도 미워하지 않겠다."

—부커 T. 워싱턴

참된 용서는 어떤 보복이나 복수도 생각하지 않는다.

누군가에게 상처를 준 것은 하나님의 원리를 어겼다는 뜻이다. 그러므로 우리는 우리를 아프게 한 사람이 하나님으로부터 보응을 받을 것을 확신할 수 있다.

"내 사랑하는 자들아 너희가 친히 원수를 갚지 말고 하나님의 진노하심에 맡기라 기록되었으되 원수 갚는 것이 내게 있으니 내가 갚으리라고 주께서 말씀하시니라"

—로마서 12:19

● 양심을 깨끗이 하는 것과 가혹하게 반응하는 것의 차이

다윗은 어떤 남자가 이웃의 하나뿐인 양을 빼앗았다는 이야기를 듣고 몹시 화를 내며 극단적 처벌을 요구했다. 당시 법은 양 한 마리를 훔친 사람에게 네 마리를 보상하도록만 요구했다. 그러나 다윗은 정의로운 심판을 내리지도 자비를 베풀지도 못했다. 자기가 똑같은 죄에 대한 죄책감이 있었기 때문이다. 남을 가혹하게 판단하는 것은 바로 우리도 똑같은 일을 하고 있기 때문에 자기 자신을 정죄하는 것이다. (로마서 2:1-3 참조)

● 사랑을 추구하기와 보복하기의 차이

성령의 능력을 얻는 세 단계가 있다. 첫 단계는 성령으로 충만해지는 것이다. 이것은 우리가 구원받아 성령께서 내주하신(로마서 8:15) 다음에 우리가 하늘 아버지께 성령의 충만을 간구할 때 이뤄진다. (누가복음 11:13, 에베소서 5:18 참조)

둘째 단계는 성령의 시험이다. 바울은 고린도후서 12장 10절에 이 시험들을 정리해 놓았다. "그러므로 내가 그리스도를 위하여 약한 것들과 능욕과 궁핍과 박해와 곤고를 기뻐하노니 이는 내가 약한 그 때에 강함이라" 우리는 모든 시험에서 감사함으로(데살로니가전서 5:18), 기뻐함으로(빌립보서 4:4), 필요할 땐 하나님께 부르짖음으로(시편 50:15) 성령의 시험을 통과한다.

우리는 시련의 시험을 통과하는 정도에 따라 사랑과 기쁨과 평화로 시작되는 성령의 능력을 체험하게 된다. 이 과정은 예수님의 삶에서 잘 나타난다. 예수님께서는 성령으로 충만해지셨고, 성령께 이끌려 광야에 들어가셨고, 성령의 능력을 갖고 돌아오셨다. (누가복음 4:1-14 참조)

우리가 하나님께 부름을 받는 순서도 이와 같다. 첫째 단계로, 우리는 하나님께 거룩하고 헌신하도록 부름받는다. (로마서 12:1-2 참조) 둘째로, 그리스도의 고난에 동참하도록 부름받는다. (빌립보서 3:10 참조) 셋째로, 하나님의 능력을 경험하는 영광에 참여하도록 부름받는다. (베드로전서 5:10 참조) 고난 뒤에 영광이 온다. 예를 들면 "너희가 그리스도의 이름으로 치욕을 당하면 복 있는 자로다 영광의 영 곧 하나님의 영이 너희 위에 계심이라 [그분께서 그들 편에서는 비방을 받으시나 너희 편에서는 영광을 받으시느니라]"(베드로전서 4:14).

하나님께서 주시는 고난은 사랑의 능력을 얻어 하나님의 영광을 드러내게 하시는 하나님의 연단이다. 우리가 이 사실을 인식하지 않으면 사탄은 우리에게 이 고난에 대한 원망을 심어주고 원망은 우리가 용서를 못하고 파멸하게 만든다.

● 그리스도의 몸을 세우는 것과 신자들과 교제를 끊는 것의 차이

바울은 모든 신자가 그리스도의 몸의 지체이며 모두 서로 연결되어 있다고 밝힌다. 그러므로 같은 신자끼리 용서하지 않으면 실제로 자기 자신을 용서하지 않는 것이다.

같은 신자들을 그리스도의 몸의 지체로 인식하는 것은 주님의 성찬에 대한 말씀에서 언급되었다. 만일 용서하지 않음으로 이 개념을 범하는 사람은 주님의 몸을 분별하지 못하는 것이다. "그러므로 누구든지 주의 떡이나 잔을 합당하지 않게 먹고 마시는 자는 주의 몸과 피에 대하여 죄를 짓는 것이니라 사람이 자기를 살피고 그 후에야 이 떡을 먹고 이 잔을 마실지니 주의 몸을 분별하지 못하고 먹고 마시는 자는 자기의 죄를 먹고 마시는 것이니라 그러므로 너희 중에 약한 자와 병든 자가 많고 잠자는 자도 적지 아니하니"(고린도전서 11:27-30).

● 고난에 동참하는 것과 나약함의 차이

바울은 고난을 기꺼이 감내하고자 하는 그리스도인이면 누구나 부활의 능력을 체험할 수 있다고 말했다. "내가 그리스도와 그 부활의 권능과 그 고난에 참여함을 알고자 하여 그의 죽으심을 본받아"(빌립보서 3:10). 하나님께서는 모든 신자에게 그리스도의 능력을 더 체험하기 위해 방종에 대해 죽으라고 명하신다.

고난의 시험을 이기고 통과하는 사람에게는 바로 이 그리스도의 능력이 주어진다. (고린도후서 12:9 참조) 베드로도 악을 선으로 갚음으로 다른 사람을 축복하려는 신자들에게 이러한 고난을 설명한다. "악을 악으로, 욕을 욕으로 갚지 말고 도리어 복을 빌라 이를 위하여 너희가 부르심을 받았으니 이는 복을 이어받게 하려 하심이라"(베드로전서 3:9).

용서하는 마음자세를 기르기

1. 내게 잘못한 사람을 하나님께서 쓰시는 '도구'로 본다.
2. 하나님께서 이 상처를 통해 주시려고 계획하신 유익에 대해 하나님께 감사한다.
3. 하나님께서 이 상처를 통해 내 안에 계발하시고 싶은 품성이 무엇인지를 알아낸다.
4. 고난은 그리스도인의 삶에서 극히 정상적인 부분임을 깨닫는다.

용서의 두 가지 보상

다른 사람에게 상처를 입은 사람이 받는 첫 번째 보상은 하나님의 은혜를 덤으로 더 받는 것이다. (히브리서 12:15 참조)

두 번째 보상은 하나님이 어떻게 그것을 선한 뜻으로 의도하셨는지 깨닫는 것이다. "당신들은 나를 해하려 하였으나 하나님은 그것을 선으로 바꾸사 오늘과 같이 많은 백성의 생명을 구원하게 하시려 하셨나니"(창세기 50:20).

스스로 점검하기

나는 사람들을 용서하는가?

- 나의 인생 목표가 참사랑의 능력을 얻는 것인가?
- 아직 용서하지 않은 사람이 있는가?
- 누군가에게 상처를 받으면 그것을 시험으로 보고 기뻐하는가?
- 내게 잘못한 사람을 용서하면 그 사람이 자기 실수를 통해 아무것도 배우지 못할까 우려하는가?
- 가해자를 처벌받게 해야 할 책임이 내게 있다고 믿는가?
- 가해자를 용서하면 또 다시 그런 일을 하도록 부추기게 될까 우려하는가?
- 어떤 가해자를 생각하면 고통과 아픔이 살아나는가?
- 가해자가 내게 저지른 잘못을 내가 그리스도께 저지른 더 큰 잘못과 견주어 보는가?
- 내게 악을 행한 사람들에게 선으로 갚을 길을 찾아보았는가?
- 같은 신자가 내게 잘못했을 때 그리스도의 몸 안에서 그 사람이 나와 연결되어 있는 모습을 마음에 그려보는가?

우리가 이제껏 얼마나 많이 용서받았는지를 깨달으면 깨달을수록 다른 사람을 용서하기가 쉬워진다.

"서로 친절하게 하며 불쌍히 여기며 서로 용서하기를 하나님이 그리스도 안에서 너희를 용서하심과 같이 하라"
—에베소서 4:32

"남을 용서하지 못하는 사람은 자기가 건너야 할 다리를 부수는 것이다. 사람은 누구나 용서를 받아야 할 일이 있기 때문이다."
—토머스 풀러

우리에게 상처를 준 사람에게 집중하면 그 사람이 우리의 기준이 된다. 우리는 그 사람의 행동을 비난하는 동안 자기도 모르게 그 사람의 태도를 닮는다.

우리가 다른 사람에게서 어떤 태도를 보고 반발했다면 그와 똑같은 태도가 곧 우리에게서도 나타날 것이다.

우리는 그리스도의 사랑에 깊이 뿌리내릴수록 유연성이 커진다.

"믿음으로 말미암아 그리스도께서 너희 마음에 계시게 하시옵고 너희가 사랑 가운데서 뿌리가 박히고 터가 굳어져서 능히 모든 성도와 함께 지식에 넘치는 그리스도의 사랑을 알고 그 너비와 길이와 높이와 깊이가 어떠함을 깨달아 하나님의 모든 충만하신 것으로 너희에게 충만하게 하시기를 구하노라"

—에베소서 3:17-19

하나님의 뜻을 받아들이는 데 유연하지 않은 사람은 대개 잘못된 생각을 받아들이는 데 유연하다.

"목이 곧고 마음과 귀에 할례를 받지 못한 사람들아 너희도 너희 조상과 같이 항상 성령을 거스르는도다[저항하다]"

—사도행전 7:51

"이는 우리가 이제부터 어린 아이가 되지 아니하여 사람의 속임수와 간사한 유혹에 빠져 온갖 교훈의 풍조에 밀려 요동하지 않게 하려 함이라" —에베소서 4:14

언제 유연성을 발휘하고 언제 확고해야 할지를 알려면 하나님의 지혜가 필요하다.

유연성 *Flexibility*

vs. 저항 *Resistance*

유연성은 내가 섬기는 사람들이 바꿀 수 있는 계획이나 장소에 애착을 갖지 않는 것이다.

정의

'유연성'은 매우 중요하고 꼭 필요한 품성이지만 성경에서는 쓰이지 않았다. 그래서 '유연성'의 개념을 찾으려면 심혈을 기울여야 한다. 먼저 '유연성'은 대개 변화와 그 변화에 따른 긴장에 관련된다. 연구 결과에 따르면 온 가족을 데리고 새로운 지역으로 이사하는 것이 인생에서 가장 큰 스트레스를 받는 일이다. 특히 낯선 곳일수록 스트레스는 더 커진다.

이 점을 고려하면 하나님께서 자신을 따르는 사람들에게 제일 먼저 가르치시는 품성이 유연성임을 알 수 있다. 하나님께서는 아브라함을 부르시어 고향과 친척과 아버지의 집을 떠나 하나님께서 보여 줄 땅으로 가라고 하셨다. 하나님께서는 이스라엘 민족을 부르시어 애굽을 떠나라 하시고 광야 여정 내내 성막 위의 구름을 지켜보게 하셨다. 구름이 움직이면 그들도 움직여야 했다. 그러므로 그들은 끊임없이 유연성을 발휘해야 했다.

예수님께서 제자들을 부르시어 집과 직장을 떠나 자신을 따르라고 하셨다.

베드로는 편지에서 유연성의 본질을 밝혔다. "사랑하는 자들아 거류민과 나그네 같은 너희를 권하노니"(베드로전서 2:11). 여기서 거류민은 타국에서 잠시 방문한 외국인이고 나그네는 성지를 찾아 다니는 순례자를 가리킨다. 우리는 이 세상에서 살아야 하지만 이 세상의 사람이 아니기 때문에 이런 관점을 갖는 것이 무척 중요하다.

하나님께서 우리에게 간절히 말씀하신다. "이 세상이나 세상에 있는 것들을 사랑하지 말라 누구든지 세상을 사랑하면 아버지의 사랑이 그 안에 있지 아니하니 이는 세상에 있는 모든 것이 육신의 정욕과 안목의 정욕과 이생의 자랑이니다 아버지께로부터 온 것이 아니요 세상으로부터 온 것이라 이 세상도, 그 정욕도 지나가되 오직 하나님의 뜻을 행하는 자는 영원히 거하느니라"(요한일서 2:15-17).

베드로전서 2장 11절에서 "거류민과 나그네"의 유연한 자세는 혼(프쉬케: 지정의)을 공격하는 육적인 욕망을 정복하는 것으로 이어진다. "사랑하는 자들아 거류민과 나그네 같은 너희를 권하노니 영혼[프쉬케]을 거슬러 싸우는 육체의 정욕을 제어하라"(베드로전서 2:11)

성경에서 유연성의 사례

아브라함은 믿음의 조상이다. (갈라디아서 3:6-9 참조) 아브라함이 하나님께 받은 소명은 유연성을 가지라는 것이었다. "너는 너의 고향과 친척과 아버지의 집을 떠나 내가 네게 보여 줄 땅으로 가라"(창세기 12:1).

성경에서 애굽 땅은 세상을 나타내고 이스라엘 민족은 하나님께서 세상의 욕망의 사슬에서 약속의 땅으로 이끌기 원하시는 모든 신자를 가리킨다.

이스라엘 민족은 애굽을 떠나 약속의 땅까지 이동하는 동안 하나님의 구름을 지켜봐야 했다. 구름이 움직이면 그들도 같이 움직여야 했다. "구름이 성막 위에서 떠오를 때에는 이스라엘 자손이 그 모든 행진하는 길에 앞으로 나아갔고 구름이 떠오르지 않을 때에는 떠오르는 날까지 나아가지 아니하였으며 낮에는 여호와의 구름이 성막 위에 있고 밤에는 불이 그 구름 가운데에 있음을 이스라엘의 온 족속이 그 모든 행진하는 길에서 그들의 눈으로 보았더라"(출애굽기 40:36-38).

다윗은 하나님의 마음에 맞는 사람이었다. (사도행전 13:22 참조) 하나님께서는 사울 왕의 마음을 자극하심으로 다윗에게 유연성을 가르치셨다. 사울 왕이 다윗을 죽이려고 하자 다윗은 이곳저곳으로 도망쳐야 했다. 그에게 유연성 훈련은 한 나라의 지도자가 되는 중요한 준비 과정이었다. 그는 어쩔 수 없이 주위 환경보다 하나님과 그분의 길에 집중하게 되었다.

예수님께서는 제자들에게 모든 것을 버리고 당신을 따르라고 말씀하시면서 이 품성을 가르치셨다. "누구든지 자기 십자가를 지고 나를 따르지 않는 자도 능히 내 제자가 되지 못하리라"(누가복음 14:27).

한 제자가 예수님과 모세와 엘리야를 똑같이 높이려는 잘못된 계획을 제안했다. "베드로가 예수께 여쭈어 이르되 주여 우리가 여기 있는 것이 좋사오니 만일 주께서 원하시면 내가 여기서 초막 셋을 짓되……말할 때에 홀연히 빛난 구름이 그들을 덮으며……제자들이 눈을 들고 보매 오직 예수 외에는 아무도 보이지 아니하더라"(마태복음 17:4-8).

누가 유연성 시험에 통과하지 못했는가?

롯은 삼촌 아브라함과 함께 있는 동안 여기저기로 이동하다가 소돔과 고모라를 향해 천막을 쳤다. 얼마 지나지 않아 죄악이 가득한 소돔 안에 거하고 있었다. 두 천사가 소돔이 멸망하기 전에 롯의 가족을 밖으로 데려가려고 왔으나 롯의 아내는 저항했다.

결국 그녀는 소돔을 나오면서 하나님의 명령에 불순종하여 뒤를 돌아보았기 때문에 소금 기둥이 되었다. 이 이야기가 중요한 까닭은 예수님께서 제자들에게 자기 삶과 목표를 지키려고 애쓰지 말라고 가르치시면서 "롯의 처를 기억하라"고 하셨기 때문이다. (마태복음 17:32)

마리아와 마르다는 둘 다 예수님을 따르며 섬겼다. 마르다는 음식을 준비하느라 도움이 필요한데 마리아가 유연성을 발휘하지 않는다고 비난했다. 그러나 예수님께서는 마르다에게 참된 유연성은 주님을 어떻게 섬길지 세세한 것들을 걱정하기보다 주님을 시중드는 것이라고 설명하셨다.

"그들이 길 갈 때에 예수께서 한 마을에 들어가시매 마르다라 이름하는 한 여자가 자기 집으로 영접하더라 그에게 마리아라 하는 동생이 있어 주의 발치에 앉아 그의 말씀을 듣더니 마르다는 준비하는 일이 많아 마음이 분주한지라 예수께 나아가 이르되 주여 내 동생이 나 혼자 일하게 두는 것을 생각하지 아니하시나이까 그를 명하사 나를 도와 주라 하소서 주께서 대답하여 이르시되 마르다야 마르다야 네가 많은 일로 염려하고 근심하나 몇 가지만 하든지 혹은 한 가지만이라도 족하니라 마리아는 이 좋은 편을 택하였으니 빼앗기지 아니하리라 하시니라"(누가복음 10:38-42).

세상 염려가 많을수록 유연성을 발휘하기가 힘들다.

"병사로 복무하는 자는 자기 생활에 얽매이는 자가 하나도 없나니 이는 병사로 모집한 자를 기쁘게 하려 함이라"

—디모데후서 2:4

"너희 보물 있는 곳에는 너희 마음도 있으리라" —누가복음 12:34

유연성은 언제든 기꺼이 하나님께서 떠나라면 떠나고 머물라면 머물 수 있는 자세이다.

"하나님께 완전히 드려진 생명은 하나님께 스치기만 한 수천 생명보다 낫다."

—오스왈드 챔버스

이 세상을 우리의 종착점으로 생각할 때는 유연성을 꺼리기 마련이다.

"그들의 속 생각에 그들의 집은 영원히 있고 그들의 거처는 대대에 이르리라 하여 그들의 토지를 자기 이름으로 부르도다"

—시편 49:11

붉은목벌새는 유연성의 전형이다. 일을 수행하기 위해서는 어떤 위치나 방향도 가리지 않는다. 앞뒤, 위아래, 양옆 어느 방향으로도 날고 제자리에서 날면서 떠 있을 수도 있다.

유연해야 할 때 고통을 느낀다면 그만큼 이 세상의 것들을 사랑한다는 뜻이다.

즉각적인 유연성을 요구하여 한 왕의 생명을 구하게 한 두 꿈은 언제 꾸어졌는가?

(마태복음 2:12-13 참조)

어떻게 유연성이 섬김으로 이어지는가?

유연성이 섬김으로 나타나는 아주 좋은 예가 있다. "상전의 손을 바라보는 종들의 눈 같이, 여주인의 손을 바라보는 여종의 눈 같이 우리의 눈이 여호와 우리 하나님을 바라보며 우리에게 은혜 베풀어 주시기를 기다리나이다"(시편 123:2).

과거에는 집주인이 손으로 신호를 보내 지시하면 종이 금방 알아채고 재빨리 수행했다. 그래서 종은 항상 주인의 손을 주시해야 한다. 종의 계획이나 의도는 주인의 기대에 따라 늘 유동적이어야 한다.

유연성은 권위자의 지시에 따라 계획이나 생각을 기꺼이 바꾸는 것이다. 감정이 덜 개입될수록 계획이나 생각을 바꾸기가 쉬어진다. 그러므로 생명의 근원이 마음에서 나오므로 마음을 지켜야 한다.

(잠언 4:23 참조)

마르다는 예수님을 섬기는 데에 세세히 주목했지만 마리아는 예수님의 개인적인 가르침과 지시에 집중했다.

궁극적으로 유연성은 하나님의 뜻을 행하고 싶어하고 즐거워하는 마음에 달렸다. 유연성이 없으면 자기 뜻을 행하려고 저항한다. 다윗은 하나님의 뜻을 행하는 것이 즐거웠기 때문에 유연했다.

(시편 40:8 참조)

스스로 점검하기

나는 유연한가?

- 계획이 바뀔 때 실망하는가 아니면 곧바로 새 계획이 어떤 점에서 나은지를 살피는가?
- 방향이 바뀌면 빨리 적응하는가 아니면 정신적으로 감정적으로 적응하느라 시간이 걸리는가?
- 이사를 가야 하면 걱정하는가 아니면 이사를 통해 이방인과 나그네임을 되새기며 기뻐하는가?
- 부모님이나 고용주가 내게 같은 지시를 두 번씩 말해야 하는가 아니면 한 번만 말하면 무슨 뜻인지 알아듣는가?
- 하나님께서 사역이나 일을 하라고 하시면 저항하며 다른 일로 바쁘게 움직이는가?
- 다른 사람이 더 좋은 방법을 제시하면 그렇게 하려고 하는가 아니면 내가 하던 대로 계속하는가?
- 유연성을 오용하여 일일 계획이나 인생의 목표를 아예 안 세우는가?
- 재산이나 빚이 너무 많아서 하나님께서 이끄시는 대로 유연성을 발휘하기가 어렵거나 불가능한가?
- 내 생각은 하나님의 뜻과 일치해서 변화에 쉽게 적응하는가?

유용성 *Availability*

vs. 자기중심 *Self-centeredness*

**유용성은 매일 꼭 해야 할 일을 간소화하여
하나님께서 보내주신 사람들을 섬길 수 있도록 미리 준비하는 것이다.**

정의

예수님께서 제자들을 부르셨다. 여기에 쓰인 헬라어 동사 '아쿨루데오'는 '동행하다, 제자로서 따르다'는 뜻이다. 예수님은 염려와 주변 일로 방해받지 말라고 가르치시며 예수님을 섬기려면 희생해야 할 것들이 있다고 말씀하셨다. "누구든지 나를 따라오려거든 자기를 부인하고 자기 십자가를 지고 나를 따를 것이니라"(마태복음 16:24). '부인하다'로 번역된 헬라어 '아팔네오마이'는 '자신을 잊다, 자기 자신과 자기 이익을 안 보다'는 뜻이다.

유용성은 한 지도자를 선택하는 데서 시작된다

두 지도자를 섬기려고 하면 유용성을 보일 수 없다. "한 사람이 두 주인을 섬기지 못할 것이니 혹 이를 미워하고 저를 사랑하거나 혹 이를 중히 여기고 저를 경히 여김이라 너희가 하나님과 재물을 겸하여 섬기지 못하느니라"(마태복음 6:24).

모든 사람은 주님을 섬기기로 선택해야 한다. 그렇지 않으면 돈, 인기, 재물과 같은 것을 좇아 자신을 섬길 수밖에 없다. 여호수아는 선언했다. "오직 나와 내 집은 여호와를 섬기겠노라"(여호수아 24:15).

유용성은 제자의 기본 요소다

예수님께서 제자들을 부르셨을 때 유용성의 삶을 요구하셨다. 제자의 개념은 훈련하고 섬기는 데 얼마나 유용하냐에 달렸다. 예수님 시대에는 어떤 사람이 스승의 지식을 습득하고 싶으면 개인의 계획을 내려놓고 실제로 그 스승을 늘 따라다녔다. 그래서 제자를 '추종자'라고 불렀다.

이것은 오늘날 학생들이 전문 선생님들의 가르침을 받기 위해 집을 떠나 배움터로 가는 것과 같다.

'가지는 자'가 되지 말고 오히려 '주는 자'가 되라

예수님께서는 제자들에게 '가지는 자'가 아니라 오히려 '주는 자'가 되라고 명하셨다. "이에 예수께서 제자들에게 이르시되 누구든지 나를 따라오려거든 자기를 부인하고 자기 십자가를 지고 나를 따를 것이니라"(마태복음 16:24).

그리고는 이 역설을 말씀하셨다. 자기 목표를 위해 목숨을 지키려는 자는 잃을 것이다. "누구든지 제 목숨을 구원하고자 하면 잃을 것이요 누구든지 나를 위하여 제 목숨을 잃으면 찾으리라"(마태복음 16:25).

'가지는 자'는 주로 돈을 더 소유하는 데에 열중한다. 그러나 예수님께서는 말씀하셨다. "사람이 만일 온 천하를 얻고도 제 목숨을 잃으면 무엇이 유익하리요"(마태복음 16:26).

그 배가 비어 있어서 유용했기에 주님께서 오셔서 사람들에게 어떻게 생명을 찾는지를 가르치실 때 바로 사용되었다.

(마태복음 13:2 참조)

우리가 하나님을 섬기듯이 하나님께서 세우신 권위자들을 섬길 때는 우리를 부르는 소리가 누구의 음성인지를 구분하기가 어렵다. 어린 사무엘이 이것을 경험했다. (사무엘상 3장 참조)

> "너는 그들로 하여금 통치자들과 권세 잡은 자들에게 복종하며 순종하며 모든 선한 일 행하기를 준비하게 하며"
>
> —디도서 3:1

유용성은 맡은 일에 손만 아니라 마음까지 주는 것이다.

> **"하나님께 나를 도와 달라고 기도했다. 그 다음에는 내가 하나님을 도와드릴 일이 없겠냐고 여쭈었고 마지막에는 하나님께서 직접 나를 통해 일하시기를 간청했다."**
>
> —허드슨 테일러

아주 중요한 목표를 이루는 데 어떻게 우리의 임무가 한몫을 해내는지를 인식하면 유용성이 절로 생긴다.

벽돌공 세 사람에게 지금 무슨 일을 하는 중이냐고 물었다. 첫 번째 벽돌공이 대답했다. “밥벌이를 하고 있습니다.” 두 번째 벽돌공이 대답했다. “벽을 쌓고 있습니다.” 세 번째 벽돌공이 미소를 띠며 대답했다. “대성당을 짓고 있습니다.”

“이같이 너희 빛이 사람 앞에 비치게 하여 그들로 너희 착한 행실을 보고 하늘에 계신 너희 아버지께 영광을 돌리게 하라”

—마태복음 5:16

기린은 무리를 지어 이동하는데 유용성이 뛰어나 보초를 서서 동료들을 보호하거나 새끼를 지키는 등 서로 잘 섬긴다.

유용성의 바탕은 다른 사람이 성공하도록 돕는 기쁨이다

참된 행복은 무엇을 받는 데서 오지 않고 다른 사람의 삶에 참으로 유익한 것을 주는 데서 온다. 바울은 디모데의 유용성을 칭찬했다. “이는 뜻을 같이하여 너희 사정을 진실히 생각할 자가 이밖에 내게 없음이라 그들이 다 자기 일을 구[추구]하고 그리스도 예수의 일을 구[추구]하지 아니하되 디모데의 연단을 너희가 아나니 자식이 아버지에게 함같이 나와 함께 복음을 위하여 수고하였느니라”(빌립보서 2:20-22).

예수님께서는 유용성의 최고 모범이시다. 예수님께서는 궁핍한 사람들 가운데 사시면서 이른 아침부터 밤늦게까지 그들을 섬기셨다. 또한 우리가 생명을 얻게 하시려고 자신의 생명을 내려놓으셨고 지금은 하나님의 오른쪽에서 우리를 위해 간구하신다. (로마서 8:34 참조)

어떻게 유용성을 기르는가?

1. 자기 즐거움을 추구하지 않는다.

세상의 즐거움은 시간과 기력과 자산을 낭비한다. 잠언은 말한다. “네 힘을 여자들에게 쓰지 말며 왕들을 멸망시키는 일을 행하지 말지어다”(잠언 31:3). 즐거움을 좇는 일이 헛되다는 사실은 영어 단어 amusement(유희)에 적나라하게 드러난다. 이 단어의 어원으로 ‘a’는 ‘아니다’, ‘muser’는 ‘생각하다’를 뜻한다.

2. 자기 성취를 위해 큰일을 추구하지 않는다.

“네가 너를 위하여 큰 일을 찾느냐 그것을 찾지 말라”(예레미야 45:5). 자신의 성취를 추구하면 우리가 섬기는 사람들의 목표를 이루는 데 집중하지 못하고 남을 이용해 자신의 목표를 이루려고 하게 된다.

3. 자기 필요를 해결하는 데에 효율을 높인다.

우리가 생활을 체계화하면 그만큼 자신을 위해 처리해야 할 일이 줄어들고 우리가 섬기는 사람들의 일을 성취하는 데 더 많은 시간과 힘과 자원을 쓸 수 있게 된다. 바울은 말했다. “또한 모든 것을 해로 여김은 내 주 그리스도 예수를 아는 지식이 가장 고상하기 때문이라 내가 그를 위하여 모든 것을 잃어버리고 배설물로 여김은 그리스도를 얻고자 함이니”(빌립보서 3:8).

4. 우리가 섬기는 사람들의 우선순위를 알아둔다.

유용성은 언제 요구가 있겠고 어느 요구가 우선인지를 아는 것이다. 우리가 임의로 우선순위를 결정하려고 하면 불필요한 희생을 자초하게 된다. “순종이 제사[희생]보다 낫고”(사무엘상 15:22).

스스로 점검하기

나는 유용성이 있는가?

- 돈보다 하나님을 섬기기로 선택하는가?
- ‘가지는 자’보다 ‘주는 자’가 되기로 작정하는가?
- 다른 사람의 성공을 위해 일하는가?
- 나의 책임을 최소한으로 유지하는가?
- 섬기는 삶에 방해가 되는 즐거움을 거부하는가?
- 하나님의 나라와 의를 높이기 위해 나의 야심을 버리는가?

의지력 *Determination*

vs. 소심함 *Faintheartedness*

의지력은 극복할 수 없는 장애물을
하나님의 초자연적인 개입을 간구할 기회로 삼는 것이다.

정의

'결심하다'로 번역된 히브리어 '아마르'는 '속으로 말하다, 생각하다, 명령하다, 약속하다, 의도하다'를 뜻한다. '의지력'을 정의하는 데 도움이 되는 성경 단어는 '작정하다'는 동사다. 히브리어 '야짜르'는 '미리 정하다'는 뜻이다. "내가 동쪽에서 사나운 날짐승을 부르며 먼 나라에서 나의 뜻을 이룰 사람을 부를 것이라 내가 말하였은즉 반드시 이룰 것이요 계획하였은즉[야짜르] 반드시 시행하리라"(이사야 46:11).

끈기가 일을 끝까지 완수하는 자세라면 '의지력'은 일을 시작하기 전의 마음자세를 가리킨다. '의지력'은 먼저 일의 비용과 요구사항을 주의 깊게 살피고 경비가 아무리 많이 들어도 꼭 그 일을 해야 한다고 결정한 다음에 발동한다.

성경에서 누가 의지력을 보여주었는가?

- "솔로몬이 여호와의 이름을 위하여 성전을 건축하고 자기 왕위를 위하여 궁궐 건축하기를 결심하니라"(역대하 2:1).
- "다니엘은 뜻을 정하여 왕의 음식과 그가 마시는 포도주로 자기를 더럽히지 아니하리라 하고 자기를 더럽히지 아니하도록 환관장에게 구하니"(다니엘 1:8).
- 다윗은 저녁까지 금식하며 아브넬의 죽음을 애도하기로 작정했다. "석양에 뭇 백성이 나아와 다윗에게 음식을 권하니 다윗이 맹세하여 이르되 만일 내가 해 지기 전에 떡이나 다른 모든 것을 맛보면 하나님이 내게 벌 위에 벌을 내리심이 마땅하니라 하매"(사무엘하 3:35).
- "제자들이 각각 그 힘대로 유대에 사는 형제들에게 부조[구호금]를 보내기로 작정하고"(사도행전 11:29).
- "내[바울]가 너희 중에서 예수 그리스도와 그가 십자가에 못 박히신 것 외에는 아무 것도 알지 아니하기로 작정하였음이라"(고린도전서 2:2).

왜 의지력이 중요한가?

인생은 끊임없는 선택이다. 바른 선택을 하면 하나님의 복을 누린다. 잘못된 선택을 하면 징계나 파멸이나 심지어 죽음을 맞기도 한다. 현명한 선택을 한 다음에는 그것을 수행할 의지력이 필요하다. 현명한 선택을 해도 자주 어려움이나 유혹에 부딪히기 때문이다.

모세는 죄의 일시적인 쾌락을 누리기보다 하나님의 백성과 함께 학대받는 길을 선택하여 의지력을 보여주었다. 반면에 에서는 장자의 권리를 지키려는 의지력이 없어서 죽 한 그릇에 그것을 팔아버렸다. 나중에 실수를 깨닫고 되찾으려고 많은 눈물을 흘리며 애를 썼지만 소용이 없었다. (히브리서 11:25, 12:16-17 참조)

절대로 포기하지 말라!

"처음에는 일이 어려워 보이고
다음에는 불가능해지지만
그 다음에는 이루어져 있다."

—허드슨 테일러

목표 달성은 기술만으로 되지 않고 의지력이 필요하다. 낙담과 의심과 같은 방해요소를 거부해야 한다는 뜻이다. 대개 실패는 재능이나 능력이 부족해서가 아니라 힘든 시기를 버티지 못해서이다.

"하나님께서 뭔가
큰 일을 하시고자 할 때는
어려운 상황부터 주시고
하나님께서 정말 뭔가
어마어마한 일을 하시고자 할 때는
불가능한 상황부터 주신다."

—알민 게스와인

왕연어는 강한 의지력으로
강의 급류와 폭포를 거슬러 오르며
바다에서 강 상류 부화지까지
매년 수백 킬로를 이동한다.

의지력은 목표를 이루는 데에 필요한 모든 노력을 아끼지 않겠다고 작정하는 것이다.

"'할 수 없다'라는 말은 대개 '하지 않겠다'라는 뜻이다." —이란 판닌

의지력은 귀환불능지점을 지나서 스스로 퇴로를 차단한 폭격기 조종사와 같다.

"푯대를 향하여 그리스도 예수 안에서 하나님이 위에서 부르신 부름의 상을 위하여 달려가노라" —빌립보서 3:14

"한 번 실패한 것은 다시 시도하지 않는 것에 비하면 전혀 수치가 아니다." —존 워너메이커

어떻게 의지력을 기르는가?

우리는 선택에 뒤따르는 이해득실을 따져 의지력을 기른다. 모세는 이스라엘 자손과 함께 고난 받는 길을 선택했다. "그리스도를 위하여 받는 수모를 애굽의 모든 보화보다 더 큰 재물로 여겼으니 이는 상 주심을 바라봄이라"(히브리서 11:26).

무엇이 의지력을 방해하는가?

사람을 두려워하는 것이 의지력의 강력한 방해물이다. 두려움은 우리가 주님과 한마음으로 최선의 선택을 결정하지 못하게 가로막기 때문이다. 우리는 다른 사람의 생각은 어떤지, 우리가 그들과 다른 결정을 내리면 그들이 우리를 어떻게 생각할지를 추측하려고 한다. 두려움은 고통을 가져오고 (요한일서 4:18 참조) 이 고통은 우리를 속박한다. "사람을 두려워하면 올무에 걸리게 되거니와"(잠언 29:25).

두 마음은 의지력의 또 다른 방해물이다. 두 마음을 품은 사람은 바람이 부는 대로 이리저리 출렁이는 바다 물결과 같다. "두 마음을 품어 모든 일에 정함[안정]이 없는 자로다"(야고보서 1:8).

우리는 어떤 일에 의지력을 가져야 하는가?

1. 맹세를 지키는 일

"네가 하나님께 서원하였거든 갚기를 더디게 하지 말라 하나님은 우매한 자들을 기뻐하지 아니하시나니 서원한 것을 갚으라 서원하고 갚지 아니하는 것보다 서원하지 아니하는 것이 더 나으니 네 입으로 네 육체가 범죄하게 하지 말라 천사 앞에서 내가 서원한 것이 실수라고 말하지 말라 어찌 하나님께서 네 목소리로 말미암아 진노하사 네 손으로 한 것을 멸하시게 하랴"(전도서 5:4-6).

2. 전심으로 하나님을 찾는 일

다윗은 하나님의 마음에 맞는 사람이었다. 하나님의 얼굴을 찾으려는 그의 의지력이 삶의 끊임없는 동력이었다. "하나님이여 사슴이 시냇물을 찾기에 갈급함 같이 내 영혼이 주를 찾기에 갈급하니이다"(시편 42:1). 하나님께서는 전심으로 하나님을 찾기로 서약하는 사람들에게 특별한 상을 약속하신다. "여호와의 증거들을 지키고 전심으로 여호와를 구하는 자는 복이 있도다"(시편 119:2).

3. 깨끗한 양심을 유지하는 일

바울은 디모데에게 믿음과 깨끗한 양심을 지키라고 지시했다. "어떤 이들은 이 양심을 버렸고 그 믿음에 관하여는 파선하였느니라"(디모데전서 1:19). 바울은 자신에 대해 말했다. "이것으로 말미암아 나도 하나님과 사람에 대하여 항상 양심에 거리낌이 없기를 힘쓰나이다"(사도행전 24:16).

스스로 점검하기

나는 의지력이 있는가?

- 아무리 대가가 커도 그리스도를 따르기로 작정하는가?
- 삶에서 나의 결정을 좌우할 성경적인 헌신을 했는가?
- 목표를 달성하기로 다짐하고 중간중간 끼어드는 장애물을 극복하는가?
- 삶의 원동력이 되는 목적이 있는가?
- 맡은 일이 예상보다 힘들 때 인내하는가?
- 문제나 실패 때문에 다시 도전하기를 포기하는가?

인내 *Patience*

vs. 안절부절못함 *Restlessness*

인내는 시련과 환난을 친구처럼 기쁘게 받아들여 성품을 완성하는 것이다.

정의

'인내'는 반드시 견뎌 내야 할 부정적인 상황이 있어야만 드러난다. 따라서 '인내'는 하나님께 기한을 제시하지 않고 어려운 상황을 받아들이는 것이다.

"여호와 앞에 잠잠하고 참고 기다리라"(시편 37:7)에서 쓰인 히브리어 '힐'은 '해산의 진통을 겪다, 배다, 낳다, 슬퍼하다, 심히 고통스러워하다, 괴로워하다'는 뜻이다.

시편 40:1에서 다윗은 다른 히브리어를 썼지만 속뜻은 같다. "내가 여호와를 기다리고 기다렸더니 귀를 기울이사 나의 부르짖음을 들으셨도다" 여기서 쓰인 '카바'는 '꼬아서 함께 묶다, 모으다, 기대하다, 기다리다'는 뜻이다.

'인내'로 번역되는 헬라어는 둘이다. 첫 번째 단어, '휘포모네'는 '밑에'를 뜻하는 '휘포'와 '머물다, 남다, 거하다'를 뜻하는 '메노'의 합성어 '휘포메노'에서 파생되었다. '휘포모네'는 '밑에 거하기'이며 '시련 속에서도 기쁘게 견디는 꿋꿋함'을 가리키고 '휘포메노'는 '통과하다, 시련을 견디다, 용기백배하다, 보존하다'를 뜻한다.

두 번째 단어, '마크로뒤미아'는 '관대, 오래 참음, 용기백배'를 뜻한다. 믿음과 '마크로뒤미아'로 우리는 하나님의 약속을 상속받는다.(히브리서 6:12 참조)

어떻게 인내를 기르는가

인내는 시련과 환난에 바르게 대응한 자세의 보상이다. 바울은 이렇게 썼다. "다만 이뿐 아니라 우리가 환난 중에도 즐거워하나니 이는 환난은 **인내**를, **인내**는 연단을, 연단은 소망을 이루는 줄 앎이로다"(로마서 5:3-4).

환난을 즐거워하기 위해서는 먼저 하나님께 그 환난을 감사드리고 하나님께서 그것을 통해 계획하신 유익을 보며 기뻐해야 한다. 환난을 즐거워하면 궁극적으로 성령의 능력[뒤나미스]을 통해 하나님의 사랑의 능력을 체험하게 된다. "소망이 우리를 부끄럽게 하지 아니함은 우리에게 주신 성령으로 말미암아 하나님의 사랑이 우리 마음에 부은 바 됨이니"(로마서 5:5).

바울은 고린도 교인들에게 보낸 편지에서 이 사실을 재확인했다. "[주께서] 나에게 이르시기를 내 은혜가 네게 족하도다 이는 내 능력이 약한 데서 온전하여짐이라 하신지라 그러므로 도리어 크게 기뻐함으로 나의 여러 약한 것들에 대하여 자랑하리니 이는 그리스도의 능력이 내게 머물게 하려 함이라 그러므로 내가 그리스도를 위하여 약한 것들과 능욕과 궁핍과 박해와 곤고를 기뻐하노니 이는 내가 약한 그 때에 강함이라"(고린도후서 12:9-10).

야고보도 환난을 통해 인내가 길러진다고 했다. "내 형제들아 너희가 여러 가지 시험을 당하거든 온전히 기쁘게 여기

큰 손해를 감수하며 하나님을 기다리는 사람은 큰 유익을 본다.

욥이 잃은 재물:
- 양 7,000마리
- 낙타 3,000마리
- 겨릿소 500쌍
- 암나귀 500마리

욥이 다시 받은 재물:
- 양 14,000마리
- 낙타 6,000마리
- 겨릿소 1,000쌍
- 암나귀 1,000마리

"한 알의 밀이 땅에 떨어져 죽지 아니하면 한 알 그대로 있고 죽으면 많은 열매를 맺느니라" —요한복음 12:24

"괴로운 일이 없으면 아무도 자신의 인내와 겸손의 한계를 알 수 없다. 오로지 어렵고 고통스러워 봐야만 인내와 겸손 둘 중 어느 것이 얼마나 있는지가 드러난다."

—아시시의 성 프란시스

사랑하기 때문에 참으면 시간은 문제가 안 된다.

야곱은 라헬을 끔찍이 사랑했기 때문에 7년을 기다렸어도 '단 며칠'처럼 짧게 느꼈다. (창세기 29:20 참조)

인내는 다른 사람에게 생명을 주기 위해 그리스도의 고난에 즐겁게 동참하는 것이다.

"하나님 앞에서 조용히 기다리면 많은 실수를 예방하여 허다한 슬픔을 면한다." —허드슨 테일러

라 이는 너희 믿음의 시련이 **인내**를 만들어 내는 줄 너희가 앎이라 **인내**를 온전히 이루라 이는 너희로 온전하고 구비하여 조금도 부족함이 없게 하려 함이라"(야고보서 1:2-4).

여기서 '온전하다'로 번역된 헬라어 '텔레이오스'는 노동과 성장과 정신적 도덕적 성품에서 '완전하다'는 뜻이다.

환난이 인내를 낳는다

성경은 욥을 인내의 최고봉으로 꼽는다. "보라 인내하는 자를 우리가 복되다 하나니 너희가 욥의 **인내**를 들었고 주께서 주신 결말을 보았거니와 주는 가장 자비하시고 긍휼히 여기시는 이시니라" (야고보서 5:11).

욥이 견딘 시련은 말 그대로 재앙이었다. "사환이 욥에게 와서 아뢰되 소는 밭을 갈고 나귀는 그 곁에서 풀을 먹는데 스바 사람이 갑자기 이르러 그것들을 빼앗고 칼로 종들을 죽였나이다 나만 홀로 피하였으므로 주인께 아뢰러 왔나이다

그가 아직 말하는 동안에 또 한 사람이 와서 아뢰되 하나님의 불이 하늘에서 떨어져서 양과 종들을 살라 버렸나이다 나만 홀로 피하였으므로 주인께 아뢰러 왔나이다

그가 아직 말하는 동안에 또 한 사람이 와서 아뢰되 갈대아 사람이 세 무리를 지어 갑자기 낙타에게 달려들어 그것을 빼앗으며 칼로 종들을 죽였나이다 나만 홀로 피하였으므로 주인께 아뢰러 왔나이다

그가 아직 말하는 동안에 또 한 사람이 와서 아뢰되 주인의 자녀들이 그들의 맏아들의 집에서 음식을 먹으며 포도주를 마시는데 거친 들에서 큰 바람이 와서 집 네 모퉁이를 치매 그 청년들 위에 무너지므로 그들이 죽었나이다 나만 홀로 피하였으므로 주인께 아뢰러 왔나이다 한지라"(욥기 1:14-19).

욥이 견딘 고통은 이루 다 말할 수 없었다. 그러나 욥의 대응은 성도가 시련을 인내할 때 정화되고 완성되는 과정을 잘 보여주었다.

약탈과 불로 모든 가축 떼가 한순간에 사라지고, 일꾼들은 셋만 빼고 모조리 살해되고, 일곱 아들과 세 딸이 모두 살해된 사실을 알고 나서 욥은 "일어나 겉옷을 찢고 머리털을 밀고 땅에 엎드려 예배하며 이르되 내가 모태에서 알몸으로 나왔사온즉 또한 알몸이 그리로 돌아가올지라 주신 이도 여호와시요 거두신 이도 여호와시오니 여호와의 이름이 찬송을 받으실지니이다 하고"(욥기 1:20-21) 고백하였다.

이런 대응에서 다음과 같이 성품의 완성이 나타난다.

1. 환난이 겸손을 낳았다.
   "욥이 일어나 겉옷을 찢고 머리털을 밀고 땅에 엎드려"
2. 환난이 경외심을 높였다.
   "땅에 엎드려 예배하며"
3. 환난이 온유를 불러일으켰다.
   "내가 모태에서 알몸으로 나왔사온즉"
4. 환난이 우선순위를 밝혔다.
   "알몸이 그리로 돌아가올지라"
5. 환난이 감사를 유도했다.
   "주신 이도 여호와시요"
6. 환난이 분별을 높였다.
   "거두신 이도 여호와시오니"
   사탄이 실행에 옮겼으나 사탄이 가져간 것은 아니었다.
7. 환난이 공경을 남겼다.
   "여호와의 이름이 찬송을 받으실지니이다"

인내에서 고통의 의미

인내는 고난과 비통한 일이 있을 때만 나타난다. 인내의 정의도 이 사실을 담고 있다.

시련과 환난은 인내를 요구하기에 그것을 참아내는 사람들을 정화하는 효과가 있다. 베드로가 이 점을 강조했다. "모든 은혜의 하나님 곧 그리스도 안에서 너희를 부르사 자기의 영원한 영광에 들어가게 하신 이가 잠깐 고난을 당한 너희를 친히 온전하게 하시며 굳건하게 하시며 강하게 하시며 터를 견고하게 하시리라"(베드로전서 5:10).

고난은 우리가 인내로 견뎌내야 하기 때문에 시련을 통해 우리의 믿음이 자라는 과정을 지켜보는 주변 사람들의 삶에도 엄청난 유익을 끼친다.

바울은 우리가 고난과 죽음을 경험하면 경험할수록 다른 사람에게 용기를 줄 힘을 더 갖게 된다고 말한다. "우리가 이 보배를 질그릇에 가졌으니 이는 심히 큰 능력은 하나님께 있고 우리에게 있지 아니함을 알게 하려 함이라 우리가 사방으로 우겨쌈을 당하여도 싸이지 아니하며 답답한 일을 당하여도 낙심하지 아니하며 박해를 받아도 버린 바 되지 아니하며 거꾸러뜨림을 당하여도 망하지 아니하고

우리가 항상 예수의 죽음을 몸에 짊어짐은 예수의 생명이 또한 우리 몸에 나타나게 하려 함이라 우리 살아 있는 자가 항상 예수를 위하여 죽음에 넘겨짐은 예수의 생명이 또한 우리 죽을 육체에 나타나게 하려 함이라 그런즉 사망은 우리 안에서 역사하고 생명은 너희 안에서 역사하느니라"(고린도후서 4:7-12).

바울은 다른 사람을 구원으로 이끌어 그리스도인으로 성장시키는 데 필요한 인내를 해산의 고통으로 묘사한다. "나의 자녀들아 너희 속에 그리스도의 형상을 이루기까지 다시 너희를 위하여 해산하는 수고를 하노니"(갈라디아서 4:19).

왜 인내가 필요한가

1. 악인의 최후를 보기 위해서

"여호와 앞에 잠잠하고 **참고** 기다리라 자기 길이 형통하며 악한 꾀를 이루는 자 때문에 불평하지 말지어다"(시편 37:7).

2. 큰 수확을 거두기 위해서

"좋은 땅에 있다는 것은 착하고 좋은 마음으로 말씀을 듣고 지키어 **인내로** 결실하는 자니라"(누가복음 8:15).

3. 생명을 얻기 위해서

"너희의 **인내로** 너희 영혼을 얻으리라"(누가복음 21:19).

4. 영광과 존귀를 추구하기 위해서

"**참고** 선을 행하여 영광과 존귀와 썩지 아니함을 구하는 자에게는 영생으로 하시고"(로마서 2:7).

5. 합당한 일꾼이 되기 위해서

"오직 모든 일에 하나님의 일꾼으로 자천하여 많이 **견디는** 것과 환난과 궁핍과 고난과"(고린도후서 6:4).

6. 그리스도의 재림을 준비하기 위해서

"주께서 너희 마음을 인도하여 하나님의 사랑과 그리스도의 인내에 들어가게 하시기를 원하노라"(데살로니가후서 3:5). "너희도 길이 **참고** 마음을 굳건하게 하라 주의 강림이 가까우니라"(야고보서 5:8).

7. 지도자의 자질을 갖추기 위해서

"주의 종은 마땅히 다투지 아니하고 모든 사람에 대하여 온유하며 가르치기를 잘하며 **참으며**"(디모데후서 2:24).

인내는 하나님께서 다 정화하실 때까지 하나님의 용광로 속에 머무는 것이다.

"그런즉 사망은 우리 안에서 역사하고 생명은 너희 안에서 역사하느니라"

—고린도후서 4:12

"하나님께서 지체하신다고 해서 절대 거절로 생각하지 말라. 기다리라. 참으라. 버티라. 인내는 특별한 능력이다."

—조르주루이 르끌레르 드 뷔퐁 백작

번데기가 마침내 갈라져 열리면 **나비**는 재빨리 빠져나와야 한다. 이렇게 몸부림칠 때 생기는 체액의 압력으로 나비의 주름진 날개가 부풀어 오른다. 이렇게 몸부림칠 일이 없다면 탈피 후 나비의 날개는 기형적인 모양으로 굳어 버리고 만다.

인내는 내 노동의 열매를 거두는 때를 하나님께서 정하시도록 맡기는 것이다.

스스로 점검하기

나는 인내하는가?

- 인생에서 모든 상황의 최종 결과가 하나님의 손에 달렸음을 아는가?
- 누군가를 기다려야 하는 상황에 놓이면 그 기회에 하나님을 기다리는 자세를 배우는가?
- 기도하면서 하나님의 음성에 귀를 기울이는가?
- 하나님께서 알맞은 때에 내 기도에 응답하시길 기다리는가?
- 하나님이나 누군가를 기다리는 동안 해야 할 일을 다하는가?
- 하나님의 손에서 무엇이 나오기를 기다리는 동안 하나님의 얼굴을 바라보는가?
- 고통과 고난을 기쁘게 견디는가?
- 내가 책임지고 있는 사람들을 인내로 가르치는가?
- 시련을 당할 때 원망을 품지 않고 기뻐하는가?

8. 경주를 잘하기 위해서

"이러므로 우리에게 구름 같이 둘러싼 허다한 증인들이 있으니 모든 무거운 것과 얽매이기 쉬운 죄를 벗어 버리고 **인내**로써 우리 앞에 당한 경주를 하며"(히브리서 12:1).

인내의 보상

1. **우리의 부르짖음에 하나님이 응답하시는 과정을 보게 된다.**

"내가 여호와를 **기다리고**[참고] 기다렸더니 귀를 기울이사 나의 부르짖음을 들으셨도다"(시편 40:1).

2. **하나님께 소망을 두게 된다.**

"무엇이든지 전에 기록된 바는 우리의 교훈을 위하여 기록된 것이니 우리로 하여금 **인내**로 또는 성경의 위로로 소망을 가지게 함이니라"(로마서 15:4).

3. **새 힘을 얻는다.**

"그의 영광의 힘을 따라 모든 능력으로 능하게 하시며 기쁨으로 모든 **견딤**과 오래 참음에 이르게 하시고"(골로새서 1:11). "오직 여호와를 앙망하는 자는 새 힘을 얻으리니 독수리가 날개치며 올라감 같을 것이요 달음박질하여도 곤비하지 아니하겠고 걸어가도 피곤하지 아니하리로다"(이사야 40:31).

4. **하나님의 약속을 상속받는다.**

"게으르지 아니하고 믿음과 오래 **참음**으로 말미암아 약속들을 기업으로 받는 자들을 본받는 자 되게 하려는 것이니라……그가 이같이 오래 **참아** 약속을 받았느니라"(히브리서 6:12-15). "너희에게 **인내가** 필요함은 너희가 하나님의 뜻을 행한 후에 약속하신 것을 받기 위함이라"(히브리서 10:36).

5. **성숙한 신자가 된다.**

"**인내**를 온전히 이루라 이는 너희로 온전하고 구비하여 조금도 부족함이 없게 하려 함이라"(야고보서 1:4).

6. **하나님의 칭찬을 받는다.**

"죄가 있어 매를 맞고 **참으면** 무슨 칭찬이 있으리요 그러나 선을 행함으로 고난을 받고 **참으면** 이는 하나님 앞에 아름다우니라"(베드로전서 2:20).

야고보는 인내를 가르치면서 그 중요성과 보상을 강조한다. "그러므로 형제들아 주께서 강림하시기까지 길이 **참으라** 보라 농부가 땅에서 나는 귀한 열매를 바라고 길이 **참아** 이른 비와 늦은 비를 기다리나니

너희도 길이 **참고** 마음을 굳건하게 하라 주의 강림이 가까우니라……형제들아 주의 이름으로 말한 선지자들을 고난과 오래 **참음의** 본으로 삼으라 보라 인내하는 자를 우리가 복되다 하나니 너희가 욥의 **인내**를 들었고 주께서 주신 결말을 보았거니와 주는 가장 자비하시고 긍휼히 여기시는 이시니라"(야고보서 5:7-11).

욥이 박해의 시험을 통과하는 데에 성공하자 하나님께서는 그에게 그가 잃은 모든 것의 갑절로 보상하셨다.

자원선용 *Resourcefulness*

vs. 낭비 *Wastefulness*

다른 사람이 못 보고 지나쳐 버린 것의 가치를 봄으로 자산을 늘리는 것이다.

정의

자원은 필요할 때 언제든지 쓸 수 있는 자산을 말한다. '자원선용'의 성경적 개념은 '모으기'이다. "망령되이 얻은 재물은 줄어가고 손으로 모은 것은 늘어가느니라"(잠언 13:11). 여기서 '모으다'로 번역된 히브리어 '카바츠'는 '붙잡다'는 뜻이다. '모으다'로 번역된 또 다른 히브리어 '아가르'는 '추수하다'를 뜻한다. "여름에 거두는 자는 지혜로운 아들이나 추수 때에 자는 자는 부끄러움을 끼치는 아들이니라"(잠언 10:5).

자원선용의 중요성

자원선용을 하면 결과적으로 우리의 순자산이 커진다. 우리의 자산을 늘리는 목표는 우리 자신을 위해 보물을 쌓아두는 것이 아니라 다른 사람들에게 주는 능력을 키우는 것이어야 한다. "하나님이 능히 모든 은혜를 너희에게 넘치게 하시나니 이는 너희로 모든 일에 항상 모든 것이 넉넉하여 모든 착한 일[선행]을 넘치게 하게 하려 하심이라"(고린도후서 9:8).

예수님께서 말씀하신 하늘나라의 비유는 자원선용의 중요성에도 적용할 수 있다.

"[하늘나라는] 또 어떤 사람이 타국에 갈 때 그 종들을 불러 자기 소유를 맡김과 같으니 각각 그 재능대로 한 사람에게는 금 다섯 달란트를, 한 사람에게는 두 달란트를, 한 사람에게는 한 달란트를 주고 떠났더니

다섯 달란트 받은 자는 바로 가서 그것으로 장사하여 또 다섯 달란트를 남기고 두 달란트 받은 자도 그같이 하여 또 두 달란트를 남겼으되 한 달란트 받은 자는 가서 땅을 파고 그 주인의 돈을 감추어 두었더니

오랜 후에 그 종들의 주인이 돌아와 그들과 결산할새 다섯 달란트 받았던 자는 다섯 달란트를 더 가지고 와서 이르되 주인이여 내게 다섯 달란트를 주셨는데 보소서 내가 또 다섯 달란트를 남겼나이다 그 주인이 이르되 잘하였도다 착하고 충성된 종아 네가 적은 일에 충성하였으매 내가 많은 것을 네게 맡기리니 네 주인의 즐거움에 참여할지어다 하고

두 달란트 받았던 자도 와서 이르되 주인이여 내게 두 달란트를 주셨는데 보소서 내가 또 두 달란트를 남겼나이다 그 주인이 이르되 잘하였도다 착하고 충성된 종아 네가 적은 일에 충성하였으매 내가 많은 것을 네게 맡기리니 네 주인의 즐거움에 참여할지어다 하고

한 달란트 받았던 자는 와서 이르되 주인이여 당신은 굳은 사람이라 심지 않은 데서 거두고 헤치지 않은 데서 모으는 줄을 내가 알았으므로 두려워하여 나가서 당신의 달란트를 땅에 감추어 두었었나이다 보소서 당신의 것을 가지셨나이다

그 주인이 대답하여 이르되 악하고 게으

나태한 자의 낭비는 자원을 선용하는 자의 재산이다.

자원선용의 절정은 하나님께서 각 사람의 가치를 크게 보시고 길 잃은 자를 사랑하여 부지런히 '찾아 구원하시는' 것이다. (누가복음 19:10 참조)

하나님께서 공중의 새들에게 양식을 공급하시지만 새들이 그것을 얻으려면 자원선용을 실천해야 한다.

우리가 풍족할 때 자산을 나눠주면 우리가 부족할 때 필요한 것을 얻게 된다.

(고린도후서 8:14 참조)

큰민물꼬치고기는 잡기가 무척 어려운 물고기로 유명하다. 자원선용을 통해 탈출할 힘을 전부 동원하기 때문이다. 어부의 미끼에서 벗어나려고 몸을 비틀고 뛰어오르고 잠수하거나 바닥에 꼼짝 않고 누워 있기까지 한다.

자원선용은 하나님께서 이미 공급하신 자산을 찾아내는 것이다.

"구하는 이마다 받을 것이요 찾는 이는 찾아낼 것이요" —누가복음 11:10

른 종아 나는 심지 않은 데서 거두고 헤치지 않은 데서 모으는 줄로 네가 알았느냐

그러면 네가 마땅히 내 돈을 취리하는 자들에게나 맡겼다가 내가 돌아와서 내 원금과 이자를 받게 하였을 것이니라 하고" (마태복음 25:14-27).

어떻게 이삭줍기 규례가 자원선용을 강조하는가

하나님께서는 이스라엘 민족을 위해 율법과 규례과 법도를 만들어 '사회 복지'의 길을 마련하셨다. 그러나 이 프로그램이 효과를 거두려면 자원선용이 필요했다.

"너희가 너희의 땅에서 곡식을 거둘 때에 너는 밭 모퉁이까지 다 거두지 말고 네 떨어진 이삭도 줍지 말며 네 포도원의 열매를 다 따지 말며 네 포도원에 떨어진 열매도 줍지 말고 가난한 사람과 거류민을 위하여 버려두라 나는 너희의 하나님 여호와이니라"(레위기 19:9-10).

이 '복지 프로그램' 덕에 모압에서 돌아온 나오미와 룻이 생존할 수 있었고 보아스는 동정을 베풀 기회를 얻었다.

어떻게 자원선용으로 생명을 보존했나

1. 홍수 때

하나님께서는 홍수로 세상을 심판하기로 결정하시고 나서 노아에게 그의 가족과 헤엄칠 수 없는 모든 피조물을 살리기 위해 방주를 지으라고 지시하셨다. 동물들의 숙박 공간뿐 아니라 생존에 필요한 식량을 모으는 데 자원선용을 실천해야 했다.

"혈육 있는 모든 생물을 너는 각기 암수 한 쌍씩 방주로 이끌어들여 너와 함께 생명을 보존하게 하되……너는 먹을 모든 양식을 네게로 가져다가 저축하라 이것이 너와 그들의 먹을 것이 되리라" (창세기 6:19, 21).

2. 기근 때

두 번째로 훌륭한 자원선용의 예는 요셉 시대에 기근에 대비한 것이다.

하나님께서는 바로에게 7년 풍년 후에 7년 흉년이 있을 것이라고 꿈을 통해 경고하셨다. 요셉은 기근에 대비해 자원선용 계획을 수립했다.

"그들로 장차 올 풍년의 모든 곡물을 거두고 그 곡물을 바로의 손에 돌려 양식을 위하여 각 성읍에 쌓아 두게 하소서 이와 같이 그 곡물을 이 땅에 저장하여 애굽 땅에 임할 일곱 해 흉년에 대비하시면 땅이 이 흉년으로 말미암아 망하지 아니하리이다"(창세기 41:35-36).

신자들은 성도들의 어려운 형편에 따라 나눠주기 위해 자원선용을 습관화하도록 지시받았다. (로마서 12:13 참조)

"성도를 위하는 연보에 관하여는 내가 갈라디아 교회들에게 명한 것 같이 너희도 그렇게 하라 매주 첫날에 너희 각 사람이 수입에 따라 모아 두어서 내가 갈 때에 연보를 하지 않게 하라"(고린도전서 16:1-2).

자원선용의 숨은 힘

지혜롭고 창의적으로 모으면 자원이 많아지므로 당연히 늘어난 재산을 자기 힘으로 모았다고 생각하기 쉽다. 그러므로 우리는 계속 이 말씀을 되새겨야 한다. "네 하나님 여호와를 기억하라 그가 네게 재물 얻을 능력을 주셨음이라" (신명기 8:18).

“온갖 좋은 은사와 온전한 선물이 다 위로부터 빛들의 아버지께로부터 내려오나니 그는 변함도 없으시고 회전하는 그림자도 없으시니라”(야고보서 1:17).

자원을 모으는 세 단계 절차

하나님께서는 물질적 필요를 통해 우리에게 날마다 끊임없이 하나님을 의지할 동기를 주신다. 그러므로 이렇게 기도하라고 하신다. “오늘 우리에게 일용할 양식을 주시옵고”(마태복음 6:11).

하나님께서는 기도의 응답으로 자원을 얻는 세 단계 절차를 만드셨다.

1. **구해서 받는다**–우리가 필요한 자원을 하나님께 간구하면 하나님께서 공급하시겠다고 약속하셨다. 그러나 그것을 받으려면 다음 두 단계를 밟아야 한다.

2. **찾아서 발견한다**–하나님께서 우리가 간구한 것을 이미 주셨지만 우리는 하나님께서 주신 것을 부지런히 찾아내야 한다. 그러려면 통찰력과 솔선수범과 창의력이 필요하다.

3. **두드려서 연다**–하나님께서 우리에게 주신 것을 찾았다고 확신하면 관련된 사람들에게 연락해야 한다. 그들에게 우리의 목표와 하나님께서 과거에 우리를 어떻게 인도하셨는지를 설명해 주면, 하나님께서 우리가 자원을 얻도록 그들의 마음을 어떻게 준비하셨는지를 알아낼 수 있다.

많은 사람이 하나님께 무엇을 구하고 나서 하나님께서 그것을 주셨는데도 다음 두 단계를 밟지 않는다. 그러고는 하나님께서 자기 기도를 듣지 않으셨거나 응답하지 않으셨다고 단정한다.

“구하라 그리하면 너희에게 주실 것이요 찾으라 그리하면 찾아낼 것이요 문을 두드리라 그리하면 너희에게 열릴 것이니 구하는 이마다 받을 것이요 찾는 이는 찾아낼 것이요 두드리는 이에게는 열릴 것이니라”(마태복음 7:7-8).

스스로 점검하기

나는 자원선용을 하는가?

- 하나님께서 주신 자원들을 정확히 기록하고 보관하는가?
- 하나님께서 내가 하나님께서 주신 자산을 사용하는 방식을 기뻐하시겠는가?
- 다른 사람이 버리는 물건들 중에서 쓸만한 것을 찾았는가?
- 개인 자산을 늘리는 진짜 동기가 남들에게 더 베풀기 위해서인가 아니면 스스로 안심이 되도록 쌓아놓기 위해서인가?
- 먼저 구하고 찾아보지도 않은 채 하나님께 기도하고는 막연히 하나님께서 주시리라고 기대해 왔는가?
- 내 자산의 가치를 몇 배로 올렸는가 아니면 가치가 하락하고 녹슬고 좀먹도록 방치했는가?

자원선용은 남들이 하찮게 보는 물건을 가져다가 대단한 물건으로 만드는 일이다.

자원선용을 잘하는 사람은 금액이 아닌 비율로 따진다. 통조림을 1,000원짜리 대신 800원짜리로 사면 200원을 절약하는 것이 아니라 20%를 절약하는 셈이다.

“분 단위로 잘 챙겨라. 그러면 시간은 저절로 챙겨진다.”

—체스터필드 경

잡담은 자원선용의 적이다. 우리의 매우 귀중한 자산을 써서 없애기 때문이다.

“모든 수고에는 이익이 있어도 입술의 말은 궁핍을 이룰 뿐이니라” —잠언 14:23

절제 *Self-Control*

vs. 탐닉 *Self-Indulgence*

절제는 성령의 시험을 통과한 결과로 얻는 성령의 능력이다.

절제는 자기를 기쁘게 하려는 욕망을 하나님을 기쁘게 해 드리는 갈망으로 바꾸는 것이다.

"너희는 이 세대를 본받지 말고 오직 마음을 새롭게 함으로 변화를 받아 하나님의 선하시고 기뻐하시고 온전하신 뜻이 무엇인지 분별하도록 하라" —로마서 12:2

말씀을 묵상하면 절제의 비밀도 알게 된다.

"[이것들을 묵상하고] 이 모든 일에 전심 전력하여 너의 성숙함을 모든 사람에게 나타나게 하라" —디모데전서 4:15

"꼭 필요한 일이 아니더라도 그 일을 하는 것 자체를 위해 하라. 그러면 도덕적 싸움에서 흐트러지지 않는다."

—오스왈드 챔버스

정의

'절제'로 번역된 헬라어 '엥크라테이아'는 '자기를 억제하거나 통제할 줄 안다'는 뜻인 형용사 '엥크라테스'에서 파생되었다. 이것은 자기 욕망과 욕정을 잘 다스리는 사람의 미덕이다. 절제는 몸의 모든 욕구를 성령의 통제에 굴복시키는 내적인 힘이다. '엥크라테스'의 동사 '엥크라튜오마이'는 운동선수가 상을 탈 목적으로 자기를 엄격하게 훈련하는 모습을 가리킨다. 절제의 또 다른 성경적 개념은 '자기를 이기는 힘이 있는 상태'이다. (고린도후서 7:5, 디모데후서 3:3 참조)

절제의 결정적인 중요성

훌륭한 그리스도인의 삶을 살고 하나님께 영예를 얻고 싶은 모든 신자에게는 절제가 필수다. 바울은 이것을 달리기 선수에 비유했다. "운동장에서 달음질하는 자들이 다 달릴지라도 오직 상을 받는 사람은 한 사람인 줄을 너희가 알지 못하느냐 너희도 상을 받도록 이와 같이 달음질하라 이기기를 다투는 자마다 모든 일에 **절제하나니**[엥크라튜오마이]" (고린도전서 9:24-25).

바울은 절제의 영원한 가치를 강조하면서 이것을 위해 자기가 무엇을 희생하는지를 밝혔다. "그들은 썩을 승리자의 관을 얻고자 하되 우리는 썩지 아니할 것을 얻고자 하노라 그러므로 나는 달음질하기를 향방 없는 것 같이 아니하고 싸우기를 허공을 치는 것 같이 아니하며 내가 내 몸을 쳐 복종하게 함은 내가 남에게 전파한 후에 자신이 도리어 버림을 당할까 두려워함이로다"(고린도전서 9:25-27)

교회에서 지도자가 되려는 신자는 반드시 절제가 있어야 한다. "감독은 하나님의 청지기로서 책망할 것이 없고 제 고집대로 하지 아니하며 급히 분내지 아니하며 술을 즐기지 아니하며 구타하지 아니하며 더러운 이득을 탐하지 아니하며……**절제하며**"(디도서 1:7-8).

나이 많은 남자는 나이와 경험에서 우러나는 조언과 지도력을 사람들이 기대하므로 절제를 잘해야 한다. "오직 너는 바른 교훈에 합당한 것을 말하여 늙은 남자로는 **절제하며** 경건하며 신중하며 믿음과 사랑과 인내함에 온전하게 하고" (디도서 2:1-2).

절제의 정반대

성경에서 '엥크라테이아(절제)의 반대말인 '아크라테스'는 '무력한, 억제할 수 없는, 인간적 욕구에 나오는 욕망과 욕정을 이길 수도 저항할 수도 없는 상태'를 뜻한다. 바울이 이 상태를 잘 묘사했다. "내가 행하는 것을 내가 알지 못하노니 곧 내가 원하는 것은 행하지 아니하고 도리어 미워하는 것을 행함이라……내가 원하는 바 선은 행하지 아니하고 도리어 원하지 아니하는 바 악을 행하는도다……오호라 나는 곤고한 사람이로다 이 사망의 몸에서 누가 나를 건져 내랴"(로마서 7:15, 19, 24).

바울은 어떻게 절제를 키웠는가?

1. 하나님의 가족에 합류한다

바울은 육신의 거센 정욕을 이기는 첫 단계로 예수 그리스도를 믿고 하나님의 가족에 합류했다. "그러므로 이제 그리스도 예수 안에 있는 자에게는 결코 정죄함이 없나니 [그들은 육신을 따라 걷지 아니하고 성령을 따라 걷느니라]"(로마서 8:1).

바울은 신자가 되면서부터 모든 신자와 마찬가지로 성령께서 그에게 내주하시게 되었다. "무릇 하나님의 영으로 인도함을 받는 사람은 곧 하나님의 아들이라"(로마서 8:14). 절제는 성령의 일이기 때문에 하나님의 성령의 인도에 순종하면 절제가 생긴다. "오직 성령의 열매는 사랑과 희락과 화평과 오래 참음과 자비와 양선과 충성과 온유와 절제니"(갈라디아서 5:22-23).

2. 성령께 순종한다

절제는 성령의 인도에 즉시 순종하는 데서 나온다. "율법이 육신으로 말미암아 연약하여 할 수 없는 그것을 하나님은 하시나니 곧 죄로 말미암아 자기 아들을 죄 있는 육신의 모양으로 보내어 육신에 죄를 정하사 육신을 따르지 않고 그 영을 따라 행하는 우리에게 율법의 요구가 이루어지게 하려 하심이니라……육신의 생각은 하나님과 원수가 되나니 이는 하나님의 법에 굴복하지 아니할 뿐 아니라 할 수도 없음이라 육신에 있는 자들은 하나님을 기쁘시게 할 수 없느니라"(로마서 8:3-4, 7-8).

3. 하나님의 성령께 귀를 기울인다

바울은 하나님의 성령의 인도에 따라 잘못된 욕망을 이기는 법을 배웠다. "그러므로 형제들아 우리가 빚진 자로되 육신에게 져서 육신대로 살 것이 아니니라 너희가 육신대로 살면 반드시 죽을 것이로되 영으로써 몸의 행실을 죽이면 살리니"(로마서 8:12-13). 여기서 '죽이다'로 번역된 헬라어 '다나토오'는 '사형에 처하다'를 뜻한다.

골로새서 3장 5절에서도 똑같이 교훈한다. "그러므로 땅에 있는 지체를 죽이라 곧 음란과 부정과 사욕과 악한 정욕과 탐심이니 탐심은 우상 숭배니라" 여기서 '죽이다'로 번역된 헬라어 '네크로오'는 '감각을 죽이다, 진압하다'를 뜻한다.

바울은 고린도전서 9장 27절에서 육신을 어떻게 죽이는지를 밝혔다. "내가 내 몸을 쳐 복종하게 함은 내가 남에게 전파한 후에 자신이 도리어 버림을 당할까 두려워함이로다"

여기서 '쳐'로 번역된 '휘포피아조'는 '고된 훈련으로 자기 몸을 혹사하여 단련하는 권투 선수처럼 시퍼렇게 멍이 들도록 때린다'는 뜻이다. 이것은 너무 잔인한 방법처럼 보인다. 바울은 모든 신자가 이렇게 해야 한다고 말하지 않는다. 경주에서 이기고 실격되지 않으려면 크든 작든 희생을 감수해야 한다는 점을 강조할 뿐이다. 표현은 다르지만 예수님도 제자들에게 똑같이 가르치셨다. "나는 너희에게 이르노니 음욕을 품고 여자를 보는 자마다 마음에 이미 간음하였느니라 만일 네 오른 눈이 너로 실족하게 하거든 빼어 내버리라……또한 만일 네 오른손이 너로 실족하게 하거든 찍어 내버리라 네 백체 중 하나가 없어지고 온 몸이 지옥에 던져지지 않는 것이 유익하니라"(마태복음 5:28-30).

바울이 절제와 관련하여 자주 참여한 고통스런 활동이 있었는데 바로 금식이었다. "우리가 이 직분이 비방을 받지 않게 하려고 무엇에든지 아무에게도 거리끼지 않게 하고 오직 모든 일에 하나님의 일꾼으로 자천하여 많이 견디는 것과 환난과 궁핍과 고난과 매 맞음과 갇힘과 난동과 수고로움과 자지 못함과 먹지 못함 가운데서도"(고린도후서 6:3-5).

절제는 죽은 사람처럼 죄에 반응하는 것이다.

"그럴 수 없느니라 죄에 대하여 죽은 우리가 어찌 그 가운데 더 살리요……이와 같이 너희도 너희 자신을 죄에 대하여는 죽은 자요 그리스도 예수 안에서 하나님께 대하여는 살아 있는 자로 여길지어다"

—로마서 6:2, 11

의의 종이 되어야 자기로부터 해방된다.

"너희 자신을 종으로 내주어 누구에게 순종하든지 그 순종함을 받는 자의 종이 되는 줄을 너희가 알지 못하느냐 혹은 죄의 종으로 사망에 이르고 혹은 순종의 종으로 의에 이르느니라" —로마서 6:16

세상을 개혁하려면 자기부터 개혁하라.

"절제는 치료뿐 아니라 예방과 보존에도 좋은 최고의 약이다."

—찰스 스펄전

자신을 이겨야 한다. 그렇지 않으면 자신에게 종이 된다.

절제는 중용보다 한 발 더 나아가 방종을 끊겠다는 확고한 결심이다.

"참된 절제는 큰 것을 위해 작은 것을, 미래를 위해 현재를, 영적인 것을 위해 물질적인 것을 기꺼이 포기할 각오이며 이것을 가능하게 하는 것은 믿음이다."

—휴 블랙

금식이 어떻게 절제력을 높이는가?

예수님께서는 제자들에게 "만일 금식하면"이라고 하시지 않고 "금식할 때에"라고 하시며 금식을 기정사실화하셨다. (마태복음 6:16) 금식은 일정 기간 동안 음식을 부인하는 것이다. 올바른 동기로 금식하면 자기를 낮추는 과정으로 하나님께서 귀히 여기신다. 다윗은 말했다. "나는 그들이 병 들었을 때에 굵은 베옷을 입으며 금식하여 내 영혼을 괴롭게 하였더니 내 기도가 내 품으로 돌아왔도다"(시편 35:13). 하나님께서는 겸손한 자에게 은혜를 베푸시고 이 은혜를 통해 "우리를 양육하시되 경건하지 않은 것과 이 세상 정욕을 다 버리고 신중함과 의로움과 경건함으로 이 세상에 살게" 하신다. (디도서 2:12)

금식은 고통스럽지만 절제력을 비롯해 많은 보상이 따른다. 규칙적인 금식으로 식욕을 제어하면 성욕이 줄어들고 다른 육체적 욕망도 함께 줄어든다. 금식을 하면 이삼일쯤부터 신진대사가 달라지면서 소화된 음식이 아닌 체지방을 분해하여 에너지를 얻는다. 이때 몸은 성욕과 같은 기능을 멈추고 심장, 폐, 신장, 뇌와 같은 핵심 장기에 에너지를 공급한다.

어쩌면 이것은 바울이 부부들에게 금식 기간이 아니면 제대로 육체적 사랑을 나누라고 권면한 이유일 것이다. 금식하는 동안은 그럴 욕구가 생기지 않기 때문이다. (고린도전서 7:5 참조)

흑곰은 불곰과 달리 대개 함부로 대결하지 않는다. 다른 곰들이 자기 영토로 들어와도 최대한 충돌을 삼간다.

금식의 육체적 고통은 베드로의 훈계에서도 포함되었을 가능성이 있다. "그리스도께서 이미 육체의 고난을 받으셨으니 너희도 같은 마음으로 갑옷을 삼으라 이는 육체의 고난을 받은 자는 죄를 그쳤음이니"(베드로전서 4:1). 예수님의 제자들이 한 소년에게서 악령을 쫓아내지 못한 이유를 묻자 예수님께서 대답하셨다. "그러나 이런 종류는 기도와 금식을 하지 않고는 나가지 않는다"(마태복음 17:21 새번역).

절제력을 낳는 능력

성경은 제대로 따르기만 하면 절제력이 생기는 영적 단계를 명확하게 제시한다. "정욕 때문에 세상에서 썩어질 것을 피하여 신성한 성품에 참여하는 자가 되게 하려 하셨느니라 그러므로 너희가 더욱 힘써 너희 믿음에 덕을, 덕에 지식을, 지식에 절제를……더하라"(베드로후서 1:4-7).

이러한 단계들은 신자의 삶에서 일하시는 성령의 기능과 일치한다. 우리가 주 예수 그리스도를 믿고 시인하면 성령께서 내주하신다. 따라서 신자는 하늘 아버지께 성령으로 충만하게 하시기를 간구할 수 있다. "너희가 악할지라도 좋은 것을 자식에게 줄 줄 알거든 하물며 너희 하늘 아버지께서 구하는 자에게 성령을 주시지 않겠느냐 하시니라"(누가복음 11:13).

일단 우리가 성령으로 충만해지면 하나님께서는 우리를 우리 자신과 우리의 자연적 성향에 대해 죽게 하는 시련과 시험을 거치게 하신다. 우리가 매 시험에 통과하려면 시험을 허락하신 하나님의 목적에 대해 감사 드리며 그 속에서 유익을 찾아 기뻐하고, 구출이 필요할 땐 하나님께 부르짖어야 한다. 신자는 이 단계를 제대로 밟는 만큼 성령의 능력을 체험하게 된다.

성령의 부활의 능력이 절제력을 낳는다. 바울은 로마서 8장 11절에서 이것을 말한다. "예수를 죽은 자 가운데서 살리신 이의 영이 너희 안에 거하시면 그리스도 예수를 죽은 자 가운데서 살리신 이가 너희 안에 거하시는 그의 영으로 말미암아 너희 죽을 몸도 살리시리라"

이 능력을 체험하는 것이 바울의 주 목표였기에 필요하다면 그는 어떤 고난도 기꺼이 감수할 생각이었다. (빌립보서 3:8-10).

절제력을 낳는 기도

바울은 자기가 약할 때 강하다고 말했다. (고린도후서 12:10 참조) 우리가 약함을 깨닫고 인정하면 하나님의 능력을 경험할 자리에 서게 된다. 야베스는 자기 형제들보다 존경을 받았지만 자기의 약함을 깨닫고 "하나님께 아뢰어 이르되 주께서 내게 복을 주시려거든 나의 지역을 넓히시고 주의 손으로 나를 도우사 나로 환난을 벗어나 내게 근심이 없게 하옵소서 하였더니 하나님이 그가 구하는 것을 허락하셨더라"(역대상 4:10). 여기서 '아뢰다'로 번역된 히브리어 '카라'는 '부르다, 외치다'를 뜻한다.

정욕을 이기지 못하던 여러 젊은 남자들이 위의 단계를 밟고 이 기도를 하면서부터 절제력이 커져서 정욕을 이기는 새 힘을 누리고 있다.

스스로 점검하기

나는 절제하는가?

- 세상의 즐거움보다 영적인 활동으로 더 많은 시간을 보내는가?
- 모든 생각을 사로잡아 그리스도께 복종하는가?
- 음식을 조절하는가 아니면 건강에 해로운 음식을 즐기는가?
- 그리스도의 능력을 경험하기 위해 나의 약함을 인정하는가?
- 중독에서 구출해 달라고 하나님께 소리 높여 부르짖는가?
- 금식하기 위해 현명하고 성경적인 계획을 세웠는가?
- 하늘 아버지께 성령으로 충만하게 해 달라고 간구했는가?
- 성령의 시험이 올 때마다 먼저 하나님의 목적을 감사하고, 시험에 바르게 대응하면 어떤 유익이 있을지를 살피는가?
- 걷잡을 수 없이 분노를 터뜨리는 편인가?
- 방종에 빠지지 않도록 그 빌미를 제공하는 것들의 싹을 잘라 버리는가?

절제는 성령의 통제에 자기를 맡기는 것이다. 이때 승리하는 길은 성령 안에서 행동하는 것이다.

"내가 이르노니 너희는 성령을 따라 행하라 그리하면 육체의 욕심을 이루지 아니하리라" –갈라디아서 5:16

성경말씀은 우리의 마음을 깨끗이 하고 불화살을 막는 방패를 세워준다.

불화살은 파도처럼 밀려오는 분노나 정욕을 뜻한다.

"내가 주께 범죄하지 아니하려 하여 주의 말씀을 내 마음에 두었나이다" —시편 119:11,

"모든 것 위에 믿음의 방패를 가지고 이로써 능히 악한 자의 모든 불화살을 소멸하고" 에베소서 6:16

정돈은 내 삶과 주변에서 무엇을 없애야 하는지를 알고 용기 있게 실행하는 것이다.

열역학 제2법칙

외부 간섭이 없는 고립계에서 물질은 질서에서 무질서로 변해 간다.

"하나님은 무질서의 하나님이 아니시요 오직 화평의 하나님이시니라……모든 것을 품위 있게 하고 질서 있게 하라

—고린도전서 14:33,40

청결은 경건 다음으로 중요한 것이 아니라 경건의 일부이다.

"그리하여야 너희가 거룩하고 속된 것을 분별하며 부정하고 정한 것을 분별하리라"

—레위기 10:10

정돈 *Orderliness*

vs. 혼돈 *Confusion*

정돈은 우리가 관할하는 모든 물건을 단정하고 깨끗하게 유지하여 제 기능을 다하게 하고 적절한 자리에 두는 것이다.

정의

'정돈'으로 번역되는 히브리어는 여럿이다. 그 중 하나인 '아라크'는 '정리하다, 순서대로 배열하거나 놓다'를 뜻한다. '타칸'은 솔로몬이 많은 잠언을 정리했다고 묘사할 때 쓰였고(전도서 12:9 새번역) '같게 하다, 똑바르게 하다, 순서대로 정돈하다, 조정하다'는 뜻이다.

헬라어 '에피디올도오'는 '한층 더 똑바르게 하다, 한 번 더 정리하다'는 뜻이다. 이 단어는 정리하다는 뜻으로 디도서 1장 5절에 딱 한 번 쓰였다. 정돈과 비슷한 뜻으로 가장 많이 쓰인 헬라어는 '탁시스'이며 '질서 정연한, 정돈'을 뜻한다.

흥미롭게도 '탁시스'는 '탓소'에서 파생되었는데 '탓소'는 히브리어 '아라크'와 비슷하고 두 단어 모두 계급을 지키는 군부대를 가리킬 때 쓰인다. 다윗을 왕으로 떠받든 전쟁 용사들이 그 예이다. "이 모든 군사가 전열[마아라카, '아라크'의 파생어]을 갖추고 다 성심으로 헤브론에 이르러 다윗을 온 이스라엘 왕으로 삼고자 하고"(역대상 12:38).

어떻게 정돈하는가

1. 지혜로운 일정을 따른다.

하나님의 창조는 정돈을 잘 보여줬다. 하나님께서는 빛을 창조하시고 나서 빛과 어둠을 나누셨다. "하나님이 빛을 낮이라 부르시고 어둠을 밤이라 부르시니라"(창세기 1:5).

하나님은 낮에 일하고 밤에 쉬도록 설계하셨다. 예수님께서 말씀하셨다. "때가 아직 낮이매 나를 보내신 이의 일을 우리가 하여야 하리라 밤이 오리니 그 때는 아무도 일할 수 없느니라"(요한복음 9:4). 하나님은 또 하루가 저녁에 시작되도록 뜻하셨다. 자정 이전에 잠자는 시간이 자정 이후에 잠자는 시간보다 유익하다고 전문가들은 말한다. "일찍 자고 일찍 일어나면 건강하고 부유하고 지혜로워진다."는 오랜 격언도 이를 지지한다.

우리가 잠잘 때와 아침에 깰 때 성경을 묵상하면 이 격언은 확실하게 사실이 된다. "복 있는 사람은……오직 여호와의 율법을 즐거워하여 그의 율법을 주야로 묵상하는도다……그가 하는 모든 일이 다 형통하리로다"(시편 1:1-3). 하루를 저녁에 시작하면 우리는 다윗처럼 밤에 창의적인 사고를 할 수 있다. "나를 훈계하신 여호와를 송축할지라 밤마다 내 양심이 나를 교훈하도다"(시편 16:7).

정돈을 잘 하는 사람으로서 우리는 모든 분초를 최대한 활용해야 한다. 시간은 가장 중요하면서 가장 제한된 자산이기 때문이다.

2. 질서정연한 음악을 듣는다.

질서정연한 음악은 하나님의 본성과 방식에 부합된다. 하나님께서는 자신을 처

음과 끝이라고 묘사하신다. "나는 알파[시작]와 오메가[끝]라"(요한계시록 1:8). 질서정연한 음악은 시작과 끝이 있고 그 사이는 해결을 지향하며 진행된다.

하나님은 삼위일체 하나님이시다. 삼위일체 안에 각 위격은 서로 조화를 이룬다. 음악에서 멜로디가 지배해야 하듯이 성부 하나님이 으뜸이시다. 성자 예수님은 성부 하나님의 뜻에 스스로 복종하여 순종을 통해 성부 하나님을 높이신다. "내가 하늘에서 내려온 것은 내 뜻을 행하려 함이 아니요 나를 보내신 이의 뜻을 행하려 함이니라"(요한복음 6:38). 이것이 바로 질서정연한 음악에서 하모니의 기능이다. 하모니는 멜로디의 통제 아래 멜로디를 확장하고 보강한다.

음악의 리듬은 성령 하나님과 유사하다. 성령께서는 당신을 높이시지 않고 성부와 성자를 높이시려고 오셨다. 성령께서는 당신에게 이목을 끌지 않으시고 성부와 성자를 영화롭게 하시려고 오셨다. 리듬이 지배적이고 멜로디와 하모니에 부적합하게 따로 놀면 음악은 무질서해진다.

하나님은 창조주이시며 그분의 창조는 다양하기 그지없다. 이와 같이 질서정연한 음악은 주제부가 반복되지만 동일한 멜로디나 하모니나 리듬은 한 번 이상 반복되지 않는다. 무질서한 음악은 주로 반복을 강조한다. 멜로디나 하모니나 리듬의 진행이 서너 번 반복되면 이때부터 청취자는 거부 반응을 일으키든지 수동적으로 중독되든지 둘 중 하나다. 무질서한 음악에 중독된 사람은 경건한 생각과 행동과 인간관계의 질서를 깨고 싶어한다.

3. 질서정연하게 행동을 한다.

질서정연한 행동은 하나님의 뜻에 부합하여 성령의 열매를 맺는 것이다. "오직 성령의 열매는 사랑과 희락과 화평과 오래 참음과 자비와 양선과 충성과 온유와 절제니 이같은 것을 금지할 법이 없느니라"(갈라디아서 5:22-23). 무질서한 행동은 갈라디아 5장 19-21절에 나타난다. "육체의 일은 분명하니 곧 음행과 더러운 것과 호색과 우상 숭배와 주술과 원수 맺는 것과 분쟁과 시기와 분냄과 당 짓는 것과 분열함과 이단과 투기와 술 취함과 방탕함과 또 그와 같은 것들이라 전에 너희에게 경계한 것 같이 경계하노니 이런 일을 하는 자들은 하나님의 나라를 유업으로 받지 못할 것이요".

변태 행위는 우리 몸을 하나님께서 창조하신 목적과 반대인 해로운 목적으로 사용하는 것이다. 하나님께서는 음란과 변태 행위를 '혼돈'이라고 부르신다. (레위기 18:23, 20:12 참조)

4. 깨끗한 환경을 유지한다.

여기저기 널려 있는 잡동사니는 더러움과 혼돈을 낳는다. "청결은 경건 다음으로 중요하다."라는 속담은 그리 정확한 말이 아니다. 사실 청결은 이미 경건의 일부이기 때문이다. (출애굽기 19:10, 레위기 10:10, 고린도후서 6:17 참조)

하나님께서는 청소 동물을 창조하시고 정기적으로 비를 내리시고 죽은 생물이 썩어 먼지로 돌아가게 하시어 이 세상에서 청결의 필요성을 보여주셨다.

정돈은 꼭 필요한 물건만 소유하고 그것들을 둘 자리를 확보하여 잘 유지하고 보수할 것을 요구한다.

5. 하나님의 집에 질서를 세운다.

교회의 질서는 자격을 갖춘 지도자를 세우는 데서 시작된다. "사람이 자기 집을 다스릴 줄 알지 못하면 어찌 하나님의 교회를 돌보리요"(디모데전서 3:5). 하나

정돈은 모든 물건을 둘 자리를 마련하고 그 자리에 두는 것이다.

여기저기 널려 있는 잡동사니는 질서의 적이다. 잡동사니란 집이 불타버리면 전혀 기억하지 못할 물건이다.

"그들에게 이르시되 삼가 모든 탐심을 물리치라 사람의 생명이 그 소유의 넉넉한 데 있지 아니하니라 하시고"
—누가복음 12:15

질서의 힘은 메뚜기 떼에서 잘 나타난다. 메뚜기는 아주 작지만 함께 모여 거대한 떼를 지어 땅에 발을 디디면 실제로 땅이 진동한다.

무질서한 곳은 불결하기 마련이고 지저분하고 더러운 곳에서는 대체로 도덕적 타락이 벌어진다.

잡동사니로 가득한 서랍을 청소할 때는 빈 서랍이 깨끗하다는 사실을 기억하라. 자기 물건들을 질서정연하게 정리하여 제 기능을 다하도록 유지하는 것이 바로 그것들을 주신 하나님께 드리는 감사 표현이다.

얼룩다람쥐는 필요에 알맞게 방을 배치하여 집을 설계함으로 정돈이 무엇인지를 잘 보여준다. 이들은 땅굴을 파서 창고, 부엌, 침실, 심지어 화장실까지 만든다.

님의 집에 갈 때 온 세상의 왕이신 하나님을 경외하는 마음으로 가는 것도 질서에 해당한다.

정돈은 우리가 하나님께 선물을 드리는 순서에도 적용된다. 우리는 하나님께 모든 소출의 첫 열매[만물]를 드려야 한다. 이는 하루와 일주일과 소득의 첫 부분을 드리는 것을 말한다. "네 재물과 네 소산물의 처음 익은 열매로 여호와를 공경하라 그리하면 네 창고가 가득히 차고 네 포도즙 틀에 새 포도즙이 넘치리라"(잠언 3:9-10).

초대 교회의 네 가지 주요 기능이 사도행전 2장 42절에 나열된다. 이 순서가 중요하다. "그들이 사도의 가르침을 받아 서로 교제하고 떡을 떼며 오로지 기도하기를 힘쓰니라"(사도행전 2:42).

성경에 목록이 나올 때는 대개 마지막 항목이 가장 중요하다. 고린도전서 13장 13절에서 사랑은 맨 마지막에 나오지만 가장 중요하다. (베드로후서 1:1-10, 잠언 6:16-19 참조)

사도행전 2장 42절에 이 원리를 적용하면 교리와 교제와 성찬식도 중요하지만 교회의 첫째 기능은 강력한 기도를 올릴 예배자를 준비하는 일이다. 예수님의 목표는 교회가 "만인이 기도하는 집"이 되는 것이기 때문이다. (이사야 56:7 참조)

교회의 예배에도 방문자의 반발을 피하면서 그들의 죄를 밝히 보여주어 회개하게 하기 위해 질서가 필요하다. "그러므로 온 교회가 함께 모여 다 방언으로 말하면 알지 못하는 자들이나 믿지 아니하는 자들이 들어와서 너희를 미쳤다 하지 아니하겠느냐……하나님은 무질서의 하나님이 아니시요 오직 화평의 하나님이시니라"(고린도전서 14:23-33).

스스로 점검하기

나는 정돈하는가?

- 하루를 시작할 때 먼저 주님과 특별한 시간을 갖고 지혜로운 계획을 세우는가?
- 일찍 잠자리에 들어 잠자리에서 성경을 묵상하는가?
- 모든 의사 결정에 하나님의 뜻을 분별하려고 힘쓰는가?
- 하나님의 성품에 부합하며 부모와 다른 그리스도인들을 존중하는 음악을 듣는가?
- 옷차림새와 몸가짐이 질서를 반영하고 하나님께서 나를 만드신 모양을 존중하는가?
- 필요할 때 기록을 남길 수 있도록 질서정연한 체계를 갖췄는가?
- 집과 마당과 자동차를 주의 깊게 관리하는가?
- 모든 물건을 둘 자리를 확보하고 계속 제자리에 정리하는가 아니면 정리를 할 수 없을 만큼 많은 물건을 소유했는가?
- 바로 조금 후에라도 손님을 맞을 수 있는 상태로 집을 유지하는가?
- 간증을 듣고 나눌 준비를 하고 교회 모임에 가는가?
- 어린 형제자매에게 정돈과 경청을 잘하도록 격려하는가?

정의 *Justice*

vs. 공평 *Fairness*

정의는 하나님의 법과 성품에 따라 현명한 판결을 내리는 것이다.

정의

'정의(正義)로 해당하는 히브리어는 주로 '쩨다카'이며 '도덕이나 법으로 옳은 상태'를 뜻한다. 이 단어가 그대로 구약성경에서 의로움을 가리킨다는 점이 중요하다. 의로움은 주 예수 그리스도의 성품으로 완전해졌다는 뜻이다. 예수님을 구주로 받아들이면 예수님의 의로우심이 우리의 의로움이 된다. 예수님께서는 십자가에서 죽으실 때 우리의 죄를 자신의 의로운 삶으로 대체하셔서 율법의 정당한 요구를 충족하셨다.

'정의'는 주로 심판과 함께 쓰인다. 심판에 해당하는 히브리어는 '미쉬파트'이며 사람의 법이나 하나님의 법에 따른 '평결, 선고, 판결'을 뜻한다. "너희는 공의[미쉬파트]를 지키며 정의[쩨다카]를 행하라"(이사야 56:1). (시편 119:121, 잠언 21:3 참조)

정의의 보상

- "의인의 길은 돋는 햇살 같아서 크게 빛나 한낮의 광명에 이르거니와"(잠언 4:18).
- "의로운 사람을 가르치라 그의 학식이 더하리라"(잠언 9:9).
- "의인은 환난에서 벗어나느니라"(잠언 12:13).
- "의인에게는 어떤 재앙도 임하지 아니하려니와"(잠언 12:21).
- "죄인의 재물은 의인을 위하여 쌓이느니라"(잠언 13:22).
- "대저 의인은 일곱 번 넘어질지라도 다시 일어나려니와"(잠언 24:16).
- "의인을 기념할 때에는 칭찬하거니와"(잠언 10:7).

정의 실현의 요구

정의는 하나님의 뜻과 본성의 적극적 표현이다. 정의는 개인에게 하나님의 진리를 입으로 확정하고 실행할 것을 요구한다. 그러므로 '정의'에는 주로 '행하다'라는 동사가 붙는다. 시편 82편 3절은 말한다. "곤란한 자와 빈궁한 자에게 **정의를 베풀지며**". "다윗이……모든 백성에게 공의[미쉬파트]와 정의[쩨다카]를 행할새"(역대상 18:14).

로마서 2장 13절에서 이 점을 강조한다. "하나님 앞에서는 율법을 듣는 자가 의인이 아니요 오직 율법을 행하는 자라야 의롭다 하심을 얻으리니". 에스겔 18장에서 하나님께서는 의인을 자세히 설명하신다.

"사람이 만일 의로워서 공의[미쉬파트]와 정의[쩨다카]를 따라 행하며"

- 시대의 거짓 신들에게 눈을 돌리지 아니하며
- 이웃의 아내를 더럽히지 아니하며
- 월경 중인 아내를 가까이 하지 아니하며

지혜와 명철은 정의의 아버지와 어머니다.

"나 지혜는 명철로 주소를 삼으니……나로 말미암아 왕들이 치리하며 방백들이 공의를 세우느니라" —잠언 8:12-15

"정의는 하나님의 거룩하심의 발현이다." -격언

"정의는 하나님 앞에 올바른 상태를 뜻한다. 하나님께 맞추기 전에는 아무것도 정의롭지 않다."

-오스왈드 챔버스

"사람은 다 거짓되되 오직 하나님은 참되시다 할지어다 기록된 바 주께서 주의 말씀에 의롭다 함을 얻으시고 판단 받으실 때에 이기려 하심이라 함과 같으니라"

—로마서 3:4

사람은 자기 의견을 내려놓을 때만 하나님의 정의를 깨닫는다.

"온유한 자를 공의로 지도하심이여 온유한 자에게 그의 도를 가르치시리로다"

—시편 25:9

"사람아 주께서 선한 것이 무엇임을 네게 보이셨나니 여호와께서 네게 구하시는 것은 오직 공의[미쉬파트]를 행하며 인자를 사랑하며 겸손하게 네 하나님과 함께 행하는 것이 아니냐"

—미가 6:8

어른 **수코끼리**는 십대처럼 제멋대로인 어린 코끼리들이 사회 질서를 어지럽히는 것을 예방하여 아프리카 평원의 평화를 유지한다.

- 사람을 학대하지 아니하며
- 담보로 받은 물건을 돌려주며
- 굶주린 자에게 먹을 것을 주며
- 헐벗은 이에게 옷을 입혀 주며
- 이자를 받으려고 돈을 내주지 아니하며
- 나쁜 일에 손을 대지 아니하며
- 사람들 사이에서 현명한 판결을 내리며
- 하나님의 규정과 법규를 준수하면

"그는 의인이니 반드시 살리라"

(에스겔 18:5-9).

이 목록에 근거하여 정의가 요구하는 바는 다음과 같다.

1. "의인의 입은 지혜를 내어도" (잠언 10:31).
2. "의인의 혀는 순은과 같거니와" (잠언 10:20).
3. "온전하게 행하는 자가 의인이라" (잠언 20:7).

의인이 정의를 행한 사례

"천국은 마치 품꾼을 얻어 포도원에 들여보내려고 이른 아침에 나간 집 주인과 같으니 그가 하루 한 데나리온씩 품꾼들과 약속하여 포도원에 들여보내고

또 제삼시[아홉 시]에 나가 보니 장터에 놀고 서 있는 사람들이 또 있는지라 그들에게 이르되 너희도 포도원에 들어가라 내가 너희에게 상당하게[정당한[디카이오스] 것을] 주리라 하니 그들이 가고 제육시[열두 시]와 제구시[오후 세 시]에 또 나가 그와 같이 하고 제십일시[오후 다섯 시]에도 나가 보니 서 있는 사람들이 또 있는지라 이르되 너희는 어찌하여 종일토록 놀고 여기 서 있느냐 이르되 우리를 품꾼으로 쓰는 이가 없음이니이다 이르되 너희도 포도원에 들어가라 [무엇이든 정당한 것을 너희가 받으리라] 하니라

저물매 포도원 주인이 청지기에게 이르되 품꾼들을 불러 나중 온 자로부터 시작하여 먼저 온 자까지 삯을 주라 하니 제십일시에 온 자들이 와서 한 데나리온씩을 받거늘 먼저 온 자들이 와서 더 받을 줄 알았더니 그들도 한 데나리온씩 받은지라 받은 후 집 주인을 원망하여 이르되 나중 온 이 사람들은 한 시간밖에 일하지 아니하였거늘 그들을 종일 수고하며 더위를 견딘 우리와 같게 하였나이다

주인이 그 중의 한 사람에게 대답하여 이르되 친구여 내가 네게 잘못한 것이 없노라 네가 나와 한 데나리온의 약속을 하지 아니하였느냐 네 것이나 가지고 가라 나중 온 이 사람에게 너와 같이 주는 것이 내 뜻이니라 내 것을 가지고 내 뜻대로 할 것이 아니냐 내가 선하므로 네가 악하게 보느냐"(마태복음 20:1-15).

정의의 쟁점

이 이야기에서 정의는 집주인이 마지막 일꾼들에게 한 질문을 통해 알 수 있다. "너희는 어찌하여 종일토록 놀고[일 없이] 여기 서 있느냐" 이 일꾼들은 한 시간밖에 일하지 않았지만 일을 하기 위해 하루 종일 대기했다. 집주인은 이들을 한 시간 동안 고용하여 이 일꾼들이 대기했던 시간에 대한 책임을 떠맡았다. 욕심이 많은 사람은 대체로 정의롭지 않다. 그 까닭은 큰 그림을 보지 않고 상황의 모든 요소를 생각하고 헤아려 보지 않기 때문이다.

정의는 공평과 어떻게 다른가

대부분 사람들은 공평을 요구한다. 그러나 절대적으로 공평하려면 모든 사람이 같은 때에 똑같은 것을 받아야 한다. 이것은 불가능하므로 우리는 온전히 정의로우신 하나님만을 바라봐야 한다.

공평에 초점을 맞추면 하나님의 정의로운 보상을 보지 못한다. 예를 들어, 하나님께서 한 사람에게 많은 돈을 주시면 다른 사람에게는 많은 믿음을 주셔서 필요한 자금을 충당할 수 있게 하실 것이다. "하나님이 세상에서 가난한 자를 택하사 믿음에 부요하게……하지 아니하셨느냐"(야고보서 2:5).

- 정의는 하나님 말씀의 보편적이고 불변하는 원리를 따르지만 공평은 다수의 가변적인 뜻을 따른다.
- 정의는 하나님의 기준을 어길 때 죄책감을 느끼지만 공평은 하나님의 기준을 낮춤으로 죄책감을 없애려고 한다.
- 정의는 잘못을 자백하고 자비를 구하지만 공평은 잘못을 정당화하고 자비가 필요없다고 생각한다.
- 정의는 개인의 책임에 열중하여 부흥을 일으키지만 공평은 개인의 권리에 치중하여 반항을 낳는다.
- 정의는 하나님의 지혜를 표현하지만 공평은 인간의 논리를 표현한다.
- 정의는 편파적이지 않고 객관적이지만 공평은 편파적이고 주관적이다.
- 정의는 범죄자의 신속한 기소를 요구하지만 공평은 범죄자의 처벌을 느리게 진행한다.
- 정의는 범죄자의 처벌을 제한하지만 공평은 범죄자의 처벌에 일관성이 없다.

공의와 정의가 어떻게 합력하는가

잠언은 "지혜롭게, 공의롭게, 정의롭게, 정직하게 행할 일에 대하여 훈계를 받게 하기"위해 쓰였다. (잠언 1:3) 지혜롭게 공의를 이루는 능력은 온유한 자에게 주어진다. "온유한 자를 공의[미쉬파트]로 지도하심이여 온유한 자에게 그의 도를 가르치시리로다"(시편 25:9).

공의는 시편 37편 4-6절에 제시된 순서로 얻어진다. "또 여호와를 기뻐하라 그가 네 마음의 소원을 네게 이루어 주시리로다 네 길을 여호와께 맡기라 그를 의지하면 그가 이루시고 네 의를 빛 같이 나타내시며 네 공의를 정오의 빛 같이 하시리로다"

스스로 점검하기

나는 정의로운가?

- 하나님의 법을 읽는가? 그것을 암송하고 묵상하는가?
- 정의를 요구하는 문제를 다룰 때 성경의 선례를 찾아보고 그에 따라 결정을 내리는가?
- 현명하고 정의로운 판단을 하기 위해 하나님께 이해심을 달라고 간구했는가?
- 하나님께서 나를 정의와 공의로 이끄실 수 있도록 내게 온유한 마음자세가 있는가?
- 정의와 공평의 차이점을 아는가?
- 정의에 따라 결정을 내려야 할 때 하나님께 부르짖는가?

정의는 하나님의 율법을 밤낮으로 암송하고 묵상하는 사람의 반응이다.

통치자는 현명한 결정을 내리고 정의로 왕국을 세우기 위해 율법책 사본을 만들어 매일 읽어야 했다.

(신명기 17:18-20 참조)

부흥을 일으키려면 사람들에게 책임을 알려주고 반항을 선동하려면 사람들에게 권리를 알려주라.

"내가 주의 의로운 판단을 배울 때에는 정직한 마음으로 주께 감사하리이다"

—시편 119:7

사람은 정의 앞에 불려가야 자비를 원하고 고마워한다.

"음녀의 자취[간음하는 여자의 길]도 그러하니라 그가 먹고 그의 입을 씻음 같이 말하기를 내가 악을 행하지 아니하였다 하느니라"

—잠언 30:20

주님의 안내를 기다리다 보면 우선순위를 재평가하면서 '꼭 필요한 일'이 무엇인지를 확인할 수 밖에 없다.

(누가복음 10:41-42 참조)

"오직 여호와를 앙망하는 자는 새 힘을 얻으리니 독수리가 날개치며 올라감 같을 것이요 달음박질하여도 곤비하지 아니하겠고 걸어가도 피곤하지 아니하리로다"

—이사야 40:31

"너는 하나님의 집에 들어갈 때에 네 발을 삼갈지어다 가까이 하여 말씀을 듣는 것이 우매한 자들이 제물 드리는 것보다 나으니 그들은 악을 행하면서도 깨닫지 못함이니라"

—전도서 5:1

"준비는 한순간에 이뤄지지 않고 꾸준히 유지해야 하는 과정이다."

–오스왈스 챔버스

조심성 *Cautiousness*

vs. 성급함 *Rashness*

조심성은 일의 성공을 위해 나의 자연적 성향이 아닌 하나님의 방식에 따라 계획을 세우는 것이다.

정의

성경은 말이나 행동이 조급한 사람을 이야기할 때 조심 없이 행동한 결과를 묘사한다. '조급한'으로 번역되는 히브리어 '우츠'는 '압박당하다, 갇히다, 좁다, 주장하다, 재촉하다'는 뜻이다. 이 말은 계획을 세우지 않아서 가난하게 된 사람을 가리키기도 한다. (잠언 21:5 참조) 히브리어 '마헤르'는 하나님께 성급히 맹세하는 것을 경고할 때 쓰이며 '서두르다, 걱정하다, 빨리 하다'는 뜻이다. (전도서 5:2 참조)

예수님께서는 탑을 세우려는 자가 주위 사람들에게 비웃음을 사지 않고 성공적으로 일을 마치려면 건축 비용을 미리 계산해야 하듯이 예수님을 따르려면 먼저 치러야 할 대가를 셈해야 한다고 군중에게 가르치셨다. (누가복음 14:25-33 참조)

조심성은 무엇인가?

조심성은 우리의 자연적 성향이 하나님의 방식과 정반대임을 인식하는 것이다. 우리의 자연적 성향은 옳아 보이지만 파멸과 죽음으로 이끈다. "어떤 길은 사람이 보기에 바르나 필경은 사망의 길이니라"(잠언 16:25). "이는 내 생각이 너희의 생각과 다르며 내 길은 너희의 길과 다름이니라 여호와의 말씀이니라 이는 하늘이 땅보다 높음 같이 내 길은 너희의 길보다 높으며 내 생각은 너희의 생각보다 높음이니라"(이사야 55:8-9).

우리가 자연적 성향대로 행동하면 어리석은 선택을 하기 때문에 비싼 대가를 치르게 된다. "자기의 마음을 믿는 자는 미련한 자요 지혜롭게 행하는 자는 구원을 얻을 자니라"(잠언 28:26). "너는 마음을 다하여 여호와를 신뢰하고 네 명철을 의지하지 말라 너는 범사에 그를 인정하라 그리하면 네 길을 지도하시리라"(잠언 3:5-6).

사람들이 우리를 나쁘게 말하면 그들을 나쁘게 말하는 것이 우리의 자연적 성향이다. 이와 정반대로 반응하여 그들에게 선을 행하는 것이 성경의 가르침에 맞다. "나는 너희에게 이르노니 너희 원수를 사랑하며 너희를 박해하는 자를 위하여 기도하라 이같이 한즉 하늘에 계신 너희 아버지의 아들이 되리니 이는 하나님이 그 해를 악인과 선인에게 비추시며 비를 의로운 자와 불의한 자에게 내려주심이라 너희가 너희를 사랑하는 자를 사랑하면 무슨 상이 있으리요 세리도 이같이 아니하느냐 또 너희가 너희 형제에게만 문안하면 남보다 더하는 것이 무엇이냐 이방인들도 이같이 아니하느냐"(마태복음 5:44-47).

조심성은 불법과 어떤 관계인가?

단순히 우리에게 옳아 보이는 대로 행동하는 것은 불법이다. 예를 들어 설교를 하고 좋은 일을 많이 하는 것은 옳아 보이지만 이런 활동이 하나님의 성령께서 주도하여 인도하신 것이 아니면 모두 불법이다.

예수님께서 말씀하셨다. "그 날에 많은 사람이 나더러 이르되 주여 주여 우리가 주의 이름으로 선지자 노릇 하며 주의 이름으로 귀신을 쫓아 내며 주의 이름으로 많은 권능을 행하지 아니하였나이까 하리니 그 때에 내가 그들에게 밝히 말하되 내가 너희를 도무지 알지 못하니 불법[아노미아]을 행하는 자들아 내게서 떠나가라 하리라"(마태복음 7:22-23).

하나님의 생명이나 하나님의 능력과 상관없이 따로 행동하는 것은 불법이다. "우리는 다 양 같아서 그릇 행하여 각기 제 길로 갔거늘 여호와께서는 우리 모두의 죄악[아본-불법]을 그에게 담당시키셨도다"(이사야 53:6).

예수 그리스도의 삶에는 불법이 없었다. 예수님의 신성 때문이다. 예수님께서는 어느 것 하나도 당신 뜻대로 하시지 않고 하늘 아버지께서 지시하신 대로만 하셨다. 그래서 이렇게 말씀하셨다. "나는 나의 뜻대로 하려 하지 않고 나를 보내신 이의 뜻대로 하려 하므로 내 심판은 의로우니라"(요한복음 5:30). 조심성이 있는 사람은 매 상황마다 하나님의 뜻을 찾는다.

어떻게 조심성을 기르는가?

1. 우리의 자연적 성향이 틀릴 때가 많음을 인정하고 하나님께 지혜를 달라고 부르짖는다.

"너는 내게 부르짖으라 내가 네게 응답하겠고 네가 알지 못하는 크고 은밀한 일을 네게 보이리라"(예레미야 33:3). "환난 날에 나를 부르라 내가 너를 건지리니 네가 나를 영화롭게 하리로다"(시편 50:15). "누구든지 주의 이름을 부르는 자는 구원을 받으리라"(로마서 10:13).

"지식을 불러 구하며 명철을 얻으려고 소리를 높이며 은을 구하는 것 같이 그것을 구하며 감추어진 보배를 찾는 것 같이 그것을 찾으면 여호와 경외하기를 깨달으며 하나님을 알게 되리니"(잠언 2:3-5). "너희 중에 누구든지 지혜가 부족하거든 모든 사람에게 후히 주시고 꾸짖지 아니하시는 하나님께 구하라 그리하면 주시리라"(야고보서 1:5).

2. 다른 사람들의 경험을 교훈으로 삼는다.

하나님께서 성경에 쓰신 인물전에는 어떻게 하나님의 방식으로 일하는지에 대한 조언이 풍부하고, 하나님의 방식을 거부할 때 일어난 일의 이야기도 가득하다. "여호와의 증거[에두트=증언]는 확실하여 우둔한 자를 지혜롭게 하며"(시편 19:7).

다윗 왕은 하나님의 궤를 예루살렘 도성으로 옮기는 것이 좋은 계획이라고 생각했다. 거대한 행렬을 조직하고 모험을 시작했다. 그러나 자신의 방향을 성경으로 확인하는 조심성을 발휘하지 못했다.

하나님의 궤는 거룩한 것이어서 하나님께서는 그것을 어떻게 옮겨야 하는지에 대해 특별한 지시를 내리셨다. 하나님의 궤를 빼앗아 간 블레셋 사람들은 황소 수레로 그 궤를 돌려보냈다. 다윗은 자기도 그렇게 하면 될 줄로 생각했다. 그러나 그 계획은 한 사람의 죽음으로 끝났다.

황소가 끌던 수레가 흔들리자 제사장 웃사가 손을 뻗어 하나님의 궤를 붙들었다가 죽임을 당했다. 아무도 하나님의 궤에 손을 대어서는 안 되었기 때문이다. (사무엘하 6:3-8, 민수기 4장 참조)

나중에 다윗은 조심성을 발휘해 하나님의 규정대로 법궤를 운반했다. 두 봉을 법궤 양옆에 달린 고리에 각각 끼우고 제사장 네 명이 어깨에 봉을 매어 옮기는 방식이었다. 하나님의 궤는 무사히 예루살렘으로 옮겨졌고 모든 백성이 기뻐했다. (역대상 15:11-15, 출애굽기 25:10-15 참조)

3. 자연적 성향과 정반대 행동을 생각한다.

우리의 자연적 성향은 하나님의 보편적 원칙에 정반대일 경우가 많기 때문에 이렇게 질문하면 좋다. "내 본성대로라면 어떻게 할까?" 그리고는 정반대 행동이 성경에 맞는지를 확인하는 것이다.

조심성 있는 사람은 모든 사실을 확보하기 전에 말하고 싶은 충동을 이겨낸다.

"내 사랑하는 형제들아 너희가 알지니 사람마다 듣기는 속히 하고 말하기는 더디 하며 성내기도 더디 하라"

—야고보서 1:19

"부지런한 자의 경영은 풍부함에 이를 것이나 조급한 자는 궁핍함에 이를 따름이니라"

—잠언 21:5

프레리도그는 물이 갑자기 불어날 때 집이 망가지지 않도록 굴 입구 주위에 흙으로 둑을 쌓는다.

스스로 점검하기

나는 조심성이 있는가?

- 매 상황마다 하나님의 뜻을 찾는가?
- 현명하고 경험이 풍부한 사람들의 조언을 구하는가?
- 다른 사람들의 실수를 교훈으로 삼는가?
- 말하기 전에 무엇을 말할지를 먼저 생각하는가?
- 좋은 일이라도 적절한 때인지를 살피는가?
- 내 행동이 다른 사람들에게 어떻게 영향을 줄지를 아는가?
- 특별히 큰일을 할 때 미리 계획하고 비용을 계산하는가?

당신이 가는 길이 탄탄한지 그리고 당신이 걷는 걸음이 안정적인지를 시험할 시간적 여유를 가지라.

"지식 없는 소원은 선하지 못하고 발이 급한 사람은 잘못 가느니라" —잠언 19:2

4. 현명한 조언을 구한다.

고속도로의 경고판은 사람들이 조심성을 충분히 발휘하지 않아서 그 장소에서 값비싼 대가를 치렀다는 뜻이기도 하다. 조심성 있는 운전자는 속도를 줄이고 모든 도로 규칙을 확실히 따르면서 위험을 각별히 경계한다.

인생에도 고속도로 경고판이 있다. 어떤 사람들은 이 경고판에 주의를 기울이지 않았다가 고통을 겪고 나서 뼈아픈 기억을 이야기한다. 이들은 자신들이 겪은 결과를 피하고 싶은 사람들에게 기꺼이 나누고 싶어한다. 우리는 이들의 실수가 무엇인지를 잘 듣는 것이 현명하다. 다른 사람들이 비싼 값을 치르고 얻은 경험을 가급적 적은 비용으로 얻으라.

자연적 성향	하나님의 방식
1. 바꿀 수 없는 외모나 가족 배경을 거부한다.	우리의 내적 성품을 계발하시는 하나님의 수단으로 외모나 가족 배경을 받아들이고 감사한다.
2. 원하는 것을 주지 않는 부모나 권위자들에게 반발한다.	모든 인간 권위자는 선을 행하는 자를 칭찬하고 악을 행하는 자를 처벌하기 위해서 하나님께서 세우신 자임을 인정한다.
3. 다른 사람들이 우리를 낮춰 보지 않도록 은밀한 죄와 잘못을 감춘다.	잘못을 고백하고 용서를 구하고 합당하게 배상함으로 자신을 스스로 낮춘다. "겸손은 존귀의 길잡이니라"(잠언 15:33). 그러나 자기의 죄를 숨기는 자는 형통하지 못한다. (잠언 28:13 참조)
4. 우리에게 상처 준 자를 거부하고 그들도 똑같이 고통받기를 간절히 바란다.	우리에게 상처 준 자를 용서하고 그들의 삶에 유익을 줄 길을 찾는다.
5. 우리의 소유에 대한 권리를 주장하고 자기 즐거움을 위해 쓴다.	우리의 소유를 하나님께 드리고 하나님 나라를 확장하는 데 쓴다.
6. 우리의 권리를 존중하지 않는 사람들을 비난한다.	우리의 권리를 하나님께 내드리고 우리가 제어할 수 없는 일이 일어나도 하나님께 감사한다.
7. 육감과 정욕의 쾌락을 즐긴다.	우리의 몸을 산 제물로 하나님께 드리고 날마다 우리의 지체를 하나님께 굴복시킨다.
8. 부자가 되어 안정을 얻고 고급품을 소유하고 사람들에게 인정받고 싶어한다.	'가지는 자'가 아니라 '주는 자'가 되기로 작정하고 어떻게 남을 섬기며 그들이 성공하도록 돕는지를 배운다.

존중 *Deference*

vs. 무례함 *Offensiveness*

존중은 자기 개인의 즐거움보다 다른 사람의 복지를 먼저 생각하는 것이다.

정의

바울은 신자들에게 서로 존경하기를 먼저 하라며 존중의 본질을 말했다. (로마서 12:10) 여기서 존경으로 번역된 헬라어 '프로에게오마이'는 '다른 사람에게 길을 안내하다'는 뜻이다. 이 말은 '공권력으로 명령하다, 우두머리가 되어 지배하다'는 뜻을 함축하는 강한 표현이다. 따라서 다른 사람을 존중하면 예수님의 역설을 체험하게 된다. "너희 중에 누구든지 으뜸이 되고자 하는 자는 모든 사람의 종이 되어야 하리라"(마가복음 10:44).

'존중'은 다른 사람이 성공하도록 돕기 위해 자신을 희생하고, 다른 사람의 마음을 상하게 하거나 약하게 하는 말이나 태도나 행동을 삼가는 것이다. 우리는 예수 그리스도의 대의를 위한 것이면 언제든지 다른 사람의 의견을 존중할 줄 알아야 한다.

존중과 신중은 함께 간다. "노하기를 더디 하는 것[존중]이 사람의 슬기[신중]요 허물을 용서하는 것이 자기의 영광이니라"(잠언 19:11).

'거리끼게 하다'는 말은 존중의 깊은 개념을 보여준다. "우리가 이 직분이 비방을 받지 않게 하려고 무엇에든지 아무에게도 거리끼지[프로스코페=넘어뜨리지] 않게 하고"(고린도후서 6:3) "유대인에게나 헬라인에게나 하나님의 교회에나 거치는 자가 되지 말고[아프로스코프스=범죄하게 하지 않는] 나와 같이 모든 일에 모든 사람을 기쁘게 하여 자신의 유익을 구하지 아니하고 많은 사람의 유익을 구하여 그들로 구원을 받게 하라"(고린도전서 10:32-33).

'거리끼게 한다'는 뜻의 헬라어가 여럿 있는데 그 중 하나인 '프로스콤마'는 '걸림돌, 발이 부딛히면 비틀거리거나 넘어질 장애물'을 뜻한다.

"그러므로 우리가 화평의 일과 서로 덕을 세우는 일을 힘쓰나니 음식으로 말미암아 하나님의 사업을 무너지게 하지 말라 만물이 다 깨끗하되 거리낌[프로스콤마]으로 먹는 사람에게는 악한 것이라"(로마서 14:19-20).

다음 구절에는 '거리끼게 하다'는 뜻으로 '스칸달리조'가 쓰였다. "고기도 먹지 아니하고 포도주도 마시지 아니하고 무엇이든지 네 형제로 거리끼게 하는[스칸달리조] 일을 아니함이 아름다우니라"(로마서 14:21). '스칸달리조'는 '함정에 빠뜨리다, 발을 걸어 넘어뜨리다, 죄를 짓게 하다, 불쾌하게 하다'를 뜻하고, '덫, 올가미'를 뜻하는 명사 '스칸달론'에서 파생되었다. "그러므로 만일 [우상에 바친] 음식이 내 형제를 실족하게[스칸달리조] 한다면 나는 영원히 고기를 먹지 아니하여 내 형제를 실족하지[스칸달리조] 않게 하리라"(고린도전서 8:13).

존중의 사례

성경에는 존중을 잘 보여준 사람들의 중요한 예가 들어 있어서 이들의 증언은 비슷한 상황의 전례가 된다. 그러므

쾌락에 탐닉하면 잠시는 즐거울지 몰라도 그 피해는 평생 간다.

모든 존중은 예수님께서 사람들을 구원하기 위해 감수하신 놀라운 희생에 근거해야 한다. (로마서 14:15-21 참조) 예수님께서는 우리가 존중을 표해야 할 경우에 당신께서 하신 일을 생각하라고 하신다.

"너희가 피곤하여 낙심하지 않기 위하여 죄인들이 이같이 자기에게 거역한 일을 참으신 이를 생각하라" —히브리서 12:3

존중은 다른 사람을 약하게 만들거나 넘어뜨릴 상황을 막는 것이다.

바울은 다른 신자들을 넘어지게 하지 않기 위해서 우상에게 바친 고기를 먹지 않기로 결심했다.

"그러므로 너희의 선한 것이 비방을 받지 않게 하라" —로마서 14:16

예절은 존중의 일상 표현이다.

"중요한 순간에 맞춰 별안간 신사가 되는 법은 없다. 한 사람이 신사가 되는 일은 평소 사소한 순간순간에 결정된다……사람은 일단 자기가 신사라는 망상에 사로잡히면 금방 신사다워지지 않는다."

—G. K. 체스터톤

로 새로운 상황에 이런 전례를 정확하게 적용할 수 있도록 이런 증언들을 묵상하는 것이 좋다.

1. 성부를 존중하기

세를 거두는 사람이 베드로에게 예수님께서 세금을 내시냐고 묻자 베드로는 "내신다."고 대답했다. 그러나 예수님은 베드로에게 물으셨다. "세상 임금들이 누구에게 관세와 국세를 받느냐 자기 아들에게냐 타인에게냐?"(마태복음 17:25).

베드로가 대답했다. "타인에게니이다 예수께서 이르시되 그렇다면 아들들은 세를 면하리라"(마태복음 17:26). 예수님께서는 세금을 내지 않을 권리와 자유가 있다는 사실을 확인하시고 나서 말씀하셨다. "그러나 우리가 그들이 실족하지[스칸달리조] 않게 하기 위하여 네가……돈 한 세겔을 얻을 것이니 가져다가 나와 너를 위하여 주라"(마태복음 17:27).

2. 자녀를 존중하기

"천국에서는 누가 가장 큰사람입니까?" 라고 제자들이 예수님께 묻자 예수님께서는 어린아이 하나를 불러 그들 가운데 세우시고 말씀하셨다. "진실로 너희에게 이르노니 너희가 돌이켜 어린 아이들과 같이 되지 아니하면 결단코 천국에 들어가지 못하리라"(마태복음 18:1, 3).

어린이는 당연히 부모와 주변 사람들을 존중해야 한다. 예수님께서는 이런 겸손한 존중을 칭찬하신다. "그러므로 누구든지 이 어린 아이와 같이 자기를 낮추는 사람이 천국에서 [가장] 큰 자니라"(마태복음 18:4).

예수님께서는 제자들의 육신적 열망과 대조되는, 존중의 근원인 겸손을 칭찬하신 후에 이런 어린이를 넘어지게 하는 것에 대해 강력히 경고하셨다.

"누구든지 나를 믿는 이 작은 자 중 하나를 실족하게[스칸달리조] 하면 차라리 연자 맷돌이 그 목에 달려서 깊은 바다에 빠뜨려지는 것이 나으니라"(마태복음 18:6).

어린이의 양심은 매우 민감하다. 어른들은 굳어져서 아무렇지도 않게 느끼는 말과 행동이 어린이에게는 큰 아픔과 상처가 되기도 한다. 그러므로 모든 사람이 어린이를 존중해야 한다.

이렇게 경고하신 후에 예수님께서는 불순함으로 어린이의 마음을 상하게 하는 것에 대해 자세히 교훈하신다.

"실족하게 하는 일[스칸달론]들이 있음으로 말미암아 세상에 화가 있도다 실족하게 하는 일이 없을 수는 없으나 실족하게 하는 그 사람에게는 화가 있도다 만일 네 손이나 네 발이 너를 범죄하게 하거든 찍어 내버리라 장애인이나 다리 저는 자로 영생에 들어가는 것이 두 손과 두 발을 가지고 영원한 불에 던져지는 것보다 나으니라

만일 네 눈이 너를 범죄하게 하거든 빼어 내버리라 한 눈으로 영생에 들어가는 것이 두 눈을 가지고 지옥 불에 던져지는 것보다 나으니라

삼가 이 작은 자 중의 하나도 업신여기지 말라 너희에게 말하노니 그들의 천사들이 하늘에서 하늘에 계신 내 아버지의 얼굴을 항상 뵈옵느니라"(마태복음 18:7-10).

3. 신자들을 존중하기

검소한 소비자는 언제나 할인 상품을 찾는데 1세기 신자들도 예외가 아니었다. 따라서 그들은 마을에서 최상급 고기가 최저가에 할인되어 팔리는 것을 보고 그것을 샀다.

회색늑대의 생사는 무리의 우두머리에게 존중을 표하는 능력에 달렸다. '부하' 늑대가 어떤 형태로든 자기 주장을 펼치면 우두머리 늑대는 그 불경한 부하 늑대가 건방진 행동으로 무례를 범했다고 인정하는 뜻으로 스스로 목을 내놓을 때까지 격렬하게 공격한다.

그 고기가 할인 가격에 팔리는 데는 그만한 이유가 있었다. 신전 우상에게 제물로 바친 고기를 제사장들이 돈으로 바꾸려고 내다 파는 물건이었다.

신전 제사를 거부하고 새로 그리스도를 믿은 신자들이 이런 고기를 사는 성숙한 신자들을 보고 마음이 상하게 되자 세워진 지 얼마 안 된 교회에서 큰 논란이 일어났다. 대립이 얼마나 심했던지 결국 예루살렘 공회가 치리에 나서고 바울이 성령의 영감을 받아 장문의 편지를 썼을 정도였다.

이 민감한 사안에서 바울은 논란에 빠진 양측 모두에게 서로를 존중하라고 당부했다. 특별히 이 고기를 먹어도 괜찮다고 생각하는 사람들에게 호소했다. "그런즉 우리가 다시는 서로 비판하지 말고 도리어 부딪칠 것[프로스콤마=걸림돌]이나 거칠 것[스칸달론=덫]을 형제 앞에 두지 아니하도록 주의하라"(로마서 14:13). 이 호소문에서 '스칸달론'이 정확히 묘사된다.

존중이 얼마나 중요한지가 이 이야기에 잘 나타난다. 바울은 그 고기가 본질적으로 전혀 나쁘지 않다는 데 동의한다. 그러나 다른 신자가 그것으로 마음이 상하거나 성령께서 내면에 경고하시는데도 그것을 무시하고 그 고기를 먹는 것은 잘못이다.

"내가 주 예수 안에서 알고 확신하노니 무엇이든지 스스로 속된 것이 없으되 다만 속되게 여기는 그 사람에게는 속되니라 만일 음식으로 말미암아 네 형제가 근심하게 되면 이는 네가 사랑으로 행하지 아니함이라 그리스도께서 대신하여 죽으신 형제를 네 음식으로 망하게 하지 말라"(로마서 14:14-15).

예루살렘 공회는 이방 신자들이 모세의 율법에 메이지 않지만 "요긴한 것" 네 가지를 지켜야 한다고 선언하여 바울의 훈계를 확증했다.

"우상의 제물과 피와 목매어 죽인 것과 음행을 멀리할지니라 이에 스스로 삼가면 잘되리라 평안함을 원하노라 하였더라"(사도행전 15:29).

신자들을 존중하는 것이 매우 중요하다는 점은 아시아 일곱 교회 중 두 교회에 성령께서 보내신 메시지에서도 최종적으로 확증되었다.

버가모 교회에 하신 말씀: "네게 두어 가지 책망할 것이 있나니 거기 네게 발람의 교훈을 지키는 자들이 있도다 발람이 발락을 가르쳐 이스라엘 자손 앞에 걸림돌을 놓아 우상의 제물을 먹게 하였고 또 행음하게 하였느니라"(요한계시록 2:14).

두아디라 교회에 하신 말씀: "네게 책망할 일이 있노라 자칭 선지자라 하는 여자 이세벨을 네가 용납함이니 그가 내 종들을 가르쳐 꾀어 행음하게 하고 우상의 제물을 먹게 하는도다"(요한계시록 2:20).

4. 하나님의 말씀을 존중하기

바울은 "유대인에게나 헬라인에게나 하나님의 교회에나 거치는 자가 되지 말라"(고린도전서 10:32)라고 당부한 다음에 스스로 존중을 다짐한다. "나와 같이 모든 일에 모든 사람을 기쁘게 하여 자신의 유익을 구하지 아니하고 많은 사람의 유익을 구하여 그들로 구원을 받게 하라"(고린도전서 10:33).

그 전 장인 9장에서 바울은 그가 어떻게 존중을 표했는지를 밝힌다. "내가 모든 사람에게서 자유로우나 스스로 모든 사람에게 종이 된 것은 더 많은 사람을 얻고자 함이라

유대인들에게 내가 유대인과 같이 된 것은 유대인들을 얻고자 함이요 율법 아래에 있는 자들에게는 내가 율법 아래에 있지 아니하나 율법 아래에 있는 자 같이 된 것은 율법 아래에 있는 자들을 얻

이 '믿음의 조상'은 존중을 보였기에 파멸을 피했다.

아브라함과 조카 롯의 종들 사이에 방목지가 모자라 다툼이 벌어지자 아브라함은 땅을 나누고 롯에게 먼저 선택권을 주었다. 롯은 가장 좋게 보이는 땅을 골랐다. 그러나 소돔과 고모라의 악이 그 땅과 함께 왔다. (창세기 13장 참조)

죽음 앞에서 존중을 보여 생명의 면류관을 얻은 남자

존 하퍼와 그의 어린 딸은 타이타닉 호의 승객이었다. 그는 배가 가라앉는 상황을 알아채고 먼저 딸을 안전하게 대피시키고 나서 자기 구명대(救命帶)를 다른 사람에게 건네주었다. 그는 차가운 바닷물과 싸우며 한 영혼이라도 더 영원한 생명으로 이끌기 위해 마지막까지 전력을 쏟았다.

"네가 죽도록 충성하라 그리하면 내가 생명의 관을 네게 주리라"

—요한계시록 2:10

존중은 내 권리를 다른 사람의 영적 성장을 격려하는 기쁨과 서로 바꾸는 것이다.

허드슨 테일러는 역사상 가장 큰 성과를 거둔 선교사 중 한 사람이다. 그는 중국 내륙지방 사람들의 마음을 얻고 많은 사람을 주님께로 인도했다. 그 까닭은 그가 그들의 풍습과 옷차림을 그대로 따라 하여 그들을 존중했기 때문이다.

존중은 자기 부인의 참뜻을 보여주는 데 앞장서는 것이다.

"형제를 사랑하여 서로 우애하고 존경하기를 서로 먼저 하며" —로마서 12:10

존중을 보이지 않으려는 것은 "나의 순간적 흥미가 당신의 영원한 복지보다 중요하다." 라고 말하는 격이다.

고자 함이요 율법 없는 자에게는 내가 하나님께는 율법 없는 자가 아니요 도리어 그리스도의 율법 아래에 있는 자이나 율법 없는 자와 같이 된 것은 율법 없는 자들을 얻고자 함이라

약한 자들에게 내가 약한 자와 같이 된 것은 약한 자들을 얻고자 함이요 내가 여러 사람에게 여러 모습이 된 것은 아무쪼록 몇 사람이라도 구원하고자 함이니 내가 복음을 위하여 모든 것을 행함은 복음에 참여하고자 함이라"(고린도전서 9:19-23).

존중은 하나님의 명령이다

존중은 괜찮은 선택 이상을 요구한다. 존중은 우리 자신의 삶은 물론 다른 사람의 삶을 어떤 면에서도 방해하지 않는 탁월한 선택을 요구한다.

"내가 기도하노라 너희 사랑을 지식과 모든 총명으로 점점 더 풍성하게 하사 너희로 지극히 선한 것을 분별하며 또 진실하여 허물[거리낌] 없이 그리스도의 날까지 이르고"(빌립보서 1:9-10).

존중을 표하지 못한 결과

존중심이 없으면 우리보다 믿음이 약하거나 민감한 사람들을 실족하게 하는 결정적인 요소가 되기도 한다. 스스로 하나님을 따른다고 주장하는 사람들이 존중심을 보이지 않았기 때문에 많은 사람이 하나님께 등을 돌렸다. 그러므로 우리의 존중심이 부족해서 마음이 상한 사람이 있다면 우리는 그 사람에게 가서 겸손히 용서를 구하고 존중을 표하기로 새롭게 다짐해야 한다.

스스로 점검하기

나는 다른 사람을 존중하는가?

- 말이나 행동, 옷차림으로 다른 사람에게 걸림돌이 되는가?
- 자녀에게 잘못된 욕망을 부추기지 않도록 집안에서 정숙하고 건전하게 행동하는가?
- 자녀를 악에서 보호하는가?
- 아이들을 실족하게 하거나 갈등하게 만드는 물건을 집안에서 없앴는가?
- 동료 그리스도인들을 실족하게 하거나 약하게 하는 음악이나 활동을 정당화하는가?
- 문화나 인종이나 민족이 다른 사람들을 차별하는 말로 그들에게 상처를 주는가?
- 다른 사람들의 배경과 철학을 최대한 참작하여 그들을 수용하는가?
- 다른 나라에 가면 그 나라의 의례를 이해하고 따르는가?
- 복음에 걸림돌을 놓지 않기 위해서 미심쩍은 세금도 납부하는가?

지혜 *Wisdom*

vs. 어리석음 *Foolishness*

지혜는 삶의 모든 경험 속에서 하나님의 손길을 보는 것이다.

정의

'지혜'에 해당하는 대표적인 히브리어 '호크마'는 '총명하다, 신중하다, 교활하다, 영리하다, 가르치다, 지시하다'를 뜻하는 어원에서 파생되었다. 또 다른 히브리어 '쎄켈'은 '조심하다, 신중하게 행동하다, 번창하다, 성공하다, 전문성을 갖다, 가르치다, 통찰하다, 깨닫다'를 뜻하는 어원에서 파생되었다. 잠언을 쓴 목적은 "지혜[호크마]를 알게" 하며 "지혜롭게[쎄켈] 할 일에 대하여 훈계를 받게" 하는 것이었다. (잠언 1:2-3 참조)

'지혜'에 주로 해당하는 헬라어 '솝히아'는 '생활에 유용한 기술과 감각'을 가리킨다. 또 다른 헬라어 '프흐로니모스'는 '사려 깊다, 슬기롭다, 신중하다'는 뜻으로 조심스런 사람을 일컫는다.

야고보서 3장 17절에 하나님께서 지혜[솝히아]를 묘사하셨다. "오직 위로부터 난 지혜는 첫째 성결하고 다음에 화평하고 관용하고 양순하며 긍휼과 선한 열매가 가득하고 편견과 거짓이 없나니"

지혜는 어떻게 나타나는가?

성경에서는 하나님의 사역에 유용한 물건을 잘 만드는 일에 지혜가 처음 언급되었다. 일례로 하나님께서 지혜로운 사람들에게 제사장의 옷을 만들라고 지시하실 때였다. "너는 무릇 마음에 지혜 있는 모든 자 곧 내가 지혜로운 영으로 채운 자들에게 말하여 아론의 옷을 지어 그를 거룩하게 하여 내게 제사장 직분을 행하게 하라"(출애굽기 28:3).

또 다른 예로 하나님께서 하나님의 사역을 위해 다양한 건물을 짓게 하시려고 지혜로운 남자들을 선택하실 때였다. 하나님께서는 지혜가 충만한 자들을 택하셔서 성막을 만들게 하셨다. "하나님의 영을 그에게 충만하게 하여 지혜와 총명과 지식과 여러 가지 재주로 정교한 일을 연구하여 금과 은과 놋으로 만들게 하며 보석을 깎아 물리며 여러 가지 기술로 나무를 새겨 만들게 하리라

내가 또 단 지파 아히사막의 아들 오홀리압을 세워 그와 함께 하게 하며 지혜로운 마음이 있는 모든 자에게 내가 지혜를 주어 그들이 내가 네게 명령한 것을 다 만들게 할지니"(출애굽기 31:3-6).

건축이라는 주제는 지혜로운 사람과 더불어 성경 곳곳에서 나타난다. 하나님께서는 솔로몬에게 큰 지혜와 통찰력을 주셨고 솔로몬은 그것으로 성전을 건축했다.

잠언에서 솔로몬은 말한다. "지혜가 그의 집을 짓고 일곱 기둥을 다듬고"(잠언 9:1). "집은 지혜로 말미암아 건축되고 명철로 말미암아 견고하게 되며"(잠언 24:3).

예수님께서는 소년 때 지혜와 키가 자라며 아버지의 작업장에서 목수로 일하셨다. 예수님께서는 사역을 시작하실 때 반석 위에 집을 건축하는 지혜로운 사람의 비유를 드셨다. 바울은 자기 사역을 설명하면서 자신을 지혜로운 건축가에 비유했다. (마태복음 7:24, 고린도전서 3:10 참조)

지혜가 거리에서 어리석은 자의 눈과 귀에 호소한다.

"지혜가 길거리에서 부르며 광장에서 소리를 높이며……이르되 너희 어리석은 자들은 어리석음을 좋아하며 거만한 자들은 거만을 기뻐하며 미련한 자들은 지식을 미워하니 어느 때까지 하겠느냐"
—잠언 1:20-22

"지식은 많이 배웠다고 교만하지만 지혜는 더는 모른다며 겸손하다."
—윌리엄 카우퍼

"우상의 제물에 대하여는 우리가 다 지식이 있는 줄을 아나 지식은 교만하게 하며 사랑은 덕을 세우나니"
—고린도전서 8:1

큰뿔부엉이의 귀는 다른 차원에서 '본다'고 할 수 있다. 귀가 서로 엇갈려 있어서 사방의 소리를 듣기 때문에 부엉이는 발자국소리만 나도 먹잇감의 위치를 찾아내고 추적할 수 있다.

하나님께서 세우신 전제 내에서 정보를 취하면 지혜가 생긴다.

철학은 지혜를 사랑하지만 그리스도가 빠진 철학은 사랑도 없고 지혜도 없다.

"이 세상 지혜는 하나님께 어리석은 것이니 기록된 바 하나님은 지혜 있는 자들로 하여금 자기 꾀에 빠지게 하시는 이라 하였고" —고린도전서 3:19

"지혜는 지식을 바르게 사용하는 것이다. 무엇을 안다고 해서 지혜로운 것은 아니다……지식을 쓸 줄 알아야 지혜가 있는 것이다."

—찰스 스펄전

지혜의 기능은 세우는 일이지만 어리석음의 결과는 파멸이다. "지혜로운 여인은 자기 집을 세우되 미련한 여인은 자기 손으로 그것을 허느니라"(잠언 14:1).

지혜로운 사람의 특징

- 지혜로운 사람은 자기를 나무라는 사람을 사랑한다. "지혜 있는 자를 책망하라 그가 너를 사랑하리라(잠언 9:8).
- 지혜로운 사람은 자연의 교훈을 깊이 새긴다. "게으른 자여 개미에게 가서 그가 하는 것을 보고 지혜를 얻으라"(잠언 6:6).
- 지혜로운 사람은 아버지의 마음을 즐겁게 해 드린다. "지혜로운 아들은 아비를 기쁘게 하거니와"(잠언 10:1).
- 지혜로운 사람은 하나님의 법을 사랑한다. "마음이 지혜로운 자는 계명을 받거니와"(잠언 10:8).
- 지혜로운 사람은 자기 혀를 다스린다. "그 입술을 제어하는 자는 지혜가 있느니라"(잠언 10:19).
- 지혜로운 사람은 다른 사람을 그리스도께 인도한다. "지혜로운 자는 사람을 얻느니라"(잠언 11:30)
- 지혜로운 사람은 조언과 지시를 귀담아듣는다. "지혜로운 자는 권고를 듣느니라"(잠언 12:5). "지혜로운 아들은 아비의 훈계를 들으나"(잠언 13:1).
- 지혜로운 사람은 지혜로운 사람을 친구로 사귄다. "지혜로운 자와 동행하면 지혜를 얻고"(잠언 13:20).
- 지혜로운 사람은 정보를 바르게 사용할 줄 안다. "지혜 있는 자의 혀는 지식을 선히 베풀고 미련한 자의 입은 미련한 것을 쏟느니라"(잠언 15:2).
- 지혜로운 사람은 지도자들과의 다툼을 피한다. "왕의 진노는 죽음의 사자들과 같아도 지혜로운 사람은 그것을 쉬게 하리라"(잠언 16:14).
- 지혜로운 사람은 정확한 답을 할 줄 안다. "지혜로운 자의 마음은 그의 입을 슬기롭게 하고 또 그의 입술에 지식을 더하느니라"(잠언 16:23).
- 지혜로운 사람은 훌륭한 조언을 할 줄 안다. "지혜로운 자의 입술은 지식을 전파하여도 미련한 자의 마음은 정함이 없느니라"(잠언 15:7).
- 지혜로운 사람은 반항아를 좋은 방향으로 이끈다. "슬기로운 종은 부끄러운 짓을 하는 주인의 아들을 다스리겠고"(잠언 17:2).

지혜가 왜 그렇게 중요한가?

지혜의 탁월한 가치를 설명하기 위해 하나님께서는 지혜를 삶의 가장 소중한 물건과 비교하신다.

1. **지혜는 금보다 값지다**
   "내 열매는 금이나 정금보다 나으며 내 소득은 순은보다 나으니라"(잠언 8:19).
2. **지혜는 보석보다 값지다**
   "대저 지혜는 진주보다 나으므로 원하는 모든 것을 이에 비교할 수 없음이니라"(잠언 8:11).
3. **지혜는 재물보다 값지다**
   "부귀가 내[지혜]게 있고 장구한 재물과 공의도 그러하니라"(잠언 8:18).

4. 지혜가 최우선이다
"지혜가 제일이니 지혜를 얻으라 네가 얻은 모든 것을 가지고 명철을 얻을지니라"(잠언 4:7).

지혜를 받은 믿음의 위인들

● 요셉

"[바로가] 요셉에게 이르되 하나님이 이 모든 것을 네게 보이셨으니 너와 같이 명철하고 지혜 있는 자가 없도다" "바로가 그를 애굽과 자기 온 집의 통치자로 세웠느니라"(창세기 41:39, 사도행전 7:10).

● 여호수아

"모세가 눈의 아들 여호수아에게 안수하였으므로 그에게 지혜의 영이 충만하니 이스라엘 자손이 여호와께서 모세에게 명령하신 대로 여호수아의 말을 순종하였더라"(신명기 34:9).

● 다니엘

"하나님이 이 네 소년에게 학문을 주시고 모든 서적을 깨닫게 하시고 지혜를 주셨으니 다니엘은 또 모든 환상과 꿈을 깨달아 알더라……왕이 그들에게 모든 일을 묻는 중에 그 지혜와 총명이 온 나라 박수와 술객보다 십 배나 나은 줄을 아니라"(다니엘 1:17, 20).

● 다윗

"다윗이 그의 모든 일을 지혜롭게 행하니라 여호와께서 그와 함께 계시니라 사울은 다윗이 크게 지혜롭게 행함을 보고 그를 두려워하였으나…… 블레셋 사람들의 방백들이 싸우러 나오면 그들이 나올 때마다 다윗이 사울의 모든 신하보다 더 지혜롭게 행하매 이에 그의 이름이 심히 귀하게 되니라"(사무엘상 18:14-15, 30).

● 솔로몬

"하나님이 솔로몬에게 지혜와 총명을 심히 많이 주시고 또 넓은 마음을 주시되 바닷가의 모래 같이 하시니 솔로몬의 지혜가 동쪽 모든 사람의 지혜와 애굽의 모든 지혜보다 뛰어난지라…… 사람들이 솔로몬의 지혜를 들으러 왔으니 이는 그의 지혜의 소문을 들은 천하 모든 왕들이 보낸 자들이더라"(열왕기상 4:29-30, 34).

● 에스라

"에스라여 너는 네 손에 있는 네 하나님의 지혜를 따라 네 하나님의 율법을 아는 자를 법관과 재판관을 삼아 강 건너편 모든 백성을 재판하게 하고 그 중 알지 못하는 자는 너희가 가르치라"(에스라 7:25).

● 스데반

"형제들아 너희 가운데서 성령과 지혜가 충만하여 칭찬 받는 사람 일곱을 택하라……온 무리가 이 말을 기뻐하여 믿음과 성령이 충만한 사람 스데반……를 택하여……스데반이 지혜와 성령으로 말함을 그들이 능히 당하지 못하여"(사도행전 6:3-10).

어떻게 지혜를 얻는가?

1. 하나님께 지혜를 달라고 청한다
"너희 중에 누구든지 지혜가 부족하거든 모든 사람에게 후히 주시고 꾸짖지 아니하시는 하나님께 구하라 그리하면 주시리라"(야고보서 1:5).

2. 하나님의 법을 공부한다
"너희는 지켜 행하라 이것이 여러 민족 앞에서 너희의 지혜요 너희의 지식이라 그들이 이 모든 규례를 듣고 이르기를 이 큰 나라 사람은 과연 지혜와 지식이 있는 백성이로다 하리라"(신명기 4:6).

잠언의 바보 분류법

1. 어리석은 바보
   - 모든 말을 곧이곧대로 믿는다.
   - 앞장설 사람을 찾아다닌다.
   - 원인과 결과에 무지하다.
   - 거만한 바보에게 이용당한다.
2. 미련한 바보
   - '좋은 시간'을 보낼 궁리만 한다.
   - 재미로 규율을 어긴다.
   - 나쁜 친구들을 찾아다닌다.
   - 나쁜 행동에 죄의식을 느낀다.
3. 음란한 바보
   - 친구들과 함께 나다닌다.
   - 부도덕한 일을 한다.
   - 마약과 나쁜 습관에 빠진다.
   - 속이기를 잘한다.
4. 거만한 바보
   - 단순한 바보에게 나쁜 짓을 시킨다.
   - 규율과 권위자들을 경멸한다.
   - 싸움을 일으킨다.
   - 자기가 한 나쁜 짓을 자랑한다.
5. 흉악한 바보
   - 양심에 낙인을 찍었다.
   - 잘못을 옳다고 믿는다.
   - 말싸움을 잘한다.
   - 자기 이익을 위해 추종자들을 찾아다닌다.

지혜로운 사람인지 어리석은 사람인지는 사귀는 친구들을 보면 안다.

하나님께서는 네 동물을 '더없이 지혜롭다' 하시며 그 이유를 밝히셨다.

(잠언 30:24-28 참조)

1. 힘없는 종류이지만 여름 동안 먹이를 준비하는 개미

2. 약한 종자이지만 바위 틈에 집을 짓는 오소리[사반]

3. 임금은 없지만 큰 무리를 지어 질서정연하게 나아가는 메뚜기

4. 손에 잡힐 만하여도 왕궁에 드나드는 도마뱀

3. 하나님의 계명을 가까이 한다
"주의 계명들이 항상 나와 함께 하므로 그것들이 나를 원수보다 지혜롭게 하나이다"(시편 119:98).

4. 하나님을 경외한다
"여호와를 경외하는 것이 지혜의 근본이요 거룩하신 자를 아는 것이 명철이니라"(잠언 9:10).

5. 잠언을 읽는다
"다윗의 아들 이스라엘 왕 솔로몬의 잠언이라 이는 지혜와 훈계를 알게 하며 명철의 말씀을 깨닫게 하며 지혜롭게, 공의롭게, 정의롭게, 정직하게 행할 일에 대하여 훈계를 받게 하며"(잠언 1:1-3).

6. 하나님의 증언을 듣는다
"여호와의 율법은 완전하여 영혼을 소성시키며 여호와의 증거[증언]는 확실하여 우둔한 자를 지혜롭게 하며"(시편 19:7).

7. 교훈을 듣는다
"지혜 있는 자에게 교훈을 더하라 그가 더욱 지혜로워질 것이요 의로운 사람을 가르치라 그의 학식이 더하리라"(잠언 9:9).

8. 간절히 지혜를 찾는다
"나를 사랑하는 자들이 나의 사랑을 입으며 나를 간절히 찾는 자가 나를 만날 것이니라"(잠언 8:17).

9. 책망을 달게 듣는다
"생명의 경계[책망]를 듣는 귀는 지혜로운 자 가운데에 있느니라"(잠언 15:31).

10. 지혜로운 조언을 구한다
"지혜로운 자와 동행하면 지혜를 얻고 미련한 자와 사귀면 해를 받느니라"(잠언 13:20).

스스로 점검하기

나는 지혜로운가?

- 밤중에 양심이 나를 교훈하도록 잠들기 직전에 하나님을 생각하는가?
- 아침 일찍 일어나 하나님의 지혜를 찾는가?
- 일을 잘하기 위해 기술을 연마하는가?
- 나를 책망하는 사람들을 사랑하는가?
- 통찰력과 유추(類推)를 위해 자연을 공부하는가?
- 나의 성품과 행동을 부모님께서 기뻐하시는가?
- 성경에서 하나님께서 내게 주시는 말씀[레마]을 찾고 그 말씀을 묵상하는가?
- 혀를 다스릴 수 있도록 마음이 진리로 충만한가?
- 다른 사람을 그리스도께로 이끄는 데 능숙한가?
- 지혜로운 사람에게 조언을 구하는가?
- 하나님의 말씀에서 배운 진리를 적용할 길을 찾는가?
- 금은보석이나 돈보다 지혜를 귀히 여기는가?
- 성경에서 삶에 적용할 증언들을 공부하는가?
- 하나님의 계명을 즐거워하는가?
- 하나님께서 내가 하는 모든 말과 행동을 지켜보신다는 사실을 실제로 느끼며 사는가?

진실성 *Truthfulness*

vs. 속임 *Deception*

진실성은 참되고 정확한 사실을 삶과 말로 전달하는 것이다.

정의

'진실'로 번역된 히브리어 '에메트'는 '안정성, 확실함, 진실'을 뜻하며 '세우다, 지탱하다, 부모나 유모로서 양육하다, 확고하게 하다, 신실하게 하다, 영구하다, 고수하다, 신실하다, 확증되다'를 뜻하는 '아만'에서 파생되었다. 예수님께서 진실을 강조하실 때는 요한복음 3장 3절에서처럼 '진실로[아멘]'라는 단어를 두 번씩 사용하신 경우가 많다.

"진실로 진실로 네게 이르노니 사람이 거듭나지 아니하면 하나님의 나라를 볼 수 없느니라"

진리의 원천

1. 하나님께서 진리이시다
   "내가 여호와의 이름을 전파하리니 너희는 우리 하나님께 위엄을 돌릴지어다 그는 반석이시니 그가 하신 일이 완전하고 그의 모든 길이 정의롭고 진실하고 거짓이 없으신 하나님이시니 공의로우시고 바르시도다"(신명기 32:3-4).
2. 예수님께서 진리이시다
   "예수께서 이르시되 내가 곧 길이요 진리요 생명이니 나로 말미암지 않고는 아버지께로 올 자가 없느니라"(요한복음 14:6). 빌라도가 진리의 원천이신 예수님께 "진리가 무엇이냐"고 묻고 나서 그를 십자가에 처형당하도록 넘겨준 행동은 모순이 아닐 수 없다.
3. 성령께서 진리이시다
   "이는 물과 피로 임하신 이시니 곧 예수 그리스도시라 물로만 아니요 물과 피로 임하셨고 증언하는 이는 성령이시니 성령은 진리니라"(요한일서 5:6).
4. 하나님의 말씀이 진리다
   "그들을 진리로 거룩하게 하옵소서 아버지의 말씀은 진리니이다"(요한복음 17:17).
5. 하나님의 법이 진리다
   "주의 의는 영원한 의요 주의 율법은 진리로소이다……여호와여 주께서 가까이 계시오니 주의 모든 계명들은 진리니이다"(시편 119:142, 151).
6. 복음이 진리다
   "너희가 전에 복음 진리의 말씀을 들은 것이라 이 복음이 이미 너희에게 이르매 너희가 듣고 참으로 하나님의 은혜를 깨달은 날부터 너희 중에서와 같이 또한 온 천하에서도 열매를 맺어 자라는도다"(골로새서 1:5-6).

진리는 무엇을 하는가?

진리는 힘이 있다. 진리는 하나님의 본질이며, 그분께서 세상에서 일을 수행하시는 수단이기 때문이다.

1. 진리는 우리를 주님 안으로 인도한다
   "그가 그 피조물 중에 우리로 한 첫 열매가 되게 하시려고 자기의 뜻을 따라 진리의 말씀으로 우리를 낳으셨느니라"(야고보서 1:18).
2. 진리는 우리를 빛으로 인도한다
   "진리를 따르는 자는 빛으로 오나니 이는 그 행위가 하나님 안에서 행한 것임을 나타내려 함이라 하시니라"(요한복음 3:21).
3. 진리는 우리의 혼을 깨끗하게 한다
   "너희가 진리를 순종함으로 너희 영혼을 깨끗하게 하여 거짓이 없이 형제를 사랑하기에 이르렀으니 마음으로 뜨겁게 서로 사랑하라"(베드로전서 1:22).

입으로 말하기 전에 먼저 마음으로 진리를 말해야 한다.

"여호와여 주의 장막에 머무를 자 누구오며 주의 성산에 사는 자 누구오니이까 정직하게 행하며 공의를 실천하며 그의 마음에 진실을 말하며" "독사의 자식들아 너희는 악하니 어떻게 선한 말을 할 수 있느냐 이는 마음에 가득한 것을 입으로 말함이라" —시편 15:1-2, 마태복음 12:34

"진리는 붙잡는 것이 아니라 붙잡히는 것이다." —H. A. 아이온사이드

서 있는 모든 것의 기초는 진리이다.

"진리를 말하여 다른 사람을 넘어지게 하는 사람은 없다."

—오스왈드 챔버스

거짓말을 할 때마다 우리의 영혼은 사슬에 점점 더 깊이 옭매이지만 진리를 말하면 자유롭게 된다.

"진리를 알지니 진리가 너희를 자유롭게 하리라" —요한복음 8:32

생각나는 대로 다 말하는 것은 진실성이 아니라 신중하지 못한 것이다.

거짓말을 하면 상대방의 인격이라는 벽에 못을 박는 행동과 같다. 진리를 말하면 못은 빠져도 자국은 남는다.

사자는 거짓말하지 않고 언제나 진실을 말한다. 사자는 귀의 위치, 꼬리의 움직임, 입모양, 으르렁대는 소리로 자기 의도를 명확하게 드러낸다.

4. **진리는 우리를 자유롭게 한다**
"진리를 알지니 진리가 너희를 자유롭게 하리라"(요한복음 8:32) 진리는 우리를 두렵게 하고 속박하는 거짓 사상과 관념을 무너뜨려 우리를 자유롭게 한다. "우리의 싸우는 무기는 육신에 속한 것이 아니요 오직 어떤 견고한 진도 무너뜨리는 하나님의 능력이라 모든 이론을 무너뜨리며 하나님 아는 것을 대적하여 높아진 것을 다 무너뜨리고 모든 생각을 사로잡아 그리스도에게 복종하게 하니"(고린도후서 10:4-5).

5. **진리는 우리를 옳은 길로 인도한다**
"주의 빛과 주의 진리를 보내시어 나를 인도하시고 주의 거룩한 산과 주께서 계시는 곳에 이르게 하소서"(시편 43:3).

6. **진리는 하나님을 예배하도록 우리를 준비시킨다**—"아버지께 참되게 예배하는 자들은 영과 진리로 예배할 때가 오나니 곧 이 때라 아버지께서는 자기에게 이렇게 예배하는 자들을 찾으시느니라 하나님은 영이시니 예배하는 자가 영과 진리로 예배할지니라"(요한복음 4:23-24).

7. **진리는 우리의 불법을 깨끗하게 한다**
"인자와 진리로 인하여 죄악이 속하게 되고 여호와를 경외함으로 말미암아 악에서 떠나게 되느니라"(잠언 16:6).

정욕과 중독은 많은 사람을 노예로 만든다. 사람들이 더러운 영에게 조종당하기 때문이다. 이런 영을 몰아내려면 첫째 단계로 자비를 달라고 하나님께 부르짖어야 한다. "환난 날에 나를 부르라 내가 너를 건지리니 네가 나를 영화롭게 하리로다"(시편 50:15). 둘째 단계로는 죄를 고백하고 회개해야 한다. "만일 우리가 우리 죄를 자백하면 그는 미쁘시고 의로우사 우리 죄를 사하시며 우리를 모든 불의에서 깨끗하게 하실 것이요"(요한일서 1:9). 셋째 단계로는 마음을 하나님의 진리로 가득 채우고 밤낮으로 묵상해야 한다. "청년이 무엇으로 그의 행실을 깨끗하게 하리이까 주의 말씀만 지킬 따름이니이다 내가 전심으로 주를 찾았사오니 주의 계명에서 떠나지 말게 하소서 내가 주께 범죄하지 아니하려 하여 주의 말씀을 내 마음에 두었나이다"(시편 119:9-11).

조상의 불법을 시인하고(다니엘 9:16) 사탄에게 내준 틈을 되찾고(에베소서 4:27) 진지하게 금식과 기도에 전념해야 할 때도 있다.(이사야 58:6) 제자들이 소년에게서 악령을 쫓아내지 못했을 때 예수님께 이유를 묻자 예수님께서 대답하셨다. "이르시되 [금식과] 기도 외에 다른 것으로는 이런 종류가 나갈 수 없느니라 하시니라"(마가복음 9:29).

8. **진리는 지도자를 지켜준다**
"왕은 인자와 진리로 스스로 보호하고 그의 왕위도 인자함으로 말미암아 견고하니라"(잠언 20:28).

보좌는 진리와 정의가 아니라 진리와 자비로 확립된다는 점이 중요하다. 사람들이 진리를 어기면 지도자가 거칠어지는 것이 당연하지만 지도자가 진리를 가르치고 친절과 온화함과 인내와 온유와 절제를 보이면 따르는 사람들에게는 충성심이 쌓인다. 그러므로 사랑으로 진리를 말하라는 가르침을 받았다.

진리를 어떻게 배우는가?

우리는 잘못된 생각을 잘 받아들이는 경향이 많다. 죽음의 길이 우리의 이성에 더 매력적이기 때문이다. "어떤 길은 사람이 보기에 바르나 필경은 사망의 길이니라"(잠언 14:12). 그러므로 거짓말을 믿기가 쉽다. 거짓말은 사탄에게서 나오는데 사탄은 거짓말쟁이이며 모든 거짓의 아비이기 때문이다. "너희는 너희 아비 마귀에게서 났으니 너희 아비의 욕심대로 너희도 행하고자 하느니라 그는 처음부터 살인한 자요 진리가 그 속에 없으므로 진리에 서지 못하고 거짓을 말할 때마다 제 것으로 말하나니 이는 그가 거짓말쟁이요 거짓의 아비가 되었음이라"(요한복음 8:44). 더욱이 하나님께서 진리를 거부하는 사람에게 심한 망상을 보내주시므로 그 사람은 거짓말을 믿게 된다.(데살로니가후서 2:10-11 참조)

진리를 배우려면 우리는 다음 영역에서 솔선과 근면을 보여야 한다.

1. 혼(지정의)을 진리로 채우기
   "그러므로 모든 더러운 것과 넘치는 악을 내버리고 너희 영혼을 능히 구원할 바 마음에 심어진 말씀을 온유함으로 받으라"(야고보서 1:21).

2. 진리의 뜻을 연구하기
   "너는 진리의 말씀을 옳게 분별하며 부끄러울 것이 없는 일꾼으로 인정된 자로 자신을 하나님 앞에 드리기를 힘쓰라"(디모데후서 2:15).

3. 진리로 대답하기
   "너는 귀를 기울여 지혜 있는 자의 말씀을 들으며 내 지식에 마음을 둘지어다……내가 모략과 지식의 아름다운 것을 너를 위해 기록하여 네가 진리의 확실한 말씀을 깨닫게 하며 또 너를 보내는 자에게 진리의 말씀으로 회답하게 하려 함이 아니냐"(잠언 22:17-21).

4. 타인들과 성도의 사귐 속에서 살기
   "그가 빛 가운데 계신 것 같이 우리도 빛 가운데 행하면 우리가 서로 사귐이 있고 그 아들 예수의 피가 우리를 모든 죄에서 깨끗하게 하실 것이요"(요한일서 1:7).

5. 선행을 계획하기
   "악을 도모하는 자는 잘못 가는 것이 아니냐 선을 도모하는 자에게는 인자와 진리가 있으리라"(잠언 14:22). 그러므로 "서로 돌아보아 사랑과 선행을 격려하며"(히브리서 10:24).

6. 영을 시험하기
   "사랑하는 자들아 영을 다 믿지 말고 오직 영들이 하나님께 속하였나 분별하라[시험해 보라] 많은 거짓 선지자가 세상에 나왔음이라 이로써 너희가 하나님의 영을 알지니 곧 예수 그리스도께서 육체로 오신 것을 시인하는 영마다 하나님께 속한 것이요"(요일 4:1-2). 다음과 같은 사람들을 조심해야 한다.

- 거짓 선지자 (마태복음 7:15)
- 거짓 그리스도 (마태복음 24:24)
- 거짓 사도 (고린도후서 11:13)
- 거짓 교사 (베드로후서 2:1)
- 거짓 형제 (고린도후서 11:26)
- 거짓 비방자 (디모데후서 3:3)
- 거짓 증인 (마태복음 26:60)

스스로 점검하기

나는 진실한가?

- 다른 사람들에게 나의 맹점을 지적해 달라고 요청하는가?
- 나의 맹점을 성경 말씀으로 조명하는가?
- 나는 심각한 잘못이 없고 괜찮은 편이라고 생각하는가?
- 내가 이룬 일을 과장해서 말하는가?
- 내가 한 행동에 따를 결과를 피하기 위해 거짓말하거나 진실의 일부만 말하는가?
- 사람들에게 인정을 받기 위해 아첨하는가?
- 일관성이 없거나 부정적인 태도로 하나님을 잘못 보여주는가?
- 나를 돋보이게 하려고 다른 사람을 헐뜯는가?
- 무엇을 들으면 성경의 진리로 확인해서 거짓 가르침을 경계하는가?

선과 악의 끊임없는 대립에서 전쟁을 이기는 무기는 진실이다.

"우리는 진리를 거슬러 아무 것도 할 수 없고 오직 진리를 위할 뿐이니"

—고린도후서 13:8

"그[사탄]는……거짓을 말할 때마다 제 것으로 말하나니 이는 그가 거짓말쟁이요 거짓의 아비가 되었음이라"

—요한복음 8:44

진리에 가장 가까운 사람이 하나님께도 가장 가깝다.

"하나님은 영이시니 예배하는 자가 영과 진리로 예배할지니라" —요한복음 4:24

창의성은 틀에 박힌 일을 어떻게 전혀 새로운 관점으로 수행할지를 생각하는 데서 나온다.

새로운 관점을 찾는 질문:

- 이 일의 목표나 목적은 무엇인가?
- 꼭 필요치 않은 과정은 무엇인가?
- 꼭 필요한 과정이라면 어떻게 더 효율적으로 수행할 수 있는가?
- 일의 일부 또는 전부를 자동화할 수 있는가?
- 자연계에 유사한 과정이 있는가?

창의성은 요구에 딱 맞는 해결책을 찾기 위해 수많은 질문을 던진 결과다.

"장애물이 많을수록 하나님께서 무슨 일이든 하실 기회가 많아진다."

—클레런스 W. 조운스

창의성 *Creativity*

vs. 지지부진 *Underachievement*

창의성은 하나님의 뜻을 행하기 위해 지혜로운 생각과 신중한 말과 숙련된 행동을 연마하는 것이다.

정의

'창조하다'에 해당하는 히브리어 '바라'는 '모양을 빚다, 형성하다, 손으로 만들다'는 뜻이다. 이 단어는 창세기 1:27에서 하나님의 인간 창조를 묘사한다. 창세기 2:7에서 "하나님이 흙의 먼지로 사람을 빚으시고'에 쓰인 히브리어 '야차르'는 토기장이가 특정한 목적으로 그릇을 빚는 작업을 가리킨다. (이사야 29:16 참조) 창조주의 지혜와 통찰력이 그분이 창조하신 피조물 안에 잘 표현되어 드러난다.

'창의성'은 물건을 만드는 데뿐 아니라 계획을 세우는 데도 쓰인다. 다음 두 단어가 창의성을 자세히 설명한다.

- **능숙함**—이 단어는 창의성과 기술, 발명 능력, 영리함을 합한 것이다. "에서는 익숙한 사냥꾼"이었고(창세기 25:27) 다윗은 "수금을 잘 타는 사람"이었고 (사무엘상 16:16) 다니엘은 "지식에 통달하며 학문에 익숙하여"(다니엘 1:4) 왕궁에서 임금을 모셨다.
- **예리함**—예리함은 목표를 이루기 위해 전략을 짜는 능력이다. 신중함과 분별을 발휘하여 계획을 세운다. 잠언은 "어리석은 자를 슬기롭게 하며 젊은 자에게 지식과 근신함[신중함]을 주기" 위해 기록되었다.(잠언 1:4)

왜 창의성이 중요한가?

창의성은 평생 우리의 성공을 결정한다. 성공이란 하나님께서 우리를 만드신 목적을 성취하는 것이다. 우리는 창의성이 있는 만큼 이 하나님의 목적을 성취하게 된다. 창조주 하나님께서는 자신의 형상으로 우리를 만드시고 하나님께서 우리를 통해 목적하신 선한 일을 창의적으로 수행할 역량을 우리에게 주셨다. "우리는 그가 만드신 바[작품]라 그리스도 예수 안에서 선한 일을 위하여 지으심을 받은 자니 이 일은 하나님이 전에 예비하사 우리로 그 가운데서 행하게 하려 하심이니라"(에베소서 2:10).

창의성의 목적은 무엇인가?

각 품성의 기초는 참사랑이다. 사랑을 표현하는 가장 좋은 길은 선행을 통해서다. 창의성은 선행을 효과적으로 수행하는데 꼭 필요하다. 선행의 중요성은 성경 곳곳에서 강조한다.

- "악에게 지지 말고 **선**으로 악을 이기라"(로마서 12:21).
- "하나님이 능히 모든 은혜를 너희에게 넘치게 하시나니 이는 너희로 모든 일에 항상 모든 것이 넉넉하여 모든 **착한 일**을 넘치게 하게 하려 하심이라"(고린도후서 9:8).
- "그러므로 우리는 기회 있는 대로 모든 이에게 **착한 일**을 하되 더욱 믿음의 가정들에게 할지니라"(갈라디아서 6:10).
- "주께 합당하게 행하여 범사에 기쁘시게 하고 모든 **선한 일**에 열매를 맺게 하시며 하나님을 아는 것에 자라게 하시고"(골로새서 1:10).

- "**선한 행실**의 증거가 있어 혹은 자녀를 양육하며 혹은 나그네를 대접하며 혹은 성도들의 발을 씻으며 혹은 환난 당한 자들을 구제하며 혹은 모든 **선한 일**을 행한 자라야 할 것이요" (디모데전서 5:10).

- "**선을 행하고 선한 사업**을 많이 하고 나누어 주기를 좋아하며 너그러운 자가 되게 하라"(디모데전서 6:18).

- "그러므로 누구든지 이런 것에서 자기를 깨끗하게 하면 귀히 쓰는 그릇이 되어 거룩하고 주인의 쓰심에 합당하며 모든 **선한 일**에 준비함이 되리라"(디모데후서 2:21).

- "범사에 네 자신이 **선한 일**의 본을 보이며 교훈에 부패하지 아니함과 단정함과 책망할 것이 없는 바른 말을 하게 하라"(디도서 2:7).

- "그가 우리를 대신하여 자신을 주심은 모든 불법에서 우리를 속량하시고 우리를 깨끗하게 하사 **선한 일**을 열심히 하는 자기 백성이 되게 하려 하심이라"(디도서 2:14).

- "너는 그들로 하여금 통치자들과 권세 잡은 자들에게 복종하며 순종하며 모든 **선한 일** 행하기를 준비하게 하며"(디도서 3:1).

- "이 말이 미쁘도다 원하건대 너는 이 여러 것에 대하여 굳세게 말하라 이는 하나님을 믿는 자들로 하여금 조심하여 **선한 일**을 힘쓰게 하려 함이라 이것은 아름다우며 사람들에게 유익하니라"(디도서 3:8).

- "또 우리 사람들도 열매 없는 자가 되지 않게 하기 위하여 필요한 것을 준비하는 **좋은 일**에 힘 쓰기를 배우게 하라"(디도서 3:14).

- "서로 돌아보아 사랑과 **선행**을 격려하며"(히브리서 10:24).

- "모든 **선한 일**에 너희를 온전하게 하사 자기 뜻을 행하게 하시고 그 앞에 즐거운 것을 예수 그리스도로 말미암아 우리 가운데서 이루시기를 원하노라 영광이 그에게 세세무궁토록 있을지어다 아멘"(히브리서 13:21).

- "너희가 이방인 중에서 행실을 선하게 가져 너희를 악행한다고 비방하는 자들로 하여금 너희 **선한 일**을 보고 오시는 날에 하나님께 영광을 돌리게 하려 함이라"(베드로전서 2:12).

창의성은 무엇으로 발동되는가?

창의성은 생각으로 발동된다. 하나님께서는 세상 창조 이전에 자신의 뜻에 따른 계획 속에서 사람을 창조하고 구원자를 보내고 신자들의 선행을 미리 준비하기로 결심하셨다. (베드로전서 1:19-20, 에베소서 1:4, 디도서 2장, 에베소서 2:10 참조) 우리가 하나님의 말씀에 맞는 생각을 하면 우리의 창의성은 좋은 목적을 이루지만, 하나님의 말씀에 어긋난 생각을 하면 우리의 창의성은 이기적이거나 악한 결과를 낳을 것이다.

생각을 말로 표현할 때 창의성이 강화된다. 하나님께서 마음속에 창조를 생각하신 후에 말씀하시자 이루어졌다. "하나님이 이르시되 빛이 있으라 하시니"(창세기 1:3) "하나님이 이르시되 우리의 형상을 따라 우리의 모양대로 우리가 사람을 만들자"(창세기 1:26). 창조 과정에서 나타난 말의 능력을 보면 하나님께서 말하기 전에 할 말을 조심스럽게 선택하라고 경고하시는 이유를 짐작할 수 있다. "죽고 사는 것이 혀의 힘에 달렸나니 혀를 쓰기 좋아하는 자는 혀의 열매를 먹으리라"(잠언 18:21).

너구리는 잠긴 문과 닫힌 용기(容器)를 여는 재주로 창의성을 잘 보여준다.

우리의 자원으로는 불가능한 일이 맡겨질 때 창의성이 발동한다.

"흔한 일을 흔치 않은 방법으로 할 때 세상의 주목을 끈다."

–조오지 워싱턴 카버

창의성은 좋은 일에도 쓰이지만 나쁜 일에도 쓰인다. 사람들은 달갑잖은 일을 피하는 데에 창의성을 가장 많이 발휘한다.

창의성의 궁극적 원천은 하나님이시다.

"하나님을 위해 일한다고 하면서 하나님의 전능하심의 한계는커녕 우리의 무능함의 한계에 그칠 때가 얼마나 많은가?"

—허드슨 테일러

천지만물을 창조하신 하나님의 말씀이 우리 안에 창의성을 일으킨다.

창의성은 경청하는 마음에서 나오는 지혜의 산물이다.

"나 지혜는 명철로 주소를 삼으며 지식과 근신[창의성]을 찾아 얻나니" —잠언 8:12

하나님의 말씀이 어떻게 창의성을 강화하는가?

예수님께서 말씀하셨다. "살리는 것은 영이니 육은 무익하니라 내가 너희에게 이른 말은 영이요 생명이라"(요한복음 6:63). "너희가 내 안에 거하고 내 말이 너희 안에 거하면 무엇이든지 원하는 대로 구하라 그리하면 이루리라"(요한복음 15:7). 이 두 구절에 쓰인 헬라어는 '로고스'가 아니라 '레마'다. 성경에서 레마는 개인에게 지시하는 명령을 가리킨다. 예를 들어 베드로는 배 반대편에 그물을 던지라는 예수님의 말씀을 듣고 대답했다. "선생님 우리들이 밤이 새도록 수고하였으되 잡은 것이 없지마는 말씀[레마]에 의지하여 내가 그물을 내리리이다"(누가복음 5:5).

하나님께서 우리에게 주시는 말씀[레마]은 하나님께서 우리 안에서 우리를 통해 이루시려는 선행을 위한 방향을 제시한다. 성령께서는 우리가 하나님의 말씀을 깨닫도록 이끌어주시고 우리의 창의성에 적극 관여하신다. "주의 영을 보내어 그들을 창조하사 지면을 새롭게 하시나이다"(시편 104:30).

어떻게 창의성을 높이는가?

창의성은 지혜의 단면이다. "나 지혜는 명철로 주소를 삼으며 지식과 근신[창의적 지식]을 찾아 얻나니"(잠언 8:12). 모든 신자는 지혜를 구하기만 하면 지혜를 더 받을 수 있다. "너희 중에 누구든지 지혜가 부족하거든 모든 사람에게 후히 주시고 꾸짖지 아니하시는 하나님께 구하라 그리하면 주시리라"(야고보서 1:5). 하나님께서 내세우신 지혜의 조건을 따르는 것이 중요하다. "오직 믿음으로 구하고 조금도 의심하지 말라 의심하는 자는 마치 바람에 밀려 요동하는 바다 물결 같으니"(야고보서 1:6).

우리가 정말로 창의성을 높이려면 단순히 지혜를 간구하는 데 그치지 않고 지혜를 달라고 부르짖어야 한다. "지식을 불러 구하며 명철을 얻으려고 소리를 높이며 은을 구하는 것 같이 그것을 구하며 감추어진 보배를 찾는 것 같이 그것을 찾으면 여호와 경외하기를 깨달으며 하나님을 알게 되리니 대저 여호와는 지혜를 주시며 지식과 명철을 그 입에서 내심이며"(잠언 2:3-6).

지혜의 궁극적 원천은 성경이다. 성경을 공부하고 암기하고 묵상하면 할수록 참된 창의성의 기초가 튼튼해진다.

스스로 점검하기

나는 창의적인가?

- 밤낮으로 성경을 묵상하여 지혜로운 생각을 키우는가?
- 가족들을 격려할 창의적인 방법을 찾는가?
- 시간을 내어 복음을 효과적으로 소개할 일을 계획하는가?
- 사람들에게 선행을 장려할 길을 찾는가?
- 장애물을 방해물로 보는가 아니면 창의적인 해결책을 찾는 기회로 보는가?
- 일에 대해 새롭고 도전적인 방식을 찾아 지루함을 극복하는가?
- 성과가 나지 않을 때 새롭고 나은 방법을 찾으려고 애쓰는가?

책임감 *Responsibility*

vs. 무책임 *Unreliability*

책임감은 하나님과 다른 사람이 나에게 무엇을 기대하는지를 알고 행하는 것이다.

정의

성경에서 '책임감'의 개념은 '의무'이다. 이에 해당하는 헬라어 '옵헤일로'는 '빚지다, 마땅히 가져야 할 선의(善意)'를 뜻한다.

이 단어는 신약에서 '마땅히 하다, 의무를 지다, 필요하다, 빚지다, 매이다' 등으로 폭넓게 번역된다. "믿음이 강한 우리는 마땅히[옵헤일로] 믿음이 약한 자의 약점을 담당하고 자기를 기쁘게 하지 아니할 것이라"(로마서 15:1). "남편은 그 아내에 대한 의무[옵헤일로]를 다하고 아내도 그 남편에게 그렇게 할지라"(고린도전서 7:3). "그러므로 만일 누가 자기의 약혼녀에 대한 행동이 합당하지 못한 줄로 생각할 때에 그 약혼녀의 혼기도 지나고 그같이 할 필요[옵헤일로]가 있거든 원하는 대로 하라 그것은 죄 짓는 것이 아니니 그들로 결혼하게 하라"(고린도전서 7:36).

"피차 사랑의 빚 외에는 아무에게든지 아무 빚[옵헤일로]도 지지 말라 남을 사랑하는 자는 율법을 다 이루었느니라"(로마서 13:8). "주께서 사랑하시는 형제들아 우리가 항상 너희에 관하여 마땅히[옵헤일로] 하나님께 감사할 것은 하나님이 처음부터 너희를 택하사 성령의 거룩하게 하심과 진리를 믿음으로 구원을 받게 하심이니"(데살로니가후서 2:13).

우리가 책임지고 해야 할 의무

- **사랑의 빚을 갚기**

  "피차 사랑의 **빚**[옵헤일로] 외에는 아무에게든지 아무 빚도 지지 말라 남을 사랑하는 자는 율법을 다 이루었느니라"(로마서 13:8).

- **충실한 사역자를 후원하기**

  "저희가 기뻐서 하였거니와 또한 저희는 그들에게 빚진 자니 만일 이방인들이 그들의 영적인 것을 나눠 가졌으면 육적인 것으로 그들을 섬기는 것이 **마땅하니라**[옵헤일로]"(로마서 15:27).

- **약한 신자를 보호하기**

  "믿음이 강한 우리는 **마땅히**[옵헤일로] 믿음이 약한 자의 약점을 담당하고 자기를 기쁘게 하지 아니할 것이라"(로마서 15:1).

- **결혼을 결정하기**

  "그러므로 만일 누가 자기의 약혼녀에 대한 행동이 합당하지 못한 줄로 생각할 때에 그 약혼녀의 혼기도 지나고 그같이 할 **필요**[옵헤일로]가 있거든 원하는 대로 하라 그것은 죄 짓는 것이 아니니 그들로 결혼하게 하라"(고린도전서 7:36).

- **배우자를 사랑하기**

  "이와 같이 남편들도 자기 아내 사랑하기를 자기 자신과 같이 **할지니**[옵헤일로] 자기 아내를 사랑하는 자는 자기를 사랑하는 것이라"(에베소서 5:28).

책임감은 단지 내가 하겠다고 한 일을 하는 것이 아니라 마땅히 해야 할 일을 알아서 하는 것이다.

"환난 날에 진실하지 못한 자를 의뢰하는 것은 부러진 이와 위골된 발 같으니라"

—잠언 25:19

"당신이 큰 사람이라면 어떤 의무도 소홀히 여기지 않을 것이다."

—조오지 맥도널드

책임감은 기대와 요구만큼 일하는 것이다. 유익함은 기대하지 않은 부분까지 보충하여 더 일하는 것이다.

걱정은 하나님께서 전혀 의도하시지 않은 책임을 떠맡는 데서 비롯된다.

책임감이 크면 클수록 더 많은 자유를 얻고 자유가 많아질수록 더 큰 책임을 져야 한다.

"그리고 맡은 자들에게 구할 것은 충성이니라" —고린도전서 4:2

책임감은 하고 싶지 않을 때일수록 해야 할 일을 하는 것이다.

"내일의 책임을 오늘 회피한다고 그 책임에서 벗어날 수는 없다."

—아브라함 링컨

- 신자들에게 감사하기

"형제들아 우리가 너희를 위하여 항상 하나님께 감사**할지니**[옵헤일로] 이것이 당연함은 너희의 믿음이 더욱 자라고 너희가 다 각기 서로 사랑함이 풍성함이니"(데살로니가후서 1:3).

- 신자들을 위해 고난 받기

"그가 우리를 위하여 목숨을 버리셨으니 우리가 이로써 사랑을 알고 우리도 형제들을 위하여 목숨을 버리는 것이 **마땅하니라**[옵헤일로]"(요한일서 3:16).

- 복종하기

"그러므로 여자는 천사들로 말미암아 권세 아래에 있는 표를 그 머리 위에 둘**지니라**[옵헤일로]"(고린도전서 11:10)(에베소서 5:21 참조)

- 자녀를 돌보기

"어린 아이가 부모를 위하여 재물을 저축하는 것이 아니요 부모가 어린 아이를 위하여 **하느니라**[옵헤일로]"(고린도후서 12:14).

- 그리스도의 사랑으로 살기

"그의 안에 산다고 하는 자는 그가 행하시는 대로 자기도 행할**지니라**[옵헤일로]"(요한일서 2:6). "사랑하는 자들아 하나님이 이같이 우리를 사랑하셨은즉 우리도 서로 사랑하는 것이 **마땅하도다**[옵헤일로]"(요한일서 4:11).

- 환대하기

"사랑하는 자여 네가 무엇이든지 형제 곧 나그네 된 자들에게 행하는 것은 신실한 일이니……그러므로 우리가 이같은 자들을 영접하는 것이 **마땅하니**[옵헤일로] 이는 우리로 진리를 위하여 함께 일하는 자가 되게 하려 함이라"(요한삼서 1:5-8).

어떻게 빚이 책임감을 요구하는가

국민이 나랏빚의 부담을 나누어 지듯이 신자는 다른 모든 신자에게 사랑의 빚을 나누어 진다. 바울이 말했다. "피차 사랑의 빚[옵헤일로] 외에는 아무에게든지 아무 빚도 지지 말라 남을 사랑하는 자는 율법을 다 이루었느니라"(로마서 13:8). 예수님께서는 불의한 종의 비유에서 빚을 갚아야 할 필요성을 밝히셨다.

우리는 그리스도께 어마어마한 사랑의 빚을 졌기에 "어떻게 이 빚을 갚아 나가지?"라는 의문이 생기기 마련이다. 예수님께서는 우리가 다른 사람에게 유익을 준 행동이 바로 예수님께 한 일이라고 설명하셨다. "너희가 여기 내 형제 중에 지극히 작은 자 하나에게 한 것이 곧 내게 한 것이니라 하시고"(마태복음 25:40).

바울이 밝혔듯이 이런 빚진 자의 의식이 고용 관계에서 책임감으로 이어져야 한다. "무슨 일을 하든지 마음을 다하여 주께 하듯 하고 사람에게 하듯 하지 말라 이는 기업의 상을 주께 받을 줄 아나니 너희는 주 그리스도를 섬기느니라"(골로새서 3:23-24).

이것을 이해하면 예수님께서 말씀하신 무익한 종의 비유가 좀 더 의미있게 다가온다.

"너희 중 누구에게 밭을 갈거나 양을 치거나 하는 종이 있어 밭에서 돌아오면 그더러 곧 와 앉아서 먹으라 말할 자가 있느냐 도리어 그더러 내 먹을 것을 준비하고 띠를 띠고 내가 먹고 마시는 동안에 수종들고 너는 그 후에 먹고 마시라 하지 않겠느냐

명한 대로 하였다고 종에게 감사하겠느냐 이와 같이 너희도 명령 받은 것을 다 행한 후에 이르기를 우리는 무익한 종이라 우리가 **하여야 할 일**[옵헤일로]을 한 것뿐이라 할지니라"(누가복음 17:7-10).

책임지고 답변해야 할 영역

책임감의 중요한 면은 우리의 모든 생각과 말과 태도와 행동을 책임지는 것이다. 이는 그리스도의 명령에 부합되며 그 까닭은 마지막 심판날에 모든 부분이 폭로되어 참사랑을 기준으로 평가되기 때문이다.

"그를 아노라 하고 그의 계명을 지키지 아니하는 자는 거짓말하는 자요 진리가 그 속에 있지 아니하되 누구든지 그의 말씀을 지키는 자는 하나님의 사랑이 참으로 그 속에서 온전하게 되었나니 이로써 우리가 그의 안에 있는 줄을 아노라 그의 안에 산다고 하는 자는 그가 행하시는 대로 자기도 행할지니라" (요한일서 2:4-6).

- 생각에 대한 책임
  "하나님 아는 것을 대적하여 높아진 것을 다 무너뜨리고 모든 생각을 사로잡아 그리스도에게 복종하게 하니" (고린도후서 10:5).
- 말에 대한 책임
  "내가 너희에게 이르노니 사람이 무슨 무익한 말을 하든지 심판 날에 이에 대하여 심문을 받으리니 네 말로 의롭다 함을 받고 네 말로 정죄함을 받으리라"(마태복음 12:36-37).
- 행동에 대한 책임
  "이는 우리가 다 반드시 그리스도의 심판대 앞에 나타나게 되어 각각 선악간에 그 몸으로 행한 것을 따라 받으려 함이라"(고린도후서 5:10).
- 태도에 대한 책임
  "네 혀를 악에서 금하며 네 입술을 거짓말에서 금할지어다"(시편 34:13).
- 동기에 대한 책임
  "나 여호와는 심장을 살피며 폐부를 시험하고 각각 그의 행위와 그의 행실대로 보응하나니"(예레미야 17:10).

스스로 점검하기

나는 책임감이 있는가?

- 다른 모든 신자에게 진 사랑의 빚에 대한 책임을 받아들이는가?
- 우리에게 영적 유산을 물려준 유대인들에 대해 특별한 감사를 느끼는가?
- 내가 즐기는 일이 약한 형제를 넘어뜨리거나 마음 상하게 한다면 포기하겠는가?
- 결혼의 모든 책임을 이행하는가?
- 다른 신자들을 위해 기도할 책임을 이행하는가?
- 동료 신자들을 위해 생명을 내놓을 실제적인 방법을 찾는가?
- 모든 생각과 말과 행동과 태도에 대한 책임을 수용하는가?
- 자녀를 영적인 사람으로 키우는 책임을 완수하기로 작정하는가?
- 신자들의 실제적인 어려움을 책임감 있게 돕는가?
- 말씀으로 나를 섬기는 사역자들을 후원하는가?
- 하나님을 잘 섬기기 위해 나의 건강과 복지에 대한 책임을 다하는가?

흰머리수리는 새끼들의 보금자리로 거대한 둥지를 짓고 평생 자기 짝에게 충실하여 책임감을 드러낸다.

책임감이 투철한 사람은 낙심이나 우울 같은 사치를 포기한다.

"내가 네게 명령한 것이 아니냐 강하고 담대하라 두려워하지 말며 놀라지 말라 네가 어디로 가든지 네 하나님 여호와가 너와 함께 하느니라 하시니라"

—여호수아 1:9

우리가 일하는 과정에서 평범함과 우수함의 차이는 사소한 부분까지 주의를 기울이느냐에 달렸다.

하나님의 철저하심은 자기 말씀을 '일점 일획'까지 고집스럽게 다 이루시는 데서 잘 나타난다.

(마태복음 5:18 참조)

일은 제대로 끝내지 않는 한 절대로 끝났다고 할 수 없다.

"모든 큰일에는 시작이 중요하지만 철저히 마무리되도록 끝까지 지속하는 자세가 참된 영광을 맺는다."

–프란시스 드레이크 경

철저함 *Thoroughness*

vs. 건성/적당주의 *Incompleteness*

철저함은 하나님의 검사와 승인을 받을 자세로 맡은 일 하나하나를 수행하는 것이다.

정의

"나의 죄악을 말갛게 씻으시며 나의 죄를 깨끗이 제하소서"(시편 51:2)라고 다윗이 기도했을 때 '말갛게'로 번역된 히브리어 '라바'는 '번성하다'로 40번, '많다'로 54번 쓰였다. 다윗은 죄나 불법의 흔적이 하나도 남지 않을 때까지 씻고 또 씻어 달라고 기도한 셈이다.

철저하게 정화하려면 '빨리 대충' 해서는 안 되고 모든 티와 더러움을 없애기 위해 속속들이 씻고 샅샅이 세척해야 한다.

일터에서 철저함

우리는 우리에게 일을 맡긴 사람의 검사에 통과할 수준까지만 철저히 일하기 쉽다. 그러나 참된 철저함은 무슨 일이든지 자기가 맡은 일을 하나님께 낱낱이 검사받으리라고 인식할 때 이루어진다. 골로새서 3장 22-24절의 메시지가 바로 이것이다.

"종들아 모든 일에 육신의 상전들에게 순종하되 사람을 기쁘게 하는 자와 같이 눈가림만 하지 말고 오직 주를 두려워하여 성실한 마음으로 하라 무슨 일을 하든지 마음을 다하여 주께 하듯 하고 사람에게 하듯 하지 말라 이는 기업의 상을 주께 받을 줄 아나니 너희는 주 그리스도를 섬기느니라"

골로새서 3장 23절에서 '마음을 다하여'로 번역된 헬라어 '프쉬케'는 신약에서 '영혼'으로는 23번, '혼'으로는 2번, '마음'으로는 9번, 목숨'으로는 29번, '생명'으로는 10번 번역되었다. 철저하려면 우리의 일에 혼(지정의)을 쏟아야 한다는 뜻이다. 다시 말해 지성으로 집중하고 감정을 다스리며 일을 우수하게 완수하려는 의지를 보여야 한다.

우리는 고용주를 위해서가 아니라 실제로 하나님을 위해 일하기 때문에 고용주의 성품과 기준보다 높을 수밖에 없는 하나님의 성품과 기준에 맞게 일을 해야 한다. 우리가 하나님의 검사를 통과하면 확실히 고용주의 기대를 넉넉히 채우게 된다.

철저한 정화

우리의 철저함에 대한 하나님의 주된 관심은 우리의 속마음을 철저하게 깨끗이 씻는 것이다. "그런즉 사랑하는 자들아 이 약속을 가진 우리는 하나님을 두려워하는 가운데서 거룩함을 온전히 이루어 육과 영의 온갖 더러운 것에서 자신을 깨끗하게 하자"(고린도후서 7:1).

성경은 우리가 깨끗이 씻어야 할 죄를 나열하고 나서 말한다. "그러므로 누구든지 이런 것에서 자기를 깨끗하게 하면 귀히 쓰는 그릇이 되어 거룩하고 주인의 쓰심에 합당하며 모든 선한 일에 준비함이 되리라"(디모데후서 2:21).

내면의 철저함이 필요하기에 우리는 이렇게 기도해야 한다. "하나님이여 나를 살피사 내 마음을 아시며 나를 시험하사 내 뜻을 아옵소서 내게 무슨 악한 행위가 있나 보시고 나를 영원한 길로 인도하소서"(시편 139:23-24).

하나님께서 우리의 마음을 철저히 살피시면 우리의 숨겨진 죄와 잘못을 보여주실 것이다. "자기 허물을 능히 깨달을 자 누구리요 나를 숨은 허물에서 벗어나게 하소서"(시편 19:12).

겉으로 깨끗함

끊임없이 철저하게 정화하지 않으면 잡동사니와 먼지가 쌓인다. 히스기야 왕 때에 그랬다. "제사장들도 여호와의 전 안에 들어가서 깨끗하게 하여 여호와의 전에 있는 모든 더러운 것을 끌어내어 여호와의 전 뜰에 이르매 레위 사람들이 받아 바깥 기드론 시내로 가져갔더라"(역대하 29:16).

하나님께서는 전쟁에 나갔을 때 진영 안에 변소를 두지 말라고 백성들에게 엄하게 지시하셨다. 배설물이 방치되면 군사들에게 질병을 일으키기 때문이었다. 하나님께서 이것을 직접 일일이 검사하셨기에 그들은 철저하게 진영을 깨끗이 유지할 수 밖에 없었다. "이는 네 하나님 여호와께서 너를 구원하시고 적군을 네게 넘기시려고 네 진영 중에 행하심이라 그러므로 네 진영을 거룩히 하라 그리하면 네게서 불결한 것을 보시지 않으므로 너를 떠나지 아니하시리라"(신명기 23:14).

철저한 개혁

하나님을 기쁘게 해 드리기 위해 우리의 생활 방식을 바꾸지 않으면 아무리 철저하게 마음과 주변을 정화해도 충분하지 않다. 하나님께서 예레미야를 통해 이것을 요구하셨다. "너희가 만일 길과 행위를 참으로 바르게 하여 이웃들 사이에 정의를 행하며 이방인과 고아와 과부를 압제하지 아니하며 무죄한 자의 피를 이 곳에서 흘리지 아니하며 다른 신들 뒤를 따라 화를 자초하지 아니하면 내가 너희를 이 곳에 살게 하리니 곧 너희 조상에게 영원무궁토록 준 땅에니라"(예레미야 7:5-7).

스스로 점검하기

나는 철저한가?

- 모든 일을 철저히 하기로 헌신했는가?
- 하나님을 감동시켜 드릴 만큼 위생적으로 철저하게 이를 닦고 손을 씻는가?
- 하나님께서 내가 하는 일을 검사하시는 모습을 상상하는가?
- 성찬식에 참여하기 전에 마음을 철저히 살피는가?
- 물건 주위뿐 아니라 밑까지 청소하는가?
- 페인트칠을 할 때 마루와 카페트에 떨어지지 않도록 신문지나 천을 까는 등 준비를 알맞게 하는가?
- 대청소 같은 일을 할 때 사소한 부분까지 남김없이 끝내는가 아니면 다른 사람이 마무리하게 남겨두는가?

어떤 일이든 바로잡을 기회가 없을 것처럼 하라.

"네 손이 일을 얻는 대로 힘을 다하여 할지어다" —전도서 9:10

"사람들은 당신이 일을 얼마나 빨리 했는지는 잊어도 얼마나 잘 했는지는 꼭 기억한다."

—하워드 W. 뉴튼

윗사람이 지켜볼 때 더 열심히 일한다면 그것은 당신이 하나님을 기쁘게 해 드리는 자가 아니라 사람을 기쁘게 하는 자라는 확실한 증거다.

"눈가림만 하여 사람을 기쁘게 하는 자처럼 하지 말고 그리스도의 종들처럼 마음으로 하나님의 뜻을 행하고" —에베소서 6:6

북미 **악어**는 너무 높거나 낮지도 않고 너무 축축하거나 마르지도 않고 너무 뜨겁거나 차지도 않은 곳에 보금자리를 마련한다. 이 악어의 집은 모든 면에서 완벽하다.

충성 *Loyalty*

vs. 배신 *Infidelity*

충성은 오래도록 헌신적으로 서로를 지원하고 옹호하기로 약속한 개인들의 결속이다.

충성은 우리의 시간과 에너지와 소유에 대한 청산계정(清算計定)을 서로 교환하는 것이다.

"우리 주 예수 그리스도의 은혜를 너희가 알거니와 부요하신 이로서 너희를 위하여 가난하게 되심은 그의 가난함으로 말미암아 너희를 부요하게 하려 하심이라"

—고린도후서 8:9

억울하게 비난을 받으면 주변 사람들의 충성도를 확인하게 되는 유익도 있다.

기러기는 침입자들로부터 둥지를 지키다가 평생 짝을 보호하기 위해서는 생명도 아끼지 않는다.

정의

성경에서 '충성'으로 번역된 히브리어 '아만'과 헬라어 '피스토스'는 대부분 '성실'에 더 가깝다. 충성은 성실과 매우 유사하다. 그러나 성실과 신뢰성은 사람이 하는 일이나 봉사에 관련되지만 충성은 훨씬 깊고 장기적인 관계를 말한다. 충성을 가장 잘 묘사하는 성경적 개념은 피의 언약, 노예 관계, 결혼 서약이다.

왜 충성이 중요한가?

모든 중요한 인간관계는 충성에 기초해야 한다. 결혼이 충성에 기초하지 않으면 부부 관계는 유지되지 못할 것이다. 지도자는 자기를 섬기는 사람들의 첫 번째 자격 요건으로 충성을 찾는다. 무엇보다도 하나님께서는 제자들에게, 특히 하나님께서 크게 쓰실 사람일수록 충성을 요구하신다.

언약에서 충성

언약으로 번역되는 히브리어 '베리트'는 '고기를 반으로 잘라 놓고 그 사이로 지나감으로 맺는 계약'을 뜻하는데 하나님께서 아브라함과 맺으신 언약에서 잘 나타난다. 이 언약과 다른 언약들은 충성의 깊이와 의미를 묘사하는 상징성이 풍부하다.

1. 언약은 동일한 영을 가진 사람과 맺는다. 하나님께서 아브라함에게 말씀하셨다. "나는 전능한 하나님이라 너는 내 앞에서 행하여 완전하라"(창세기 17:1). 주(註): 성경에서는 아브라함을 하나님의 친구이며 믿음의 아버지라고 부른다. (야고보서 2:23, 갈라디아서 3:6-9 참조)
2. 언약에는 그 언약을 유지하는 데에 더 큰 책임을 지는 주도자가 있어야 한다. "내가 내 언약을 나와 너 사이에 두어"(창세기 17:2). 주(註): 결혼에서는 남자가 언약을 주도하므로 그 언약을 유지하는 데에 더 큰 책임을 진다.
3. 언약으로 이름을 바꾸는 경우가 많다. "이제 후로는 네 이름을 아브람이라 하지 아니하고 아브라함이라 하리니 이는 내가 너를 여러 민족의 아버지가 되게 함이니라"(창세기 17:5). 주(註): 이름을 바꾸는 일은 서양 결혼에서도 나타나서 아내가 남편의 성을 따르게 된다. 구원 받을 때 우리는 그리스도의 이름을 이어받는다.
4. 언약의 목적은 유익을 크게 늘리고 번성하는 것이다. "내가 너로 심히 번성하게 하리"(창세기 17:6). 주(註): 이 목적은 결혼생활에서 자녀를 낳는 것으로, 구원 사역에서 영적 자녀를 낳는 것으로 성취된다.
5. 언약은 언약 당사자의 삶 이후에까지 지속되는 관계다. "너는 내 언약을 지키고 네 후손도 대대로 지키라"(창세기 17:9). 주(註): 결혼은 죽음 이후까지 지속되지 않지만 자녀와 친척의 관계는 지속된다. 땅에 대해 맺은 언약은 땅의 주인이 바뀌어도 계속

유효하다. 구원의 언약은 일생 이후까지 지속된다. 다윗은 요나단이 죽은 후에도 요나단과 맺은 언약을 존중했다.

6. 피의 언약은 피를 흘려야 맺어진다. 모든 사내아이는 "할례를 받아야 하리니 이에 내 언약이 너희 살에 있어 영원한 언약이 되려니와"(창세기 17:13). 주(註): 하나님께서 아브라함과 언약을 맺으실 때 아브라함에게 다섯 가지 동물을 가져오라고 하셨고 아브라함이 그것들을 반으로 잘랐다. (창세기 15장 참조)

친구의 언약

성경에서 충성의 훌륭한 예는 요나단과 다윗의 우정과 그들이 맺은 언약이다. 이 언약은 풍성한 의미를 내포한다.

1. 한마음 한뜻으로 뭉쳤다–"요나단의 마음이 다윗의 마음과 하나가 되어 요나단이 그를 자기 생명 같이 사랑하니라"(사무엘상 18:1).

2. 옷을 교환했다–"요나단이 자기가 입었던 겉옷을 벗어 다윗에게 주었고"(사무엘상 18:4). 주(註): 구원 사역에서 그리스도께서는 우리의 더러운 옷을 받으시고 대신 우리에게 의의 옷을 주신다.

3. 무기를 주고받았다–위험이 닥치자 언약을 맺은 사람들은 죽기까지 서로를 보호한다. 요나단은 자기 칼과 활을 다윗에게 주었다. (사무엘상 18:4 참조)

4. 허리띠를 교환했다–사무엘상 18:4에서 '띠'로 번역된 허리띠는 사람의 힘을 상징한다. 언약을 맺은 사람들은 서로에게 힘을 주겠다고 맹세한다. 구원 사역에서 하나님의 능력이 우리의 약함과 맞바뀌진다.

종의 언약

성경은 종이 주인을 사랑해서 평생 계속 섬기기로 결정하는 예를 통해 장기적인 충성 관계를 설명한다. (출애굽기 21:1-6, 신명기 15:16-17 참조)

1. 종의 언약은 자발적인 사랑에서 비롯되었다. 종이 이 언약을 택하려면 "내가 상전과 내 처자를 사랑하니 나가서 자유인이 되지 않겠노라" 라고 말해야 한다. (출애굽기 21:5)

2. 종의 언약은 법적 거래로 확증된다. "상전이 그를 데리고 재판장에게로 갈 것이요"(출애굽기 21:6).

3. 종의 언약은 상징을 통해 공개된다. "또 그를 문이나 문설주 앞으로 데리고 가서 그것에다가 송곳으로 그의 귀를 뚫을 것이라 그는 종신토록 그 상전을 섬기리라"(출애굽기 21:6).

가족의 언약

나오미에 대한 룻의 충성은 역사상 손꼽을 감동적인 이야기다. 나오미는 아들이 죽자 며느리 룻에게 친정으로 돌아가라고 말한다. 시어머니로서 며느리를 위해 해 줄 일이 아무것도 없었기 때문이다. 룻은 그 유명한 대답을 남겼다. "내게 어머니를 떠나며 어머니를 따르지 말고 돌아가라 강권하지 마옵소서 어머니께서 가시는 곳에 나도 가고 어머니께서 머무시는 곳에서 나도 머물겠나이다 어머니의 백성이 나의 백성이 되고 어머니의 하나님이 나의 하나님이 되시리니 어머니께서 죽으시는 곳에서 나도 죽어 거기 묻힐 것이라 만일 내가 죽는 일 외에 어머니를 떠나면 여호와께서 내게 벌을 내리시고 더 내리시기를 원하나이다"(룻기 1:16-17).

충성은 궁극적으로는 사람이나 조직이 아니라 진리에 바치는 것이다.

"그 때부터 그의 제자 중에서 많은 사람이 떠나가고 다시 그와 함께 다니지 아니하더라 예수께서 열두 제자에게 이르시되 너희도 가려느냐 시몬 베드로가 대답하되 주여 영생의 말씀이 주께 있사오니 우리가 누구에게로 가오리이까"

—요한복음 6:66-68

다른 사람의 충성심을 이끌어내려면 먼저 그들에게 충성을 보여야 한다.

"우리가 사랑함은 그가 먼저 우리를 사랑하셨음이라" —요한일서 4:19

"나는 결코 희생한 적이 없다. 우리를 위해 자신을 주시려고 지극히 높으신 하나님 아버지의 보좌를 떠나신 주님의 큰 희생을 기억한다면 우리의 희생을 말해서는 안 된다." —데이비드 리빙스턴

충성은 하나님께서 우리에게 섬기라고 명하신 사람들과 함께하여 하나님께 우리의 헌신을 나타내는 것이다.

"지도자에게 절대로 없어서는 안 되는 것은 사람들의 충성이다."

–A. P. 가우데이

언약과 계약

- 언약은 신뢰에 기초하지만 계약은 불신에 기초한다.
- 언약은 책임이 무한하지만 계약은 책임이 유한하다.
- 언약은 최종 합의이지만 계약은 논란의 여지가 있다.
- 언약은 깰 수 없지만 계약은 파기할 수 있다.

결혼의 언약

결혼은 단지 법적 계약이 아니라 피의 언약이다. 결혼에는 성경적 피 언약의 모든 상징성이 풍부히 담겨 있다. 신랑이 결혼을 유지하는 데 더 큰 책임을 지는 결혼의 주도자라는 점과 결혼 서약의 심각성이 다음 경고에서 강조된다. "네가 하나님께 서원하였거든 갚기를 더디게 하지 말라 하나님은 우매한 자들을 기뻐하지 아니하시나니 서원한 것을 갚으라 서원하고 갚지 아니하는 것보다 서원하지 아니하는 것이 더 나으니" (전도서 5:4-5).

신자의 언약

예수님께서 제자들에게 성찬을 베푸실 때 실제로 피의 언약으로서 성찬식을 제시하셨다. 예수님의 표현에서 명백히 드러난다. "그들이 먹을 때에 예수께서 떡을 가지사 축복하시고 떼어 제자들에게 주시며 이르시되 받아서 먹으라 이것은 내 몸이니라 하시고 또 잔을 가지사 감사 기도 하시고 그들에게 주시며 이르시되 너희가 다 이것을 마시라 이것은 죄 사함을 얻게 하려고 많은 사람을 위하여 흘리는 바 나의 피 곧 언약의 피니라" (마태복음 26:26-28).

"우리가 축복하는 바 축복의 잔은 그리스도의 피에 참여함이 아니며 우리가 떼는 떡은 그리스도의 몸에 참여함이 아니냐" (고린도전서 10:16).

성찬식은 헬라어 '코이노니아'이며 본래 '서로 긴밀한 유대로 교제하는 것'을 뜻한다. 이것은 우리가 같은 몸의 지체이므로 서로 사랑하라는 성경의 수많은 명령과 일치한다.

우리가 다른 신자에게 불충을 보이면 성찬식에서 맺은 피의 언약을 깨는 것이므로 그에 따른 심판을 받는다. "주의 몸을 분별하지 못하고 먹고 마시는 자는 자기의 죄[심판]를 먹고 마시는 것이니라 그러므로 너희 중에 약한 자와 병든 자가 많고 잠자는[일찍 죽은] 자도 적지 아니하니" (고린도전서 11:29-30).

스스로 점검하기

나는 충성스러운가?

- 역경 중에 하나님의 주권을 의심하는가 아니면 하나님께 더 가까이 나아가는가?
- 어려운 시기에도 권위자에 대해 좋게 말하는가 아니면 불평하는가?
- 상황이 아무리 어려워도 가족을 지키는가?
- 내가 대접받고 싶은 대로 다른 신자를 대하는가?
- 하나님께서 나더러 섬기라고 하신 사람들의 성공에 헌신하는가?
- 가족과 친구를 위해 생명을 기꺼이 내놓겠는가?
- 어떤 대가를 치르더라도 결혼 맹세를 지키기로 헌신했는가?

포용 *Tolerance*

vs. 정죄 *Condemnation*

포용은 지혜가 없거나 미성숙한 사람들을 용납하고 그들이 하나님의 길을 깨닫고 따르기를 기도하는 것이다.

정의

기술적인 측면에서 '포용'은 기준에서 벗어난 것을 수용하는 분량이다. '포용'은 일단 생각과 행동의 옳고 그름을 평가할 정확한 기준이 있어야 성립된다.

이런 기준은 진리와 사실에 기초해야 한다. 사실을 알기 전에 결론이나 의견을 내면 편견이 되고, 사실을 묵살하거나 사실과 반대되는 생각이나 행동을 고집하면 편협에 빠진다.

의학 용어로는 내성(耐性)이라고 하며 무더위나 강추위, 약물이나 안 좋은 음식 등 건강에 해로운 환경을 견디는 몸의 저항력을 가리킨다.

기계공학에서는 공차(公差)라고 하며 기계 부품 크기의 허용 오차를 가리킨다. 기계 부품은 설계대로만 쓰이는 것이 아니므로 어떤 분야든 부작용이 발생하지 않도록 공차를 제한한다.

포용과 유사한 성경 단어는 주로 '오래 참음'으로 번역되는 헬라어 '마크로뒤미아'로 '꿋꿋함, 인내'를 뜻한다.

다른 신자를 포용하기

성경은 신자들이 서로를 얼마나 포용해야 하는지와 신자가 불신자를 얼마나 포용해야 하는지를 명확히 구분지어 말한다. 참된 신자는 누구나 그리스도의 몸의 한 지체다. (로마서 12:4-5 참조)

성경에 따르면 누구든지 신자가 되는 순간 그리스도의 몸의 지체들과 연결된다. 모든 신자들이 확실하게 하나님 말씀의 기준에 따라 살고 다른 모든 신자들과 교제하도록 규칙적으로 점검하는 시간으로 예수님께서는 성찬식을 제정하셨다.

이런 점검은 그리스도의 몸의 건강을 위해 대단히 중요하다. 바울이 그 이유를 밝혔다. "몸 가운데서 분쟁이 없고 오직 여러 지체가 서로 같이 돌보게 하셨느니라 만일 한 지체가 고통을 받으면 모든 지체가 함께 고통을 받고 한 지체가 영광을 얻으면 모든 지체가 함께 즐거워하느니라 너희는 그리스도의 몸이요 지체의 각 부분이라"(고린도전서 12:25-27).

신자들 사이에 일어나는 결속과 상호작용은 부도덕한 관계를 피하라는 바울의 경고에서 똑똑히 언명되었다. "너희 몸이 그리스도의 지체인 줄을 알지 못하느냐 내가 그리스도의 지체를 가지고 창녀의 지체를 만들겠느냐 결코 그럴 수 없느니라 창녀와 합하는 자는 그와 한 몸인 줄을 알지 못하느냐 일렀으되 둘이 한 육체가 된다 하셨나니 주와 합하는 자는 한 영이니라"(고린도전서 6:15-17).

각 지체가 하나님의 기준대로 살면서 서로 신실한 사랑을 나눠야 하기 때문에 하나님께서는 그리스도의 몸을 튼튼하게 하고 하나님의 기준을 거부하는 지체들을 징계할 지도자를 교회에 세우셨다.

포용하려면 먼저 모든 행동을 평가하는 기준이 있어야 한다.

"우리가 알거니와 하나님을 사랑하는 자……에게는 모든 것이 합력하여 선을 이루느니라 하나님이 미리 아신 자들을 또한 그 아들의 형상을 본받게 하기 위하여 미리 정하셨으니" —로마서 8:28-29

세상에는 공평과 공로를 측정하는 절대 기준이 존재한다.

"그들이 자기로써 자기를 헤아리고 자기로써 자기를 비교하니 지혜가 없도다"

—고린도후서 10:12

잘못된 결정을 인정하지도 번복하지도 않으려는 태도는 포용이 아니라 어리석음이다.

포용은 겉모습이나 태도를 고치려 들기보다 그리스도의 사랑과 진리를 전달하는 데 집중하는 것이다.

"사랑은 오래 참고 사랑은 온유하며"

—고린도전서 13:4

하나님께서 우리의 잘못을 얼마나 오래 참으셨는지를 기억하면 포용하지 않을 수 없다.

"우리의 죄를 따라 우리를 처벌하지는 아니하시며 우리의 죄악을 따라 우리에게 그대로 갚지는 아니하셨으니"

—시편 103:10

"정죄보다 긍휼이 더 많은 죄를 고친다." —헨리 워드 비처

교회에서 성경적으로 징계할 때는 몸의 모든 지체가 이를 지지해야 한다. 그래서 바울은 당부한다. "이제 내가 너희에게 쓴 것은 만일 어떤 형제라 일컫는 자가 음행하거나 탐욕을 부리거나 우상 숭배를 하거나 모욕하거나 술 취하거나 속여 빼앗거든 사귀지도 말고 그런 자와는 함께 먹지도 말라 함이라"(고린도전서 5:11).

한 신자가 하는 행동이 모든 신자에게 영향을 주기 때문에 "성도를 온전하게 하여 봉사의 일을 하게 하며 그리스도의 몸을 세우고 우리가 다 하나님의 아들을 믿는 것과 아는 일에 하나가 되어 온전한 사람을 이루어 그리스도의 장성한 분량이 충만한 데까지 이르도록"(에베소서 4:12-13) 성경에는 '서로'에 대한 명령이 줄을 이룬다.

불신자를 포용하기

신자는 불신자를 대할 때 동료 신자를 대할 때보다 더 많이 포용해야 한다. 바울은 하나님의 기준을 어기는 신자와 교제하지 말라고 경고하면서 이 점을 덧붙였다.

"내가 너희에게 쓴 편지에 음행하는 자들을 사귀지 말라 하였거니와 이 말은 이 세상의 음행하는 자들이나 탐하는 자들이나 속여 빼앗는 자들이나 우상 숭배하는 자들을 도무지 사귀지 말라 하는 것이 아니니 만일 그리하려면 너희가 세상 밖으로 나가야 할 것이라……

밖에 있는 사람들을 판단하는 것이야 내게 무슨 상관이 있으리요마는 교회 안에 있는 사람들이야 너희가 판단하지 아니하랴 밖에 있는 사람들은 하나님이 심판하시려니와"(고린도전서 5:9-10, 12-13).

불신자라도 이 땅의 법을 위반하는 사람과 단순히 하나님의 길에 반대하는 사람은 구분해야 한다. 사회는 이웃 사람들이 포용하면 할수록 범죄가 늘어나기 때문에 공동체에 해가 되는 범죄를 포용해서는 안 된다. 성경에서는 법을 집행하는 경찰관들을 선을 행하기 위한 '하나님의 사역자'라고 부른다. 그러므로 모든 국민은 법과 질서를 유지하기 위해 일하는 이들을 지원하고 격려해야 한다.

포용하는 법

포용은 사람들의 잘못된 생각과 행동 이면에 있는 그들의 어려운 형편과 갈등상태를 보는 것이다. 포용하는 사람일수록 사람들에게 그들의 잘못을 확인시키려고 들기보다 사랑을 베풀려고 애쓴다.

포용한다는 말은 다투지 않는다는 뜻이기도 하다. 이것은 성경의 교훈과 일치한다. "주의 종은 마땅히 다투지 아니하고 모든 사람에 대하여 온유하며 가르치기를 잘하며 참으며"(디모데후서 2:24).

우리는 무익한 논쟁만 일으키는 어리석고 무분별한 질문도 삼가야 한다.

역사 속에서 나타나는 하나님의 포용 한계

하나님께서는 새 시대를 여실 때마다 그 시대의 성공을 위해 법을 만드시고 그 법을 철저히 따르도록 요구하신다.

1. 창조에서 포용

하나님께서는 아담과 하와에게 그들의 환경에서 선과 악을 알게 하는 나무 하나만 제외하고는 무엇이든지 조사하고 탐구할 수 있는 모든 자유는 주셨다. 하나님께서는 아담과 하와가 하나님과 피조물 모두와 화목하려면 이 나무의 열매를 먹는 행동은 절대로 포용될 수 없다

고 경고하셨다. 그들이 이 기준을 어긴 순간 그 대가로 그들뿐 아니라 그들에게서 나오는 모든 사람이 죄와 죽음을 경험했다. (창세기 1-3장 참조)

2. 모세의 율법에서 포용

하나님께서는 모세에게 율법과 규례를 주시면서 하나도 빠짐없이 철저히 지키도록 요구하셨다. 율법이 이스라엘 민족의 건강과 번영의 기초였기 때문이다. "너희는 지켜 행하라 이것이 여러 민족 앞에서 너희의 지혜요 너희의 지식이라 그들이 이 모든 규례를 듣고 이르기를 이 큰 나라 사람은 과연 지혜와 지식이 있는 백성이로다 하리라 우리 하나님 여호와께서 우리가 그에게 기도할 때마다 우리에게 가까이 하심과 같이 그 신이 가까이 함을 얻은 큰 나라가 어디 있느냐"(신명기 4:6-7).

이스라엘 자손들이 광야에 있을 때 한 사람이 하나님의 율법을 어기고 안식일에 나무를 줍다가 발견되어 감금되었다. 모세가 하나님께 그를 어떻게 처리할지를 묻자 하나님께서 대답하셨다. "여호와께서 모세에게 이르시되 그 사람을 반드시 죽일지니 온 회중이 진영 밖에서 돌로 그를 칠지니라"(민수기 15:35).

3. 신약 교회에서 포용

1세기 교회에서는 사랑과 희생 정신이 매우 강해서 많은 신자가 재산을 팔아 그 돈을 사도들을 통해 가난하고 궁핍한 사람들에게 나눠주었다. 이때 아나니아와 삽비라가 몰래 작정하고 사람들 앞에서는 후한 척하면서 땅 판 돈을 일부 감춰 두자 하나님께서는 그들의 부정직을 포용하지 않으셨다. 베드로가 그들에게 말했다. "땅이 그대로 있을 때에는 네 땅이 아니며 판 후에도 네 마음대로 할 수가 없더냐 어찌하여 이 일을 네 마음에 두었느냐 사람에게 거짓말한 것이 아니요 하나님께로다 아나니아가 이 말을 듣고 엎드러져 혼이 떠나니 이 일을 듣는 사람이 다 크게 두려워하더라" (사도행전 5:4-5).

하나님의 법과 자연의 법칙은 불변하기에 누구든지 이를 어기면 마땅한 결과를 겪게 된다. 모든 행동과 말은 수확의 법칙대로 심판을 받게 된다. "스스로 속이지 말라 하나님은 업신여김을 받지 아니하시나니 사람이 무엇으로 심든지 그대로 거두리라 자기의 육체를 위하여 심는 자는 육체로부터 썩어질 것을 거두고 성령을 위하여 심는 자는 성령으로부터 영생을 거두리라"(갈라디아서 6:7-8).

이혼과 재혼에 대한 하나님의 포용

모세의 율법은 결혼 후 아내에게서 '부정(不淨)이 발견되면 이혼을 용납한다. (신명기 24:1 참조) 예수님께서 사역하시던 시대에는 어떤 '부정'이 있어야 남편이 아내를 버릴 수 있는지가 큰 논쟁거리였다. 바리새인 중에서도 한 파는 이혼에 매우 포용적이어서 '부정(不淨)의 뜻을 넓게 정의했고 또 다른 파는 이혼에 포용적이지 않아서 이혼을 허용하는 사유를 몇 가지로만 제한했다.

예수님께서 결혼에 대해 엄격한 기준을 제시하시자 바리새인들은 모세의 법으로 맞섰다. "여짜오되 그러면 어찌하여 모세는 이혼 증서를 주어서 버리라 명하였나이까 예수께서 이르시되 모세가 너희 마음의 완악함 때문에 아내 버림을 허락하였거니와 본래는 그렇지 아니하니라 내가 너희에게 말하노니 누구든지 음행한 이유 외에 아내를 버리고 다른 데 장가 드는 자는 간음함이니라" (마태복음 19:7-9).

포용은 하나님의 기준을 양보하는 타협이 아니라 다른 사람이 본받고 싶어 하도록 그 기준대로 사는 삶이다.

"내가 그리스도를 본받는 자가 된 것 같이 너희는 나를 본받는 자가 되라"

—고린도전서 11:1

하나님께서 죄인을 포용하신다고 해서 죄까지 포용하신다고 절대로 착각하지 말라.

"주의 약속은 어떤 이들이 더디다고 생각하는 것 같이 더딘 것이 아니라 오직 주께서는 너희를 대하여 오래 참으사 아무도 멸망하지 아니하고 다 회개하기에 이르기를 원하시느니라" —베드로후서 3:9

미성숙한 사람을 포용하는 자세와 악을 책망해야 할 우리의 책임 사이에는 중요한 차이점이 있다.

"너희는 열매 없는 어둠의 일에 참여하지 말고 도리어 책망하라" —에베소서 5:11

"인생에서 얼마나 멀리 가느냐는 어린 사람을 부드럽게 대하고 늙은 사람을 긍휼히 여기고 갈등하는 사람을 공감해주고 약한 사람과 강한 사람을 포용하는 데에 달렸다. 누구나 인생을 살다 보면 이 모든 상태를 거치기 때문이다." —조지 워싱턴 카버

북미 동부지역에 서식하는 **상자거북**은 보호덮개인 등딱지 속에서 편안하게 쉰다. 호기심 많은 포식자들이 등딱지를 열 틈새를 찾으려고 아무리 짜증나게 해도 묵묵히 견뎠다가 위협이 사라지면 대담하게 나와서 자기 할 일을 계속한다.

예수님의 기준은 모세의 율법보다 하나님의 창조 의도를 따랐다. 왜냐하면 주님께서는 결혼생활의 행복뿐 아니라 부부 관계와 가정이 얼마나 강건하냐에 달린 미래 세대의 복지와 문명의 존속까지 생각하셨기 때문이다.

보응을 미루는 포용

하나님께서는 자신의 법을 어기는 일을 포용하실 수 없지만 그에 대한 일시적인 보응을 미루실 수는 있다. "혹 네가 하나님의 인자하심이 너를 인도하여 회개하게 하심을 알지 못하여 그의 인자하심과 용납하심과 길이 참으심이 풍성함을 멸시하느냐"(로마서 2:4).

하나님께서는 당신의 능력과 풍성한 은혜를 알리시고자 심판을 미루시기도 한다. "만일 하나님이 그의 진노를 보이시고 그의 능력을 알게 하고자 하사 멸하기로 준비된 진노의 그릇을 오래 참으심으로 관용하시고"(로마서 9:22).

포용의 필요성과 목적

인간의 보편적 특징 중 하나는 자기와 비슷한 잘못을 범하는 사람을 포용하지 않는 점이다. 다른 사람을 포용해야 하는 상황은 우리도 같은 부분에서 스스로를 살펴 결점을 고치라고 하나님께서 주시는 기회로 봐야 한다. 그래야 사랑하는 마음으로 그 사람을 어떻게 도울지를 명확히 알게 되기 때문이다.

1. 하나님께서 약속하신 땅을 거부한 이스라엘

이스라엘 민족이 하나님께서 약속하신 땅에 들어가기를 거부하자 하나님께서 그들을 멸하시기로 결심하셨다. 그러나 모세가 하나님께 오래 참으시고 관용을 베풀어 달라고 호소했다. 하나님께서는 모세의 말을 들으시고 반역한 자들은 모두 죽고 그들의 자녀들만 그 땅을 보리라고 하셨다. (민수기 14:11-30).

2. 밧세바와 죄를 범한 다윗

다윗은 밧세바와 간음하고 이를 은폐하려고 밧세바의 남편을 살해했지만 하나님께서는 다윗이 회개하자 다윗을 용서하셨다. 다윗은 하나님의 포용을 찬송했다. "그러나 주여 주는 긍휼히 여기시며 은혜를 베푸시며 노하기를 더디하시며 인자와 진실이 풍성하신 하나님이시오니"(시편 86:15).

그러나 다윗은 죄에 대한 보응은 피할 수 없었다. "그러한데 어찌하여 네가 여호와의 말씀을 업신여기고 나 보기에 악을 행하였느냐 네가 칼로 헷 사람 우리아를 치되 암몬 자손의 칼로 죽이고 그의 아내를 빼앗아 네 아내로 삼았도다 이제 네가 나를 업신여기고 헷 사람 우리아의 아내를 빼앗아 네 아내로 삼았은즉 칼이 네 집에서 영원토록 떠나지 아니하리라 하셨고

여호와께서 또 이와 같이 이르시기를 보라 내가 너와 네 집에 재앙을 일으키고 내가 네 눈앞에서 네 아내를 빼앗아 네 이웃들에게 주리니 그 사람들이 네 아내들과 더불어 백주에 동침하리라 너는 은밀히 행하였으나 나는 온 이스라엘 앞에서 백주에 이 일을 행하리라 하셨나이다 하니

다윗이 나단에게 이르되 내가 여호와께 죄를 범하였노라 하매 나단이 다윗에게 말하되 여호와께서도 당신의 죄를 사하셨나니 당신이 죽지 아니하려니와 이 일로 말미암아 여호와의 원수가 크게 비방할 거리를 얻게 하였으니 당

신이 낳은 아이가 반드시 죽으리이다" (사무엘하 12:9-14).

3. 타락한 니느웨 성읍

큰 성읍 니느웨는 부패와 학대로 유명했다. 그래서 하나님께서는 니느웨를 멸하기로 결심하셨다. 요나가 40일 후에 심판이 내린다고 경고하자 백성들이 모두 자루옷을 입고 잿더미에 앉아 회개했다. 하나님께서는 그들의 부르짖음을 듣고 백 년 동안 멸망을 보류하셨다. (요나 3:4-10 참조)

하나님께서는 하나님의 법을 어긴 사람들이 회개하고 하나님의 길로 돌이키도록 죄의 보응을 미루신다.

스스로 점검하기

나는 포용하는가?

- 각 사람을 인종이나 문화나 조직의 일원이 아닌 독립된 개인으로 보는가?
- 생각과 행동을 자연의 법칙으로 평가하는가 아니면 하나님의 법으로 평가하는가?
- 나이나 경험만큼 지혜롭지도 성숙하지도 않은 사람에게 관용을 베푸는가?
- 다른 사람의 잘못을 보면 그들 앞에서 경건한 삶의 본이 되어야겠다고 마음먹는가?
- 다른 관점을 갖고 행동하는 사람을 보면 의견과 기준이 다른 점에 치중하지 않고 서로의 공통점을 찾는가?
- 신자보다 불신자에게 더 큰 아량을 베푸는가?
- 포용의 기본은 세상을 다스릴 권리가 하나님께만 있다는 사실과 하나님께서는 그 권리를 당신께서 위임한 권위자들 외에 어느 누구에게도 주시지 않았다는 사실을 의식하는가?
- 사람들의 관점에 상관없이 그들을 섬기면서 바뀌어야 할 사람들을 하나님께서 바꾸시기를 기도하는가?

부모가 포용을 배우려면 하나님께서 그분의 자녀를 어떻게 돌보시는지를 곰곰이 생각하기만 하면 된다.

"아버지가 자식을 긍휼히 여김 같이 여호와께서는 자기를 경외하는 자를 긍휼히 여기시나니" —시편 103:13

"가정이라는 무대에서 자기 가족들이 보기에 목소리를 상냥하게, 얼굴을 밝게, 뜻을 꿋꿋이, 인내심을 끈질기게 유지하는 일은 결코 쉽지 않다." —마가렛 생스터

포용은 다른 사람의 손을 잡고 성숙으로 이끌어주는 일이다.

짜증스런 일들은 오히려 포용을 보여줄 기회이다.

"너희가 알 것은 죄인을 미혹된 길에서 돌아서게 하는 자가 그의 영혼을 사망에서 구원할 것이며 허다한 죄를 덮을 것임이라" —야고보서 5:20

참된 환대는 매일 그리스도의 성품이 나타나는 집으로 손님을 데려오는 것이다.

환대는 손님에게 나눌 수 있는 물질적 영적 자원이 얼마나 있느냐에서 시작된다.

"선한 사람은 그 쌓은 선에서 선한 것을 내고 악한 사람은 그 쌓은 악에서 악한 것을 내느니라" —마태복음 12:35

환대는 그리스도의 사랑과 빛을 그것에 끌리는 사람들에게 나누는 것이다.

"그가 빛 가운데 계신 것 같이 우리도 빛 가운데 행하면 우리가 서로 사귐이 있고 그 아들 예수의 피가 우리를 모든 죄에서 깨끗하게 하실 것이요" —요한일서 1:7

환대 *Hospitality*

vs. 불친절 *Unfriendliness*

환대는 하나님께서 우리에게 주신 자원을 사용하여 다른 사람에게 하나님의 사랑을 나타내는 것이다.

정의

'대접'으로 번역되는 헬라어 '휠록세노스'는 '친구'를 뜻하는 '휠로스'와 '낯선 사람, 환대로 연결된 사람, 손님, 주인'를 뜻하는 '크세노스'의 합성어다. '환대'는 먹을 것과 입을 것과 머물 곳이 없는 사람들의 복지에 관심을 기울이는 것이다. 성경에서 '휠록세노스'는 '낯선 사람을 친한 친구나 사랑하는 가족처럼 돌보는 것'으로 해석해야 맞다.

환대는 무엇인가?

예수님께서는 환대의 원리를 이렇게 가르치셨다. "또 자기를 청한 자에게 이르시되 네가 점심이나 저녁이나 베풀거든 벗이나 형제나 친척이나 부한 이웃을 청하지 말라 두렵건대 그 사람들이 너를 도로 청하여 네게 갚음이 될까 하노라 잔치를 베풀거든 차라리 가난한 자들과 몸 불편한 자들과 저는 자들과 맹인들을 청하라 그리하면 그들이 갚을 것이 없으므로 네게 복이 되리니 이는 의인들의 부활시에 네가 갚음을 받겠음이라 하시더라"(누가복음 14:12-14).

환대의 명령

1. "서로 대접하기를 원망 없이 하고"(베드로전서 4:9).
2. "성도들의 쓸 것을 공급하며 손 대접하기를 힘쓰라"(로마서 12:13).
3. "손님 대접하기를 잊지 말라 이로써 부지중에 천사들을 대접한 이들이 있었느니라"(히브리서 13:2).
4. 환대는 교회의 일이기에 감독은 기쁘게 나그네를 잘 대접해야 한다. (디모데전서 3:2, 디도서 1:8 참조)

환대의 범위

환대는 예수님의 가르침을 실천하는 사람의 자연스런 반응이다. 환대가 하나님의 사랑과 빛을 드러내기 때문이다. 사랑과 빛은 수혜자를 가리지 않고 그것이 필요한 사람이면 누구에게나 다다른다.

"또 네 이웃을 사랑하고 네 원수를 미워하라 하였다는 것을 너희가 들었으나 나는 너희에게 이르노니 너희 원수를 사랑하며 너희를 박해하는 자를 위하여 기도하라 이같이 한즉 하늘에 계신 너희 아버지의 아들이 되리니 이는 하나님이 그 해를 악인과 선인에게 비추시며 비를 의로운 자와 불의한 자에게 내려주심이라 너희가 너희를 사랑하는 자를 사랑하면 무슨 상이 있으리요 세리도 이같이 아니하느냐 또 너희가 너희 형제에게만 문안하면 남보다 더하는 것이 무엇이냐 이방인들도 이같이 아니하느냐 그러므로 하늘에 계신 너희 아버지의 온전하심과 같이 너희도 온전하라"(마태복음 5:43-48).

야고보서에서도 동일한 메시지가 나온다. "만일 형제나 자매가 헐벗고 일용할 양식이 없는데 너희 중에 누구든지 그에게 이르되 평안히 가라, 덥게 하라,

배부르게 하라 하며 그 몸에 쓸 것을 주지 아니하면 무슨 유익이 있으리요" (야고보서 2:15-16).

환대의 지침

성도는 환대 정신을 갖고 모든 사람을 환대해야 하지만 성도의 집에 들이지 말아야 할 사람들의 유형도 있다.

1. 부도덕한 행동을 고집하는 성도와 식사를 함께 해서는 안 된다. "이제 내가 너희에게 쓴 것은 만일 어떤 형제라 일컫는 자가 음행하거나 탐욕을 부리거나 우상 숭배를 하거나 모욕하거나 술 취하거나 속여 빼앗거든 사귀지도 말고 그런 자와는 함께 먹지도 말라 함이라"(고린도전서 5:11).
2. 잘못된 교리를 선전하는 사람을 집 안으로 들여서는 안 된다. "누구든지 이 교훈을 가지지 않고 너희에게 나아가거든 그를 집에 들이지도 말고 인사도 하지 말라"(요한이서 1:10)
3. 대놓고 음행을 저지르거나 화내는 사람과 교제해서는 안 된다. "너희는 열매 없는 어둠의 일에 참여하지 말고 도리어 책망하라 그들이 은밀히 행하는 것들은 말하기도 부끄러운 것들이라"(에베소서 5:11-12). "노를 품는 자와 사귀지 말며 울분한 자와 동행하지 말지니"(잠언 22:24).
4. 사기꾼이나 거짓말쟁이를 집에 들여서는 안 된다. "거짓을 행하는 자는 내 집 안에 거주하지 못하며 거짓말하는 자는 내 목전에 서지 못하리로다" (시편 101:7).

환대의 보상

성도는 나그네를 환대하라는 권면을 받았다. 나그네는 우리가 생각한 것보다 훨씬 중요한 사람일 수 있다. "손님 대접하기를 잊지 말라 이로써 부지중에 천사들을 대접한 이들이 있었느니라" (히브리서 13:2).

보상의 예

- 아브라함은 천사인 두 나그네를 환대했다. 그들은 아브라함에게 소돔과 고모라의 심판을 알려주었고 아브라함은 그곳 사람들을 위해 중재할 기회를 얻었다. (창세기 18장 참조)
- 롯은 환대의 사람이었고 아브라함에게 나타났던 두 천사를 집 안으로 들이고 보호하여 환대를 베풀었다. 그는 이 손님들이 길거리에서 밤을 보내면 위험에 처할 줄 알았기 때문에 이들을 보호하려고 헌신을 다했다. 그의 환대 덕분에 그의 가족은 소돔과 고모라에 내리는 재앙을 피할 수 있었다. (창세기 19장 참조)
- 사르밧의 과부는 엘리야에게 환대를 베풀었다. 엘리야의 요청에 따라 그녀는 마지막 남은 밀가루 한 줌과 기름으로 그에게 빵을 만들어 주었다. 하나님께서는 기근이 끝날 때까지 그들에게 먹을 것을 공급하시어 그녀의 환대를 보상하셨다. (열왕기상 17:8-16 참조)
- 수넴 여인은 도시를 자주 방문하는 엘리사에게 솔선하여 방을 제공했다. 하나님께서는 그녀에게 아들을 주시고 나중에는 죽은 아들을 되살리시어 그녀의 환대를 보상하셨다. (열왕기하 4:8-37 참조)
- 베드로는 예수님께 환대를 베풀고 복을 받았다. 베드로의 장모가 아팠을 때 예수님께서 오셔서 그녀의 어려움을 보시고 고쳐주셨다. (마태복음 8:14-15 참조)

산양은 황량한 바위산 환경에서 서로를 보살피고 자원을 나누어 환대를 베푼다.

"마음에 공간이 있어야 집에도 공간이 생긴다." —네덜란드 속담

환대를 실천하는 사람은 예수 그리스도의 일을 이어받아 그분의 사랑이 다른 사람에게 흐르는 통로가 된다.

"너희가 여기 내 형제 중에 지극히 작은 자 하나에게 한 것이 곧 내게 한 것이니라"
—마태복음 25:40

손님은 우리가 그들을 위해 준비한 만큼 우리 집에서 편안함을 느낀다.

집안의 상태를 살펴야 할 시기는 손님이 도착하는 때가 아니라 손님을 초대했을 때이다.

우정의 네 단계

1. 그냥 아는 단계

   가끔씩 마주치고 일반적인 신상만 아는 사이

2. 가벼운 친구 단계

   활동을 같이 하며 공통 관심사와 의견을 주고받는 사이

3. 가까운 친구 단계

   같은 인생 목표를 갖고 그 목표를 이루도록 서로 격려하는 사이

4. 절친한 친구 단계

   성품 목표에 함께 헌신하고 서로 편하게 맹점(고쳐야 할 잘못 중 자기만 못 보는 부분)을 지적해 주는 사이

환대의 열쇠

환대의 열쇠는 하나님의 나라에서 가장 작은 사람에게 의식주(衣食住)를 제공할 때마다 그것이 그리스도께 하는 것임을 깨닫는 것이다.

"내가 주릴 때에 너희가 먹을 것을 주었고 목마를 때에 마시게 하였고 나그네 되었을 때에 영접하였고 헐벗었을 때에 옷을 입혔고 병들었을 때에 돌보았고 옥에 갇혔을 때에 와서 보았느니라

이에 의인들이 대답하여 이르되 주여 우리가 어느 때에 주께서 주리신 것을 보고 음식을 대접하였으며 목마르신 것을 보고 마시게 하였나이까 어느 때에 나그네 되신 것을 보고 영접하였으며 헐벗으신 것을 보고 옷 입혔나이까 어느 때에 병드신 것이나 옥에 갇히신 것을 보고 가서 뵈었나이까 하리니

임금이 대답하여 이르시되 내가 진실로 너희에게 이르노니 너희가 여기 내 형제 중에 지극히 작은 자 하나에게 한 것이 곧 내게 한 것이니라"(마태복음 25:35-40).

스스로 점검하기

나는 환대하는가?

- 환대 정신을 기르고 내 집을 통해 환대를 베풀기로 작정했는가?
- 손님에게 방해가 될 집안의 잡동사니를 깨끗이 치웠는가?
- 집안에 손님이 있든 없든 예의범절을 지키도록 가족 모두를 가르쳤는가?
- 손님과 우정을 쌓기 위해 물어 볼 구체적인 질문들을 익혔는가?
- 사람들을 집에 초대하는 목표가 그들을 위로하는 것인가 아니면 나의 집으로 그들에게 좋은 인상을 주려는 것인가?
- 집안에 기도 응답이나 하나님의 능력을 경험한 이야기를 반영하는 물건이 있는가?
- 대화 중에 손님의 관심거리에 주목하는가 아니면 나와 우리 가족이 한 일에 주목하는가?
- 성경구절 암송, 음악 연주 등 손님에게 힘을 북돋워 줄 가족 활동을 준비했는가?
- 적절한 음악과 가족간의 화목으로 집안의 분위기가 화평한가?
- 손님이 마음 상할 물건이 집안에 있지 않은가?

후함 *Generosity*

vs. 인색함 *Stinginess*

후함은 하나님께서 우리에게 맡겨주신 자원을 지혜롭게 재투자하여 하나님의 본성을 나타내는 것이다.

정의

사랑

'후함'을 묘사하는 성경적 개념이 몇 가지 있다. 첫 번째로 가장 중요한 개념은 사랑이다. 성경에서 사랑은 베풂이다. 이는 가난하고 궁핍한 사람에게 나누는 것을 말한다. 요한은 베풂이 없는 사랑은 위선이라고 말한다. "누가 이 세상의 재물을 가지고 형제의 궁핍함을 보고도 도와 줄 마음을 닫으면 하나님의 사랑이 어찌 그 속에 거하겠느냐"(요한일서 3:17).

후함 없이 사랑하기는 불가능하지만 사랑 없이도 후할 수는 있다. "내가 내게 있는 모든 것으로 구제하고 또 내 몸을 불사르게 내줄지라도 사랑이 없으면 내게 아무 유익이 없느니라"(고린도전서 13:3).

씨뿌리기

'후함'은 수확의 법칙을 따르므로 두 번째 성경적 개념은 씨뿌리기이다. 후하게 씨를 뿌릴수록 그만큼 많이 참된 부를 수확하게 된다. "이것이 곧 적게 심는 자는 적게 거두고 많이 심는 자는 많이 거둔다 하는 말이로다"(고린도후서 9:6).

공경

'후함'의 폭넓은 개념은 공경이다. 공경으로 번역된 헬라어 '티마오'는 '사람이나 사물에 가치를 두다'라는 뜻이다. 우리는 이 명령을 받았다. "네 아버지와 어머니를 공경하라 이것은 약속이 있는 첫 계명이니"(에베소서 6:2). 늙으신 부모님께 필요한 것을 해드리는 것이 부모님을 공경하는 것이다. 세금을 내는 것이 정부를 공경하는 것이다. 가난한 사람에게 베푸는 것은 하나님을 공경하는 것이고 하나님께서는 갚아주시겠다고 약속하신다. "가난한 자를 불쌍히 여기는 것은 여호와께 꾸어 드리는 것이니 그의 선행을 그에게 갚아 주시리라"(잠언 19:17). 후함은 그냥 주는 것이 아니라 기쁘게 풍성히 주는 것이다.

나눔

'후함'의 또 다른 개념은 나눔이다. 헬라어 '코이노네오'는 신자들간의 교제를 뜻한다. 우리는 성도들의 필요에 따라 나눠줘야[코이노네오] 한다. (로마서 12:13 참조) 모든 신자는 한 몸의 지체들이다. 그러므로 다른 지체들에게 주는 것은 실제로 우리 자신을 이롭게 하는 일이다. 바울은 지금은 우리가 다른 지체들의 궁핍을 채우기 때문에 미래에는 다른 지체들이 우리의 궁핍을 채운다고 설명했다. "이제 너희의 넉넉한 것으로 그들의 부족한 것을 보충함은 후에 그들의 넉넉한 것으로 너희의 부족한 것을 보충하여 균등하게 하려 함이라"(고린도후서 8:14).

은혜

은혜도 '후함'과 연관된 개념이다. 바울은 예루살렘 성도들을 비롯해 모든 사람들과 후히 나누는 이방인 신자들의 인심을 칭찬하면서 이 단어를 썼다. 그리고 그들이 넉넉한 재물을 가진 것도 하나

후함은 수확의 법칙을 잘 보여준다. 뿌린 만큼 거둔다.

"이것이 곧 적게 심는 자는 적게 거두고 많이 심는 자는 많이 거둔다 하는 말이로다"

—고린도후서 9:6

베푸는 손이 거둔다.

칭송을 받으려고 주는 것은 헛일이다.

억지로 주는 것은 고통이다.

사랑으로 기쁘게 주는 것은 큰 이득이다.

"주라 그리하면 너희에게 줄 것이니 곧 후히 되어 누르고 흔들어 넘치도록 하여 너희에게 안겨 주리라 너희가 헤아리는 그 헤아림으로 너희도 헤아림을 도로 받을 것이니라"

—누가복음 6:38

후함은 믿음의 씨앗으로 싹트고 소망의 시련을 통해 자라고 꽃피어 참사랑의 열매를 맺는다.

"한 남자가 있었다. 모두가 그를 보고 미쳤다고 했다. 그는 주면 줄수록 재산이 늘어갔다."

—존 번연

커다란 아랫부리주머니를 가진 **펠리컨**은 자기 새끼뿐 아니라 먹이를 잡을 수 없는 다른 펠리컨들에게도 잡아 온 물고기를 후히 나눠준다.

후함을 시험하는 잣대는 얼마나 많이 남에게 주느냐가 아니라 얼마나 많이 자기에게 남겨놓느냐이다.

누구보다도 적게 주었지만 모든 사람보다 더 많이 준 셈이 된 사람은 누구인가? (마가복음 12:42-14 참조)

"내 은과 내 금을 가져가라. 나는 거기에 눈곱만큼의 미련도 없을 것이다. —프랜시스 리들리 해버걸

님의 은혜였고 그들의 베풂은 그 은혜의 표현이었다고 밝혔다.

"하나님이 능히 모든 은혜를 너희에게 넘치게 하시나니 이는 너희로 모든 일에 항상 모든 것이 넉넉하여 모든 착한 일을 넘치게 하게 하려 하심이라"(고린도후서 9:8). 이 선물을 받은 사람들은 그 은혜에 대해 하나님을 찬양했고 보내준 사람들을 위해 기도하며 그들에게 내린 "지극한 은혜"를 사모했다. (고린도후서 9:14 참조)

청지기

청지기 개념도 '후함'에 속한다. 청지기는 주인의 자산을 맡아 현명한 투자를 담당하는 사람이다. 지혜로운 청지기는 자기가 운용하는 자산이 자기 소유가 아니기에 그 자산을 늘려서 주인께 돌려드려야 한다는 사실을 잘 안다.

예수님은 자기가 맡은 자원을 갑절로 늘린 지혜로운 두 청지기의 비유를 드셨다. 이 두 청지기는 칭찬을 받았지만 세 번째 청지기는 받은 것만 돌려드렸다가 책망을 들었다. (누가복음 19:11-27 참조)

후함의 보상

많은 사람이 후히 나누려고 하지 않는다. 그 까닭은 나눠주면 잃는다는 잘못된 생각 때문이다. 그러나 사실은 그 반대다. 후히 나누는 사람들은 주는 것보다 훨씬 더 많은 것을 여러 방면으로 받는다.

1. 밝은 표정

후함은 하나님의 본성의 중심이다. 하나님께서는 빛이시므로 후한 사람들은 그 분의 광채를 공유한다.

예수님은 베풂을 눈에 비유하셨다. 선한 눈은 후한 눈이고 인색한 눈은 악한 눈이다. "눈은 몸의 등불이니 그러므로 네 눈이 성하면 온 몸이 밝을 것이요 눈이 나쁘면 온 몸이 어두울 것이니 그러므로 네게 있는 빛이 어두우면 그 어둠이 얼마나 더하겠느냐"(마태복음 6:22-23).

마태복음 5장 16절에서도 빛과 베풂을 함께 말한다. "이같이 너희 빛이 사람 앞에 비치게 하여 그들로 너희 착한 행실을 보고 하늘에 계신 너희 아버지께 영광을 돌리게 하라"

2. 하나님의 사랑

하나님께서는 기쁘게 주는 자를 사랑하신다. (고린도후서 9:7) 이 구절에서는 마지못해 하거나 억지로 하지 않고 마음에 작정한 대로 하는 것이 기쁘게 주는 자의 자질과 동기라고 말한다.

기쁘게 주는 자에게 향한 하나님의 사랑은 아가페 사랑, 곧 주는 사랑이다. 이처럼 우리가 다른 사람에게 기쁘게 주면 하나님께서도 우리에게 돌려주신다. '기쁘게'로 번역된 헬라어 '힐라로스'는 '즐거운, 기쁜, 기꺼워하는, 즉시 뭐든 할 태세'를 뜻한다.

3. 하나님 경외하기

하나님을 경외한다는 것은 우리가 하나님 앞에 있고 하나님께서 우리의 생각과 말과 행동을 전부 지켜보신다는 사실을 끊임없이 의식하는 것이다.

하나님 경외하기에는 세 가지 면이 있다. 첫 번째는 하나님 앞에서 잘못에 대해 처벌받을까 두려워하는 것이다. 두 번째는 하나님의 명성에 누를 끼칠까 두려워하는 것이다. 세 번째는 가장 높은 차원으로 하나님과의 친밀한 관계가 깨질까 두려워하는 것이다. 이 세 가지 면이 잠언 22장 4절에 묘사된다. "겸손과 여호와를 경외함의 보상은 재물과 영광과 생명이니라"

후함으로 하나님 경외하기를 배울 수 있다. "너는 마땅히 매 년 토지 소산의

십일조를 드릴 것이며 네 하나님 여호와 앞 곧 여호와께서 그의 이름을 두시려고 택하신 곳에서 네 곡식과 포도주와 기름의 십일조를 먹으며 또 네 소와 양의 처음 난 것을 먹고 네 하나님 여호와 경외하기를 항상 배울 것이니라"(신명기 14:22-23).

4. 하늘의 보물

우리는 좀먹고 녹슬고 도둑이 뚫고 들어와 훔쳐가는 이 땅에 보물을 쌓아서는 안 된다. "오직 너희를 위하여 보물을 하늘에 쌓아 두라 거기는 좀이나 동록이 해하지 못하며 도둑이 구멍을 뚫지도 못하고 도둑질도 못하느니라"(마태복음 6:20).

하늘의 보물이란 예수님께서 젊은 부자 관원에게 후함을 실천하면 주시겠다고 약속하신 것이다. "가서 네게 있는 것을 다 팔아 가난한 자들에게 주라 그리하면 하늘에서 보화가 네게 있으리라 그리고 와서 나를 따르라"(마가복음 10:21).

5. '악의 뿌리'를 이김

후함은 탐욕의 사슬을 끊고 배금주의(拜金主義)를 이기게 한다. 황금만능주의는 우리의 삶이 우리가 소유하는 물질로 이루어졌다는 망상을 심어준다. 안전과 평안과 기쁨처럼 하나님께서만 공급하실 수 있는 것을 돈에서 찾으려고 하면 우리는 우상숭배자로 전락하고 만다.

6. 정욕과 슬픔에서 탈출함

부자가 되기를 바라는 사람들은 "시험과 올무와 여러 가지 어리석고 해로운 욕심에 떨어지나니 곧 사람으로 파멸과 멸망에 빠지게 하는 것이라 돈을 사랑함이 일만 악의 뿌리가 되나니 이것을 탐내는 자들은 미혹을 받아 믿음에서 떠나 많은 근심으로써 자기를 찔렀도다"(디모데전서 6:9-10).

후함의 동기

이러한 후함의 보상들도 좋지만 우리가 후하게 나누는 동기는 우리가 가진 재산이 우리가 능력이 있어서가 아니라 하나님께서 후하신 덕분임을 깨달았기 때문이어야 한다. 우리는 마음으로 "내 능력과 내 손의 힘으로 내가 이 재물을 얻었다."라고 말해서는 안 된다. "네 하나님 여호와를 기억하라 그가 네게 재물 얻을 능력을 주셨음이라"(신명기 8:17-18).

재물은 하나님께서 주시기 때문에 그것을 도로 가져가실 권한과 힘도 하나님께 있다. 욥은 이 점을 인정했다. "주신 이도 여호와시요 거두신 이도 여호와시오니 여호와의 이름이 찬송을 받으실지니이다"(욥기 1:21).

우리가 하나님께 후히 돌려드리면 하나님께서는 우리의 재산을 보호하시고 늘려주신다. 그러나 우리의 소득으로 하나님을 공경하지 않으면 우리가 하나님의 합법적 소유를 차지한 것이므로 하나님의 것을 도둑질하는 셈이다. 그러면 하나님께서는 우리가 통제할 수 없는 상황과 환경으로 우리의 재산을 줄어들게 하신다. "사람이 어찌 하나님의 것을 도둑질하겠느냐 그러나 너희는 나의 것을 도둑질하고도 말하기를 우리가 어떻게 주의 것을 도둑질하였나이까 하는도다 이는 곧 십일조와 봉헌물이라 너희 곧 온 나라가 나의 것을 도둑질하였으므로 너희가 저주를 받았느니라 만군의 여호와가 이르노라 너희의 온전한 십일조를 창고에 들여 나의 집에 양식이 있게 하고 그것으로 나를 시험하여 내가 하늘 문을 열고 너희에게 복을 쌓을 곳이 없도록 붓지 아니하나 보라 만군의 여호와가 이르노라 내가 너희를 위하여 메뚜기를 금하여 너희 토지 소산을 먹어 없애지 못하게 하며 너희 밭의 포도나무 열매가 기한 전에 떨어지지 않게 하리니"(말라기 3:8-11).

돈이 궁한 상황은 우리가 넉넉할 때 후히 나눠야 할 중요성을 가르치시는 하나님의 '학교'이다.

(고린도후서 8:14 참조)

이 세상에서 부자가 되는 길은 우리가 무엇을 가지느냐가 아니라 무엇을 포기하느냐이다.

"스스로 부한 체하여도 아무 것도 없는 자가 있고 스스로 가난한 체하여도 재물이 많은 자가 있느니라" —잠언 13:7

"우리는 버는 것으로 생활을 꾸려가지만 주는 것으로 인생을 만들어간다." —윈스턴 처칠 경

후함은 우리의 자원에서 시선을 떼고 하나님의 부에 초점을 맞춘 결과이다.

"이는 삼림의 짐승들과 뭇 산의 가축이 다 내 것임이로다" —시편 50:10

남길 것인가 나눌 것인가?

얼마나 남길지를 궁리하면서 마지 못해 주면 얼마나 나눌 수 있는지를 발견하는 기쁨을 절대로 누리지 못한다. (고린도후서 9:7 참조)

후함은 번영으로 가는 하나님의 고속도로이지만 인색함은 가난으로 가는 우리의 골목길이다.

후함은 모든 그리스도인이 주님께 빚진 사랑을 갚는 것이다.

(로마서 13:8 참조)

"나는 우리가 얼마나 주어야 할지를 누가 결정해 줄 수 없다고 본다. 오직 한 가지 안전한 규칙은 우리가 남길 양보다 많이 주는 것이 아닐까 싶다." —C. S. 루이스

후함의 더 중요한 동기는 예수 그리스도를 더 얻고 그분의 능력을 더 체험하려는 것이어야 한다. 바로 이 목표 때문에 바울은 "모든 것을 잃었다"(빌립보서 3:8).

후함의 단계

모든 자원을 하나님께 드린다.

후함의 첫 단계는 우리의 돈, 시간, 물건, 힘 등 모든 자원을 하나님께 바치는 것이다.

절약을 실천한다.

청지기의 필수 요건대로 우리는 자신을 위해서는 최소한으로 적게 쓰고, 갑절로 돌아오는 곳에 최대한 많이 재투자해야 한다.

하나님께서 이끄시는 대로 나눈다.

후함의 목표는 다른 사람들이 하나님께 끌리도록 하나님의 사랑을 보여주는 것이다. 어떤 사람이 익명으로 다른 사람의 궁핍을 채워주면 하나님께서 영광을 받으시고, 그는 영원한 보상을 받을 것이다. 사람들에게 칭찬을 받으려고 자기 것을 나눠주면 사람들의 칭찬은 받지만 하나님에게서 오는 더 큰 보상을 놓치게 된다.

"너는 구제할 때에 오른손이 하는 것을 왼손이 모르게 하여 네 구제함을 은밀하게 하라 은밀한 중에 보시는 너의 아버지께서 갚으시리라"(마태복음 6:3-4).

스스로 점검하기

나는 후한가?

- 하나님을 모든 재물의 공급자로 보는가?
- 자신을 하나님의 자원을 관리하는 청지기로 여기는가?
- 자신의 모든 자원을 하나님께 드렸는가?
- 모든 소득의 상당 부분을 후히 나누어 하나님을 공경하는가?
- 동료 신자의 어려운 형편을 알았을 때 돕기 위해 내 것을 나누는가?
- 나눠줄 때 내 형편만큼만 하는가 아니면 하나님께서 나를 통해 공급하실 수 있는 만큼 하는가?
- 돈부자가 되려는 목표를 거부하고 선행 부자가 되려는 목표를 세웠는가?
- 궁핍한 사람을 돕기 위해 내가 원하는 것들을 얼마나 자주 희생했는가?

그리스도의 49 명령과 이에 상응하는 품성

❑	1.	회개하라	겸손	마 4:17
❑	2.	다시 태어나라	안정	요 3:7
❑	3.	나를 따라오라	온유	마 4:19
❑	4.	기뻐하라	기쁨	마 5:11-12
❑	5.	너희 빛을 비추라	후함	마 5:14-16
❑	6.	하나님의 율법을 존중하라	사랑	마 5:17
❑	7.	화해하라	책임감	마 5:23-25
❑	8.	음욕을 품지 말라	절제	마 5:28-30
❑	9.	너희 말을 지키라	진실성	마 5:37
❑	10.	오 리를 더 가라	존중	마 5:38-42
❑	11.	원수를 사랑하라	창의성	마 5:44-46
❑	12.	완전하라	신실	마 5:46-48
❑	13.	은밀하게 의를 행하라	믿음	마 6:1-18
❑	14.	보물을 쌓아두라	검약	마 6:19-21
❑	15.	하나님의 나라를 구하라	솔선	마 6:33
❑	16.	판단하지 말라	분별	마 7:1-3
❑	17.	진주를 돼지 앞에 던지지 말라	신중	마 7:6
❑	18.	구하라 찾으라 두드리라	자원선용	마 7:7-8
❑	19.	남을 대접하라	민감성	마 7:12
❑	20.	좁은 길을 선택하라	과단성	마 7:13-14
❑	21.	거짓 예언자를 조심하라	경각심	마 7:15-16
❑	22.	일꾼을 보내 달라고 청하라	긍휼	마 9:37-38
❑	23.	뱀같이 지혜로우라	지혜	마 10:16
❑	24.	두려워하지 말라	담대함	마 10:28
❑	25.	하나님의 음성을 들으라	경청	마 11:15
❑	26.	내 멍에를 메라	순종	마 11:28-30
❑	27.	네 부모를 공경하라	공경	마 15:4
❑	28.	누룩을 조심하라	덕	마 16:6
❑	29.	자기를 부인하라	의지력	눅 9:23-25
❑	30.	작은 자를 업신여기지 말라	포용	마 18:10
❑	31.	잘못을 범한 형제에게 가라	정의	마 18:15
❑	32.	탐욕을 조심하라	만족	눅 12:15
❑	33.	잘못을 범한 형제를 용서하라	용서	마 18:21-22
❑	34.	결혼을 존중하라	충성	마 19:4-6
❑	35.	섬기는 자가 되라	유용성	마 20:26-27
❑	36.	기도하는 집이 되라	설득	마 21:13
❑	37.	믿고 구하라	인내	마 21:21-22
❑	38.	가난한 자들을 초대하라	환대	눅 14:12-14
❑	39.	가이사에게 바치라	감사	마 22:19-21
❑	40.	주 하나님을 사랑하라	열성	마 22:37-38
❑	41.	네 이웃을 사랑하라	온화함	마 22:39-40
❑	42.	인자의 재림을 기다리라	시간엄수	마 24:42-44
❑	43.	받아 먹고 마시라	철저함	마 26:26-27
❑	44.	내 명령을 지키라	근면	요 14:15
❑	45.	깨어 기도하라	끈기	마 26:41
❑	46.	내 양들을 먹이라	신뢰성	요 21:15-16
❑	47.	내 제자들에게 세례를 주라	조심성	마 28:19
❑	48.	하나님의 능력을 받으라	정돈	눅 24:49
❑	49.	제자를 삼으라	유연성	마 28:20

삶에 적용하는 그리스도의 명령 시리즈

이 책에는 각 명령의 해설이 담겼다. 이 해설을 통해 히브리어와 헬라어 단어를 공부하고, 구약과 신약의 유사한 상황을 비교하고, 역사적 문화적 배경을 통찰하고, 무엇보다도 각 명령이 실제로 무엇을 말하고자 하며 오늘 우리의 삶에서 그것을 어떻게 적용해야 하는지에 대한 물음을 묵상할 수 있다.

이 해설은 완전하지 않으므로 각 명령에 대해서는 더 많은 해설을 덧붙일 수 있고 또 덧붙여져야 한다. 따라서 참석자마다 성경에서 더 깊은 진리를 찾고 이 명령을 밤낮으로 묵상하기를 당부한다.

제5 명령

너희 빛을 비추라

그리하여 사람들이 하늘에 계신 너희 아버지께 영광을 돌리게 하라

우리의 빛을 비추라는 말은 무슨 뜻인가?

탐구 질문:

"하나님은 빛이시라 그에게는 어둠이 조금도 없으시므로"(요한일서 1:5)
하나님께서는 당신의 목적을 이루시기 위해 어떻게 어둠을 사용하시는가?

왜 하나님께서는 어둠을 창조하셨는가?

"배푼 것은 싹 잊으라. 받은 것은 꼭 기억하라." -무명

1. 더 깊은 이해의 열쇠가 되는 질문

모든 해설은 '탐구 질문'으로 시작한다. 이 질문은 해당 명령을 자세히 살펴보고 그 명령을 주 예수 그리스도의 삶과 사역에 연결시키는 새로운 생각을 열어 준다. 예수님께서 엠마오로 가던 제자들에게 당신을 드러내실 때 쓰신 방법이 '탐구 질문'의 모태이다. "이에 모세와 모든 선지자의 글로 시작하여 모든 성경에 쓴 바 자기에 관한 것을 자세히 설명하시니라"(누가복음 24:27).

나중에 이 제자들은 그때 상황을 이렇게 묘사했다. "길에서 우리에게 말씀하시고 우리에게 성경을 풀어 주실 때에 우리 속에서 마음이 뜨겁지 아니하더냐 하고"(누가복음 24:32).

탐구 질문:

"하나님은 빛이시라 그에게는 어둠이 조금도 없으시다"(요한일서 1:5).
하나님께서는 당신의 목적을 이루시기 위해 어떻게 어둠을 사용하시는가?

질문은 이해를 높여준다

2. 하나님의 이름을 통해 하나님을 알기

하나님께서는 당신의 명령뿐 아니라 당신의 이름을 통해서도 당신을 드러내시겠다고 약속하신다. 각 명령에는 하나님과 그리스도의 이름이 관련되어 있다. 하나님의 이름을 많이 알면 알수록 하나님께서 어떤 분이시고 어떻게 우리의 삶에서 일하실지를 알게 된다.

하나님을 나타내는 이름

주님께서는 우리의 빛이며 영광이시다.

"여호와께서 그들 앞에서 가시며 낮에는 구름 기둥으로 그들의 길을 인도하시고 밤에는 불 기둥을 그들에게 비추사 낮이나 밤이나 진행하게 하시니" _출애굽기 13:21

예수 그리스도는 세상의 빛이시다.

"예수께서 또 말씀하여 이르시되 나는 세상의 빛이니 나를 따르는 자는 어둠에 다니지 아니하고 생명의 빛을 얻으리라" _요한복음 8:12

"참 빛 곧 세상에 와서 각 사람에게 비추는 빛이 있었나니" _요한복음 1:9

하나님의 이름은 하나님의 성품을 나타낸다

3. 영과 진리로 하나님을 예배하기

"하나님은 영이시니 예배하는 자가 영과 진리로 예배할지니라"(요한복음 4:24). 우리가 그리스도의 명령을 지키게 되어 하나님께서 우리에게 당신을 드러내실 때 우리는 하나님을 참으로 하나님답게 예배하는 역량도 커진다. 우리가 하나님의 성품을 많이 알면 알수록 그 이름에 알맞은 찬양과 영광을 드릴 수 있다. 각 명령에는 개인이나 모임의 말씀묵상, 기도, 예배 시간에 부를 수 있는 찬송가가 제시된다.

4. 그리스도의 성품 이해하기

그리스도의 명령은 그리스도의 성품에서 나온다. 곧 그 명령을 알아들은 사람은 그리스도의 성품을 열매로 맺고 그 열매로 주위 사람들을 풍요롭게 한다.

후함 vs. 인색함

후함은 하나님께서 우리에게 맡기신 자원을 지혜롭게 재투자하여 하나님의 본성을 나타내는 것이다.

후함은 수확법칙을 따른다. 많이 뿌릴수록 많이 거둔다.
"이것이 곧 적게 심는 자는 적게 거두고 많이 심는 자는 많이 거둔다 하는 말이로다"_고린도후서 9:6

후함의 정도는 남에게 얼마나 많이 주느냐가 아니라 얼마나 많이 남겨 놓았느냐에 달렸다.

후함은 우리의 자원이 아니라 하나님의 부유하심에 시선을 집중한 결과이다.
"이는 삼림의 짐승들과 뭇 산의 가축이 다 내 것이며"_시편 50:10

5. 간증으로 확증하기

각 참석자가 자기 삶의 경험과 깨달음을 함께 나누면 각 명령의 진리가 강화되고 각 명령에 대한 통찰과 이해가 깊어진다.